1682

LITERATURBETRIEB IN DER DDR
SCHRIFTSTELLER UND LITERATURINSTANZEN

REINHILD KÖHLER-HAUSMANN

Literaturbetrieb in der DDR

Schriftsteller und Literaturinstanzen

J.B. METZLERSCHE VERLAGSBUCHHANDLUNG
STUTTGART

CIP-Kurztitelaufnahme der Deutschen Bibliothek

Köhler-Hausmann, Reinhild:
Literaturbetrieb in der DDR: Schriftsteller u.
Literaturinstanzen / Reinhild Köhler-Hausmann.
– Stuttgart: Metzler, 1984.
  (Metzler-Studienausgabe)
  ISBN 3-476-00554-2

ISBN 3 476 00554 2

© 1984 J. B. Metzlersche Verlagsbuchhandlung
und Carl Ernst Poeschel Verlag in Stuttgart GmbH
Satz: IBV Lichtsatz KG, Berlin
Druck: Philipp Reclam jun., Ditzingen
Printed in Germany

Inhalt

VORBEMERKUNG

Die vorliegende Arbeit, die zu Beginn der achtziger Jahre DDR-Literaturphänomene beschrieben hat, die sich auf das vorangegangene Jahrzehnt beziehen, unterliegt der Gefahr durch neue Entwicklungen bereits widerlegt oder auch in unfreiwilligem Sarkasmus bestätigt zu werden. Dies um so mehr, zumal es zentrales Anliegen dieser Untersuchung war, sich über ein enger literaturwissenschaftliches Interesse hinaus, kulturpolitischen und gesellschaftlichen Fragen zu nähern und zwar dem schriftstellerischen Selbstbild und Rollenverständnis in der DDR, wie es sich in den ersten zwei Dritteln der siebziger Jahre repräsentiert hat.

Obgleich über zwei Jahre Differenz zwischen dem Redaktionsschluß der Arbeit und ihrer Veröffentlichung liegen, erstaunt dennoch die Verschiebung der kulturellen Strukturen in der DDR. Daß auch eine Anzahl der hier angesprochenen Autoren inzwischen dem unmittelbaren Einfluß des Modells DDR-Sozialismas durch Übersiedlung in den Westen entwichen sind, spricht zwar für die Aktualität des Themas, aber nicht für ein realistisches Handlungspotential von DDR-Künstlern. Die Situation hat sich vielmehr in diesen letzten Jahren so gewandelt, daß neben den beiden DDR-internen, bewußtseinsmäßig divergierenden Autorengruppen, den an genormten Wirklichkeitsvorstellungen festhaltenden Vertretern einerseits und den selbstkritisch reflektierenden Schriftstellern andererseits, eine neuartige, dritte Gruppe entstanden ist, die von der BRD aus – sicherlich anders als frühere DDR-Emigranten – auch weiterhin DDR-Erfahrungen, Wünsche und Ansprüche in ihren Werken aufgreifen und verarbeiten wird.

Abschließend möchte ich an dieser Stelle darauf hinweisen, daß mir Seminare und weiterführende Gespräche mit den Professoren Hillmann, Mandelkow und Emmerich die Anregung und das vertiefte Interesse für die vorliegende Thematik vermittelt haben. Ihnen, sowie der stärker im praktischen und emotionalen Bereich angesiedelten Unterstützung von Dr. H. Lohmann, Dr. J. Eckert, K. Köhler, den Mitarbeiterinnen der Bibliothek des Gesamtdeutschen Instituts in Bonn, sowie den DDR-Autoren, die mir als direkte oder indirekte Gesprächspartner auch weiterhin richtungweisend für eine Utopie vom menschenwürdigen Sozialismus bleiben werden, möchte ich sehr herzlich danken.

Hamburg, im September 1983

Ich denke wirklich, daß das, was noch nicht [...] beschrieben ist, auch im gesellschaftlichen Bewußtsein noch nicht vorhanden sein kann und dunkel bleibt. Und das sollte Prosa tun: das Unkenntliche erkenntlich, erkennbar machen, das vom Menschen noch nicht Gesehene, ohne Verständnis Erlebte oder noch nicht bis zu Ende Durchdachte sichtbarer, verständlicher machen; ihm möglich machen, es sich anzueignen.

Christa Wolf

1. Einleitung

Keine Gesellschaftsform hat den Künstlern in Deutschland eine so dominante, ja gelegentlich sogar plakative Rolle zugewiesen, wie dies im sog. realen Sozialismus der DDR geschieht. Waren die Künstler sonst tendenziell einem abgegrenzten, nur wenigen Gebildeten zugänglichen Bereich des Elitären zuzuordnen oder in die Lage des neurotischen Außenseiters verwiesen, in der sie als Outcast oder Bohemien ihr Dasein fristeten, so zählen sie in der DDR zu den unabdingbaren Stützen der Gesellschaft.

Diese Einschätzung resultiert allerdings vorwiegend aus der Frühzeit der DDR-Entwicklung und zwar aus den bewußt erlebten, negativen Erfahrungen mit dem Faschismus und der euphorischen Einstellung einem sozialistischen Neubeginn gegenüber. Das schriftstellerische Rollenverständnis entwickelte sich damals auf dem Hintergrund der Veteranen des Widerstands gegen Hitler- und Francofaschismus. Die Autoren verkörperten als gedanklich moralische Vorhut ein Standesbewußtsein als Erzieher der Nation, eine Ausrichtung, die sich trotz veränderter politischer Verhältnisse bei einer Reihe von ihnen aber v. a. aus der Sicht der Kulturfunktionäre bis heute erhalten hat. Die Möglichkeit durch Kunst gesellschaftliche Veränderungen zu initiieren, was gerade in der Frühphase der DDR mit einer Überschätzung des operationalen Wirkungspotentials einherging, mündete für die Schriftsteller in eine besondere soziale Wertschätzung durch Staat und Lesepublikum. Die Zuordnung trifft, wenn auch nicht so ungebrochen, noch immer zu und erklärt den hohen Aufmerksamkeitsgrad, der den Vertretern dieser Berufsgruppe während der gesamten Entwicklungszeit der DDR zuteil geworden ist.

Die, für die kulturelle Arbeit günstigen Voraussetzungen einer Gesellschaft, die sich selbst als ›sozialistische Übergangsgesellschaft‹ bezeichnet – wobei sie den weltanschaulichen Legitimationskrisen enthoben und den Entfremdungen nicht mehr ausgesetzt ist, die sich in den kapitalistischen Ländern in der Degradierung von Kultur zu Warenwerten manifestieren –, entsprechen dem produktiv kommunikativen Anspruch der DDR-Literaturverhältnisse als sog. Literaturgesellschaft.[1]

In diesem Zusammenhang überrascht die krasse Dissonanz zwischen dem wachsenden Selbstbewußtsein eines Staates, der im letzten Jahrzehnt an internationalem Selbstbewußtsein gewonnen hat, und der mangelnden Souveränität, die dem Bereich der schriftstellerischen Arbeit zugebilligt wird. Besonders spektakulär zeichnet sich diese Entwicklung seit den kulturpolitischen Restriktionen der Biermann-Ausbürgerung und ihren strafrechtlichen Folgen[2], der anhaltenden Welle von Künstlerexilierungen ab, die den nie abgebrochenen Diskussionen um eine gesamtdeutsche Literaturlandschaft unfreiwillig neuen Zündstoff liefert. Für viele Außenstehende erschien dieser Eklat, gefolgt von einer bis heute andauernden Ernüchterung und Enttäuschung zahlreicher Autoren, relativ unvermittelt; war doch gerade die frühe Ära Honecker, zu Beginn der 70er Jahre, als Signal für eine umwälzende Liberalisierung empfunden worden. Die aktuellen sozialismusinternen Themen hatten an Gewicht gewonnen, die pädagogische Eindimensionalität war einem durchgreifend selbstkritischen Tenor gewichen. Die Gefahr ökonomischer Sachzwänge, die den Klassenkampf auf den Produktionskampf verlagert, in eine technische Fortschrittsgläubigkeit ausufert und in eine mögliche Kompensation gesellschaftspolitischer Konflikte einmünden kann, war von den Autoren erkannt und stofflich bearbeitet worden. Dennoch stellt die Konfrontation mit den staatlichen Planungs- und Leitungsebenen ein Konfliktpotential dar, das nie wirklich durchgreifend öffentlich behandelt wurde. Entsprechend tauchte es versatzstückhaft in der Literatur auf und führte in den 70er Jahren leitmotivisch zur Behandlung solcher Themen, die den verminderten demokratischen Zugriff durch zunehmende Bürokratisierung behandeln und überprüfen, wieweit dem einzelnen Einflußnahme auf Organisation und Ablauf seines Arbeitsbereiches zugestanden wird.[3]

Diesem Trend entspricht auch die Tendenz, solche belletristischen Werke zu veröffentlichen, in denen Schriftsteller als fiktive Figur das Handlungsgeschehen bestimmen. Das Interesse an den Arbeitsbedingungen schriftstellerischer Tätigkeit kann geradezu als Boom bezeichnet werden, der sich

– von seiten der Schriftsteller in literarischen Selbstreflektionen bzw. in der Thematisierung von Schriftstellern und am Literaturprozeß beteiligter Personen aus der Gegenwart oder der Vergangenheit artikuliert[4],

– von seiten der Kulturbehörde in einer zunehmenden Anzahl von Publikationen wie Autoreninterviews, Werkstattgesprächen und Diskussionen mit Schriftstellern niederschlägt.[5]

Wir gehen bei dem Versuch, diese literarischen Werke zu Beginn der 70er Jahre zu behandeln, von der Annahme aus, daß – in einer solchen Selbstthematisierung des Mediums als Reflex unbewältigter Probleme – sich strukturelle Anhaltspunkte finden lassen müssen, die die Konflikte um den Fall Biermann genauer beleuchten.

Das Verfahren, dessen wir uns bedienen, den Mikrobereich Literatur als Hilfsmittel zu benutzen, um an kulturpolitische Strukturen heranzukommen, erscheint insofern legitim, als wir hier ein komplexes Interaktionsfeld sozialer Beziehungen vorfinden. Gemeint ist die doppelte Art der Einbindung des schriftstellerischen Metiers in den Bereich der Öffentlichkeit, die auf zwei, sich zum Teil überschneidenden Ebenen vorgegeben ist. Zum einen explizit auf der Ebene des Produktionssektors, d. h. dem eigenen spezifischen Handlungsraum, der durch die Partner bestimmt ist, die für die Realisation der Bücher und Folgeverwertungen zuständig sind (Kulturbehörde, Verlage, Zeitungen, Theater etc.). Zum anderen implizit auf der Ebene der Rezeption, der potentiellen Einflußnahme auf das Publikum, die auch dem unbekannten Gegenüber in seinem anderen Umfeld Denkanstöße vermitteln und die Mündigkeit, das Verantwortungsgefühl des einzelnen gegenüber dem Ganzen entwickeln helfen kann. Da sich diese beiden Komponenten gegenseitig bedingen, bilden sie den besonderen, überindividuellen Erfahrungsrahmen des Schriftstellers.

Ein Indiz für diesen Gedankengang ist, daß sich die zur Debatte stehenden Prosawerke

über die Thematisierung von Schriftstellern, analog der oben aufgezeichneten Dichotomie auf der Realitätsebene, in zwei Gruppen gliedern lassen:
- Die eine Gruppe weist als vorrangiges Strukturmerkmal die Auseinandersetzung mit der Produktions- bzw Distributionssphäre auf, d. h., es werden verstärkt kulturpolitische Probleme behandelt.[6]
- Die andere Gruppe befaßt sich schwerpunktmäßig mit der Rezeptionssphäre, d. h. eher mit literaturtheoretischen Fragen.[7]

Die vorliegende Arbeit untersucht aus arbeitsökonomischen Gründen vorwiegend den ersten Typus, da über die schriftstellerische Auseinandersetzung mit den literarischen Instanzen – v. a. wenn sie sich mit den Wirkungsmechanismen von Literatur beschäftigt (Hochschule, Verlag, Theater) – immer auch Rezeptionsfragen angesprochen sind.

Als Erkenntnisinteresse steht das Funktionsverständnis literarischer Arbeit in der DDR im Vordergrund, wobei insbesondere das Selbstverständnis der Schriftsteller und ihr noch genauer zu definierendes Bezugssystem zu den literarischen Institutionen untersucht werden soll. Innerhalb der Vielschichtigkeit des Themas, das eo ipso eine Metakommunikation beinhaltet, interessieren zentral die Gesichtspunkte, die auf dem induktiven Weg der Romananalyse systematisierende Erkenntnisse über den Werkstattprozeß der Autoren vermitteln und die Art der kollektiven literarischen Selbstverständigung in der DDR behandeln. In bezug auf den erkenntnistheoretischen Stellenwert künstlerischer Arbeit, auf ihre Integration in das marxistische Ausgangspostulat von Realitätserfahrung, soll genauer bestimmt werden, wie und warum es in den 70er Jahren zu einer so markanten Häufung und Verschiebung der Künstlerfigur im Prosawerk der DDR kam. Die Postulierung einer solchen signifikanten Verschiebung beruht auf Beobachtungen, die in der DDR-Literatur der Vorgängerzeit zu machen sind:
- Bei den thematisierten Künstlerfiguren[8] handelt es sich um Nebenfiguren, die in der Figurenkonstellation als Ergänzung zu anderen Berufsvertretern einbezogen sind.
- Bei diesen Randgestalten steht weniger das Kriterium des Schöpferischen – wie immer man es auch definieren mag – im Vordergrund, sondern ein pädagogischer Impuls. Die Künstler werden aus der Perspektive beurteilt, inwiefern sie sich den neuen Aufgaben gewachsen zeigen und den ihnen übertragenen Auftrag in parteilicher Form auszuführen gewillt sind.

Der fehlenden Möglichkeit bei der Behandlung unserer Fragestellungen auf eine soziologische Studie über den DDR-Kulturbetrieb zurückgreifen zu können, wird dadurch begegnet, daß der Prosaanalyse eine besondere Rezeptionsvorstellung[9] als Modell zugrunde gelegt wird.[10]

Die Untersuchung gliedert sich in drei Hauptteile. Der erste Teil beinhaltet eine theoretische Ableitung des Ausgangspunktes, der Vorgehensweise und der Fragestellung für die Textinterpretation. Er beginnt mit einer historischen Einordnung und Einschätzung der DDR-Literaturproduktion im gesellschaftlichen Kontext der DDR. Es folgt eine exemplarische Analyse der Vorstellungen über das Funktionsverständnis von Literatur in der DDR an Hand eines Interviews mit Christa Wolf.

Im zweiten Teil wird diese Methode bei drei Romanen angewendet, in denen die Literaturgesellschaft aus den Blickwinkeln der vier Bereiche Hochschule, Verlag, Film und

Theater behandelt wird. Jeweils im Anschluß an die, von uns vorgenommene Analyse der literarischen Werke konfrontieren wir sie mit den DDR-Rezensionen.

Im dritten Teil wird das Beurteilungsobjekt von der künstlerischen auf die wissenschaftliche und gesellschaftliche Ebene verlagert, d. h. das Thema wird einerseits unter Zuhilfenahme der DDR-Germanistik betrachtet und andererseits durch Untersuchungen zu den literarischen Instanzen ergänzt. Indem wir – soweit zugänglich – uns um eine genauere Beschreibung der Literaturinstanzen und deren Vorgehen bemühen, kann gleichzeitig auch die kulturpolitische Situation offener als in den deklamatorischen Äußerungen auf Jubiläumsfeiern und offiziellen Veranstaltungen erfaßt werden. Wir beziehen für diesen Abschnitt der Untersuchungen auch den Zeitraum nach 1976 mit ein, weil gerade seitdem die Literaturinstitutionen stärker in Aktion und Bewegung geraten sind als früher; was gleichzeitig bedeutet, daß dadurch auch mehr Informationen über diesen ehemals streng tabuisierten Bereich an die Öffentlichkeit gedrungen sind.

Im Schlußteil wird Resumee in literarisch-künstlerischer und gesellschaftlicher Hinsicht gezogen:

– literarisch-künstlerisch in bezug auf die Besonderheit des ›Abbildcharakters‹ und die Eigenart der Realitätsbewältigung,

– gesellschaftspolitisch in bezug darauf, wieweit der Autor, in Interaktion mit den literarischen Instanzen, seine besonderen Ansprüche, Wünsche und Wirkungsabsichten in der literarischen Öffentlichkeit der DDR realisieren kann.

2. Darstellung der Voraussetzungen für die Fragestellung und die Arbeitshypothesen

2.1. Bestimmung des Standorts literarischer Arbeit in der DDR

Die Ausführungen dieses Kapitels vermitteln keine systematisch chronologische Aufarbeitung der erkenntnistheoretischen Positionen, die im Zusammenhang mit der Einbindung der Literatur in den DDR-Kontext bezogen worden sind. Um Kriterien für die Analyse des Literaturbetriebes zu erhalten, soll nur in geraffter Form eine übergreifende Skizzierung der literarischen Probleme unter den veränderten Bedingungen des Sozialismus und speziell in den 60er Jahren, der Vorläuferzeit des Untersuchungszeitraums erfolgen. Im übrigen konzentriert sich unsere Vorgehensweise methodisch darauf, von den Fragestellungen der Romane auszugehen, um anschließend den Realitätsgesichtspunkt – hier den Zeitraum nach dem VIII. Parteitag – einzubeziehen. [1]

Auch wenn wir diesen tendenziell induktiven Weg bei der Untersuchung wählen, weil er uns geeignet scheint, die künstlerische Vorgehensweise freizulegen und keinem platten Basis-Überbau-Schematismus zu erliegen, sollen die gesellschaftlichen Voraussetzungen stets im Bewußtsein gehalten werden. Da infolge der grundsätzlich anderen politischen Bedingungen im Vergleich zur BRD von einer ›Einheit der Literatur‹ nicht mehr gesprochen werden kann[2], bemühen wir uns darum, die DDR-eigenen, der Tradition des Marxismus-Leninismus verpflichteten Zielvorstellungen als Maßstab anzusetzen. Dabei gilt es sich das Charakteristikum dieser veränderten Bestimmungen von Kulturgütern, die parteipolitische Verankerung zu vergegenwärtigen. Sie bedingt, daß sich die literarischen Konstitutiva nicht mehr spontan und willkürlich, sondern in ständig organisierter Auseinandersetzung mit dem Verlauf des historischen Prozesses herausbilden, m. a. W.:

»Die DDR-Literatur ist eine geplante, eine gelenkte, eine geleitete und eine kontrollierte Literatur. Sie ist eine Literatur, die nicht primär dem individuellen Selbstausdruck dient, sondern sie erfüllt einen gesellschaftlichen Auftrag im Kontext einer alle gesellschaftlichen und materiellen Bereiche umfassenden Gesamtplanung.«[3]

2.1.1. Lukács Einordnung von »Künstler«, »Parteidichter« und »Partisan«

Die Frage nach dem Modus dieses Verhältnisses von Partei und Künstlern – wie sie v. a. Lukács nach dem 2. Weltkrieg gestellt hat – wirft von Anfang an Probleme auf. In der ersten Phase, der sog. Aufbauzeit derart, daß man vor dem Dilemma steht, bürgerlichen

Autoren den Übergang in eine neue Gesellschaftsform vermitteln zu müssen. Nach Lukács geht es dabei zentral »um die Gewinnung des Vertrauens zum Marxismus«[4], es genüge daher nicht, das Prinzip des sozialistischen Realismus ›ex catedra‹ zu verkünden, sondern dieser könne seine Überlegenheit nur dann unter Beweis stellen, wenn er als »Frucht der Debatte um den Realismus«[5] zustande gekommen sei. Er verweist in diesem Zusammenhang auf die Verpflichtung des marxistischen Kritikers zu Souveränität und Selbstbeobachtung, da gegenwärtig keine akut-revolutionäre Situation bestehe, die ein so rigides Freund-Feind-Schema zulasse: »Die Aufgabe des Marxismus wäre es, das ganze Feld zu überblicken [...] und jede Bewegung des wahren zeitgemäßen Fortschritts mit Hilfe der marxistischen Literatur zu unterstützen.« Anderenfalls, bei extremen Rezeptionshaltungen, die bei der Beurteilung von Autoren »außer Lob und Niederknüttelung keinen vermittelnden Standpunkt kennen«, werde die bei vielen bürgerlichen Autoren vorhandene Lernbereitschaft oft schon im Ansatz erstickt. Solche Extreme vertrieben »diejenigen ins Lager der Reaktion, bei denen vielleicht die Neigung zu einer Annäherung bestanden hätte«.[6]

Diese Bemerkungen weisen auf einen grundsätzlichen Konflikt hin, der die gesamte Entwicklung der DDR-Literatur begleitet, und zwar auf die gegensätzlichen Ansichten über die politische Effektivität und den spezifischen Standort von Literatur im gesellschaftlichen Kontext. Es lassen sich zwei Standpunkte feststellen, die sich maßgeblich in der Einschätzung der Wirkung ›künstlerischer Energieschübe‹ auf Veränderungsprozesse gesellschaftlicher Strukturen unterscheiden:

1. Eine kurzfristige eindimensional-funktionale Bestimmung von Literatur als eine unter verschiedenen ›Waffengattungen‹ im Klassenkampf zur tagespolitischen Mobilisierung der Leser – der Autor als Produzent von optimistischen Propagandaversen und Tendenzromanen; eine Position wie sie stellvertretend von Kuba in seiner Funktion als Mitglied des ZK der SED in aller Schärfe proklamiert wurde.[7]
2. Literatur als kritisches Hilfsmittel zur Interpretation der Wirklichkeit, um die Welt für den Rezipienten durchschaubarer zu machen; mit dem Ziel, die Identität der einzelnen Subjekte zu erreichen.

Wenn sich die Kunst aber – wie in der ersten Ansicht gefordert – völlig den aktuellen Notwendigkeiten, d. h. den jeweiligen Anforderungen der Partei unterordnet, so läuft sie Gefahr, zu einer Apologie der ›reinen Lehre‹ zu verkümmern; zum Ausdruck eines oberflächlichen, optimistischen Perspektivbewußtseins zu verblassen, das »die Schwierigkeiten, die Hemmungen, die Überreste des Alten [unterschätzt], vor allem in den Menschen selbst, in der Seele der gestalteten Menschen selbst. Und zweitens überschätzt sie die sofort verwirklichten Resultate und gibt dadurch ein schiefes Bild von der Wirklichkeit«.[8] Ein wirklich progressiver Ansatz muß berücksichtigen, daß der Sozialismus nicht eine schnell zu durcheilende Übergangsphase zum Kommunismus ist, sondern langwierige Auseinandersetzungen auch in den eigenen Reihen erfordert[9] – eine Auseinandersetzung nach der Devise: »Kämpft nicht nur, um den Feind zu überwinden, sondern auch um die Überreste des Alten in uns selbst zu liquidieren.«[10]

Lukács charakterisiert die damals von offizieller Seite proklamierte Literaturauffassung als »Tendenzkunst« und falsche Utopie, die den intendierten Handlungsimpuls verhindere. »Wird in der Literatur nur eine programmierte Forderung als Wirklichkeit dargestellt, – [...] so gehen wir an den wirklichen Aufgaben der Literatur vollständig vorbei.«[11] In seiner eigenen, unter 2. aufgeführten Einschätzung greift er als Ersatz für ›Tendenz‹ auf den alten Begriff der »Parteilichkeit« zurück, den er jedoch im Vergleich zur traditionellen Definition weiter faßt. Im Gegensatz zur ›Überparteilichkeit‹ und zur ›Tendenz‹, die in der Regel zwischen positiver und negativer Verzerrung schwanken, »wird in der ›Parteilichkeit‹ gerade jene Stellungnahme erfochten, die die Erkenntnis und Gestaltung des Gesamtprozesses als zusammengefaßte Totalität seiner wahren, treibenden Kräfte, als ständige erhöhte Reproduktion der ihm zugrundeliegenden dialektischen Widersprüche, möglich macht.«[12] Auf die Funktion der Kunst bezogen, könnte die Parteilichkeit dann in vielfältiger Form dazu beitragen, die allem zugrundeliegende wechselseitige Durchdringung von subjektiven Faktoren und objektiver Entwicklung zu demonstrieren, indem sie statt inhaltlicher Vorherrschaft ein gleichgewichtiges Zusammenspiel von Form und Inhalt anstrebt. In einer solchen Harmonie allein sieht Lukács Kriterien einer umfassenden Qualität, die sich dem Leser allerdings nur unter folgenden Voraussetzungen glaubhaft darstellen lasse:

– Einer eigenen Persönlichkeit des Autors, da eine Perspektive nur dann überzeugt, »wenn sie aus den Entwicklungstendenzen jener konkreten Menschen, die das Kunstwerk gestalten, herauswächst und nicht als objektive, soziale Wahrheit bestimmten Menschen, die damit nur lose zusammenhängen, angehängt wird.«[13]
– Eines intensiven Studiums des Marxismus-Leninismus, um sich dem Wesen der Wahrheit zu nähern und daraus im Verbund mit den eigenen Erfahrungen Handlungsimpulse zu definieren.
– Einer Führung und Leitung der Partei – solange die Partei nicht zur Verselbständigung, zur bürokratischen Verhärtung und damit zur Stagnation neigt. Eine solche Unterordnung des Künstlers könne allerdings nur freiwillig, aus tiefster Überzeugung zustande kommen, denn »keine ›Maßnahme‹ und ›Institution‹ oder ›Lenkung‹ kann eine neue Entwicklung in der Kunst heraufführen«.[14]

Wird die angestrebte Kongruenz von Künstler und Partei nicht erreicht, so resultiere es daraus, daß der Künstler nur »mit der großen strategischen Linie [...] mit der geschichtlichen Berufung der Partei« übereinstimme, sich aber »innerhalb dieser Einheit [...] mit eigenen Mitteln und auf eigene Verantwortung offenbaren...« muß. Er sei als Parteidichter in der hier nur angerissenen Konzeption »niemals Führer oder Soldat, *sondern immer Partisan*«[15] [Hervorhebung von R. K.], d. h. zuallererst Dichter mit der Aufgabe, die Entwicklung des Menschen als Gattungswesen durch Aufzeigen der Widersprüche in der Realität voranzutreiben.

2.1.2. Die Etappe des ›Bitterfelder Weges‹

Obwohl Lukács selbst 1956 in der DDR als Revisionist eingestuft wurde, sind eine Reihe seiner Forderungen in der Periode des ›Bitterfelder Weges‹ übernommen worden. Das zeigt sich am deutlichsten daran, daß die z. T. zur »Allegoriendichtung«[16] erstarrten schematischen Weltenwürfe der ersten Phase[17] aufgegeben wurden – eine Folge der Erkenntnis, daß die sozialistische Einstellung noch nicht soweit konsolidiert war, um sie als gesichert einplanen zu können.

Wenn wir uns die 1. Bitterfelder Konferenz (1959), die im Kulturpalast des Chemiekombinats Bitterfeld stattgefunden hat, vor Augen führen, so sind die beiden Forderungen besonders hervorzuheben, die die starre Rollenzuweisung von Autoren einerseits und Lesern andererseits zu durchbrechen versuchen.[18]

– An die Autoren, in die Betriebe und sozialistischen Brigaden zu gehen, um mit den dort gemachten Erfahrungen die Literatur um Themen aus dem Alltagsbereich der Bevölkerung zu erweitern.

– An die Arbeiter, unter dem Motto »Kumpel greif zur Feder« die Möglichkeit zu ergreifen, ihren Wahrnehmungs- und Entfaltungsbereich zu erweitern und zu neuen Formen der unmittelbaren Apperzeption von Wirklichkeit vorzustoßen.

Der neue Realismus von Bitterfeld soll nun, durchaus problemorientiert, zur »Ankunft im Sozialismus«[19] beitragen, indem er mittels seiner erweiterten, zweiseitig perspektivierten Erlebnisintention den Versuch unternimmt, die Divergenz zwischen Basis und Überbau, zwischen Kopf- und Handarbeit, zwischen Kunst und Arbeit durch Öffentlichmachen von Erfahrungen zu überwinden. Charakteristisch ist eine Verschiebung des Akzents zur Suche nach dem Ideal, zur Erprobung der Wahrheit des sozialistischen Ideals in der Gegenwart, was sich in der Literatur in spektakulärer Weise darin äußerte, daß immer seltener ›fertige Helden‹ auftauchen, sondern solche, die sich ihr Umfeld erst mühsam erobern müssen.[20]

Strukturell lassen sich danach drei literarische Richtungen rekonstruieren, die natürlich selten rein, sondern meist gemischt auftreten:

1. *Operationale Literatur,* unter der im wesentlichen die Mobilisierung des Lesers auf ein klar umrissenes Ziel hin zu verstehen ist, wobei eine deutliche Zweck-Mittel-Reaktion im Vordergrund steht.

2. *Typisierende Literatur* im Sinne von Lukács, in welcher die Persönlichkeit des Künstlers bewußt als Vermittler fungiert, durch den die Wirklichkeit nicht wie sonst im Alltagsleben nur partiell und zufällig perzipierbar wird, sondern durch den von einem Einzelfall – mittels einer verdichteten, fiktionalen Figur und ihrer Umgebung – ein gültiger Bezug zum Allgemeinen erkennbar und erlebbar wird.

3. *Dokumentarische Literatur,* die z. B. die Arbeitswelt reportageartig in der Absicht zu erfassen versucht, die Wirklichkeit in ihren alternierenden Erscheinungen nachprüfbar zu gestalten, um konkrete Anknüpfungspunkte für Diskussionen über Strukturverbesserungen zu erhalten.

Die verstärkte Hinwendung zum Arbeitsbereich hat kulturpolitisch im wesentlichen zwei Motive:

– die *kompensatorische* Absicht, den Werktätigen neben den Produktionsmitteln auch das ›kulturelle Erbe‹ als Besitz zu vermitteln;

– die *bewußtseinsbildende* Funktion, durch die schriftstellerische Reproduktion die veränderte Form der sozialistischen Arbeit zu erfassen, um auf diesem Weg Verantwortung, Eigeninitiative und Selbstdisziplin zu erwerben und die Relikte von Privatinteresse, Trägheit und Nachlässigkeit ins Bewußtsein zu heben.

Bezeichnend für die Intentionen kann der – zum damaligen Zeitpunkt forcierte – Wettstreit der Arbeitskollektive um den Titel »Brigade der sozialistischen Arbeit« angesehen werden, der zur Realisierung der gewünschten positiven Werte führen sollte:

- Verbindung von Arbeit und Freizeit,
- Vertiefung des politischen und fachlichen Wissens,
- Entfaltung des kulturellen und geistigen Niveaus und
- Erwerb von Qualifikation und Einsatz zur Erhöhung der ökonomischen Produktion

2.1.2.2. Der gescheiterte Versuch einer allseitigen Demokratisierung der Kunst dargestellt an der Aktion des Brigadetagebuchs

Die Bitterfelder Konferenz empfiehlt in diesem Zusammenhang als wichtiges Medium zur Verständigung der Arbeiter untereinander und zur Entwicklung ihrer schöpferischen Fähigkeiten die Führung eines ›Brigadetagebuches‹. Zusammen mit anderen Maßnahmen wurden damit zentral folgende Ziele verfolgt:
- Kollektive Selbsterziehung der Brigademitglieder
- Steigerung der Arbeitsproduktion, insbesondere die Aufdeckung und Behebung von Schwierigkeiten, die zu Hemmungen des Produktionsablaufs führen
- Stimulierung der schöpferischen und reflektorischen Fähigkeiten der Arbeiter
- Schaffung eines Kulturdokuments von chronikalischem Wert als Material für eine mögliche literarische Gestaltung.[21]

Diese angestrebte Form der Kollektivität stellt grundsätzlich ein brauchbares Modell der demokratischen Beteiligung am Arbeitsplatz dar. Die unmittelbar Beteiligten kommen auf diese Art direkt zu Wort, und zwar ohne der Kritik einer literarischen Öffentlichkeit ausgesetzt zu sein – laut ›Handbuch für schreibende Arbeiter‹ soll das Tagebuch »nicht von vornherein auf literarische Wirkung angelegt werden. Seine ureigene Aufgabe liegt darin, unmittelbar verändern zu wollen«.[22] Um so mehr erstaunt es, daß sich das Betriebstagebuch weder in seinem direkten Aktionsfeld noch als Vorlagematerial für die sog. Zirkel schreibender Arbeiter längerfristig durchgesetzt hat. Die Ursachen dafür müßten zugleich auch erklären, warum die Bitterfelder Bewegung nur als Durchgangsphase zu werten ist, die den Schriftstellern in der Darstellungspraxis längerfristig keine Alternative bot. Die Untersuchungen über Bitterfeld[23] nennen in diesem Zusammenhang folgende Gründe:
1. Der ursprüngliche Impetus, ein eigenständiges Arbeiterbewußtsein zu initiieren und zu selbständigen Bereichsanalysen aufzufordern, wird dadurch entwertet, daß wiederum die sog. hohe Kunst als Maßstab fungiert; daß eine literarische Vorlage Vorbildfunktion erhält, die eigens zu diesem Zweck konzipiert wurde. Ausgangspunkt bildet insofern nicht die jeweils eigene Erfahrung des Arbeiters, sondern eine öffentlich sanktionierte Norm, die im speziellen Einzelfall nur eine reproduzierte Variante erfährt.[22]
2. Parallel dazu entsteht eine sog. Neuererbewegung, die sich als ›ideologischer Elitetrupp‹ verpflichtet fühlt, dem Volk in einer forcierten Aktion die vorgeschriebene ›Wahrheit‹ in Form von strengen Erziehungsmaßstäben zu vermitteln. Ihre Vertreter begreifen sich als »Hüter der ideologischen Sprachregelung«[25], indem sie »Artikulierungshilfe für den verordneten Denkschematismus« bereitstellen. Durch ihren Anspruch auf Alleinexegese kommen sie in Versuchung, den von ihnen betreuten Arbei-

terschriftstellern und Brigadetagebuchschreibern eine »Uniformität des Bewußtseins als neue geistige ›Qualität‹« [26] zu vermitteln.

3. Das Interesse an den Betriebstagebüchern, das noch zu Beginn dieser Aktion bestand, bezog sich allerdings eher auf die Möglichkeit, ein internes Artikulationsorgan für positive Berichterstattung bzw. für Beschwerden zu besitzen. Die offizielle Verschiebung der Akzente vom operativen Impuls zum traditionell literarisch-ästhetischen Bereich dürfte dann zur endgültigen Lähmung der Initiative geführt haben. In den Wettbewerben um die schönsten Brigadetagebücher und der Ulbrichtschen Forderung, daß »die Massen die *Höhen* der Kultur« [27] stürmen sollten, manifestiert sich der Fehler einer Orientierung an der statischen Größe eines überkommen Kunstideals. Infolgedessen wird der Abstand zwischen den eigenen Produkten und den normierten Leistungen ständig betont und die Chance verspielt, den Arbeitern in ihrer jeweils spezifischen Wirklichkeitserfassung und -erfahrung eine wirksame Verständigungbasis zu schaffen, um die beanspruchte Position im Entwicklungsprozeß des Sozialismus zu artikulieren. So verliert dieses Medium sein emanzipatorisches Potential und, sein Inhalt entartet häufig zu erneuten Harmoniebildern oder bekommt die Ersatzfunktion, tieferliegende Fehlerursachen mit Versäumnissen einzelner zu verschleiern. Kritik am Bürokratismus und Planungsfehlern konnte zudem leicht unter Hinweis auf die vorläufige unfertige Form des Objekts beiseitegeschoben werden.

4. Der letzte Versuch einer Stimulierung kurz vor der zweiten Bitterfelder Konferenz, der die *Deubener Blätter* [28] als beispielhaft herausstellt, schlägt fehl, da die diktierende, pädagogische Funktion des Tagebuchs als ›Gewissen der Brigade‹ mit dem eindimensionalen Ziel einer Maximierung der Arbeitsproduktion deutlich hervortritt. Statt als Anreiz zum Gespräch zu dienen, erstarrt das Brigadetagebuch zur ritualisierten Pseudokommunikation.

Insgesamt hat – entgegen den amtlichen Erfolgsmeldungen [29] – der Versuch, schriftstellerische Arbeit von der Basis her zu erweitern, in der literarischen Öffentlichkeit der DDR nicht den erwünschten Widerhall gefunden. Der Gewinn des Bitterfelder Ansatzes ist eher indirekt in der steigenden Kulturnachfrage und in der Entwicklung einer Reihe der Arbeiterklasse entstammender Amateurautoren zu professionellen Schriftstellern zu sehen. [30] Greiner [31] merkt dazu lakonisch an, daß der ursprünglich weitgefaßte Ansatz von Bitterfeld sich schließlich auf die Suche nach neuen Talenten reduzierte – denen dann allerdings am Joh. R. Becher-Institut in Leipzig oder über lokale Organisationen des Schriftstellerverbandes der fehlende ›Duktus‹ vermittelt wurde. Dieses Faktum bestätigt erneut die Beobachtung, daß die Qualitätskriterien von den hauptamtlichen Literaten bestimmt werden.

Die von den professionellen Literaten produzierten Werke finden in ihrer Ambivalenz von bekräftigender Bestätigung der als grundsätzlich richtig anerkannten gesellschaftlichen Entwicklungsrichtung und kritischer Distanz zu dogmatischen Tendenzen in dieser Zeit zum erstenmal eine allgemeine Resonanz. [32] Dieses Echo ist u. a. auch darauf zurückzuführen, daß DDR-eigene Gegenwartsthemen behandelt werden, und daß die Diskrepanz zwischen erfahrener Realität und sozialistischem Anspruch nicht mehr verschleiert, sondern zum Teil deutlich herausgestellt wurde. Es konstituieren sich im Laufe dieser Gesamtentwicklung zunehmend zwei literarische Lager – eine Dichotomie von apolegetisch affirmativer Parteiliteratur und konstruktiv-kritischem Kommentar. Literarisch befaßte sich mit den Implikationen des Bitterfelder Weges Franz Fühmann in seiner Reportage *Kabelkran und blauer Peter*[33], in der die Konflikte eines Schriftstellers thematisiert werden, der bei seiner Brigadearbeit den ihm gestellten Aufgaben gerecht zu werden versucht, dabei aber für sich den optimistischen neuen Weg der Wirklichkeitserfassung in Frage stellt. Die Brisanz dieses Textes besteht darin, daß es ihm, im Rahmen seiner Auseinandersetzung mit dem Alltag der »Warner Werft«, nicht gelingt, die geforderte positive Interpretation zu liefern. Er erlebt die Situation aus der Perspektive des völlig Ohnmächtigen, Hilflosen, indem er die Fremdheit der Industriewelt, die Vitalität der Maschinen als Alptraum stilisiert. Diese Fremdheit zu durchbrechen erfordert zu große Anpassungsenergien von ihm, als das er sie im produktiven Sinne schreibend verwerten kann. Damit stellt Fühmann das Programm der Bitterfelder Bewegung poetisch zur Diskussion und fragt, in wieweit sich auch dort Schriftsteller in ihrer Rolle als Außenstehende (Außenseiter?) nicht immer glaubwürdig in Bereiche versetzen können, die sie nur als Besucher erleben? Fühmann konkretisiert diese, in der Reportage angeschnittenen Fragen, in einem Brief an den damaligen Kulturminister Hans Bentzien im Zusammenhang mit den Vorbereitungen zur zweiten Bitterfelder Konferenz:

> »Was z. B. empfindet ein Mensch, der weiß, daß er sein Leben lang so ziemlich dieselbe Arbeit für dasselbe Geld verrichten wird, als beglückend und was als bedrückend an eben dieser Arbeit; wo bringt sie ihm Reize, wo Freude, wo Leid, in welchen Bildern, auf welche Weise erscheint sie in seinem Denken und Fühlen usw. usw. Ich weiß es nicht und kann es nicht nachempfinden [...] natürlich weiß ich etwas, ein bißchen, ich ahne etwas [...] vielleicht würde es sogar lesbar werden, aber gemessen an dem, was ich literarisch leisten könnte ein Rückschlag bedeuten.«[34]

Fühmann verweist mit dieser Anmerkung auf das zentrale Anliegen von Bitterfeld, die Überwindung der Trennung von Kunst und physischer Arbeit, die Vereinigung von künstlerischem Schaffen und industrieller Erzeugung zur *gesellschaftlichen Produktion*.

Ohne diese Einzelerscheinung für jene Zeit generalisieren zu wollen, kann ihr jedoch eine Art Vorläuferfunktion für die spätere Typik der Eigenthematisierung zugemessen werden. Es taucht schon hier die zentrale Frage auf, wie die Kluft zwischen der eigenen Erfahrung und den Belangen der Mehrheit der Bevölkerung, der Arbeiter, geschlossen werden kann?

Solche komplexen Probleme erfordern einen weiten Raum des Experimentierens mit sich selbst und den Rezipienten – ein Raum, der infolge einer uneinheitlichen Kulturpolitik, die zwischen unterstützender Herausforderung von Eigeninitiative und Repression schwankte, in der Zeit der zweiten Bitterfelder Konferenz nicht immer gegeben war.[35]

Speziell diese Phänomene hat Dieter Jonsson in seiner Dissertation *Widerspruch oder Affirmation*[36] analysiert; er zieht darin Parallelen zwischen dem kulturpolitischen Programm und den Maßnahmen an der ökonomischen Basis, die im Zusammenhang mit dem NÖSPL 1963 dem einzelnen innerhalb eines Systems ›ökonomischer Hebel‹ einen größeren Aktivitätsspielraum konzedierten:

1. In der Frühphase, die noch vor die offizielle Proklamation fällt, bieten die wirtschaftlichen Neuerungen dem kulturellen Bereich günstige Voraussetzungen, den Spielraum der Kritik auszuschreiten. Es konstituiert sich in der Autorengruppe eine »insti-

tutionalisierte Gegenelite«, die sich von der offiziellen Parteilinie entschieden abgrenzt, von den Vertretern der »strategischen Führungselite« jedoch im großen und ganzen toleriert wird.

2. Im weiteren Zeitverlauf verselbständigt sich dagegen die Kulturpolitik in zunehmendem Maße,

> »[...] sie kann als Domäne gelten, in der die strategische Führungsgruppe – anders als in ökonomischen Bereichen – ihre Denkstrukturen weiter perpetuiert und demzufolge gegen eine Literatur zu Felde zieht, die sich einmal auf die jetzt existierenden Organisationsstrukturen der Basis und ihre erkenntnistheoretischen Voraussetzungen berufen kann, sich zum anderen aber auch in legitimer Nachfolge der Bitterfelder Konferenz weiß, [...] die ja gerade die Darstellung nichtantagonistischer Widersprüche hervorhebt.«[37]

2.1.3. Das Verhältnis von Literatur und technischer Revolution

Schon auf der zweiten Bitterfelder Konferenz wird auf die schrittweise Zurücknahme der Forderungen nach einer Literatur im Experimentierfeld im Sinne einer »Realität als Probe«[38] verwiesen, indem die offizielle Leitlinie die Perspektive der Rolle des Autors auf die des ›Planers und Leiters‹ verschiebt, wodurch versucht wird, der Kritik an den »Widersprüchen zwischen Demokratie der volkswirtschaftlichen Organisation und einer massiv reglementierenden Kulturpolitik«[39] zu entgehen. Diese Tendenz zur Repression verstärkt sich – u. a. auch auf dem 11. Plenum des ZK – da das NÖSPL unter Betonung des Systemcharakters allmählich revidiert und der begonnene Kurs der Dezentralisierung gestoppt wird. Die Revision des NÖSPL zum ÖSS ist von der Sorge getragen, daß die eingeschlagene ökonomische Reform auf ein zu starkes Echo in anderen Bereichen führt und dadurch die Herrschaftsposition der »strategischen Führungsgruppe« gefährdet.

Der neue konservative Trend – mit dem Schlagwort einer bereits existierenden »sozialistischen Menschengemeinschaft« verbunden – führt in der Kulturpolitik dazu, daß zur Sicherung des administrativ-demokratischen Bürokratismus eine Intensivierung des Verhältnisses von Literatur und »technischer Revolution«[40] propagiert wird. Dies äußert sich in neuartigen Forderungen nach kulturellem Systemdenken, worin der Schriftsteller neben der Einbeziehung der politischen Ökonomie sowie deren erkenntnistheoretischen Voraussetzungen vor allem zu ›prognostischen Methoden‹[41] verpflichtet wird. Das legt die Vermutung nahe, daß die Sicht des kritisch-distanzierten Beobachters in seiner zeitlichen Parallelität überwunden werden soll – m. a. W. es besteht die Gefahr der Integration des ganzen kulturellen Sektors in die kybernetisch-prognostische ›Hebeltheorie‹, in der der Schriftsteller nur noch als stabilisierender Faktor des Gesamtsystems fungiert, d. h. ihm der kontrollierende Freiraum entzogen wird. Die Orientierung an nur noch technisch-ökonomischen Erfolgen wirft für die Autoren die Frage auf, wie man die Spezifika von Literatur in ihrer jeweiligen Besonderheit richtig einsetzen kann, um sie nicht als Anhängsel von wissenschaftlichen Planungsaufträgen verkümmern zu lassen.

An diesen, die Literatur in ihrer spezifischen Existenz gefährdenden Punkt, knüpfen die Autoren in der Nachfolge von Bitterfeld die Frage, inwieweit durch ein, an moralischen Impetus grenzendes Leistungsethos Mißwirtschaft und Planrückstände verbrämt bzw. aufholen solle, d. h. Literatur zum ›Stimulus von Produktionssteigerungen‹ pervertiert.[42]

Als Reaktion entsteht in der weiteren Entwicklung der DDR-Literatur ein starker Trend, sich an einzelnen Individuen, ihrer Selbstverwirklichung, Identitätsfindung und ihrem Bezug zu gesellschaftlichen Fragen zu orientieren. Wird dieser Trend zunächst noch als »subjektivistische Verirrung«[43] gewertet, so gewinnt er im Rahmen der Veränderung der Literaturgesellschaft nach dem 8. Parteitag neue Bedeutung, da man erkennt, daß solche Bewegungen, wie z. B. die Selbstthematisierung des künstlerischen Individuums nicht per se als solipsistische Vereinzelung, sondern auch als Selbstbewußtsein, Selbstdefinition von Autoren in einer sich allmählich formierenden »entwickelten sozialistischen Gesellschaft« gewertet werden können.

2.1.4. Formulierung der Fragestellung

Als Substrat der vorliegenden Äußerungen, die den übergreifenden Problemkonnex der zu untersuchenden Prosawerke bilden, sollen diese zentral unter den Aspekten befragt werden:

– Ob und in welcher Weise die Hemmnisse, die den Ansprüchen der Autoren im Wege stehen, speziell unter dem Gesichtspunkt der Berufsperspektive, formuliert werden.

– Inwieweit den Autoren im schriftstellerischen Freiraum, der unter anderen Voraussetzungen auch im Sozialismus herrscht, die Möglichkeit geboten wird, über ihre Rezeptionsvorlage, auf gesamtgesellschaftliche Entscheidungen Einfluß zu gewinnen; ob sie unterstützt werden mittels ihrer ›phantastischen Intelligenz‹ eine Art gedankliche Kontrollinstanz zu repräsentieren.

– Inwieweit das System der Massenkommunikation in der DDR, durch seine parteigebundene Vermittlung, auf dem Sektor der literarischen Arbeit nach Gesichtspunkten demokratischer Bedürfnisorganisation arbeitet. Ob es in dem weitgefächerten, durchorganisierten Bereich der ›literarischen Instanzen‹ ein reales Betätigungsfeld für die Schriftsteller gibt, indem sie die ihrem Arbeitsgebiet zugeordneten Belange der Selektion, der Verwertung bzw. der Anwendung vertreten können.

– In welchem Umfang das Ministerium für Kultur – das neben seiner Gutachterfunktion und der zentralen Koordination und Lenkung der Produktion die Schlüsselposition für die Druck- und Lizenzgenehmigung innehat – für die Öffentlichkeit durchschaubare, bzw. veränderbare Bewertungskriterien entwickelt.

– Nach welchen Wertmaßstäben die in der DDR weit ausgebauten Gratifikationen vorgenommen werden, die für die Literaten einen gewichtigen Beitrag zur ökonomischen Unabhängigkeit und öffentlichen Wirksamkeit bedeuten.

2.2. Zum Selbstverständnis und Funktionsverständnis des Schriftstellers in der DDR

(Exemplarische Demonstration von Erfahrungs- und Rezeptionsmechanismen an Hand von Christa Wolf)

Christa Wolfs Roman *Nachdenken über Christa T.* [44] als ›theoretisierende Dichtung‹ und ihre parallel, bzw. im Anschluß daran konzipierten Essays *Lesen und Schreiben* [45], als ›literarisierte Theorie‹, bilden im Hinblick auf das ihnen zugrundeliegende differenzierte Rezeptionsmodell eine Einheit. Die Struktur dieses Rezeptionsmodells soll im folgenden analysiert werden, da die Arbeit von der Hypothese ausgeht, daß Christa Wolfs Art des Schreibens einen Wendepunkt in der DDR-Literatur darstellt, als Provokation auf ihre schriftstellerischen Kollegen gewirkt hat und gleichzeitig in ihrer Komplexität Hinweise auf das Funktions- und Selbstverständnis der Autoren in der DDR gibt. [46]

Christa Wolfs Prosa läßt sich als Prozeß einer dialektischen Interdependenz von Erinnerung – d. h. bewußtseinsmäßiger Aufarbeitung von Vergangenheit – und Utopie auffassen mit der Absicht, die Entwicklung durch Aufzeigen der Diskrepanz zwischen Ziel und Gegenwart in Bewegung zu halten. [47] In diesem Sinne variiert die Autorin die Frage, inwieweit auch unter sozialistischen Bedingungen für das Individuum Anpassungsmechanismen erforderlich sind, es seine »halbphantastische Existenz« (NT 143) aufgeben und untergehen muß im Sog der Fremdbestimmung, der »Zweckmäßigkeit des Apparats«, (NT 62) reduziert auf eine ›Schräubchenexistenz‹.

Die Autorin verweist über ihre radikale Frage nach der Existenzberechtigung literarischer Arbeit auf die Analogie von Literatur und realer Existenz, die sich bei ihr in verschiedene Ebenen gliedern läßt:

– Den Bereich der Dichtung allgemein, wo sie die Frage stellt, ob Prosa noch die Fähigkeit besitzt, einem rein ›reduzistischen‹, an Nützlichkeit ausgerichtetem Denken [48] entgegenzuwirken und ob Prosa noch angesichts der Medienvielfalt einen spezifischen Eigenwert besitzt. [49]

– Dem dichterischen Individuum – bei Christa Wolf meist mit einer sensiblen, unruhigen ›Ich-Gestalt‹ verbunden –, das sich über die Interaktion mit dem Stoff der Welt der ›Tatsachen‹, den »Hopp-Hopp-Menschen«, (NT 66) den ›Tüchtigen‹ konfrontiert sieht und sich bemüht, vermittels Schreiben – als Versuch der ständigen Auseinandersetzung mit eigenen und fremden Lebenskonflikten – in das Innere des Menschen einzudringen. [50]

– Dem Rezipienten, bei dem durch die Radikalität der literarischen Problemstellung, dem Konflikt im Werk, erstarrte Denkstrukturen aufgebrochen und die Sehnsucht nach Selbstverwirklichung erweckt werden sollen (LS 216). Das erfordert arbeitstechnisch keine abgeschlossene, auf ein eindeutiges Ziel hin konzipierte Handlung mehr, sondern eher das Bemühen, Ursachen und Handlungsabläufe in allen Differenzierungen aufzuzeigen. [51] Eine Tendenz, die durch den Kunstgriff charakterisiert ist, die Grenze von Erzählen und Erzähltem, vom Erzähler und erzählter Figur, von Vergangenheit, Gegenwart und Zukunft fließend zu konstruieren. [52]

Ihren Impuls zu schreiben – Übergreifen als Verhältnis von Subjekt- und Objektbeobachtung definiert – verdeutlicht Christa Wolf in einem dichterischen Bild: der Veränderung einer Wolgalandschaft bei zweimaliger, zeitlich verschobener Betrachtung, obwohl die Landschaft selbst objektiv unverändert war (LS 182). Es geht ihr darum, diese Differenz in der eigenen Erfahrung, das ›alles-anders-Sehen‹ (LS 183), bewußt einzuholen. In bezug auf den Prozeß der Umsetzung des Erlebnisses verweist sie darauf, daß die ehemals als gültig angesehene Chronologie von Leben – Überwinden – Schreiben um der »inneren Authenzität« (KI 93) willen unterbrochen werden kann und wenn erforderlich, der augenblickliche Denk- und Lebensprozeß in einer synchronen Darstellung möglichst greifbar mit einbezogen, d. h. der Arbeitsprozeß mit zur Sprache gebracht werden muß. [53]

Im Interview mit Hans Kaufmann, in dem Christa Wolf selbst die enge Beziehung zwischen *Nachdenken über Christa T.* und *Lesen und Schreiben* betont, verdeutlicht sie explizit einen Prozeß, der gewöhnlich erst bei retrospektiver Interpretation des Gesamtwerkes im Verbund mit biographischen und historischen Fakten ermittelt werden muß: *die Verarbeitung von Rezeptionserfahrungen eines früheren in einem späteren Werk.* Diese Übertragung hänge auch mit der Themenwahl zusammen, die nach ihrer Aussage aus der Beunruhigung über »das Schicksal des Romans« entstand: »Ich hatte das Bedürfnis, die Erfahrungen aufzuarbeiten, die ich beim Schreiben des Buches gemacht hatte, indem ich sie zu artikulieren suchte und mich gleichzeitig fragte, was daran nur für den Einzelfall eines Buches bedeutsam, was verwendbar war für spätere Arbeiten.« (KI 91) Sie setzt die eigenen Erfahrungen in Beziehung zu den Erwartungen und Bewertungen der Umwelt, sowohl zu den fiktiven, antizipierten, als auch zu den tatsächlich erfolgten: »Aus ersten kritischen Äußerungen [zu ›Christa T.‹] konnte ich mir die Richtung der öffentlichen Kritik an diesem Buch vorstellen.« (KI 91)

Ihren Ausführungen läßt sich darüber hinaus entnehmen, daß für sie neben den üblichen »Quellen der Inspiration« (LS 216) – Alltagserfahrungen, Anregungen aus der politisch-sozialen Sphäre, Eigenerfahrung beim Schreiben [54], Reaktion der Rezipienten, Leser und Kritiker – die sog. *Lektüreerfahrungen* – bei ihr meist über die Identifikation mit anderen Autoren – einen wichtigen Beitrag zur Identitätsfindung bedeuten. Beispielhaft für die Projektion durch Identifikation mit anderen Autoren ist ihr Ur-Erlebnis mit Büchners ›Lenz‹, dem sie sich über die doppelte Form des Sich-Versetzens engstens verwandt fühlt, da er der von ihr immer wieder betonten »vierten Dimension des Autors« (LS 204) – mit der sie das subjektiv gestaltete Engagement des Erzählers meint – weitestgehend entspricht.

Die Grundstruktur der vorliegenden Werke Christa Wolfs entspricht den bisher ermittelten Erfahrungsebenen, zumal es sich dabei, verkürzt formuliert, um das Experiment handelt, durch Schreiben eine *Rekonstruktion der eigenen Identität* vorzunehmen, sie sich über den Versuch der intensiven, erinnernden Eigenerfahrung, der bewußt erlebten Subjektivität bemüht, an die Bereiche anzuknüpfen, die in substantieller Form in das Allgemeine umschlagen. [55] »Ein neuartiges Bedürfnis läßt sich nicht abweisen: sich früherer Erfahrungen zu versichern. Damit verquickt der Wunsch, Vergangenes möge nicht vergangen, nicht tot sein, es möge sich nicht ein für allemal verfestigen. Das Mittel dagegen ist die Neuschaffung der Vergangenheit, die allerdings auch nicht zu jedem beliebigen Zeitpunkt möglich ist, sondern nur in jenem vergänglichen Moment, da die *undurch-*

sichtige Gegenwart so weit zurückgedrängt ist, um durchsichtig dem Erzähler verfügbar zu sein; aber noch nah genug, damit nicht fertig zu sein.« (LS 57, Hervorhebung von R. K.)

Die beim Durchforschen der eigenen Vergangenheit ermittelten Lebensmuster erhalten innere Dynamik und Verweiskraft, wie es ausschnitthaft in der schillernden Existenz und ständig wechselnden Perspektive von ›Christa T.‹ und ihrer Autorin sichtbar wird. Gemeint ist eine Methode, die in einer Verbindung von projektiv-reflexiver Aufarbeitung und phantasiehafter Expansion sich der unbefriedigten Bedürfnisse, Spannungen und Widersprüche annimmt, die den Menschen dazu befähigen – in Christa Wolfs Formulierung – »über sich selbst hinauszuwachsen, oder vielleicht: sich zu erreichen.« (LS 185) Voraussetzung ist, daß es gelingt, durch Prüfung des ehemaligen Verhaltens und der Ansichten, der ins Wanken geratenen Persönlichkeit, neue Handlungssicherheit zu vermitteln, d. h. das Ich mit der Gesellschaft zu integrieren.[56]

Eine Möglichkeit des sich ständig neu Definierens, Abgrenzens auf dem Wege zur Selbstverwirklichung besteht für Christa Wolf darin, mit Hilfe des Mediums Prosa das Verhalten von Menschen unter verschiedenen Bedingungen *durchzuspielen.* Daher führt ihre »Sehnsucht sich zu verdoppeln«[57] – sie verleiht ihr die gesellschaftliche Phantasie, mit der sie fiktive Entwürfe von Menschen – d. h. Prosa – zum Prüffeld von menschlichem Verhalten verarbeiten kann. »Sie [die Prosa] dient als *Erfahrungsspeicher* und beurteilt die Strukturen menschlichen Zusammenlebens unter dem Gesichtspunkt der Produktivität. Sie kann Zeit raffen und Zeit sparen, *indem sie die Experimente, in denen die Menschheit steht, auf dem Papier durchspielt.* (LS 219, Hervorhebung von R. K.)

In diesem Buch soll Schreiben demnach einen Beitrag zur Durchdringung der Probleme einer sozialistischen Industriegesellschaft bieten, wobei Phantasie und Experimentierfreudigkeit als strategische Form von moralischem Verantwortungsbewußtsein eingesetzt werden.[58] Zu fragen bleibt, inwieweit diese Art des ›intellektuellen Probehandelns‹, das sie – wie an Hand von Lenz und Dostojewski ausgeführt – bis in psychische Extremsituationen verlängert wissen will, über die eindimensionale Selbstanalyse bzw. Eigenverständigung hinausgelangen und als Vorstufe zu aktivem Handeln in gesellschaftlichen Prozessen werden kann. Ähnlich wie ›Christa T.‹ nur partiell und gleichsam angedeutet, kurz vor ihrem Tode die Gewißheit erfährt, daß ihre Art zu ›sehen‹ »mit den wirklichen Dingen [...] übereinstimmte« (NT 112), sie die richtige Art der Benennung getroffen hatte, wird es auch generell für die Autoren erforderlich sein, die Bedingungen zu untersuchen, unter denen sie dieses Reflexionsfeld, das eigenem aktiven Eingreifen vor- und nachgeschaltet ist, auch für andere kommunizierbar und somit anwendbar machen können, um die Leser einzubeziehen in diesen fiktiv weit expandierbaren, noch nicht entfremdeten Bereich – um »ihnen Mut zu sich selber zu machen, zu ihren oft unbewußten Träumen, Sehnsüchten und Fähigkeiten [...].«[59]

So verstanden, verliert Literatur immer mehr eine klar umrissene didaktische Funktion. Sie dient als Mittel der Sensibilitätssteigerung eher dazu, die emotionale Wertung von Erscheinungen zu hinterfragen. Sie verweist auf die Befriedigung des bewußten Erlebens eigener Erfahrungen – ist somit gegen anonymes Dahinleben gerichtet. Literatur provoziert Aktivierung der eigenen Vorstellungskraft und wirkt schließlich den Erstar-

rungen und Gewohnheiten entgegen, in denen Gefahren für die Gesellschaft begründet sind und die Christa Wolf – in gradueller Steigerung der Negativbilder – sieht in:
– der ungesicherten Existenz des Menschen
– dem »stromlinienförmigen Menschen« (NT 189), und
– dem »Gattungstod der Menschheit« (NT 189), der potentiell verursacht wird durch egozentrisches, nur an der Gegenwart orientiertem Effektivitätsdenken.

Nur über den permanenten Nachweis von Widersprüchen, das ›Wachhalten‹ ureigenster Bedürfnisse kann auf der Basis eines historischen Entwicklungsdenkens die Simultanität der Zeiten produktiv literarisch ausgeschritten werden, d. h. über den Weg von bewußt erinnerter Vergangenheit, ihrer Aufarbeitung in der Gegenwart und der daran orientierten fiktiven Antizipation und Zielgebung des Kommenden als »erinnerter Zukunft« (LS 217) kann die Chance von Literatur als ›konkrete Utopie‹[60] genutzt werden. Unter solchen Bedingungen soll Literatur einen Beitrag zur Humanisierung und zum Herrschaftsabbau leisten, indem sie die Defizite der Gegenwart füllt und in Korrelation dazu die Zielrichtung immer wieder benennt, bzw. als Parallelhandlung thematisiert, um den einzelnen die Notwendigkeit von bewußtem, eigenständigem Handeln zu vermitteln.[61]

›Epische Prosa‹, die im Anschluß an Brechts literarisches Funktionsverständnis verpflichtet ist, auf »noch ungebahnten Wegen« (LS 207) zu gehen, muß sich naturgemäß gegen jede Form statisch-absoluter Inhaltsbestimmung wehren, wie sie innerliterarisch etwa durch den mechanischen Fabelbegriff repräsentiert wird, der zwar – so Christa Wolf – den unsicheren Gesellschaftsschichten die Voraussetzung bietet, als »Zitat zu leben« (LS 201), sie jedoch jeder Möglichkeit zu öffentlichen Lösungen von Problemen beraubt. Christa Wolf verweist deshalb mit besonderem Nachdruck auf eine Abgrenzung vom Fabelbegriff des bürgerlichen Romans, auf den nach ihren Rezeptionserfahrungen[62] die Autoren der DDR noch immer verpflichtet werden und dabei in einen Irrgarten innerer Widersprüche geraten: auf der einen Seite die Aufforderung, realistisch und wahrheitsgetreu zu schreiben, und auf der anderen Seite das Gebot, die Konfliktbreite des Materials auf gesellschaftliche Typik u. ä. hin zu überprüfen. Sie deutet dieses unproduktive Klima unmißverständlich an, indem sie im Interview mit Kaufmann vom »Mechanismus der Selbstzensur, der dem der Zensur folgt« (KI 102) spricht.[63] Diese Bemerkung folgt als Antwort auf das offizielle Statut Kaufmanns – mit dem er markant als Repräsentant seiner ›literarischen Instanz‹, der Akademie der Wissenschaften, auftritt – gemeint ist der Hinweis auf den achten Parteitag, wonach eine historische Bestimmung des Sozialismus vollzogen sei, nach der Literatur über die subjektiven Erfahrungen hinaus den relativen Impetus, d. h. die Überwindbarkeit der vorhandenen Widersprüche aufzeigen müsse.

Diese ›Selbstzensur‹ durch parteipolitisch orientierte ›literarische Instanzen‹ interessiert in diesem Zusammenhang, ohne die Gedankengänge weiter ausführen zu wollen, als eine erweiterte Variante der Erfahrungsebenen, die als wesentlicher Faktor zum bereits ausgeführten Erfahrungsplan des Schriftstellers, ergänzt werden muß.

2.3. Das hermeneutische Verfahren der Arbeit und allgemeine Hypothesen zum häufigen Auftreten schriftstellerischer Selbstreflexion

Der Ansatz gliedert sich – soweit es die Materialbasis zuläßt – in idealtypischer Konstruktion in die folgenden Etappen:

1. Die auf der Romanebene thematisierten literarischen Institutionen werden als geistiges Probefeld gewertet. Die immanent dort gewonnenen Einsichten sollen als *erste Rezeptionsebene* bezeichnet werden. Dabei wird von der Annahme ausgegangen, daß die dort angesprochenen Belange zwar solche der individuellen Erfahrung sind, aber dennoch als Teil gesellschaftlich verallgemeinerbarer anzusetzen sind und zumindest relevante Problembereiche ansprechen.

2. Um den eigenen Gesichtskreis zu erweitern und mögliche Intentionen des Autors herauszukristallisieren, sollen in einem zweiten Schritt die gewonnenen Interpretationsansätze um theoretische Äußerungen des Autors erweitert werden *(Eigenrezeption)*.

3. Dabei soll jeweils überprüft werden, ob der Autor implizit oder explizit auf andere literarische Werke rekurriert *(Fremdrezeption)*.

4. Die Ergebnisse werden mittels der tatsächlichen Rezeption, der sog. *zweiten Rezeptionsebene*, überprüft, wobei entsprechend dem formulierten Erkenntnisinteresse, die DDR-Rezeption im Vordergrund der Untersuchung steht.

5. In einem letzten Schritt soll der noch fehlende dritte Teil, die *Distribution*, in der als Tryptichon zu markierenden Gesamtheit des Literaturbetriebes (Produktion, Distribution, Rezeption) einbezogen werden. In den Sektor der Verlagsarbeit ist allerdings nur schwer Einblick zu erhalten. Die DDR betrachtet – gemäß ihren Abgrenzungsbestrebungen zur BRD – diese Gebiete als ›Interna‹. Mögliche Einstiegsansätze bieten neben Statuten und Gesetzestexten die öffentlich geführten Diskussionen kulturpolitischer Art, wie z. B. Schriftstellerkongresse, Parteiberatungen mit Schriftstellern oder auch allgemeine kulturpolitische Stellungnahmen der Partei, wenn sie auch sicher nicht immer die tatsächlichen Verhältnisse erfassen, sondern eher als Wunsch- oder Zielvorstellungen zu werten sind.

Die folgenden Ausführungen sind im Anschluß an die Vorgehensweise als allgemein heuristisches, theoretisches Vorverständnis zu der Fragestellung zu werten, warum sich ein literarisches Subjekt direkt selbst thematisiert und bilden somit den Ansatzpunkt für die Interpretation der Romane.

1. Ausgangspunkt, Prämisse bildet die Überzeugung, daß die individuellen Probleme der Literaturproduzenten als ein integrativer Bestandteil der gesamtgesellschaftlichen zu werten sind, worunter implizit der Wunsch und die Hoffnung auf gemeinsame solidarische Bewältigung, das Bedürfnis nach ›Kommunikation mit anderen‹ zu verstehen ist.

2. Derart wie ein solches solidarisches Handeln funktioniert, hängt primär von den sog. Vermittlungsinstanzen ab, wozu konkret die jeweiligen Distributions- und Rezeptionsverhältnisse zu zählen sind. Auf der Ebene der Romanpraxis bietet sich, was diesen Gesichtspunkt anbetrifft, die Möglichkeit, Antizipation von bestimmten Publikumsreaktionen aufgrund von realen Erfahrungen mit Rezipienten, Kritikern, Kul-

turbehörden ›durchzuspielen‹. Die erwarteten resp. befürchteten Reaktionen können so mittels der literarischen Phantasie ›probehandelnd‹ mit angesprochen werden, um dann an der realen literarischen Öffentlichkeit überprüft zu werden. Solche Versuche können ihre Ursache darin haben, daß der Autor versucht,

a) schon im Stadium der Genese eines Kunstwerkes das Defizit, welches durch die Praxis des ›Einsam-Schreibens‹ in der Lukács'schen Terminologie der sog.»Dispension von Praxis« hervorgerufen wird, auszugleichen, indem er die Erfahrungen seiner Umwelt um solche phantasierten seiner Mitwelt erweitert.

b) damit Publikumsinteresse für seine eigenen spezifischen Fragen zu entwickeln, was als Versuch zu werten ist, eine öffentliche Diskussion anzuregen.

3. Zur Bewältigung, Legitimierung seiner eigenen Persönlichkeit, seines Berufes und der damit verbundenen Funktion, führt er seine ›Ich‹- oder ›alter‹-Figuren durch bestimmte, ihm wichtig erscheinende Lebensräume, um so mittels fiktivem Handeln seine eigenen Wünsche oder Befürchtungen in Relation zum Vorhandenen, d. h. zur gesellschaftlichen Wirklichkeit und z. T. darüber hinaus zu seinen schriftstellerischen Kollegen zu setzen. Die angesprochene Wunsch-Befürchtungsphantasie gibt ihm die Möglichkeit, Handlungsstrategien in bezug auf seine Um- und Mitwelt (wobei auf der Romanebene das Spannungsfeld von Privat- und Berufswelt gemeint ist) zu entwerfen und verleiht ihm dadurch die Chance, mit seiner ›Produktivkraft-Poesie‹ in einer Synthese von Erfahrungen und Erfindungen, als wirksamer Seismograph, gesellschaftlich relevante Strömungen wahrzunehmen und sie der Öffentlichkeit zugänglich zu machen.

3. Thematisierung von Schriftstellern im literarischen Werk als fiktive Interaktion mit ›literarischen Instanzen‹

3.1. Aus dem Hochschulbereich:
Das Verhältnis von proletarischem Schriftsteller und reflektierender Intelligenz, dargestellt an Günter de Bruyns »Preisverleihung«

3.1.1. Ausgangsthesen

Günter de Bruyns *Preisverleihung* knüpft inhaltlich und formal kontinuierlich an seine vier Jahre früher erschienene Arbeit *Buridans Esel* an. Das Thema der durch persönliche Verunsicherung ausgelösten Reflexionen über den eigenen gesellschaftlichen und beruflichen Standort, das Problem der Anpassung und der Aufgabe selbstgesetzter Ziele werden in der *Preisverleihung* in einer neuen Version[1] wieder aufgenommen. Die wesentlichen Analogiepunkte bilden dabei die folgenden beiden kongruenten Themenbereiche:
- Die Frage nach dem qualitativen Modus der Verbindung zwischen privatem und gesellschaftlichem Bereich – charakterisiert jeweils durch die Pole Ehefrau und Beruf (Mikroebene).
- Die Frage nach der Relation zwischen Beruf und gesellschaftlichen Verhältnissen, vor allem in dem Bereich, in dem sich literarische Öffentlichkeit konstituiert (Makroebene).

Die Untersuchung soll sich auf den zweiten Punkt konzentrieren und die erste Frage nur soweit im Auge behalten, als es zur Beantwortung der zweiten notwendig ist. Der hier nur kurz skizzierte Variationscharakter beider Romane verweist über das Thematische hinaus auf eine wichtige Beobachtung, daß de Bruyn bewußt direkt an die Gegenwart anknüpfend, seine Erfahrungen ›probehandelnd‹ in den Romanen anspricht[2], zumal er sein Literaturverständnis selber dahingehend formuliert. (Auch wenn er im folgenden den Rezeptions- und nicht den Produktionsprozeß meint.)

»Das Glück aber in Literatur eigene Umwelt, eigene Innenwelt, sich selbst wiederzufinden. [...] [Literatur] als Übung und als Erlebnis der Vervielfältigung des Ichs, das nach Wiederholung drängt.«[3]

Auf die Romanebene projiziert, stellt sich dies folgendermaßen dar: Der Literaturdozent Theo Overbeck gerät in einen inneren Konflikt, als er mit der Preisrede für das Buch seines ehemaligen Freundes Paul Schuster beauftragt wird, an dessen Genese und Realisierung in der vorliegenden Form er zwar maßgeblich beteiligt war, das seiner Ansicht nach aber – bedingt durch die zwischenzeitliche Entwicklung – den gesellschaftlichen Bedürfnissen und Anforderungen nicht mehr gerecht wird. Ihm wird also zugemutet, einen Standpunkt öffentlich zu vertreten, den er längst als revisionsbedürftig angesehen hat. Dieser Konflikt ist so stark, daß ihm die Preisrede mißrät. Er reagiert verstört, wiederholt sich ständig und kommt über die Einleitung nicht hinaus.

Der Widerspruch besteht zwischen dem angestrebtem Ziel und der gelebten Praxis. Theo strebt nach Werten wie Ehrlichkeit und Wahrhaftigkeit, verfolgt aber in seinem Handeln diese Werte nicht mit ausreichender Konsequenz.

Als Arbeitshypothese soll angenommen werden, daß es sich, aus der Blickrichtung von de Bruyn, bei beiden Protagonisten, Theo Overbeck und Paul Schuster, um zwei auseinanderklaffende Variationen des eigenen ›Ichs‹ handelt, wobei der erste zeitlich die gegenwärtige und der zweite die vergangene Position verkörpert. Mittels dieser Zweiteilung der persönlichen Identität kann er über die eigene Individualität als Subjekt und Objekt gleichzeitig verfügen. Die Rolle des Literaturwissenschaftlers fungiert dabei wegen der zeitlichen Nähe, verstärkt als ›Ich‹-Figur, da de Bruyn über eine relative Identifikation mit Overbeck in Form des ›probenden-sich-Versetzens‹ sich bemüht, die Kriterien und moralischen Anforderungen aus diesem Berufsfeld an Autoren durchzuspielen.

In der Figurenkonstellation besteht eine Kontrahentenposition mit Theo, dem kritischen Intellektuellen auf der einen Seite und seinen beiden Gegenspielern Prof. Liebscher und Paul Schuster als Vertreter von Opportunismus und Erfolgsdenken auf der anderen Seite. Liebscher und Schuster können als Repräsentanten des durch die Partei als Norm postulierten Literaturverständnisses angesehen werden.[4]

Es stellt sich nun die Frage, wie Theos Versagen, seine Diskrepanz von Denk- und Tatebene einzuordnen ist. Muß sie als Reflex psychischer Störungen, also eher rein persönlichkeitsbedingt gesehen werden oder bietet die realisierte Literaturpraxis – Norm disziplinierter Pflichterfüllung contra subjektiver Ehrlichkeit – die Ursache der Störung von Individuum und Gesellschaft? Wie wird die Polarität von Eigenverantwortung und Determination aufgrund kollektiver Beschlüsse gelöst?

3.1.2. Die Entwicklungsetappen der Protagonisten und ihre veränderte gegenwärtige Position im Hinblick auf ihr Funktionsverständnis von Literatur

Der Inhalt des Buches verteilt sich auf zwei unterschiedliche Zeitebenen:
– Der Gegenwart (um 1970), in der am tatsächlichen Handlungsschauplatz (wahrscheinlich Ostberlin) der Tag im Leben Theo Overbecks genauer beleuchtet wird, an dessen Spätnachmittag er in der Akademie die geforderte Preisrede halten soll. Entsprechend steht das Erkenntnisinteresse und die Figurenperspektive immer in Relation zu Theo; selbst wenn in verschiedenen Kapiteln des Romans zu Personen seiner Mit- und Umwelt hinübergeschwenkt wird, so verdeutlichen diese in erster Linie sein Aktionsfeld und seine soziale Gruppenbeziehung.
– Die historische Ebene (1951–1953), die zur Andeutung des Konflikts notwendig ist und die de Bruyn an den entsprechenden Stellen – oft in der Form des sich erinnernden, reflektierenden Subjekts – einholt.

Aus der Relation und Verflechtung dieser Zeitebenen errichtet der Autor für die beiden Hauptfiguren Theo und Paul ein Grundschema des sich ›überkreuz-gegeneinander-Entwickeln‹, bei dem jedoch die Gegenfigur Paul nur sehr viel kürzer, oft eher schematisch, als Reflexionsobjekt für den Literaturwissenschaftler erscheint. Theos und Pauls Lebensgeschichte wird in einem inneren Akt der Selbstüberprüfung und -befragung abgerollt. Den Anstoß dafür bildet im weiteren Sinne eine Situation in seinem Seminar, in der ein Student ein Referat, wie vorprogrammiert, ohne eigene Stellungnahme und Kritik vorträgt – ein Verhalten, das auch er während seiner Studienzeit zeigte:

»Er hatte sich gegen Verunsicherung abgeschirmt, solange es möglich war, bis zum Ende seiner Studienjahre, die ihm nachträglich vorgekommen waren wie andere Jahre wohlbehüteter Kindheit, aus denen man eines Morgens aufwacht und feststellt, daß man bisher *die Welt gesehen hat wie sie sein sollte, aber nicht wie sie ist.*« (40) (Hervorhebung von R. K.)

Charakteristisch für diese Haltung ist Theos früherer Versuch, in die Biographie von Paul ›einzugreifen‹. In dem Kapitel, wo ihre erste Begegnung von Theo reflektiert wird, kommt ihm plötzlich sein damaliges, intellektualisierendes, kaltes Verhalten zu Bewußtsein. Ausgerechnet als ihm der Proletarier Paul spontan und offen von der Westflucht seiner Familie und der eigenen Rückkehr erzählte, die – wie er sagte – ausschließlich durch eine Freundin motiviert gewesen sei, hatte er eilfertig Pauls persönliche Entscheidung abzuschwächen und mit der politischen Dimension der ›jungen Republik‹ zu verbrämen versucht.

»Pauls Leben bekam [...] runde handliche Formen, wurde verwendbar gemacht trotz Einspruch des Urhebers.« (15)

Durch jene indoktrinäre Reaktion war schon der Grundstein für Pauls späteres anonymes, angepaßtes, nur an politischer Effektivität orientiertes Verhalten gelegt. Zwischen beiden entwickelte sich – verstärkt durch die ersten ehrgeizigen, autobiographischen Schreibambitionen Pauls – ein Verhältnis wie »zwischen Missionar und Eingeborenem« (15), Theos ›Hilfestellung‹ war allein von dem Entsetzen der unpolitischen Sicht der Vorgänge und aus falschem Mitleid motiviert gewesen. Ihn ergriff

»[...] das Leid, das sich hier unbeholfen und trivial zu artikulieren versuchte. Auch bewunderte er den Mut und die Energie des Fischers, der ihm um Mitternacht erklärte, er wolle Schriftsteller werden und hoffe, das bei ihm lernen zu können.« (16)

Die Chance einer gegenseitigen klassenübergreifenden Verständigung war ihm nicht als Alternative erschienen. Statt in verständnisvollem Bemühen die Emanzipationsbestrebungen des Freundes voranzutreiben, dessen Gedankengänge und Schreibursachen zu ermitteln und zu fördern, entlarvt de Bruyn Theos ehrgeizigen Führungsanspruch, indem er ihn als »Wegweiser, Leuchtturm, Gesetzestafel, Standbild der Ordnung« (19) bezeichnet.

Generalisierend gesprochen, stellt diese erinnernde Beschreibung einen ironischen Beitrag zur Bewältigung der Literaturpraxis der frühen 50er Jahre dar, der die Anweisungen ideologisch geschulter Intellektueller an junge Arbeiterschriftsteller karikiert – was im gegenwärtigen Romangeschehen darin eine fatale Entsprechung findet, daß sich seine damalige Rolle gegen ihn selbst verkehrt, indem ihm jetzt eine literarische Instanz – personalisiert in seinem Vorgesetzten Prof. Liebscher – vorschreibt, was als kulturhistorisch wertvoll auszuzeichnen ist.

Der Einfluß des Freundes veranlaßte Paul, seinen ersten Roman, dessen überarbeitete vierte Fassung in der Preisverleihung geehrt werden soll, nochmals umzuschreiben. Aus der ersten Fassung, »der naiv sentimentalen Schnulze«, wie sie Theo später rückblickend beschreibt, wurde »zweitens ein geniales Chaos, drittens glatter Gips.« (83)

»Anstatt die chaotische Welt, die er entworfen hatte zu ordnen, baute ich ihm eine andere auf, eine vorgeformte, in der alles aufging [...] Was ich dem Buche geben wollte, war Weite, Öffentlichkeit, Größe, Gültigkeit, Totalität, und doch wurde alles falsch. Etwas fehlte, Individualität. Es war, als hätte das Buch keinen Autor mehr [...] Ich habe ihm umständliches Urteilen abgenommen, anstatt ihn dazu zu ermutigen.« (83)

Diese Eigenanklage Theos[5] kann als direkter Beitrag de Bruyns zur neueren Literaturtheoriediskussion übertragen werden, die dafür plädiert[6], daß junge Autoren ihre schriftstellerische Individualität ausbauen sollen, um sich kritisch von ›bereits Vorgeformtem‹ abzusetzen, um ihr Verhältnis zur Wirklichkeit jeweils neu bestimmen zu können, eher Mißtrauen zu hegen, statt ›Gültigkeit und Totalität‹ zu demonstrieren. Zentral im Vordergrund steht vor allem der Gedanke, wie dieses ›Zu-sich-selber-kommen‹, wie diese Verwirklichung der individuellen Glücksvorstellung erzählerisch bewältigt wird, wobei in den Romanen den einmaligen, wichtigen Erlebnissen der Helden – als intensiver Ausschnitt der gesellschaftlichen Totalität – besonderes Interesse zukommt.

Nach einer kurzen Zeitspanne, in der die beiden Hauptfiguren einander angeglichen ähnliche Positionen vertreten – in dem anfangs bereits erwähnten ›Kreuzschema‹ wäre damit der Schnittpunkt bezeichnet – trennten sich ihre Wege.

– Paul stumpfte allmählich ab. Während er das schrieb, was von offizieller Seite gefordert wurde, ging er über den Journalismus den bequemen Weg zum Erfolg, was ihn in neuester Zeit veranlaßte, den bedingten, zeitlich begrenzten Ruhm eines Journalisten auf den eines Schriftstellers ausweiten zu wollen. Dafür ›aktualisierte‹ er – inzwischen skrupellos – seinen alten Roman, den er »...damals so leichtsinnig dem Götzen Wahrheit geopfert hatte.« (110)

– Theos Leben dagegen nahm nach Abschluß seines Studiums eine entscheidend andere Wendung. Er unterbrach die sich abzeichnende Universitätslaufbahn wegen aufgekommener Zweifel, die mit einer Diskrepanz zwischen Sein und Schein umschrieben werden können.

»Hunger nach Wirklichkeit hatte ihn getrieben, der aber auch beruflich, literarischen Ursprungs war. Wenn es stimmt, daß Literatur mit Wirklichkeit nicht nur entfernt zu tun hat, sondern ihr entspringt, so ist Voraussetzung für einen, der Literatur beurteilen will, daß er des Urteils über Literatur fähig ist.« (40)

Mit der Übernahme einer Stellung als Kulturhausleiter auf dem Lande widmete er sich verstärkt der öffentlichen Arbeit. Diese Erfahrung, mit der bitteren Erkenntnis verbunden, daß man guten Statistiken und Schönfärberei den Vorzug gegenüber guten Taten und Einstellungen gewährte, ließ ihn »die Gefährlichkeit des Erfolgsdenkens fürchten« (42) und wirkte richtungsweisend verändernd auf seine Persönlichkeit.

Der neue Abschnitt in Theos Leben, der mit der erwartungsvollen Haltung, seinem freiwilligen Abstieg in die »Niederungen der Provinz« begann und schließlich durch eine Realität relativiert wurde, die vornehmlich dadurch bestimmt war, alles am wirtschaftlichen Erfolg zu messen, kennzeichnet, hier exemplarisch an einem Leben festgemacht, die ›Bitterfelder Kulturpolitik‹. Die praktische Tätigkeit führte zu einer grundlegenden Wandlung seiner Einstellung. Während die Karriere für ihn in den Hintergrund tritt, entwickelt er differenziertere, problembewußte Literaturmaßstäbe, was allerdings gleichzeitig ein Schwinden seines sorgfältig aufgebauten Selbstbewußtseins zur Folge hat.

»Von diesem Zeitpunkt an wurden ihm [...] Lebensumstände erschlossen, deren Vielfalt und Tiefe ihn erschreckten und verwirrten und ihn die Größe der Aufgaben ahnen ließen, die allen Veränderern gestellt ist.« (43)

Diese neue Einsicht erklärt zwar seine Zweifel an der Aktualität des auszuzeichnenden Romans, wirft aber die Frage auf, warum er seine Kritik nicht äußert. Die Gründe lassen auf seine soziale Außenseiterstellung schließen. In persönlicher und beruflicher Hinsicht ist er unterschwellig einem ständigen Erfolgsdruck ausgesetzt, sei es durch seinen Vorgesetzten, Prof. Liebscher, der ihn am Ende einer Besprechung zur Preisverleihung an seine gesellschaftliche Verantwortung erinnert. »Und vergiß nicht, Erfolg haben ist Pflicht für jeden«, (63) sei es durch seine attraktive, lebenstüchtige Frau Irene, die in der Unsicherheit Theos an diesem Tag eine Gefahr spürt, »Gefahr für ihre Zukunftsplanung, die auf eine 3-Zimmer-Neubau-Komfortwohnung in der Innenstadt ausgerichtet ist.« (35) Eine klare Antwort zur Lösung der gestellten Frage wird nicht geliefert, da es der typischen Erzählform de Bruyns entspricht, Fragen aufzuwerfen und anzureißen, während er dann, in vorsichtig abtastender Weise, die angesprochenen Problemfelder umkreisend, die letzte Entscheidungsinstanz dem Leser zuweist, ihn auffordert, seine Lebenserfahrungen in Beziehung dazu zu setzen, ihn den Rezipienten, »anstecken« will mit dem, was der Autor an Theo die »Krankheit der Jugend« nennt. »Er ist noch für alles offen, kann noch von allem verwundet werden.« (101)

3.1.3. Thematisierte ›Kulturinstanzen‹, die bei der Suche nach Bewertungsmaßstäben für Literatur angesprochen werden

Den zentralen Umschlagplatz der verschiedenen kulturpolitischen Meinungen bildet das literaturwissenschaftliche Institut der Universität, aus dessen Bereich stellvertretend drei Personen vorgeführt werden.

Prof. Liebscher, der Leiter, Theo, sein Assistent, und Frl. Hesse, eine Doktorandin. Aus ihrem Arbeitsgebiet sind vier gesellschaftspolitisch besonders relevante Bereiche in das Handlungsgefüge eingebaut:
– Der (Lehrer)ausbildungssektor
– Die Literaturtheorie
– Die Literaturpolitik
– Die Öffentlichkeitsarbeit.
Die beiden gegensätzlichen Positionen von Liebscher und Overbeck werden in der

Szene des 6. Kapitels behandelt, in der Theo bei seinem Vorgesetzten Rat sucht wegen seines inneren Konfliktes bei der Preisrede. Der Standort des Professors läßt sich implizit als negatives Beispiel eines Parteidogmatikers werten – auch wenn de Bruyn explizit keine Parteigenossen in seine Figurenkonstellation einbezieht. Liebscher, der in der akademischen Hierarchie schneller aufgestiegen ist als Theo, akzeptiert nur Leute, die wie er Pflicht und Disziplin als oberste Norm anerkennen. Er hat dabei beherrschende, pedantische, zum Ja-Sagertum neigende Züge angenommen. Der Verantwortung eigenen Urteilens entzieht er sich gewöhnlich, indem er unwirtschaftliche Arbeitsformen ablehnend, das Erscheinen der nächsten Morgenzeitung abwartet. Sein Wissenschaftsbegriff weist deutlich Züge eines reinen Utilitarismus im vulgärmarxistischen Sinne auf:

»Denn die Gesellschaft, die ihn beruft und bezahlt, ist schließlich keine von Literaturwissenschaftlern, sondern eine umfassende, *der diese Wissenschaft* wie jede sonst *Mittel zum Zweck ist,* zum Zwecke ihrer Macht, ihrer Entfaltung, ihres Fortschrittes.« (59) (Hervorhebung von R. K.)

Nach Liebschers Meinung resultieren Theos Probleme aus einem gefährlichen Hang zum Subjektivismus, aus einem vorrangigen Interesse am eigenen Seelenheil statt am Wohle aller. Diese unflexible Argumentation, die am Anliegen seines Assistenten vorbeigeht, ist in Theos Reaktionen darauf zusammenfassend markiert und weist auf ihre gegensätzlichen Positionen hin:

»Wir reden über verschiedene Dinge: Ich von Lüge und Wahrheit, du von Schaden und Nutzen.« (62)

Seine, allen Unterstellungen zum Trotz, voll im Sozialismus verankerte, nur auf permanente Veränderung hin angelegte Weltanschauung, bestätigen die folgenden Äußerungen:

»Es geht nicht um mich, sondern um die Sache, um unsere große Sache, die auch deine ist, wie ich weiß […] Haben wir Besitzverhältnisse, Gesellschaftsformen geändert, um vor Konventionen haltzumachen? Du willst dich ihnen anpassen, ich will sie uns anpassen.« (63)

Theo gehört, wie man annehmen muß, zu den wenigen Universitätslehrern in seinem Fachbereich, die für selbständiges Denken plädieren, Klischees und Etabliertes in Frage stellen und mittels Kritik Innovationen voranzutreiben versuchen.

Im Zusammenhang mit seiner beruflichen Funktion der Lehrerausbildung gehen ihm während seines Seminars Gedanken über Kriterien für Literaturpreise[7] durch den Kopf:

»Wem geben wir Einsen, den Nachbetern oder den Selbstdenkern, den Gleichgültigen oder den Aufrichtigen, den Braven oder den Schöpferischen? Und wer kriegt die Preise?« (46)

Theos Gedanken verlaufen während dieser Seminarstunde zweidimensional. Während als Vordergrundgeschehen ein Student sein oberflächliches Referat vorträgt, versucht Theo auf einer weiteren Reflektionsebene Pauls Buch einzuordnen. Dabei läßt er, vor seinem inneren Auge, die Literaturgeschichte seines Staates in chronologischer Reihenfolge vorbeiziehen. Die jeweiligen Anstöße dazu erfolgen aus drei Quellen: dem Buch Paul Schusters, dem Referat des Studenten und seinen eigenen Erfahrungen. Er behandelt und bewertet innerlich die folgenden Zeitabschnitte:

1. Die Literaturtheorie der frühen 50er Jahre:

>»Er war damals von einer Literatur beeindruckt, die den Zugang zur Wirklichkeit mehr ver-
baute als eröffnete, umgab sich mit Leuten, *die wie er Wunschvorstellungen für die Realität, Realität für Schönheitsfehler hielten,* und mit uneingestandenem Hochmut auf Leute herabsahen, die
unterentwickelt schienen.« (41) (Hervorhebung von R. K.)

Theo kritisiert die Relikte der ersten Etappe der DDR-Literatur der Aufbauzeit.[8] Im
wesentlichen von Autoren der Widerstandsbewegung aus der KPD bestimmt, also einer
vergangenen Epoche verhaftet – hatten sich die Bewertungen auf der Basis der ›Formalis-
musdiskussionen‹[9] und den unklaren Definitionen um den ›positiven Helden‹ in die
Nähe des Schematismus bzw. der ›Schwarz-Weiß-Malerei‹[10] begeben.

Eine Verbindung zur Handlungsebene des Romans stellen die reproduzierten Ausführungen des Studenten dar:

>»Dann bekam seine Entwicklung durch das Kriegserlebnis den entscheidenden Anstoß.« (38)

Theo wehrt sich innerlich gegen diese, zur erstarrten Formel gewordene Interpretation
der sog. Katastrophentheorie. Ihm erscheint es inzwischen eine unzulässige absurde Verdrehung, den Krieg als Ausgangspunkt als »literarische Leiter-Sprosse für Heldenentwicklung« einzusetzen. – »Die Asche scheint nur geschaffen, um Phönix aus ihr hervor-
gehen zu lassen.« (43) – Auch die entsprechenden übrigen »entwicklungsfördernden Ka-
tastrophen« wie Unwetter und Unfälle erscheinen ihm konstruiert, in ihrer Ausnahme-
haftigkeit nicht geeignet, die Charakteristika des täglichen Lebens zu erfassen. Theo stellt
im selben Moment in der Erinnerung den Bezug zu Paul her, indem er sich selbst in seinem früher vertretenen Standpunkt wiedererkennt: Hatte er doch Paul damals eben diese
›Katastrophentheorie‹ aufzwingen wollen, indem er Pauls Vergangenheit nach seiner
Rückkehr aus dem Westen in idealtypischer Weise neu konstruieren wollte.

2. Die Theorie des ›Bitterfelder Weges‹[11], zu der Theo kurze Überlegungen im Zu-
sammenhang mit seinen persönlichen Erfahrungen der Basisarbeit als Kulturhausleiter anstellt:

>»Literatur, die er für wirkungsvoll gehalten hatte, versagte! Zeitweilig haßte er das Volk, das
nicht so war, wie er es sich wünschte.« (41)

Die moralischen, klassenintegrierenden Bestrebungen, den Widerspruch zwischen
Kopf- und Handarbeit aufzulösen und die Entfremdung zwischen Künstlern und Volk
aufzuheben wurden dadurch gelähmt, daß statt dessen in der Praxis der Maßstab eines
parteilichen Einsatzes darin bestand, »das Leben und die Kämpfe an den Schwerpunkten
des sozialistischen Aufbaus in der Großindustrie« in idealisierter Weise verklärt und in
mystifizierendem Pathes darzustellen.

3. Die gegenwärtige Literaturtheorie. Ziel der Überlegungen Theos muß darin gesehen
werden, für sie Kriterien und Maximen im Rahmen einer ›entwickelten sozialistischen
Gesellschaft‹ zu formulieren.[12] Das entsprechende Stichwort dazu, die Konkretisierung der eigenen Gedanken, wird durch den Beitrag einer sonst eher zurückhalten-
den Kommilitonin geliefert:

>»Ich wollte mal nach der Liebe fragen, ich meine die in Büchern. Unsere Literatur soll doch
realistisch sein, aber über die Liebe schreiben sie wie im Mittelalter [...] Politische Entwicklung

und Liebe kommen in jedem Buch vor. Auf die erste Frage, die für mich keine ist, weil sie klar ist, kriege ich 1000 Antworten. Auf die zweite keine oder eine halbe.« (45)

Ihre Ausführungen knüpfen an die seit 1968 engagiert geführte Diskussion über den Subjektivismus[13] in der sozialistischen Gesellschaft an und verstehen sich als Plädoyer für gegenwärtige alltägliche, durch private Ursachen provozierte Konflikte. Die Rezipientenforderung der mutigen Studentin, die es gewagt hatte, allen Standards und Klischees zum Trotz ihre konkreten Forderungen zu formulieren, läßt Theo bewußt werden, wie er das sog. ›tertium comperationes‹ zum Buch Schusters formulieren würde.

»Wenn unsere Literatur oft langweilt, dann nicht weil ihr die Kunstmittel fehlen, sondern weil sie die wirklich aktuellen Stoffe nicht aufgreift.« (46)

Somit hatte er nun endlich zumindest die Prämisse, die Einleitung seiner Preisrede. [14] Theos Standort läßt sich dahingehend interpretieren, daß er seine politische Betätigung in erster Linie ›hier und jetzt‹ pragmatisch innerhalb des eigenen Bereiches ansetzen und insofern auch Beurteilungsmaßstäbe aus der täglichen Alltagspraxis heranziehen will, zumal der Mut, ›Ich‹ zu sagen innerhalb des beschriebenen Fachbereichs, sei es bei den Vertretern des Lehrkörpers, sei es bei den Studenten, eine seltene Ausnahme darstellt.

Für die Autorenperspektive läßt sich aus den beschriebenen Beispielen verallgemeinernd folgern, daß de Bruyn sich gegen ein eschatologisches sozialistisches Denkmuster wendet, sich vielmehr für ein Aufgreifen, eine Rückgewinnung der alltäglichen Bereiche und für eine Entmythologisierung der pathetischen Themen ausspricht. Der ganze Roman kann als Reflex, Konkretisierung, Vermittlung dieser Literaturtheorie, als Versuch einer Integration von Reflexionsschicht, Darstellung und Handlungsebene beschrieben werden.

Für den genaueren autobiographischen Stellenwert dieses Resumees soll nun hier, in Form eines kurzen Exkurses, auf einen theoretischen Aufsatz de Bruyns vorausgegriffen werden, da er dort im Rahmen seiner kulturpolitischen Bewertung der Frühphase der DDR, zwar ohne den Roman explizit anzuführen, implizit ein so genaues Motivationsmuster zum Schreiben der »Preisverleihung« benennt, bzw. die Fabel in z. T. wörtlicher Entsprechung skizziert, daß es uns notwendig scheint, dieses Faktum zu akzentuieren.

In einer vom Aufbauverlag angeregten, interessanten Initiative, Schriftsteller über ihre Erstlingswerke zu befragen, rechnet de Bruyn schonungslos mit seinem ersten, zwischen 1945 und 1962 entstandenen Roman *Der Hohlweg* ab, in einem Artikel, den er beziehungsreich »der Holzweg« nennt: »es [das Buch] wurde mit einem Preis geehrt und milde beurteilt. Mein eigenes Urteil lautet: Thema verfehlt 5.«[15] In der rigorosen Selbstbeleuchtung tritt das Mißbehagen aus mangelndem Bekenntnis zur eigenen Erfahrung des tatsächlichen Lebensgefühls jener Jahre hervor. Was an wirklichen und ehrlichen Denk- und Verhaltensweisen, an sozialer Psychologie bei dieser Generation der letzten Kriegszeit zu zeigen war, der geistige Zustand der »Schwerelosigkeit, der Leere, der Offenheit, der Herrschafts- und Verantwortlichkeit [T], das Glück der Anarchie [T], der Jugendtraum vollkommener Freiheit[16], alles dies tauchte in der Literatur leblos verbrämt, zwar durch ein neues Bewußtsein gefiltert, aber *nicht ›gelebt‹* auf. Da wird die Zeit des Glücks zu einer Verzweiflung, die der Abwehr zu einer des Suchens.«[17] In der

Anthologie des Bilanzierens eigener Erstlingswerke nennt de Bruyn – in der Tendenz übrigens weitgehend übereinstimmend mit Christa Wolf[18] und Irmtraud Morgner[19] – drei maßgebliche Ursachen jener Fehlorientierung:

1. Die unkritische Berücksichtigung der kulturpolitischen Ratschläge der Frühzeit, wie Auffassungen zum Realismus und Formalismus, zu Fortschritt und Dekadenz, zur Heldenwahl und Konfliktgestaltung »aus pädagogischem Eifer und literaturtheoretischer Desorientierung.«[20]
2. Die Priorität des unfruchtbaren Versuches, gesellschaftliche Totalität einfangen zu wollen, was aus dem falschen Vorsatz resultierte, alle wichtigen Grundwahrheiten so schnell wie möglich zu verbreiten.
3. Die starke Negation der Erkenntnisse aus den 50er Jahren, daß schriftstellerische Arbeit nur aus einem Verbund von dialektischer Anteilnahme an der Gegenwart, d. h. aus übereinstimmender Identifikation und kritischer Distanz ihre Fruchtbarkeit bezieht.

Die folgende Passage

»Doch erweist sich (in der Rückschau) die Sicherheit mehr als Absicherung. Das zeigt sich vor allem in der Starrheit, mit der der Autor sich an ein vorgegebenes Schema klammert: *Der Krieg als entwicklungsfördernde Katastrophe*, die zwei deutschen Freunde, die zu Ost-West-Feinden werden, die guten Mädchen und die guten Altgenossen *als Leitersprossen der Heldenentwicklung*, das gewaltsame Erfassenwollen sozialer Totalität. Wenn rührende Versuche gemacht werden, den Klischees durch Umkehrung zu entgehen, zeigt sich nur besonders deutlich das Haften an ihnen.«[21] (Hervorhebung von R. K.)

macht in der Kongruenz der Formulierungen der *Preisverleihung* und dem Essay deutlich, was als Hauptquelle und Anliegen zur Genese von Theo Overbeck und Paul Schuster geführt hat, nämlich eine poetische Eigenrezeption des Frühwerkes in einem Akt der Abgrenzung von ehemaligen Maßstäben in Form einer öffentlich demonstrierten Diskontinuität der künstlerischen Entwicklung. Hierin wird somit unsere eingangs gemachte Hypothese, einer über beide Protagonisten vermittelten Doppelung der Identität des Autors, in vollem Ausmaß verifiziert.

Bezogen sich die hier angesprochenen Bereiche literarischer Arbeit auf das einem Kunstwerk inhärente Wirkungspotential – auf die als erste Rezeptionsebene definierte Kategorie – so steht im folgenden, an der Person Pauls exemplifiziert, der Produktionsaspekt im Vordergrund.

Pauls Beziehung zu öffentlichen Institutionen stellt de Bruyn in der Erzählform des sich ›erinnernden Preisträgers‹ dar. Diese Passage wird nur formal dem Dichter im Roman direkt zugeordnet, sie verselbständigt sich in zunehmendem Maße und muß daher als Erzählerkommentar, als sog. ›Materialergänzung‹ angesehen werden. Der Inhalt der Anklage, »der Sieger von heute erinnert sich der Niederlage von gestern« (103), von Paul ausgesprochen, hieße, daß sich jener über seine ausschließlich am Geld und Erfolg orientierten Schreibweise im klaren wäre, daß er darunter leiden müßte, einen Bewußtseinsprozeß durchlaufen hätte, was aber – wie aus der Unterredung am Schluß mit Theos Tochter deutlich ersichtlich – nicht zutrifft (154f.).

An dieser Stelle, der Ursachensuche für Pauls negative Entwicklung, wird de Bruyns eigene Stellungnahme und die unterschwellig anklingende Kritik an der kulturpolitischen Praxis der normierenden literarischen Instanzen in der DDR-Vergangenheit besonders virulent. Zunächst handelt es sich um den Schriftstellerverband. Was Theo vor 19 Jahren als Grundstein bei Paul gelegt hat, setzt eine junge Angestellte des Schriftstellerverbandes fort, die ihn in der Arbeitsgemeinschaft ›Junger Autoren‹ betreut. Der Einfluß, den sie auf ihn ausübt, muß, was seine Schreibtechnik anbetrifft, als rein mechanistisch gewertet werden, im übrigen sollte, rein abstrakt und theoretisch, seine fehlende ideologische Qualifikation nachgeholt werden. Was als Hilfestellung und Ermutigung angelegt war, hatte die totale Verunsicherung zur Folge:

»Dort lernte er nicht schreiben, aber über Geschriebenes diskutieren, er erfuhr was gedruckt wird und was nicht und *wo man nachlesen kann, wie Literatur sein soll.* Das tat er, fand aber keine Möglichkeit, eine Verbindung zwischen dem, was er las und dem, was er schrieb herzustellen.« (105) (Hervorhebung von R. K.)

Das Problem resultierte aus dem Widerspruch, der sich für Paul folgendermaßen darstellte: Auf der einen Seite förderte man ihn als jungen Arbeiterschriftsteller, konnte ihm aber nicht die nötige individuelle Unterstützung gewähren, war nicht in der Lage, sich in seine Situation zu versetzen, sondern entgegnete ihm mit dem Kommunikationsinventar der Intellektuellen, »Ironie verstand er nicht, Zynismus macht ihn ratlos« (106), und drängte ihn damit in eine Außenseiterstellung. Was er suchte, war Bestätigung, und da sie ausblieb, suchte er weiter. Die psychologischen Ursachen, die Chance als Reportage-Journalist endlich zum angestrebten Erfolg zu kommen, sind offensichtlich.

Preuß, dem Chefredakteur der Zeitung, der wie Prof. Liebscher als negatives Zerrbild seiner Partei angelegt ist, gelang es, die anfangs noch vorhandenen Skrupel, »daß aus Kritik Lob, aus Skepsis Optimismus geworden war« (106), zu verdrängen und sie als rein formal zu korrigieren, ihm seinen zukunftsorientierten, die Gegenwart ausklammernden ›Wahrheitsbegriff‹, nahezulegen: »Du siehst die Dinge wie sie sind, uns interessiert aber wie sie werden.« (107) Dadurch, daß Paul sich schließlich den Vorstellungen seines Redakteurs anpaßte, wurde er zum unmündigen Werkzeug, Vollzugsorgan von Parteiinteressen.[22]

»Den kleinbürgerlichen Ehrgeiz, eigene Urteile zu bilden, solltest du dem Grundsatz opfern, daß Urteilen Sache derer ist, die den größeren Überblick haben.« (108)

Paul vollzog im Laufe der Zeit die innere Zweiteilung, die innere Zensur als internalisierte Norminstanz immer reibungsloser, »zwischen sich als Beobachter und sich als Schreiber ein Sieb zu schieben, das nur Erwünschtes durchließ.« (108) Sein Durst nach Anerkennung und Erfolg, als primärer Auslösefaktor seiner Schreibmotivation, ließ sich mittels Routine und vorgefertigten Schablonen immer leichter befriedigen.[23]

Diese Schilderungen beinhalten eine starke Kritik an den literarischen und kulturpolitischen Instanzen der DDR, und zwar

– zum einen an der Kulturpolitik der 50er Jahre, an den ›Orientierungshilfen‹, die den proletarischen Schriftstellern vom Schriftstellerverband gegeben wurden, sowie an den Zeitungsredakteuren, die das Bildungsdefizit ehrgeiziger Emporkömmlinge für ihre Zwecke ausnutzten,

– zum anderen am gegenwärtigen Universitätsbetrieb, der durch die Auszeichnung entsprechender Bücher noch immer kulturpolitische Relikte dieser Zeit enthält und so wieder Maßstäbe für die pädagogische Arbeit setzt, die eigene, produktive Vorstellungen systematisch ausschalten, die sich an Anpassung, nicht am Mut zum Widerspruch und zu Verbesserungsvorschlägen orientieren.

In der offiziellen Preisrede gelingt es nun Theo nicht, in tragischer Entsprechung zum Vorhergehenden, sich über die normierten Erwartungen hinwegzusetzen. Sein immer wieder bis an die äußerste Peinlichkeitsgrenze reichender Versuch, sich indifferent zu verhalten, mißlingt angesichts seiner Ausgangsthese:

> »Wirken kann ein Buch nur durch vollständige Aufrichtigkeit, denn nur wenn der Autor sich mit seinem Werk identifiziert, kann sich der Leser dessen Gedanken und Gefühle zu eigen machen.« (121)

Theos innere Disparität resultiert daraus, daß jedes Weiterreden ein Eingeständnis, Bloßlegen seines eigenen Problems[25] bedeutet hätte, wozu er erst nachts, im Privatbereich, in der Lage ist.[24]

Theo wiederholt abends in der Küche dem Freund die Vorbehalte. Dort, ohne den Druck, als Vertreter einer öffentlichen Instanz zu fungieren, gelingt es ihm, die Kritik zu verbalisieren. Sie beruht zentral darin, daß er das Wechselverhältnis von Literatur und Leben herausstellt:

> »Schön zu schreiben, das kann man erlernen, das Entscheidenste aber lernt man nicht, das lebt man, und deshalb sind Entscheidungen, die man im Leben trifft, auch Entscheidungen über Bücher, die man schreiben will.« (134)

Die Ausführungen verdeutlichen einen, zumindest von Theo stark empfundenen, normierten Öffentlichkeitsdruck. Seinen Vorstellungen gemäß ehrlich handeln kann er erst zu Hause im Privatbereich. Kennzeichnend für diese schon lange unterschwellig existierende Krise sind nach außen hin seine stark verankerten Rollenverhaftungen, sein Festklammern an Ordnungsmustern[26] als äußerste Anpassungshilfen, um sein inneres Ungleichgewicht damit stabilisieren zu können.

Die Preisverleihung, die eine Form »repräsentativer Öffentlichkeit«[27] darstellt, gipfelt in den sozialpsychologisch begründeten Kommunikationsstörungen Theos. Seine als Verhaltensabweichung empfundenen Äußerungen lassen sich als Störung auf der Artikulationsebene, als Symptome beschreiben,

> »[...] die sich in den Verzerrungen von Sprachspieeln bemerkbar machen: in Abweichungen von den umgangssprachlichen Regeln auf semantischem und syntaktischem Gebiet, in Rigidität und Wiederholungszwängen auf der pragmatischen Ebene und in der zerfallenden Kongruenz zwischen Symbolen, Handlungen und indirekt metakommunikativen Ausdrucksmitteln.«[28]

Theo fühlt sich funktional in eine Rolle gepreßt, die ihm keinen Handlungsspielraum mehr läßt; die Machtstrukturen zwingen Paul zu opportunistischem, zu ›zweckrationalem Handeln‹. Dieser Zwang führt bei ihm zu einem Versagen der kognitiven Orientierung und einer gesellschaftlichen Desintegration.

Derartige Überlegungen bringt Frl. Hesse im Roman auf eine bitter-ironische Formulierung, die als entscheidende Rezeptionsprovokation in bezug auf die Öffentlichkeitsstruktur der DDR gewertet werden kann:

»Hat er es doch erfahren, daß von verordneten Urteilen abweichende eigene sich später als falsch erweisen, daß Unterdrückung vorschneller Privatmeinungen im Moment nach Angst, später nach Weisheit aussahen.« (151)

Grundsätzlich offenbart sich, über den, mit repressiven Sanktionen verbundenen Zwangscharakter eines Auftrages, dessen kulturpolitische Maximen zwar einst geteilt, nun aber verworfen worden sind, eine rigorose Vereinnahmung, ein rücksichtsloses Negieren der individuellen Persönlichkeit des einzelnen. Man gestattet diesem nicht, ein solches Ansinnen abzulehnen oder gar die eigenen, veränderten Maßstäbe öffentlich zu vertreten, sondern er wird statt dessen auf höhere Weisung angehalten, das Vorgeschriebene unmündig und heuchlerisch zu reproduzieren. Eine derartige, die Meinungen und Einsichten der einzelnen Subjekte außer acht lassende Praxis, zeitigt eine typische, daraus resultierende Unfähigkeit, die Trennung von Reflexions- und Handlungsebene zu überwinden und demonstriert gleichzeitig einen, in der literarischen Szene der DDR noch immer präsenten Widerspruch zwischen Öffentlichkeits- und Privatbereich.

3.1.4. Die Rezeption eines anderen literarischen Werkes, die vermittelte Bezugnahme auf Hermann Kants ›Aula‹

Auch wenn wir keinen direkten Nachweis gefunden haben, daß de Bruyn die *Preisverleihung* unter dem Einfluß von Kants *Aula* geschrieben hat, so lassen sich doch so vielfältige Affinitäten zwischen den beiden Romanen aufzeigen, daß zumindest die Vermutung einer vermittelten Rezeption naheliegt. Sicherlich gilt auch für de Bruyn der Anspruch Kants von der »stillschweigenden Kooperation von Schriftstellern, die darin besteht, daß Wirkungen eben auch auf solche Leser erfolgen, die zugleich Schreiber sind.«[29]

Der äußere Rahmen und Erzählanlaß – die Aufforderung, auf einer offiziellen Veranstaltung eine Rede zu halten – haben in beiden Romanen eine so frappierende Ähnlichkeit, daß man fast geneigt ist, anzunehmen, de Bruyn hätte zu den vier Protagonisten der ABF in der *Aula* einen fünften und sechsten als Schriftsteller und Literaten erfunden, die er nun, in Anlehnung an die dortige Methode des aufspürenden Erinnerns und Bilanzierens, in einer eigenen Variante ergänzt.

In beiden Werken handelt es sich – in bewußter Nutzung der historischen Spanne – um die reflexive Aufarbeitung und Beurteilung der ersten geschichtlichen Etappe, der sog. Aufbauphase der DDR, in der maßgebliche Strukturen geprägt und Weichen für die weitere Entwicklung gestellt wurden. Im Vordergrund steht die Frage nach Art und Richtung dieser Entwicklung, die Überprüfung, ob und wie weit sich in den menschlichen Verhaltensweisen bis in die Gegenwart stalinistisch-dogmatische Fehler gehalten haben? Es wird versucht, die Bezugspunkte von Vergangenheit und Gegenwart modellhaft anhand der eigenen z. T. autobiographischen Erlebnisse aufzuspüren, gemäß dem Heine-Motto in der *Aula*:

»Der heutige Tag ist ein Resultat des gestrigen. Was dieser gewollt hat, müssen wir erforschen, wenn wir zu wissen wünschen, was jener will.«

Eine Methode, die – bedingt durch die Spannung aus dem Wechsel der beiden Zeitebenen[30] – den Hauptakzent auf den erzähltechnischen Aufspürungsvorgang legt, der darüber hinaus von Kant und de Bruyn mit ähnlichen Mitteln der Komik, Satire, Ironie und Polemik kommentiert wird. Dies erweist sich um so interessanter, da beide Hauptfiguren Vertreter der literarischen Öffentlichkeit sind – Theo Overbeck als Literaturwissenschaftler und Robert Iswall als Journalist mit dem Spezialgebiet Literaturkritik –, was den point of view der Handlung maßgeblich bestimmt[31], d. h. sie veranlaßt, gemäß ihrer beruflichen Funktion in den Romanen direkt oder indirekt auf die Thematisierung des Literaturbetriebes und die durch ihn vermittelten Wertmaßstäbe zu sprechen kommen.

Die vorhandenen Differenzen der Romanstruktur ergeben sich aus den unterschiedlichen Schwerpunkten des jeweiligen literarischen Anliegens. Kants wesentliches Vorhaben liegt darin, mittels Literatur »Geschichtsbewußtsein zu wecken und wachzuhalten«[32], um die Menschen anzuspornen, den Sozialismus nicht als Selbstverständlichkeit passiv hinzunehmen, sondern mitzuentscheiden, den Alltag aktiv zu gestalten und bewußten Einfluß auf die Geschichte zu nehmen. De Bruyn dagegen bezieht seine Schreibimpulse – wie schon ausgeführt – eher aus dem Alltäglichen der Gegenwart, aus den Bereichen, in denen die gesellschaftliche Relevanz der Tätigkeit nicht unmittelbar hervortritt. Er ist überzeugt, daß »die Verhaltensweisen, die hier praktiziert werden [...] ihren Einfluß auch auf Handlungen [haben], die nicht im Lichte der Öffentlichkeit stehen.«[33] Entsprechend unterscheiden sich die Romane in den zeitlichen Betonungen. Kant holt in der Beschreibung der *Aula* weiter aus und gliedert die Themenführung stärker historisch in vielfache Handlungsstränge[34], ›Geschichten‹, Anekdoten und Assoziationen. Sein Erzählprinzip ist es, eine Situation von allen Seiten zu zeigen, um ein möglichst breites Spektrum von Ansichten zu vermitteln – was allerdings durch keinen Totalitätsanspruch bedingt, sondern eher an die Leseraktivität gerichtet ist.[35]

Die beiden Werke sollen im folgenden nicht detaillierter verglichen werden, da die *Aula* für die Fragestellung der Arbeit, die einen anderen Zeitraum umfaßt – Kants *Aula* erschien 1965 –, nicht die adäquate Materialbasis bietet. Wir wollen vielmehr die Stellen in Kants Roman herausarbeiten, die u. E. das Anliegen der *Preisverleihung* vorstrukturieren und verdeutlichen.

Es handelt sich zunächst darum, die erzähltechnische Gliederung, die besondere Art der Verkettung der, auf den ersten Blick sehr lose und willkürlich aneinandergereiht wirkenden, Episoden zu verdeutlichen.[36] Diese soll stellvertretend an dem Motiv der parodistischen Variation, der mehrfach im Roman angesprochenen Form der ›Rede‹ analysiert werden. Anschließend wird die implizite bzw. explizite Selbstthematisierung von literarischen Vorgängen daraufhin untersucht, wie sie sich zum grundsätzlichen Anliegen der Romanaussage verhält.

Zu Beginn der *Aula* wird mit dem Telegramm an Robert Iswall, in dem der Direktor der ABF, Maibaum, ihn zur Rede auffordert, der Widerspruch zwischen dem gewünschten, repräsentativen Inhalt und den eigenen, noch sehr vagen Vorstellungen dazu virulent. Iswall versucht probehandelnd die Situation imaginativ zu bewältigen, indem er die Rede mit den erwarteten, hochgeschraubt klingenden Worten fiktiv durchspielt. Er scheitert, da sich ihm ständig persönliche, subjektive Erinnerungsbilder aufdrängen.

Die zeitlich den Roman einleitende Rede zur Eröffnungsfeier (47) der ABF (1947) greift ein, in der DDR-Literatur oft bearbeitetes, Thema auf: das Verhältnis der neuen, aufsteigenden Arbeiterklasse zum etablierten Bürgertum, was sich in der Doppelung zweier Reden zeigt,

– zum einen der des konservativen Rektors, der mit »schollernder Stimme« (47) sein Unvermögen, sich verständlich zu äußern, dadurch demonstriert, daß er, zum Befremden aller, den neuen Zeitgeist am Beispiel des 16. Jahrhunderts mit Motiven Luthers exemplifiziert,

– zum anderen der Ansprache des progressiven Fakultätsleiters, der – kontrastiv dazu – den Mut der jungen Leute preist, »die zum Sturm auf eine Festung angetreten seien.« (49)

Parallelisiert und ironisiert erscheint dieser Aspekt erneut in einem Seminarvortrag des Alttestamentlers Prof. Noth, in den Iswall anfangs fälschlicherweise geraten war. Heinrich Mohr[37] hat in seiner Analyse der Aula diese Textstelle überzeugend dahingehend interpretiert, wie der Bürger die Überlegenheit seiner intellektuellen Schulung in bezug auf tradierten Wissensstoff, formale Kultur und Eloquenz in mitleidig abschätzender Ironie gegenüber den proletarischen ›Neulingen‹ auszuspielen sucht, die ihre objektiv richtigen Einsichten infolge von Artikulationsdefiziten nicht entsprechend vertreten können.

Besonders deutlich unter dem zentralen Aspekt einer solchen gestörten Kommunikation stehen die Vorgänge um die Wahlen zum Studentenrat. Da die wahltaktischen Bemühungen der ABF-Studenten, sich kurz und präzise zum Programm zu äußern – »geboren aus Abneigung gegen griechische Suada und Hochachtung vor den jüngsten Kreml-Lakonismen« (141) – bei den übrigen Teilnehmern auf völliges Unverständnis stößt – ein weißhaariger Psychiatrieprofessor bescheinigt Agrammatiktum und Debilismus –, dreht der redegewandte Quasi Riek den Spieß um, indem er in einer inhaltsleeren, parodistischen Imitation der Nikiasrede einen »attischen Bienengesang« (151) zelebriert, der ihm unter tosendem Beifall einen Listenplatz einbringt.

Höhepunkt der Redevariationen, die sich zusehends mehr eines inhaltlich gefüllten Legitimations- bzw. Funktionsverständnisses enthalten, stellen die seichten Vortragseinheiten auf der Versammlung des Schriftstellerverbandes dar. Hauptproblem bildet dort der von Kant dargestellte Generationskonflikt zwischen den Autoren, wobei auf die – selbstverständlich akzeptierte – Etablierung einer Gruppe von anerkannten, älteren Eliteautoren verwiesen wird, die sich weigern, sich mit dem Gedankengut der neueren literarischen Etappe auseinanderzusetzen. Die jüngeren Autoren werden wegen fehlender Diskussionsbrillanz übergangen[38] und von anmaßenden Kritikern lanciert.[39] Die Autochthonen dagegen praktizieren in kleinbürgerlicher Geltungssucht eitle Selbstdarstellungen und ritualisierte Dialoge, die nach schematisierten, eingespielten Argumentationsschablonen ablaufen – kurz, sie bedienen sich all der Formen von Interaktion, die zu einer Stagnation der Literatur beitragen.

Die beiden übrigen Stellen, den mit werberhetorischen Wendungen angereicherten Monolog eines Backpflaumenhändlers – der als satirisches Exemplar eines ›Westlers‹ so nachhaltig in den Kategorien des Geschäftsdenkens verankert ist, daß er auch jedes, damit nicht kompatible Gespräch zum Verkaufsgespräch deformiert – und die Abschiedsrede des Genossen Wigg beim Abflug Trullesands nach China, benutzt Kant dazu, sich die verschiedenen potentiellen Reaktionen der Teilnehmer darauf vorzustellen. Sie fungieren als Querverbindungen zu zwei neuen Handlungseinheiten im Roman.[40]

Als programmatisch für Kants Erzählweise kann die funktional genau eingesetzte Ironie in der Art und Weise der Situationssequenzierung der Reden angesehen werden, die in ihrer Parallelisierung strukturell jeweils einen der übrigen Handlungsfäden des Buches kreuzen und dabei eine wachsende Spannung beim Leser erzeugen – um dann am Schluß, durch Maibaums Absage der Rede, plötzlich alles abzubrechen.

In bezug auf die Rede[41] trifft der Kant gemachte Vorwurf einer Bagatellisierung der Zensur nicht zu[42] – vielmehr wird die Zensur von Kant in dreifacher Steigerung prägnant mit negativen Vorzeichen versehen. Einmal an der Stelle, an der Iswall gebeten wird, ein Vorausexemplar seiner Rede einzusenden. Maibaum zufolge handelt es sich dabei um keine Vorzensur, »es geht lediglich um Fragen der Koordination« (162), eine Zumutung, die Iswall eindeutig dementiert:

> »Den Vorschlag, mein Lieber [...], den kannst du dir an den Hut stecken. Koordiniere du man, aber nicht mich. Wenn wir uns darauf einlassen wollten... dann hätten wir beide bloß Schererein davon, [...] denn ich fürchte, in deinem Koordinationssystem bringst du meine Farben der *individuellen* Erinnerung nicht unter [...]« (162f.) (Hervorh. von R. K.)

Zum anderen, als Iswall dem Dichter seine Pläne unterbreitet, eine witzige, aber ideologisch durchaus vorbildliche Episode aus dem Leben eines Mitschülers in die Rede aufzunehmen, zeigt der Direktor solange Interesse, bis klar wird, daß von Quasi Riek die Rede ist – denn heißt es strikt:

> »Über den sollte bei der Abschlußfeier nicht gesprochen werden, ich meine über solche Elemente sollte auf keinen Fall gesprochen werden.« (182)

Aus der wertenden Autorenperspektive läßt Kant Iswall bemerken:

> »Na schön, mir soll's recht sein. Es würde mir auch schwer genug ankommen, die richtigen Worte über den zu finden. *Vielleicht ist eine Rede doch etwas anderes als ein Roman.*« (182) (Hervorhebung von R. K.)

Hier ist die ironische Form natürlich in Opposition zum reinen Wortsinn zu deuten. Offenkundig wird die Einstellung Kants am Schluß, wenn die Leitung der ABF aus Gründen, »daß die bisherige Programmierung etwas zu sehr rückwärtsgewandten Charakter hatte« es für ratsamer erachtet, den alten Plan zu revidieren, sich »auf das Neue, die vor uns liegende Aufgabe zu orientieren.« (313) Die provokant ablehnende Reaktion Iswalls darauf resultiert aus der Erkenntnis, daß der persönlich-private Rückblick bzw. die vollzogene Verarbeitung der Vergangenheit, die sich als fruchtbar erwiesen haben, keine öffentliche Entsprechung finden kann, d. h. daß man sich im Bereich der übergeordneten Instanzen noch immer von dem Eingeständnis vergangener Fehler scheut. Allerdings suggeriert Kants leise utopischer Ausklang die Hoffnung auf eine baldige Änderung: »hier wird schon noch geredet werden.« (317)

Versucht man darüber hinaus die Stellen im Roman zu sondieren, an denen Kant auf das eigene ästhetische Programm rekurriert, so fällt auf, daß die Bezüge besonders eindringlich gestaltet wirken, wo er indirekt auf in der Rezeptionsstruktur angelegte Merkmale verweist, die sich – auf einer zweiten Rezeptionsebene ergeben.

Ausgehend von der Einschätzung, daß der Inhalt ein Plädoyer für die Notwendigkeit der Neugier, des Erinnerns und Fragens darstellt[43], weisen Silvia und Dieter Schlenstedt[44] in der Erzählstruktur u. E. überzeugend nach, daß die psychologischen Bewußtseinsmechanismen nicht nur beschrieben, sondern selbst gesetzt – d. h. das Buch von ihnen determiniert wird:

1. Aufgrund der Entsprechung zu wirklichen Erinnerungsvorgängen, die durch eine Priorität der heiteren Erlebnisse vor den negativen gekennzeichnet sind. Angenehme Erinnerungen stellen sich – erst einmal angetippt – wie von selbst ein, während negative erst dem Verdrängungsmechanismus entrissen werden müssen.[45]
2. Durch das sog. Amplifikationsprinzip – einer Methode, bei der die Erinnerungen und Gedankengänge sich so entwickeln, daß das Wesentliche vom Denker kreisend umspielt und nach und nach freigelegt wird; die Einfälle in gradueller Steigerung allmählich das Wichtigste herausstellen.
3. Durch den Wechsel von reflektierender Durchdringung und szenischer Imagination.[46]

Kants Erzählduktus deutet immer wieder auf die Besonderheit der literarischen Mittel, auf die konstruierte, fiktive Montage der Vorlage. So z. B. wenn Robert Iswall – an einem Märztag 1962 in einem Café sitzend – die Ereignisse einer Demonstration der ABF-Mitglieder für die sozialistische Umbenennung des vor ihm liegenden Platzes in seiner Erinnerung an sich vorüberziehen läßt.

Er führt als Medium seiner Gedanken ein fiktives Zwiegespräch mit einem imaginären Filmproduzenten, da die äußere Fassade durchaus Material für einen ›positiven‹ Klischee-Film über den Aufbau des Sozialismus hergegeben hätte. Gleichzeitig wehrt er sich innerlich gegen solche einengenden Widerspiegelungspraktiken und plädiert nachdrücklich dafür, die Mehrdimensionalität der Geschehnisse und ihren Niederschlag bei den Beteiligten zu beachten.[47] Kant setzt sich offensichtlich ab von künstlerischen Forderungen nach eindeutigen Handlungsweisen und klar umrissenen Helden, er verweist mit dieser Szene nachdrücklich auf das schillernde Spektrum simultaner und differenzierter Gedankengänge: »Da singen sie nun, das kriegt ihr auf euer Tonband, aber was ihr nicht drauf kriegt, das ist, was sie denken.« (200)

Die übrigen, quer in das Buch eingestreuten literaturtheoretischen Anklänge korrespondieren zu den bisherigen Ausführungen, erscheinen jedoch – gemessen z. B. an dem poetischen Kunstgriff der gedanklichen Abwehr einer Verfilmung – eher platt und als satirischer Seitenhieb für eine innerliterarische, intellektuell geschulte und eingeweihte Gruppe bestimmt.[48] Versucht man, die Polemik zu deuten, so findet man als gemeinsamen Nenner der Anspielungen den Standpunkt, daß Literatur von unmittelbarem ideologischen Dienst freizuhalten sei – ähnlich der Beschreibung eines opportunistischen Autors im Roman, der in seinem Bestreben, immer die neuesten Maxime der Partei zu illustrieren, dem Aktuellen trotzdem ständig hinterherhinkt und vom Mißerfolg gezeichnet, nicht versteht, daß »er dem Irrtum aufgesessen, ein Theaterstück sei so etwas wie eine taktische Waffe.« (237)

Als Kontrast einer Kulturpolitik, der Förderung ›glatter‹ Novellen nach »Tuschmannscher« Manier (25), – wie sie Iswall zu rezensieren hatte – markiert Kant deren verkrampfte Konsequenzen in der eindringlichen Zeichnung eines hohen Funktionärs, der seinen eigenen Lesegeschmack mit Karl-May-Lektüre befriedigt, darauf angesprochen jedoch auf seinen Chauffeur verweist. (288)

Im übrigen erscheint jedoch die Möglichkeit einer ›literarischen‹ Figurenbeschreibung über ihr Lektüreerfahrungen eklektizistisch angewandt. Der Hinweis auf umfangreiche Bände mit programmatischen Titeln, wie »doch ewig bleiben die Steine«, »kein Sturm der uns die Träume nimmt« oder »das bläst der Wind nicht fort« [49] (183) wendet sich zwar gegen »problemgeladenes Schreiben, gegen ein Erzählen, indem die Weltanschauungsdebatte und das philosophierende Gespräch über der erzählten Geschichte liegt.« [50] Der Bezug dagegen, Iswall habe in der Kriegszeit nicht Ilja Ehrenburg u. ä. gelesen, sondern mit Begeisterung *Vom Winde verweht* verschlungen und sein Zimmer ziere nicht Lenin oder Majakowski sondern ein Hemmingway-Porträt, suggeriert den forciert anmutenden Versuch einer zitatologischen ›Anti-Helden‹-Konstruktion.

Ungeachtet solcher ironischer Überzeichnungen wird das Bemühen Kants deutlich, einen genetisch-analysierenden Erkenntnisprozeß in Gang zu setzen, der die allgemeine gesellschaftskritische Kritik durch die Demonstration eingefahrener, engstirnig-literarischer Produktionen unterstreicht. Seine Kritik richtet sich dabei – wie bei de Bruyn – gegen die pathetische Schreibweise der Vorgängerphase. Beide setzen bei denselben Erscheinungen an: Unmündigkeit des Lesers, agitatorische Beeinflussung durch Simplifizierung des Handlungskontextes, schematische Herausstellung der geforderten Problemlösbarkeit, welche die Motivverflechtung im Verhalten der Individuen vernachlässigen und Ignoranz gegenüber dem Aufzeigen subtiler Arten von Widersprüchen walten lassen. Die Autoren verweisen über die Entmythologisierung der DDR-Gründerjahre auf die Notwendigkeit einer ehrlichen Bewältigung dieser Etappe, da die Fehler sonst, zu einem späteren Zeitpunkt zyklenhaft, entsprechend dem historischen Kontext in veränderter Gestalt, wieder auftauchen werden.

3.1.5. Untersuchungen zur Erzählstruktur der Preisverleihung

Bezeichnend für die DDR-Literatur der jüngsten Phase ist das starke Interesse an neuen technisch-formalen Erzählmitteln. Die Aktualität dieses Bemühens um ein differenziertes Beschreibungsinstrumentarium resultiert u. a. aus der neuen Akzentsetzung, der Darstellung des inneren Konfliktes. Die Ursachen der eigenen positiven wie negativen Lebenshaltung stehen im Vordergrund des Geschehens. Die Konflikte mit anderen werden dabei – wie aus den vorhergehenden Analysen ersichtlich – nicht eliminiert, sie erhalten nur einen anderen Stellenwert und dienen in erster Linie als Orientierungs-, Bewertungsrahmen, als Erweiterung der Erzählerperspektive, um die zu behandelnde Figur in der Konfrontation mit anderen Positionen beschreiben zu können. (Funktion: Objektivierung der Probleme.) Die verschiedenartigen Anlagen innerhalb eines Charakters lassen sich nicht mehr eindimensional mit der naiven Identifikation, mit dem ›positiven Helden‹ bewerkstelligen. Der Leser kann nur in einer Dialektik aus Identifikation und Distanz die ihm zugewiesene Urteilsfindung bewerkstelligen. Der Autor versucht, dieses Wechselspiel, die kritische Distanz zum Erzählten durch Verfremdungen innerhalb des kontinuierlich ablaufenden Erzählvorgangs zu vermitteln, was vor allem auf einem Be-

wußtmachen der Handlungsfiktionalität und damit auf ein aktives Lesen hinzielt.[51]
Die auffallendsten Stilmittel dieser Art in der ›Preisverleihung‹ sind:
a) die Bild- und Handlungssymbole,
b) die eigenwillige Handhabung des Erzählmittels ›Zeit‹, das sich aus einem Gegeneinander von Zeitdehnung (Gegenwart) und Zeitraffung (Vergangenheit) konstituiert,
c) die rhetorischen Wendungen und
d) die Thematisierung des Erzählvorganges.

a) Bild- und Handlungssymbole
    Günter de Bruyn vermittelt seine eigene Bewertung [52], die Kritik an den Romanfigu-
ren, mit dem Mittel des ironischen Kommentars. Allen Kernfiguren wird im Laufe des
beschriebenen Tages das Motiv der Verunsicherung bzw. der Anpassung zugeordnet, oft
mit satirischen Bildsymbolen [53] verkleidet. Sei es, daß sich Tochter Cornelia nach stu-
dienbezogenen und persönlichen Enttäuschungen überraschend perfekt der erwarteten
Frauenrolle anpaßt (139), oder Irene ihre innere Unsicherheit mittels eines Hutkaufes
(79), zur Unterstützung ihrer äußeren Wirkung, zu kompensieren versucht.
    Besonders illustrativ verdeutlicht die Negativfigur Frank Ungewitter, als warnendes
Beispiel karikierter ›Vorbildhaftigkeit‹, den Hang selektiv das zu sagen, was das jeweilige
Gegenüber zu hören wünscht, sich weniger nach Tatsachen als nach Hörererwartungen
zu richten. Konkretisiert und kommentiert wird diese Verhaltensweise in der Szene, wo
seine drei verschiedenen Lebensläufe vorgestellt werden [54], denen, entsprechend der zu
bewältigenden Situation, eine passende topologische Vergangenheit angedichtet wird.
    Der Autor verkehrt in einer vordergründigen Erklärung bewußt die Ursachen der
mißratenen Rede als Konsequenz der ›Entlarvung des Sicherheitssystems äußerer Ordnung‹ (vertauschte Schuhe) und der Durchbrechung seines Rollenbegriffes. Er vermittelt
dem Leser, durch das parabelartige Bild, als »komisch symbolischer Ausdruck seiner inneren Unentschiedenheit« [55], einen Hinweis, daß Theos überzogene Rollenfixiertheit
nichts anderes darstellt, als ein wackliges Kartenhaus, als Verdrängung von Wirklichkeit,
als eine Variante der Anpassung.
    Die provisorisch erfundene Geschichte Pauls, die er abends im Garten im Gespräch
mit Cornelia zum besten gibt, um Zeugnis abzulegen von seinem genial-intuitiven Erfin-
dungsgeist, erscheint nur beim ersten Lesen so platt – wie man es gemäß der negativen
Zeichnung Pauls erwarten würde. Bei genauerer Analyse entpuppt sich das Märchen vom
Mann, der von einem schönen Privat- und Familienleben träumt, der dafür schuftet,
Überstunden macht, seine Arbeitsdauer genau berechnet hat – und dessen Rechnung
schließlich nicht aufgeht, weil die eigene Frau ihn verläßt – als Legitimierungsversuch
Paul Schusters. Er wird von seinem Autor als Exponent derjenigen gezeigt, die unzufrie-
den, ungeduldig auf Vertröstungen ›von oben‹ reagieren, die ihren Anspruch auf gegen-
wärtiges Glück formulieren.[56]

b) Zeittechnik

Die Brüche innerhalb des kontinuierlichen chronologischen Erzählens haben verschiedenartige Funktionen:

1. Auf der inhaltlichen Ebene verweisen sie, wie schon aufgeführt, auf das Thema des Konfliktes, das in den Gegensätzen »Stagnation und Weiterentwicklung« aus der Konfrontation von Vergangenheit, Gegenwart und anvisierter Zukunft resultiert. Das Ziel des Autors kann, entsprechend dem bisherigen Beobachtungsmaterial, als Form analytischen Entdeckens umschrieben werden. Er versucht, mit den Mitteln der exakten Beobachtung (Gegenwart) und der Analyse (Vergangenheit) eine Einheit im ordnenden systematisierenden Erzählen zu finden, um eine Antwort auf seine Fragen zu erhalten. Er versucht mittels Schreiben, seine eigenen assoziationshaften Ideen zu objektivieren, sie auf ihre gesellschaftliche Repräsentanz hin zu befragen.

2. Auf der Handlungsebene haben sie die Aufgabe zu erklären und zu illustrieren. Dabei besteht aber die Gefahr einer zu starken einseitigen Gewichtung, wie sie etwa de Bruyn mit der schematischen Charakterisierung Pauls unterlaufen ist, dessen Lebensbeschreibung in zu starker Raffung vorgenommen wurde, wobei das zentrale Reflektionsobjekt, Pauls Roman, reines Abstraktum bleibt und nirgends im Buch konkretisiert wird.

3. Auf der Rezeptionsebene vermittelt das wechselnde Auf und Ab der Zeitmontage eine ständige Anwesenheit des Erzählers und erreicht somit implizit eine Kontaktaufnahme von Autor und Leser. Der Rezipient hat die Wahl, sich an den entsprechenden Stellen einer Rezeptionssteuerung auszuliefern, oder – wie wohl eher im Sinne de Bruyns – diese zu durchbrechen, sie als Leserprovokation zu begreifen.

c) Rhetorische Wendungen

Der Roman ist durchzogen von Feststellungen und Fragestellungen einzelner Figuren, auf die nicht weiter eingegangen wird, die unvermittelt im Raum stehenbleiben, die als rhetorische Wendungen klassifiziert werden können. Zwei Beispiele sollen die Anwendung erläutern:

1. In formelhafter Wiederholung, als Motiv verarbeitet taucht ein Satz auf, den Theo halb denkend, halb sprechend, vor sich hinsagt: »Den Auftrag hätte ich nicht annehmen dürfen.«[57]

   Gleich zu Beginn, im ersten Absatz des Romans verwendet, wirkt er zunächst ziemlich sinnlos, er erklärt sich erst aus dem weiteren Handlungskontext, dessen Einbeziehung jedoch im voraus auf den Konflikt deutet, wodurch ihm eine leserorientierende Funktion zukommt. Der nächste Zusammenhang wird in der Erinnerung hergestellt. Irene kommt, im Laufe des Tages, Theos Unsicherheit zu Bewußtsein, sie erinnert sich an diese Bemerkung und setzt sich dazu in Beziehung. Das aufkeimende Angstgefühl führt sie auf zwei Ursachen zurück, zum einen auf das nie besprochene Problem der Vaterschaft Cornelias, zum anderen auf die Vorstellung beruflicher Stagnation bei Theo, d. h. einer materiellen Verschlechterung. Die weiteren Stellen formelhafter Wiederholung[58] sind immer spezifisch solche Augenblicke, in denen Theo über sich selber nachdenkt, indem er sich seiner Verantwortung resp. Wertsetzung bewußt wird, jedoch gleichzeitig keine andere Handlungsalternative mehr wahrnehmen kann und er sich zum Zwecke seines ›inneren Druckausgleichs‹ dieser Wendung bedient. Für den Leser bedeutet sie eine Akzentsetzung, provoziert Nachdenken und in Relation setzen, spricht also den Ausgangs- und Kernpunkt des Romans explizit an.

2. Während des Empfanges nach der Preisverleihung sitzt Theo mit seinem Hausmeister Birt in der Küche, wobei Birt vom Autor eine wichtige Reflektionspassage zugewiesen wird:

>»Die Entfremdung zwischen den Menschen wurde seiner Meinung nach größer, die Möglichkeit, sich offen die Meinung zu sagen, geringer, da immer mehr Anlauf nötig wurde, um die Pappwände der Konvention zu durchstoßen. Das macht ihm Sorge, weil er darin mehr sieht als ein Problem der Umgangsformen, nämlich die Tendenz zur Vereinzelung.« (133)

Diese Überlegung ist mehr als eine ironische Parallele zum steifen Konventionsgespräch, das sich zum gleichen Zeitpunkt zwischen den Literaturexperten im Wohnzimmer abspielt, sie wird von einem Mann, den Krankheit an Haus und Garten fesseln, dem Leserkreis als allgemeine Frage gestellt. Der Leser soll die Reichweite der Verallgemeinerung vom öffentlichen auf den privaten Kreis, von der vorgestellten epischen Welt auf die tatsächliche Welt, überprüfen.

d) Thematisierung des Erzählvorganges

Ein sich direkt einschaltender, zunächst auktorial scheinender Erzähler, umschließt am Anfang und Ende den Roman. [59] Im ersten Absatz wird die Motivation für das Zustandekommen des Romans angesprochen:

>»Man hat mich aufgefordert, eine vorbildliche Ehe zu beschreiben und mir ein Modell dafür gezeigt. Mit Vorbehalten habe ich zugesagt und das beispielhafte Paar beobachtet. Jetzt versuche ich, das Erforschte zusammenzufassen in der Beschreibung eines Tages [...]« (5)

Er verweist inhaltlich auf zweierlei: zunächst durch den ironischen Gehalt auf das Gegenteil des Angesprochenen, also auf einen Ehekonflikt, der im weiteren angedeutet wird mit den formelhaft eingespielten Verkehrsformen, dem Mangel an gemeinsamen Interessen, in einer zu starken Trennung von Arbeit, Beruf einerseits und dem Privatleben andererseits. Das Ziel der Erzähltechnik muß darin gesehen werden, diese Trennung als artifizielle zu entlarven, die doppelte Handlungsführung soll auf die Interdependenz von privatem und öffentlichen Leben verweisen. [60]

Angedeutet wird dieser Gesichtspunkt am Schluß, der bezüglich Theos Berufssphäre offenbleibt, jedoch innerhalb seiner Ehe eine Wendung markiert, da er Aufrichtigkeit nun tatsächlich praktiziert, wenn er Paul über dessen Vaterschaft von Cornelia aufklärt. Es handelt sich auch hier – wie in *Buridans Esel* – um einen ›komplexen Schluß‹,

>»[...] und somit verlasse ich das beispielhafte Paar: Sie schon im Schlaf, er ihn erwartend. Aber wann immer er kommt, er wird zu früh kommen.« (167),

der sich aber trotz des ungeklärten Subjekts im letzten Satz zu einem eindeutigen Schluß hindenken läßt. Der Leser fungiert als Ergänzer des Werkes, dem zwar eine bestimmte Denkrichtung angedeutet wird, die inhaltlich aber nicht fixiert erscheint.

3.1.6. Das Verhältnis von fiktiver Erzählperspektive im Roman zu de Bruyns Erläuterungen zur Literaturtheorie

De Bruyns Stellungnahmen zur Literatur stehen immer in direktem Bezug zu seinen Werken, er erläutert und kommentiert darin die dort aufgetauchten Spezifika. Es handelt sich dabei weniger um allgemeine Theorien zum ›sozialistischen Realismus‹, als vielmehr um seine individuelle Wirkungsabsicht, die aber – entsprechend seinem sozialistischen Selbstverständnis – sowohl Fragen der Kulturpolitik, traditionelle Topoi der marxistischen Literaturdiskussion umfaßt, als auch – und das steht bei ihm im Vordergrund – literaturtheoretische Überlegungen zur Rezeptionsästhetik und das damit verbundene Experiment neuer Erzählformen beinhaltet. Das vorhandene Material, die Interviews mit de Bruyn[61], beziehen sich zum größten Teil auf den ersten Roman, *Buridans Esel*, der in seinem neuartigen Erzählexperiment die in den 60er Jahren verstärkt einsetzende Wirkungsforschung in der DDR reflektiert.[62] Die meisten dort formulierten Gesichtspunkte können jedoch, durch die thematische Nähe, auch auf die »Preisverleihung« übertragen werden. Eine wichtige Überlegung, die von der Bibliothekarin, Frl. Broder, im »Buridan« angestellt wird, kann analog auf Theo und in einem weiteren Schritt auf de Bruyn übertragen werden, sie formuliert sein zentrales Erkenntnisinteresse:

> »Wie aber wirkte denn künstlerische Literatur? [...] Was wirkte denn da auf wen und wie? Erzog die Darstellung des Moralischen wirklich zur Moralität, wirkte die des Bösen wirklich abschrekkend? Konnte man den Willen zur Identifikation in jedem Fall voraussetzen? Wen lockte das Fremde, wen das Bekannte? Was wurde überhaupt aufgenommen, wie verarbeitet? Welche Rolle spielt Erfahrung, Bildung, Wissen? Wie funktioniert der psychische Vorgang des Lesens?«[63]

Die Klärung, bzw. die Näherung an diese rezeptionstheoretischen Fragen versucht er, aus derselben Perspektive wie in der fiktiven Realität Theo Overbecks, durch verschiedenartige, dazu lose in Verbindung stehende Überlegungen, die sich wie folgt akzentuieren lassen:

1. Die Forderung nach dem direkten Bezug zur gegenwärtigen Wirklichkeit[64], wobei der Handlungsschauplatz (Figuren, Ort, Milieu) die eigenen partikularen Erfahrungen repräsentiert. Seine Intention besteht vor allem darin, am Privaten, Individuellen, Alltäglichen anzuknüpfen, da dort die Voraussetzung für Handlungsschemata, die Mikrostrukturen für öffentliche Arbeit, eingeübt werden und sich von daher am ehesten ein Bezugssystem für den Leser aufbauen läßt.

> »Wenn man genau hinsieht, genau genug beschreibt, wird auch das Privateste, die Liebe zum Gesellschaftlichen, weil ja die Charaktere, durch die sie entsteht, sich bekanntlich im Strom der Zeit bilden und ihre Folgen fördernd oder hemmend die Urwelt berühren.«[65]

Die Tatsache, daß die Klassengegensätze im gesellschaftlichen Bereich abgebaut sind, bedeutet für ihn nicht, daß die moralischen Probleme des menschlichen Verhaltens und Zusammenlebens eine befriedigende Lösung gefunden haben.[66]
2. Es folgert daraus eine ständige illusionslose Überprüfung von Privatem und Gesellschaftlichem, um die noch bestehende Divergenz zwischen Theorie und Praxis zu beseitigen.

Da die grundsätzliche Übereinstimmung von Staat und einzelnem das Problem der Anpassung revidiert haben müßte, versucht de Bruyn diesen Widerspruch durch die relative Konstanz bzw. das Nachziehen der Lebensgewohnheit zu erklären. Es geht ihm also primär um eine Nivellierung der Alltäglichkeit, um Überwindung des anachronistischen Gegensatzes von Privatem und Öffentlichem in der ›entwickelten sozialistischen Gesellschaft‹. Er versucht daher, in seinem Roman die Frage zu stellen, wie weit gesellschaftliche Normen fester Bestandteil des gewöhnlichen Lebens der Menschen geworden sind.

3. Die Forderung nach dem ästhetischen Freiraum, sich inhaltlich und formal keiner Vorschrift unterordnen zu müssen. Denn der Prozeß des Vergleichens, der Überprüfung, würde einer inneren Zensur entsprechen, den intuitiven Gedankenfluß beim Schreiben lähmen und zu rein abstrakten theoretischen Ergebnissen führen.

»Problematisch war für mich, daß in der Entstehungszeit des Buches mehr als sonst darüber geredet wurde, wie heute Literatur sein oder nicht sein soll.«[67]

In diesem Zusammenhang steht eine ausdrückliche Distanzierung von dem z. T. immer noch bestehenden ›Totalitätsanspruch‹[68], der schon in der Vergangenheit nur Verwirrung stiftete und bisweilen immer noch Vorstellungen von ›Welttotalität‹ evoziert, zumal in der Literatur nur von einer Totalität in bezug auf das Thema, also im Sinne von Qualität nicht von Quantität, die Rede sein kann.

»Diese Möglichkeit allgemeiner Wirkung beruht auf dem Beispielhaften, das der Künstler seinem individuellen Teil zu geben vermag [...] Paradoxerweise wird diese aber nicht erreicht durch Allgemeinheit der Darstellung. Ganz im Gegenteil: gerade das Konkrete, Individuelle, Zeit- und Ortsgebundene, kann einer Geschichte die Genauigkeit und Stimmigkeit geben, die sie exemplarisch macht und die damit nacherlebt wird.«[...]69]

4. Das Interesse an den Innenvorgängen seiner Romanfiguren setzt eine sorgfältige, detaillierte Milieuschilderung voraus.

»Vor allem die innere, die psychologische Genauigkeit, die für mich ohne die äußere nicht möglich ist. Ich glaube an so etwas wie die Chronistenpflicht des Autors.«[70]

Er fühlt sich einem didaktischen Anspruch jedoch nicht gewachsen, hegt vielmehr Mißtrauen gegenüber Geschichten, deren äußerer Ablauf Lehren vermitteln soll. Im Vordergrund steht bei ihm die Vorstellung von einer Ähnlichkeit in bezug auf Literatur und Leben. Der Autor soll sich um einen Ausgleich von ›innen‹ und ›außen‹ im Leben bemühen, denn nur wenn der Leser die Details glauben kann, sie kennt, besteht die Möglichkeit, die tiefere Bedeutungskategorie eines Textes auf sich zu beziehen, sie zu verstehen und anzuwenden.

Das Verhältnis zwischen Autor und Leser kann damit überschrieben werden, daß de Bruyn von einer »latenten Anwesenheit des Konsumenten im Denken und Schaffungsprozeß des Autors«[71] spricht, sein Ziel muß darin gesehen werden, eine aktivere Beteiligung des Konsumenten am Literaturproduktionsprozeß zu erreichen. Er versucht, den Leser als »Tatsachenhungrigen, Wirklichkeitsfanatiker, Illusionsfeind und Realitätsfreund«[72] zu gewinnen.

Diese Praxis hätte für beide Teile günstige Konsequenzen, für den Autor, indem er über solche ›Rückkoppelungen‹ genauere Wirkungsmechanismen erlernt, für den Leser, indem er durch Reflexion über die Tragweite der Fiktionalität sich selbst bzw. seine Umgebung besser kennenlernt. Die Aufstörung des Lesers versucht er, seiner eigenen Aussage nach, über bewußte Identifikationshilfe zu erreichen. Dabei betont er neben der positiven auch die der negativen Bezugnahme, sowie die Notwendigkeit eines plötzlichen Durchbrechens, da nur im Rahmen einer Polarität aus Identifikation und Distanz eine kritische Position erreicht werden kann.

Die beschriebene dialektische Beziehung, die auch durch den Wechsel von sinnlichem Einfühlen und Überlegungen, bzw. dem Akt des Vergleichens, charakterisiert werden kann, muß sich besonderer erzähltechnischer Varianten bedienen, um diese Distanz zum Erzählten zu erreichen. »Die schöne Oberfläche muß gedanklich aufgerauht werden.«[73] Dem entspricht eine Bemerkung von ihm, bewußt in Form von ironischen Nebenhandlungen, Kommentaren, Reflexionen, satirischen Bildern, die Eindimensionalität der Handlung zu verlassen, um den Leser zum Mitdenken, zum Beurteilen, zum Lösen aufzufordern. Typisch dafür sind offene bzw. doppelte Schlüsse, die Figurensicht aus häufig wechselnder Perspektive und die Tendenz, keine fertigen Analysen, sondern Denkanstöße zu vermitteln, auch über gesellschaftliche Fragen hinaus. Vor allem auch solche, die für ihn selbst besondere Relevanz besitzen, z. B. wenn er seinen ›medialen Erzähler‹ selbst Erzählprobleme formulieren läßt, wie es H. Plavius im Gespräch mit de Bruyn ausdrückt – »daß der Erzähler im Dialog mit sich selber steht.«[74]

Zur Preisverleihung gibt es nur einige wenige fixierte Äußerungen des Autors[75], in denen aber zumindest die Intention und die Schwierigkeiten beim Schreiben angesprochen werden. Sein Hauptinteresse besteht danach darin, die moralische Haltung eines Menschen als Ausdruck seiner realen Gesellschaftsbeziehung zu analysieren. In der Preisverleihung habe er es an dem Kernproblem der ›Wahrhaftigkeit‹ festzumachen versucht, wobei alle Hauptfiguren auf unterschiedlichen Ebenen und von unterschiedlichen Ausgangspunkten dahingehend befragt wurden. An oberster Stelle, als Grundbestandteil dieses moralischen Selbstverständnisses, steht das Schöpferische im Menschen zu fördern, um die Entwicklung seiner Gesellschaft voranzutreiben.

Interessant für den schöpferischen Vorgang des Schreibens ist die Bemerkung, daß sich während dieses Prozesses die Thematik immer mehr vom Privatbereich zum öffentlichen Leben hin verlagert habe:

> »Ursprünglich hatte ich von Irene und den beiden unterschiedlichen Männern erzählen wollen, aber dann wurden mir die Entscheidungen der Handelnden in der Gegenwart wichtiger, so wurde die Dreiecksgeschichte zur Vorgeschichte.«[76]

Für den Schriftsteller werden in zunehmendem Maße – und das stärkt die Ausgangsthese der Identifikation des Autors mit seiner Hauptfigur – Erfahrungen und Konflikte seines Berufsmediums wichtig. Er selber will diesen zweiten Roman als Beitrag zur Öffentlichkeitsdiskussion verstanden wissen. Er will das Gespräch über die Ursache für die gegenläufige Entwicklung zweier am Literaturbetrieb Beteiligten anregen, wie es aus einem Gespräch im ›Sonntag‹ mit seinem Verleger Werner Liersch deutlich wird: »Das Problem der Preisverleihung ist trotz der räumlichen und zeitlichen Beschränkung öffentlicher als die des Buridan.«[77] De Bruyn versucht darüber hinaus, die Doppelbödigkeit der Wahrheitsfindung in seinem Buch zu erklären. Es handele sich zum einen um den Kulturbetrieb und dessen Auswirkungen auf das Individuum, zum anderen ginge es um die »Schwierigkeit der erzählerischen Wahrheitsfindung.«[78]

Auf das Resümée befragt, ob die gestörte Kommunikation in der abendlichen Runde bei Overbecks der entscheidende Ansatzpunkt für den Rezipienten sei, ob man sich vorstellen solle, wie man sich selber in dieser Situation verhalten hätte, als Theo, Irene oder Prof. Liebscher, stimmt de Bruyn zwar zu, betont aber, daß es keine Antwort auf die Frage des Tages sei, die bliebe offen, er wolle auf Gefahren hinweisen und zum Nachdenken auffordern.[79]

3.1.7. Rezeption der Preisverleihung

Aus dem vorigen Kapitel wurde ersichtlich, daß de Bruyn seinen Roman explizit als ›Rezeptionsvorgabe‹ verstanden wissen will. Daher muß dem Aspekt, ob und wieweit der Leser als ›tätiges Subjekt‹ seine eigenen Bedürfnisse auf das Werk bezieht, oder ob nur die standardisierten literarischen Topoi gesucht und bewertet werden, besonderer Nachdruck verliehen werden.[80]

Dabei kann kein phänomenologisches Spektrum der ganzen Meinungsvielfalt vermittelt werden, sondern es soll im Rahmen der Romananalyse[81] an die eigenen Interpretationsansätze bzw. die Wirkungsabsicht de Bruyns angeknüpft werden. Zur Strukturierung der Gesichtspunkte läßt sich das Material in drei zentrale Kategorien gliedern, die aber nicht als idealtypische, sondern als sich überschneidende, als Darstellungshilfe, zu bewerten sind:

a) – Der Wirklichkeitsbezug
b) – Die Personengestaltung
c) – Die Perspektive.

a) Der Wirklichkeitsbezug

Als durchgängiger Kritikpunkt erscheint in Ost und West[82] der Vorwurf der defizitären Behandlung des Romans von Paul Schuster; man sieht dies als Bruch innerhalb der aufgebauten Ursachenkette an. Die Leser fühlen sich zu stark beeinflußt, Theos Haltung, seine negative Bewertung des Buches akzeptieren zu müssen, ohne die Möglichkeit zu erhalten, diese an konkreten Textstellen überprüfen zu können, zumal die Literarisierung in der Preisverleihung ja tatsächlich ein ›Nachdenken über Literatur‹ provozieren will, ohne jedoch auf das strittige Objekt einzugehen.

Auch wenn de Bruyn den Nachdruck auf die Folgeprobleme der Literatur, also auf den Anwendungsbereich und die daraus resultierenden praktischen, handlungsorientierten Zusammenhänge im Berufs-Alltagsleben legt, besteht der innere Widerspruch der Logik des Sujets darin, daß darüber hinaus in der Preisverleihung über längere Passagen hinweg literarische Meta-Reflexionen angestellt werden, die durch Pauls Roman-Abstraktum ausgelöst wurden. Der Leser wird in einer vagen Vorstellung von Negativität belassen, verbindet mit den Andeutungen höchstens Begriffe wie ›Schönfärberei‹, ›positiven Helden‹ oder ›Schematismus‹, vor allem angesichts der Tatsache, daß die große Wende in der

Haltung Theos, der Wechsel von Zustimmung und kritischer Sicht, verschwommen bleibt, wie es H. Plavius kommentiert:

>»Aufgrund welcher realen Veränderungen gewachsener Ansprüche, gereifter Bedürfnisse... welcher persönlichen Erfahrungen hat Theo seine Einstellung zum Schuster-Roman geändert?«[83]

Diese entscheidenden Komponenten nicht klar zu benennen, stabilisiert das gängige Vorurteil über die sog. ›innere Zensur‹ in der DDR-Literatur, wie es entsprechend auch in der westlichen Aufnahme erfolgte:

>»Sind die klaffenden Räume zwischen den Zeilen gerade ausgespart, um das in der DDR Unsagbare nicht ungesagt zu lassen?«[84]

In den ausgesparten Passagen nach tiefer lotender Kritik zu suchen, erscheint jedoch tautologisch, da das ganze Buch Ausdruck einer scharfen Kritik am ›Korsett vorgefaßter Meinungen‹ ist. Es muß hier ein formaler Mangel vorliegen, es ist de Bruyn nicht überzeugend genug gelungen, eine Integration von Reflexion und Handlung zu erreichen.[85] Er ist zu stark mit seinem Berufsmedium verwachsen, verbindet selber eine klare Vorstellung wie selbstverständlich auf sein Publikum, entzieht ihm dabei aber – will er, wie anfangs erwähnt, mit den Lesern solidarische Lösungen der eigenen unbewältigten Probleme erreichen – den gemeinsamen Boden für ein produktives Literaturgespräch.

Im Bereich der ›Realitätsfrage‹ wird der Vorwurf des zu einseitigen Milieus, der Beschränkung auf das akademisch-intellektuelle Ambiente erhoben.[86] Dieser Vorwurf deckt sich mit der Kritik auf der ersten Rezeptionsebene innerhalb des Romans und macht die unverminderte Aktualität des ›quantitativen Totalitätsanspruchs‹ deutlich, gegen den sich de Bruyn im Interview wendet. Dieser Vorwurf dokumentiert die Zählebigkeit anachronistischer Ansprüche, die auch dann an Themenkomplexe der neueren Literaturproduktion gestellt werden, wenn in diesen die ›bewährten Schemata‹ als überlebt aufgezeigt werden und neue Kriterien Darstellungsobjekt sind.

Wie unflexibel das überlieferte Begriffsarsenal der marxistischen Literaturtheorie auf die Gegenwartsliteratur angewandt wird, zeigt ein Beitrag zur ›Typik‹[87]:

>»Das Typische liegt darin, daß an einer Geschichte deutlich wird, daß in diesem Land eine neue Moral, ein neues Lebensgefühl Wertmaßstab *geworden sind.*«[88] (Hervorhebung von R. K.)

Die allzu lobende Anerkennung verwischt die Beobachtung, daß hier der Kern des Romans verdreht wurde, die angestrebte Perspektive als ›Widerspiegelung‹ konstatiert wird. Es entsteht der Eindruck, als würde der Roman in oberflächlicher Weise verwandt, sich der bestehenden Verhältnisse rückzuversichern, sie zu bestätigen. Dieser Eindruck wird gestützt durch die Rezeption der Stelle des Romans, die als wichtigste für die Beurteilung des Literaturbetriebes herausgestellt wurde:

>»Es ist bezeichnend genug, daß nicht im öffentlichen Vortrag, sondern erst in dem Küchenvortrag die Kritik Theos an Pauls Roman gelingt. Die Szene ist satirisch überhöht und macht das ganze Dilemma deutlich, in dem Theo sich befindet: er muß sich zu sich selbst bekennen []«[89]

Bezeichnend ist der Versuch, den Konflikt zwischen Privatem und Öffentlichem abzuschwächen, ihn kurzerhand als satirisch überhöht beiseite zu schieben, die Kritik an den undemokratischen kulturpolitischen Entscheidungen als individuelle, persönliche Verirrung eines schwierigen Intellektuellen zu begreifen.

b) Personengestaltung

In den Beiträgen zur Figurenkonstellation werden ähnliche Gesichtspunkte angeführt, die Argumente werden aber stärker am Roman ausgeführt. Die Kritik[90] vermißt bei den beiden Gegenspielern die Ausgewogenheit. Die Autorenperspektive liege zu einseitig, parteiisch auf Theo, dagegen sei Paul Schuster, seine Frau und Prof. Liebscher nur als Typ stilisiert, ohne rechte Glaubwürdigkeit gestaltet.

Für das Ehepaar Schuster kann der Vorwurf erhärtet werden, sie wirkten, in der stark verkürzten Zeichnung, eher als Negativprinzip, als überzogene Vertreter eines Rollenklischees, was von de Bruyn selbst auch als schwache Stelle empfunden wurde:

»Ich glaube, man merkt dem Buch die Schwierigkeiten der erzählerischen Wahrheitsfindung an. Ich habe Neues versucht, dabei schien mir die Konzentration notwendig [...]«[91]

Prof. Liebscher dagegen weist in seiner Charakteristik genügend Persönlichkeitsmerkmale auf, um herauszufordern, um ein Gespräch über seine Parteimoral, sein Nützlichkeitsdenken, seine Forderung nach Unterordnung bzw. Anpassung des einzelnen an das Ganze, anzuregen. Es verwundert, daß in keiner einzigen Kritik auf seine ausführlichen Thesen eingegangen wird: schließlich fungiert der Professor als Umschlagfigur, als Instanz hinsichtlich der öffentlichen Moral, Norm und Entscheidung. Es wird aus den Rezensionen ersichtlich, daß der ›personalisierte Krisenherd‹, ein Gespräch über die Ursachen des Konfliktes im Roman, umgangen wird. Man kann daraus entnehmen, daß die Position noch zu starke Brisanz besitzt, daß sie ungewünschte Bezüge zur außerliterarischen Wirklichkeit aufdeckt.

Des weiteren wird wieder die Beschränkung auf das Literaturmilieu als zu einseitig hervorgehoben.[92] Man vermißt die Arbeiterfiguren oder verweist zumindest nachdrücklich auf ›Krautwurst‹, den man stärker in den Vordergrund gerückt sehen wollte, auf jeden Fall fehlten noch andere Figuren (Parteigenossen), die Theo seinen Moralbegriff, sein absolutes Wahrheitsempfinden, vermittelt haben. Theo hätte dann nicht so vereinzelt als Außenseiter und Alleingänger gezeichnet werden müssen.[93] Das Problem des Alleingängers muß dagegen als tragende Aussage im Roman gewertet werden und hätte nicht durch Erweiterung des Figurenensembles gelöst werden können, verursacht jedoch im Rahmen der Bewertung Unsicherheit, die daraus ersichtlich wird, daß man versucht, diesen Gesichtspunkt abzuschwächen und wiederum Theos Verhaltensweise als verallgemeinbare, typische ausweist:

»[...] vor allem aber in der Art, wie er den Konflikt Theos anlegt und vorantreibt, die moralische Seite, das *Verhalten von Menschen in unserer sozialistischen Gesellschaft herausarbeitet.*«[94] (Hervorhebung von R. K.)

Rulo Melchert[95] konstatiert in seiner Rezension in *Sinn und Form* die Häufung negativer Schriftstellerfiguren in der Literatur der letzten Jahre und das unvermindert weiterbestehende Interesse an ihnen. Die Ursachen dafür sind nach seiner Meinung nicht bei den Autoren zu suchen, die ihr Anliegen an eine breite Öffentlichkeit bringen und nicht nur vor einem Gremium literaturbeflissener Parteifunktionäre behandelt wissen wollen, sondern er macht das Medium Fernsehen dafür verantwortlich:

»Die Häufung solcher Lebensläufe in unserer Literatur ist nicht zufällig, sie drückt ein Unbehagen gegenüber der Fernsehvormundschaft über andere literarische Produktionen aus, macht zum anderen auch auf die stärkere Besinnung auf das Literatur- und Genrespezifische aufmerksam.«[96]

c) Perspektive

Die Bemerkungen zum ideologischen Ausblick, zur didaktischen Funktion bzw. zur Lesereffektivität, schließen die Argumentationskette. Innerhalb der Methode wurde konsequent verfahren, sich auf keine der im Roman thematisierten Konfliktpunkte der literarischen Öffentlichkeit einzulassen, den Auftakt zu einem potentiellen Gespräch damit abzublocken, daß man sich des traditionellen Literaturverständnisses rückversichert und selbst Werke, die das ›Leserezept‹ mitliefern, nur danach beurteilt, was sie an Eindeutigkeit und Fakten vermitteln.

Das neuartige Angebot ›Literatur als Kommunikationsvorlage‹, nicht als abgeschlossenes Produkt, ist mißverstanden worden. Nicht anders lassen sich die auf die Perspektive bezogenen Kritiken verstehen – sie verhalten sich dem de Bruynschen Ansatz diametral entgegengesetzt: Eine Äußerung wie diese

»Er führt Theo bis zur Selbsterkenntnis, ohne von ihm auch die Bestätigung dieser Erkenntnis zu verlangen.«[97]

trifft auf der Beschreibungsebene durchaus zu. Die versteckte kritische Forderung läßt vermuten, daß der Kritiker den ausgeführten Bewußtseinsstand noch nicht erreicht hat, daß er die intendierte Leserprovokation – den Ursachen für die aufgekommene Handlungslähmung nachzugehen – für nicht bemerkenswert hält. Dazu gehören auch Stellen, in denen man die offengelassenen Fragen moniert.

»De Bruyns Talent, ein Thema nicht auf-, sondern abzubrechen, wird fast offensichtlich.«[98]

Dahinter steckt ein merkwürdiger Anspruch, wie soll ein Autor im Alleingang Probleme der Literaturgesellschaft lösen, auch ein fiktives Resultat könnte ja nur als Anregung gewertet werden. Der geforderte Realismusbezug wirkt von Literaturkritikern, die Impulse zu einem weiterführenden Gespräch geben sollten und statt dessen die aktuellen Stellen im Buch abschwächen, umkehren oder gar nicht behandeln, wie Satire.

Es erstaunt, daß an dem Roman immer noch die alten, didaktischen Kriterien angelegt wurden, vorbildverbundene Orientierung, die dahin tendiert, eindeutige Lebenshilfe geben zu müssen:

»Damit sind mehr die gesellschaftlichen Gefährdungen durch Anpassung benannt und herausgestellt; eine Orientierung für den Leser, den Anforderungen und Möglichkeiten der gesellschaftlichen... Wirklichkeit praktisch gerecht zu werden, zeichnet sich in noch zu geringem Maße ab.«[99]

Dagegen wird dem Beitrag de Bruyns zur demokratischen Beteiligung an Entscheidungsprozessen im kulturpolitischen Bereich keinerlei Beachtung geschenkt, sieht man von einer selbstkritischen Passage ab, die als Ausgangs-, nicht als Endpunkt eines Rezeptionsgesprächs effektiv gewesen wäre:

»Das Buch provoziert. Die Provokation ist ein eindringlicher Appell an uns, mögliche Konflikte auszutragen und nicht zu verschleiern, persönlich zu verantworten, statt uns hinter einer anonymen Nützlichkeit zu verstecken [...]«[100]

Die offizielle Rezeption in der DDR spiegelt die Aktualität des Romans wider. Die ›Sprachbarrieren‹, die in so anschaulicher Weise während des Abendessens bei Overbecks zwischen den Literaturexperten aufgedeckt werden, treffen in diesem Fall auch auf die Wirklichkeit zu.

Die Beschäftigung mit der Preisverleihung bestätigt die Eingangsthese, daß de Bruyn sich in ›phantasierender Erprobung‹ der Standpunkte seiner Partner in der Literaturgesellschaft vergewissert. Diese These läßt sich abschließend dahingehend erweitern, daß der Autor Theo Overbeck nicht nur als verantwortungsbewußten, sensibel reagierenden Literaturwissenschaftler von einem auf Wirklichkeitsdenken und Parteiaffirmation ausgerichteten Kollegen abgrenzen wollte, sondern daß er damit eine Krise innerhalb der Literaturwissenschaft dargestellt hat. Die Beobachtungen auf der ersten und zweiten Rezeptionsebene vermitteln den Eindruck eines Auseinanderklaffens zwischen Theorie (Rezeptionsästhetik) und Praxis (Literaturkritik). Die beiden Hauptfiguren im Roman lassen sich als personalisierte Vertreter dieses Ungleichgewichtes festmachen; Theo, als Exponent der von de Bruyn als wichtig und erweiterungswürdig empfundenen Literaturtheorie, und Prof. Liebscher dagegen als Beispiel einer pervertierten, starren Literaturkritik, die diese neueren Forschungsansätze negiert.

3.2. Aus dem Verlags- und Verwertungsbereich Film: Das Verhältnis von Schriftsteller und ›Verteilerinstanz‹, dargestellt an Jurek Beckers »Irreführung der Behörden«

3.2.1. Ausgangsthesen

Im Vergleich zu Jurek Beckers erstem Roman, *Jakob der Lügner*[101], der in bestimmter Hinsicht ebenfalls die Rolle des Schriftstellers reflektiert, erstaunt und enttäuscht in *Irreführung der Behörden*[102] zunächst der kolportageartige Stoff der Episoden. Dies um so mehr, als man auf den ersten Blick geneigt ist, die ›Irreführung‹ auf den Rezipienten zu beziehen. Die lockere, z. T. stark verkürzte Handlung, die einen Zeitraum von 8 Jahren umfaßt (1959–1967), ist im umgangssprachlichen Stil gehalten und jeweils nur aus der Gegenwartssicht und Ich-Perspektive der erzählenden, negativ zu wertenden Hauptfigur geschildert. Die Fabel wird – von wenigen reflektierenden bzw. kommentierenden Stellen abgesehen – in auffallender Weise nur oberflächlich entwickelt und enthält zudem noch viele klischeehafte Szenen[103], die, gemessen an der Art ihrer Vermittlung, einen zufälligen, austauschbaren Stellenwert suggerieren.

Die u. E. gezielt eingesetzten formalen Mittel, die amüsante, flüssige Schreibweise von Becker und seiner Schriftstellerfigur Gregor Bienek, legen zunächst den Verdacht einer Persiflage auf die Autoren[104] in der DDR nahe, die sich in überzeugender Gradlinigkeit stets befleißigen, für alle Erscheinungen die ›richtige‹ gesellschaftliche Ursache darzustellen – eine Persiflage auf jene opportunistischen, nur dem apologetischen Selbstverständnis verpflichteten Autoren der ›stragegischen Führungsgruppe‹, die in ihren Werken ein ausgewogenes Maß an Problemen und Problemlösungen demonstrieren.

Diese These trifft allerdings nur einen Aspekt des Werkes, den ganzen Roman darauf zu reduzieren, hieße die differenzierten Probleme der schriftstellerischen Standortfindung in der DDR zu ignorieren und den ironischen Erzählstil Beckers mißzuverstehen.[105] Zwar wird in der *Irreführung* ganz offensichtlich ein detestabler Autor vorgestellt, die Art der unvorbildlichen Charakterisierung entspricht aber nicht der, insbesondere in der jüngsten Phase der DDR-Literatur üblichen Zeichnung vom ›verpaßten Auftrag‹. Es handelt sich hier nur partiell um eine Variante des dogmatischen, stehengebliebenen Literaten[106], der das schreibt, was von höherer Stelle verordnet wird und der sich ideologisch soweit angeglichen hat, da alles ›paßt‹. Becker skizziert vielmehr eine für DDR-Verhältnisse untypische Form der Erfolgsautoren, der anfangs – wie seine ersten spielerisch–humorvollen schriftstellerischen Eskapaden zeigen – durchaus noch bestrebt ist, mit seinen unprätentiösen Mitteln einen individuellen Weg des gesellschaftlich wirksamen Ausdrucks zu finden, der dann aber über seine Karriere das eigene Ziel aus dem Auge verliert und aus Bequemlichkeit beginnt, sich in einen routinierten, seichten, unpolitischen Unterhaltungsschriftsteller zu verwandeln. Gregor Bienek löst sich immer weiter von gesellschaftlichen Verbindungen[107], alle menschlichen Bezüge schwinden infolge seines Hangs, sich allen Auseinandersetzungen mit seiner Umwelt zu entziehen und statt dessen eine amüsant-fröhliche Gegenwelt zu entwerfen.

In dem von Pokorny inszenierten Film einer Eheentfremdung ist noch ein Rest innerer Beteiligung an der eigenen Arbeit spürbar, die sich auf die ungelöste Beziehung zu seiner Frau Lola bezieht. Dieser persönliche Einsatz schwindet aber zunehmend mit dem Bild des heiteren Lustspiel- und Unterhaltungsschriftstellers, das seine Umgebung von ihm entwirft.

»Ich soll, sagt man mir, mein Talent nicht in solch untypischen, abseitigen Geschichten erschöpfen [...] Deine Stärke sind komische Konstellationen, du kannst die Leute zum Lachen bringen. Warum willst du das umkommen lassen?« (165)

Es mutet geradezu wie eine Verdrehung der normierten DDR-Verlagspraxis an, einen Autor als erfolgreich zu beschreiben, der sich von jedem Wirklichkeitsbezug zur gesellschaftlichen Umgebung gelöst hat, der keinen eigenen Standpunkt mehr vertritt und der dennoch, nur aufgrund eines »vor allem auf Effekte und Späße bedachten« (164) Fernsehspiels eine Lawine editorischen Entgegenkommens erlebt, so daß gefragt werden muß, welchen Stellenwert eine solche Deskription im DDR-Literaturbetrieb besitzen könnte.

Unklarheiten stiften darüber hinaus eine Reihe zunächst unvereinbar wirkender Gegensätze in der Romanhandlung:
– Der banale Gehalt des Stoffes steht im Kontrast zur Kernfrage des Romans, die – über die ironische Verwendung der Spiegelung bzw. Brechung von darstellendem Erzähler resp. der dichterischen Hauptfigur des Romans (Ich-Erzähler) und dem Autor Becker – auf moralisch-gesellschaftliche und erzähltechnische Grundsatzfragen von Literaturproduzenten abzielt.

– Die ambivalente Behandlung Gregors, der infolge eines Konglomerats eigener Dispo-
sitionen und gesellschaftlichen Fehlverhaltens einerseits als Negativbeispiel eines
Schriftstellers vermittelt wird, andererseits aber auch ein Identifikationsangebot für
den Leser darstellt.

– Der vermutete autobiographische Bezug zwischen Bienek und Becker[108] wird
durch biographische Entsprechungen der literarischen Entwicklungsetappen bestätigt
– eine Simultanität, die sich auf der zweiten innerliterarischen Romanebene an der
Dichterfigur Bienek über die Parallelkonstruktion von fiktiven Geschichten und skiz-
ziertem Leben wiederholt. Trotz dieser offensichtlichen Affinität der beiden Autoren
kann aber nur sehr bedingt von einem schriftstellerischen Identifikationsprozeß mit
der Hauptfigur gesprochen werden, da die fiktive Figur durch deutlich markierte, verfremdend wirkende Versatzstücke in Distanz zur eigenen Prosa gesetzt wird.

– Den Roman durchziehen leitmotivisch – wenn auch unsystematisch eingeflochten –
Hinweise auf den ›Westen‹.[109] Diese suggestiven Anspielungen bleiben auf der In-
haltsebene undeutlich und unverbunden. Sie sind sicherlich in erster Linie als allgemeine politische Abgrenzung zu verstehen, verweisen aber auch, über die lebensnahe
Zeichnung kleinbürgerlichen, konsumbetonten Milieus in der DDR[110], satirisch auf
Ähnlichkeiten bestimmter Alltagserscheinungen. Die eigensinnige Kontamination der
Namen in Form von »Gregor Bienek« aus M. *Gregor*-Dellin und Horst *Bienek* – beides westflüchtige Autoren – schafft demgegenüber Assoziationen bewußter Irrita-
tion.[111]

Um ein durchgängiges Motiv Beckers für die Konfrontation des Schriftstellers mit den
für ihn repräsentativen Vertretern der Kulturbehörde im Verlag und im Film herauszuarbeiten, sollen vorläufig zwei alternative Arbeitshypothesen aufgestellt werden, die den
Stellenwert der angeführten Widersprüche unterschiedlich gewichten.

– Interpretieren wir die Widersprüchlichkeiten in der Romanführung in Verbindung mit
einer Rezeptionsstimulierung – bei der assoziativ auf Erscheinungen verwiesen wird,
die nicht eindeutig intentional aufeinander zu beziehen, sondern nur lose verknüpft
sind – so läßt sich vermuten (wie auch bei de Bruyn konstatiert), daß Becker im vorliegenden Roman die an Autoren angelegten Maßstäbe seiner Um- bzw. Mitwelt probehandelnd medial durchspielt – vergleichbar dem, von der Romanfigur zwar übertriebe-
nen, jedoch auf schriftstellerische Mechanismen generell übertragbaren antizipatori-
schen Reflex, den Lola in einem Vorwurf markiert: »Du berechnest alle Einwände im
voraus und umgehst sie.« (247)

In der privaten Sphäre kommen die von seiner Frau und dem Rentner Hensel vertretenen Ansichten zur Sprache, die auf ein konstruktives, beruflich nicht vorbelastetes Re-
zipientenverhalten verweisen; im öffentlichen Bereich dagegen die einkalkulierten ge-
fürchteten Redigierungsschemata, die die eigenen Intentionen dem allgemeinen kulturpolitischen Verständnis unterordnen wollen.

Entsprechend kann der ganze Roman auf das Bezugssystem von eigener schriftstellerischer Motivation, ihr Eingebundensein in die gesellschaftlichen Normen, und die jede
Einheit sprechende Divergenz der Bewertungskriterien gebracht werden, bei denen
die private Beurteilung zwischen den Extremen kritische Distanz (Lola/Hensel) und
reißendem Absatz (anonyme Käufer) schwankt. Der öffentlichen Seite ist dagegen eine

Position zugeordnet, die dadurch charakterisiert ist, daß sie Gegensätze leugnet, bzw. anzugleichen sucht, ohne sie wirklich auszutragen. In den Lektorenszenen tauchen immer wieder asymmetrische, autoritär bestimmte Kommunikationssituationen auf, in denen die Verlagsvertreter die Manuskripte nach eigenem Ermessen redigieren und lancieren. D. h. es wird kritisiert, daß keine klärende und beratende Partnerschaft zwischen dem Autor und den literarischen Instanzen besteht und keine praxisorientierten Kriterien für die literarische Arbeit besprochen, sondern nur allgemeine, veraltete Maßstäbe verwendet werden, die die Subjektivität des spezifischen künstlerischen Individuums vernachlässigen.

– Man kann die angeführten Widersprüche jedoch auch als konstituierend für den Erzählgehalt des Buches definieren und in eine hermeneutische Verbindung zum Buchtitel[112] bringen. Die Gegensätze wären dann als zynischer Beitrag zu ordnen, wie nicht nur Gregor Bienek die Behörden zweimal in die Irre führt, sondern wie auch Jurek Becker in Analogie zum Verhalten des ›Helden‹ Mechanismen des wirklichen Kulturbetriebs überprüfen will. In diesem Sinne hätte die seichte, oberflächliche Handlungsebene lediglich die Funktion von – überspitzt ausgedrückt – Testmaterial, mit dem Becker aus seiner Position als anerkannter Autor bewußt die Kriterien in Frage stellt, die für die Druckgenehmigung in der DDR maßgeblich sind, um möglicherweise über aufmerksame Rezipienten eine öffentliche Diskussion dieser Kriterien auszulösen.

Beide Thesen unterstellen – trotz unterschiedlicher Prämissen über den Realitätsbezug – ein negatives Verhältnis von Schriftsteller und Kulturbehörde. Der Unterschied liegt in der Gewichtung der Kritik. Bei der ersten These ist die Problemstellung ausgewogen, d. h. Kritik an dem zur Debatte stehenden falschen Verhalten ist gleichmäßiger auf Autor und Behörde verteilt. Bei der zweiten These konzentriert sich die Kritik stark pejorativ auf die Verlags- und Filmvertreter; der dominante Ansatz für die Fehlentwicklung Bieneks müßte dann verstärkt im Versäumnis der literarischen und menschlichen Betreuung durch die staatlichen Instanzen zu suchen sein.

3.2.2. Interpretation und Analyse des Stellenwertes der fiktiven ›Geschichten‹ Georg Bieneks für die Erzählabsicht von J. Becker

Schon die Gliederung des Buches signalisiert eine ungewöhnliche dreifache Unterteilung in eine »erste Geschichte«, einen »Roman« und eine »zweite Geschichte«. Die gewählte Form eines metaliterarischen Unterteilungsprinzips bei einem literarischen Werk, das im Ganzen als »Roman« überschrieben ist, provoziert Stellungnahme und Motivsuche hinsichtlich der Absichten, die damit verbunden sind – zumal bei einer Handlung, die Phänomene eines Schriftstellers beleuchtet.

Der konsternierte Leser sieht sich bei der Lektüre mit einer Verdrehung der, für ihn sonst verbindlichen, Handhabung literarischer Genres konfrontiert. Das umgekehrt proportional eingesetzte Verhältnis von ›erzählter Zeit‹ und ›Erzählzeit‹ unterstreicht diesen Eindruck. Die »erste Geschichte«, von 145 Seiten Länge, umreißt in der Art detaillierter Milieuschilderungen 16 Episoden aus Gregor Bieneks Leben, die genau datierbar innerhalb des Jahres 1959 stattfinden. Sie beinhalten die Abkehr des gebürtigen Behördenangestellten von den nur sporadisch betriebenen juristischen Studien hin zu ersten schriftstellerischen Entwürfen und die, sich parallel dazu anbahnende, Liebesbeziehung zu seiner späteren Frau Lola.

Der zweite Teil, der »Roman«, umfaßt dagegen nur 7 Seiten. In der Schreibweise zum vorigen Teil stark abgesetzt, werden sechs Jahre seines Lebens (1960–1966) in signifikanten Ereignissen stichwortartig resümiert. Tragendes Problem ist die unbefriedigende Verbindung von beruflicher ›Karriere‹ und Ehe. Diese beiden Bereiche, die in der »ersten Geschichte« noch in wechselseitiger Koordination der Handlungsstränge geschildert werden, entwickeln sich hier auseinander und zusehends sogar gegeneinander. Einem wachsenden Erfolg steht die zunehmende Entfremdung zu Lola gegenüber. Becker verwendet dabei in bewußter Negation Elemente eines, in Muster und Fabel dem traditionellen Eheroman angeglichenen Konzepts. Er rafft einer »filmischen Totale«[113] vergleichbar den Stoff, den andere Autoren zum tatsächlichen Roman benutzt hätten: die Abwärtsbewegung einer Ehe im zermürbenden Alltag, das allmähliche Versiegen der Liebesbeziehung durch die Berufsambitionen des Mannes und den Frustrationen der mit Kindern und Küchenwelt alleingelassenen Frau. Der Rezipient wird angehalten, diese allgemein bekannte Phase gegenseitiger ehelicher Isolation mit eigenen Erfahrungen anzureichern und auszuführen. Die inhaltlich vermittelte Sprachlosigkeit in der Ehe wirkt formal wie auf die erzähltechnische Ebene übertragen. Es handelt sich bei den wenigen Seiten des sog. Romans im Roman um einen, von Gregor in Tagebuchform skizzierten, nüchternen, ohne jede Gefühlsregung vorgetragenen Bericht, der sowohl das Fiktive authentisch zu verbürgen scheint, als auch die Eigenarten der Subjektivität des Schreibenden zu fassen vermag; Becker verwendet ein subtiles dialektisches Mittel, wobei das dokumentarische Material als Zeugnis von Bieneks Selbsttäuschung fungiert, da jener über die präzise Rekonstruktion der Ereignisse unbewußt nur ein fehlerhaftes Bild der Wirklichkeit reproduziert.[114] Darin tritt – wenn auch lakonisch und in unterkühltem Stil vermittelt – das Kernanliegen der Autorenperspektive deutlich zutage: das disproportional auseinanderfallende Verhältnis von privat und öffentlich orientierter Sphäre. Gregor löst in systematischer Konkretion beide Sphären voneinander ab; in sachlicher Präzision benennt er selber das Skelett seines Konfliktes; ohne es in seiner Gewichtung richtig einzuordnen, beschreibt er, wie er sich allmählich jeglicher Form von real-menschlichem Verantwortungsbewußtsein und intentionaler Handlungspraxis zu seiner Mitwelt entbindet. »Ohne meinen Willen werde ich verschlossen und wortkarg, das Leben um mich herum spielt sich wie auf Zehenspitzen ab.« (165) Seine sprachliche Begabung realisiert sich nur noch rein zweckgerichtet und eindimensional ›in Form sich verselbständigender Geschichten für die Veröffentlichung. Gezeigt wird die eingenommene Haltung desjenigen, der sich an eine ›Pseudoöffentlichkeit‹ verkauft, da er in ihr nur die seine Eitelkeit befriedigenden und bestätigenden Impulse sucht.

Versucht Gregor gelegentlich, sich des alten Vertrauensverhältnisses zu seiner Frau zu vergewissern, vermißt er dann irritiert ihre frühere Bereitschaft, so zieht er daraus – aufgrund der angedeuteten Trennung von Privat- und Berufsleben – die falsche Konsequenz. Statt eine Klärung der Probleme zu versuchen, überträgt er sein berufliches Autonomiedenken auch auf den Privatbereich:

»Sie lebt seit langem hinter meinem Rücken. Ich schlage vor, in die Berge zu fahren, auf der Stelle, sie ist einverstanden. Hals über Kopf brechen wir auf. Es gelingt nur unter Mühen, für 10 Tage das Buch zu vergessen.« (167)

Die »zweite Geschichte«, ins Jahr 1967 gelegt, konkretisiert auf 80 Seiten, die im Roman »nur angedeuteten Symptome des Ich-zentrierten Denkens und Handelns an Hand einiger besonders markanter Szenen. [115] Mit den Vorwürfen Lolas am Ende wird in der personalisierten Form seines schlechten Gewissens, bzw. seines ›alter ego‹ auf die krasse Verfehlung des gesellschaftlichen Auftrags hingewiesen.

Die kurze inhaltliche Deskription der drei Teile markiert die Grundstruktur einer Umrahmung des gerafften »Romankerns« durch zwei zeitlupenartig gedehnte »Geschichten«, die sich auf die wechselvolle Liebe Lolas zu Gregor beziehen.

Die eingehaltene Erzähllinie führt über die ironische Verdrehung dieser, die traditionelle Darstellungsform bewußt durchkreuzende Schreibweise Beckers zu den literarischen Objekten des sich diesem Formenkanon immer mehr verpflichtenden Protagonisten. Die Überschriften der drei Teile verweisen über die bisherigen Beobachtungen hinaus auf die drei zentralen Werke Bieneks. Sie manifestieren sein spannungsreiches Verhältnis von schriftstellerischem Werk und Privatleben, allen seinen äußeren Anstrengungen zum Trotz, diese Einheit zu durchbrechen.

Der als »erste Geschichte« überschriebene Teil von *Irreführung der Behörden* setzt mit Bieneks erster Geschichte, dem Liebesmärchen, ein, das – wie wir zeigen werden – eine Symbiose vom fiktiven und realem Autor darstellt. In einer weiten Geste bietet sie den ganzen Roman kommentierende Interpretationshilfen an, die die Perspektive der erzählten Figur überschreiten.

Den von Becker verweigerten »Roman«-teil holt sein fiktiver Autor um so bereitwilliger nach, allerdings auf eine Art und Weise, die gesellschaftlich unproduktiv ist und ihr Engagement allein daraus ableitet, mittels einer nur sich selbst verpflichteten Phantasie eine autarke Arbeit schaffen zu können,

»[…] bei der ich nur mein eigener Regisseur bin, mein eigener Kameramann, in der ich alle Haupt- und Nebenrollen spiele, somit nicht abhängig bin vom Vermögen anderer.« (167)

Die angedeutete Paradoxie und Alibifunktion des Werkes wird offenkundig angesichts des, von der Themenstellung her eminent politischen Stoffes, der die teils ermutigenden, teils ernüchternden Erfahrungen eines freiwillig aus dem Westen in die DDR umgesiedelten Lehrers behandelt.

Die »zweite Geschichte« korrespondiert, ähnlich wie die vorangegangene, zur Lebensgeschichte und zu seinem dritten literarischen Genre, dem Filmszenarium über eine entfremdete Ehe. Die deutlich konstruierten Entsprechungen der formal inhaltlichen Komposition verweisen auf einen, u. E. wichtigen Aspekt der Beckerschen Technik: Er ordnet seiner Autorenfigur wechselweise und unverbunden mal die Erzählerfunktion, mal die Rolle der erzählenden Figur zu (beides bildet auch zugleich die erzählte Figur). Die Geschichten sind so angelegt, daß über ihren parabolischen Gehalt der Ursprungsautor als synthetisierende Gestalt in Erscheinung tritt, der die Widersprüche nicht löst, sondern nur auf Lösungen hindeutet, indem er Beobachtungen für den besonderen Einzelfall anbietet.

Analysieren wir nun die einzelnen Erzählungen Bieneks genauer, so erscheint bei der ersten Geschichte das Liebesmotiv, das in seiner Beziehungsvielfalt präfigurativ das ganze Buch durchzieht, als metaphorischer Auftakt. Zur Person konkretisiert, taucht es in der märchenhaften Gestalt Tonis auf, der mit dem symbolischen Wunderschlüssel der Liebe [116] alle Wünsche zu erfüllen vermag. Diese Gabe besteht so lange, wie die phantastischen Utopien gleiche – totale Harmonie und Unverletzlichkeit seiner Liebesbeziehung gewährleistet ist; sie wird unterbrochen durch alle, die reale Welt beherrschenden ›Prosaitäten‹ [117], die – wie hier Eifersucht und Mißtrauen – diesen poetischen Traum zu durchbrechen vermögen.

Die skurrile Welt der Phantasie erweitert den Liebesgedanken auf das Analogieverhältnis zu Gregors Literaturauffassung. So wie er anfangs seine Ideen naiv in Form von schillernden, gegenläufigen Tagträumen entwirft, die das als negativ empfundene Alltagseinerlei durchbrechen, durchläuft er allmählich einen Prozeß, bei dem er sich immer stärker seiner Umwelt zuwenden muß, um seine Imaginationen zu realisieren. Verklausuliert ist hier schon die spätere Erfahrung Bieneks vorweggenommen, daß Literatur nur sehr begrenzt die Aufgabe hat, in der Realität Unerfüllbares zu kompensieren [118], es sei denn, in dem Sinne, Visionen aufzuzeigen, die bei Entscheidungen des praktischen Lebens als Leitlinie fungieren könnten.

Der Moment, in dem der Märchenheld Toni erkennt, daß der dünne Boden der Imagination nachzugeben droht –»Irgendwann kommt Toni der Verdacht, daß Rita nicht so sehr an ihm hängt wie an seiner Fähigkeit, alle ihre Wünsche erfüllen zu können« (11) – verdeutlicht zeichenhaft den Zwiespalt zwischen seiner Rolle als Produzent phantastischer Gegenentwürfe und seiner Rolle als Mensch, der sich, wie andere auch, im Alltag behaupten will.

Das kurze Märchen birgt eine positive Bewältigung des Konfliktes in sich, die jedoch infolge der unvollständigen Fassung nur abstrakt als Einsicht mit der Figur verbunden ist. [119]. Gemeint ist das Bewußtsein, nur in Auseinandersetzung mit der Umgebung aktiv leben zu können.

»Mag sie [Rita] sein, wie sie will, er liebt sie nun einmal, nur mit ihr kann er zaubern. Er beginnt sie zu suchen, und seine Aussichten steigen; weil sie ihn inzwischen auch sucht.« (11)

Über die Verknüpfung zur personengebundenen Handlung hinaus, hat diese Textstelle generalisierenden Charakter durch ihren Verweis auf die Notwendigkeit eines Interaktionsverhältnisses, im Sinne eines übertragbaren Plädoyers für adressatenbezogenes Schreiben. Die Schwierigkeit, die aus der praktischen Anwendung dieses Gedankens resultiert, vermittelt Bieneks Abbrechen der Geschichte an dieser Stelle mit der hilflosen Frage an den Fernsehlektor: »Was würden sie vorschlagen, wie es jetzt weitergehen soll?« (12) Die Antwort des ebenso ratlosen Lektors gerät in eine, die literarische Szene überschreitende Nähe zu Jurek Becker: »Das ist das Problem. Ich halte es für das beste, wenn sie die Sache erst einmal aufschreiben.« (12) Das Märchen [120] hat darüber hinaus richtungweisenden Charakter für die doppelte Schriftstellerperspektive, die zwar auch in den anderen Geschichten der Hauptfigur zu eruieren ist, aber nicht in der entsprechenden systematischen Zusammenschau. Obwohl Gregor Bienek noch ganz in vagen Träumereien [121] über seine beruflichen Vorstellungen befangen ist, bilden seine Versuche zu schreiben –

die eine gewisse Begabung verraten – die erste offensichtliche Handlungsebene, den ›point of view‹, des Romans. In einem schwer abgrenzbaren, sich immer variierenden Verhältnis von eigener Nähe und Distanz, aber von einem durchaus gesicherten eigenen Erzählerstandpunkt aus [122], ordnet der Autorerzähler auf einer zweiten Reflexionsebene, den zunächst naiv und unbeholfen wirkenden Geschichten seiner Dichterfigur, durch die formale Systematik und das Spiel mit dem metaphorischen Gehalt, einen bewertenden Aussagegehalt zu, in Hinblick auf den Verlauf von dessen schriftstellerischer Sozialisation.

Die nächste Geschichte Gregors (12), von ihm nur aus der Erinnerung skizziert, war in bezug auf die chronologische Einordnung sein erster schriftstellerischer Versuch. Sie spricht in Gleichnisform eine der wichtigsten Voraussetzungen poetischer Arbeit an: die Wahrnehmung der je nach Standpunkt unterschiedlichen, polyperspektivierten Sicht mehrerer Subjekte gegenüber einem Objekt – ähnlich der Frage Lolas an Gregor, »wie kommt es, daß Erinnerungen mit der Zeit verschiedene Inhalte bekommen?« (246) Am Grab eines Verstorbenen versuchen seine Freunde, ihre divergierenden Erinnerungen an den Toten aufeinander abzustimmen, ohne daß eine Annäherung zustande kommt. Dadurch wird das in der Grabrede entworfene, einseitig ausgerichtete Bild des Verstorbenen als heuchlerische Fixierung eines statischen Menschenbildes entlarvt und verstärkt bei allen Anwesenden das Bewußtsein, »daß der Tote sich ziemlich unterschied von dem tadelsfreien Verblichenen, als den ihn der Redner am Grab bezeichnet hatte.« (13)

Der als Torso verbliebene Einfall Gregors kennzeichnet seine damalige Ausgangsposition, die durch negative Abgrenzung gegenüber apodiktischen Beurteilungen und heroischen Überhöhungen von Menschen zum Zweck homogener Vorbildkonstruktionen [123] bestimmt war. Darüber hinaus deuten sich dahinter Probleme eines unsicheren eigenen Standorts, einer verborgenen Identitätssuche [124] an – eine Vermutung, die die nachfolgenden Erzählungen in Form eines halb ernsten, halb humorvollen Lebensplanspiels bestätigen. Hinter den mit parabolischen Bildern eingekleideten Phantasieprodukten Gregors sind alternative Lebensentwürfe zu erkennen. Mit verschiedenen Partnern konfrontiert, werden sie an deren Reaktionen überprüft. Zum Teil erhalten sie, nicht definitiv zu Ende geführt, probeweise einen anderen Schluß. [125]

So klingt in dem zweiten Märchen (36) vom Mann mit den Wunderzähnen aus wertvollem Material, das »für die Volkswirtschaft von erheblicher Bedeutung sein könnte« (36) und »gesellschaftliche Interessen« repräsentiert, die alte Frage an, wie weit der einzelne verpflichtet ist, seine individuellen Belange, seine Subjektivität den gesamtgesellschaftlichen Belangen unterzuordnen. Die angestellten Überlegungen enden in diesem Fall resignativ mit dem Verweis, daß der Betroffene schließlich überrumpelt zurückbleibt, weil er seine Individualität, seinen eigenen Anspruch nicht nachdrücklich genug vertreten hat, »sie ihm mit Argumenten, Versprechungen und Prämien alle Zähne abgeschwatzt haben«. (37)

Die Notwendigkeit finanzieller Erträge [126] tritt zunehmend in den Vordergrund von Gregors weiterem Planspiel. In Korrelation dazu steht die Geschichte vom kuriosen Bankraub (145). In dieser Fabel von drei Komplizen, die sich zur schnellen Sicherung ihrer Beute als freiwillige Aktivisten beim Bau einer Schnellstraße auszeichnen, parodiert er altruistisches Arbeitsethos und besteht auf Arbeitsmotivation durch ›materiellen Anreiz‹.

Der nächste dichterische Einfall (164) knüpft in der eigenen Biographie an seinen, ihm selbst unverständlichen Erfolg an. Die Imagination greift in den Gewissenkonsflikt zwischen moralischer Integrität und finanziellen Zugeständnissen ein. »Ich möchte zwar weiter Artikel schreiben, aber keine Filmkritik mehr. Weil ich merke, daß ich plötzlich Rücksichten nehme, die ich vor meinem Filmvertrag nicht kannte.« (163) ›Maskenball‹ nennt Bienek die Beschreibung eines Mannes, der seine eigene Identität verleugnend, durch die Tarnung »ständiger Zustimmung und einem Parteiabzeichen […] hofft […] in den Besitz eines bescheidenen Glücks zu gelangen.« (164)

Diese und die letzte Geschichte Bieneks, die schließlich – zum Roman ausgebaut – die Druckerlaubnis und somit exponierten Stellenwert für die ›Karriere‹ erhält, verkörpern die von ihm erkannten gegensätzlichen Positionen ›parteilicher‹ Schriftsteller gegenüber den gesellschaftlichen Verhältnissen: zum einen die bequeme, unkritisch-routinierte Affirmation, zum anderen die, nur mit vollem persönlichen Einsatz über ständige Distanz und Relativierung durch Prüfen und Austragen von Widersprüchen zu erzielende Übereinstimmung.

Die beiden Verhaltenweisen erweitern sich in Gregor zu einer unüberbrückbaren Antinomie, sie offenbaren ein charakteristisches Alltagsverhalten von Ausweichen und Verdrängung, bedingt durch die Erfahrung, dieses vermeiden zu wollen und jenes nicht bewältigen zu können. Der innere Drang nach äußerer Anerkennung – immer gewinnen zu wollen, ein »Faktor« zu werden, mit dem »gerechnet werden muß« (22) – bedingt seine praktizierten ›Kompromißversuche‹, »ich schreibe ohne Erregung, vor allem auf Effekte und Späße bedacht. Aber Frohsinn um welchen Preis…« (22)

Versucht man die Geschichten qualitativ zu bewerten, so muß man sie erneut auf beide Autoren beziehen. Die vorgetäuschte Naivität ihres Symbolgehalts wirkt zunächst über die selbstgefällige Geste der Ich-Perspektive Gregors unbestimmt und vieldeutig auslegbar. Sie signalisiert ein dürres Skelett nonkonformistischer[127], kurioser Bemühungen um einen originellen philosophisch-erzählerischen Tiefgang. In der Zusammenschau als Sequenz betrachtet, verraten sie dann allerdings eine genaue, chronologisch ausdeutbare inhaltliche Konstruktion der Beckerschen Erzählabsicht, d. h., der Kunstgriff der ›potenzierten Geschichten‹ legt ein breites Spektrum erzähltechnischer Theorie frei, verweist auf:

1. Die Leitidee bei allen Fiktionen, »als Reflex, Betätigung und verallgemeinerte Bestätigung der erzählten Lebensgeschichte.«[128]
2. Den stimulierenden Vorgang, variierende Handlungsstränge und Fortsetzungen von Erzählungen[129] zu entwerfen, was sowohl die Eigenrezeption des Schriftstellers als auch die Fremdrezeption durch die Leser meinen kann.
3. Die dialektische Einheit von Autor-Erzähler und Erzähler-Medium, wenn auch ironisch-pointiert. Die zwei Autoren sind ein poetisch gefaßter Ausdruck des Prozesses, der literaturtheoretisch dahingehend definiert werde, daß beide nicht nur die Einheit von Idee und Verwirklichung, Intention und Resultat verkörpern, sondern auch den Zusammenhang von Auffassung und Gestaltung, Idee und Bild bezeugen.

3.2.3. Die im Roman gestaltete Wirkung, Reaktion und Stellungnahme zu den schriftstellerischen Werken der Hauptfigur

Jurek Becker paraphrasiert die, in der Handlungsstruktur vorgegebene Reihung von innerliterarischen Kommunikationssituationen zu Gregors literarischen Einfällen von einem vergleichbar kritischen Standort gegenüber den eingefahrenen künstlerischen Bewertungskriterien, wie Günter de Bruyn in der *Preisverleihung*. Die inhaltliche Aussage – zumindest die der literaturtheoretischen Stellen, denen im folgenden unser Interesse gilt – zeigen eine solche Übereinstimmung des beruflichen Selbstverständnisses, daß in der Zusammenschau beider Werke de Bruyn und Becker sich in ihrer wohlwollenden Skepsis gegenüber dem Literaturbetrieb der DDR, in einer nur formalen Variation und Verschiebung des Blickfeldes zu bestätigen scheinen.

Die Differenzen bestehen vor allem in der unterschiedlichen Vermittlung des Anliegens, die bei de Bruyn aus der Blickrichtung des Rezipienten auf den Schriftsteller erfolgt, und zwar in Form einer resümierenden Selbstprüfung über die Konfrontation der Zeiten, bzw. der veränderten Ansichten, die im Verbund mit dem Konflikt der Ich-Figur des Autors eingebracht werden. Bei Jurek Becker dagegen muß im Interaktionsfeld eine Umkehrung der bewertenden und bewerteten Personen, eine Vertauschung der Innen- und Außenperspektive von Schriftsteller auf den Rezipienten vorgenommen werden. Einschränkend muß festgestellt werden, daß die qualitativen Einschätzungen der einen wie der anderen Seite nur implizit über die dialektische Systematik der sich steigernden Akzentuierung einer mißverstandenen Autorenintention auf der einen und einem pervertierten gesellschaftlichen Funktionsverständnis auf der anderen Seite zum Tragen kommen. In *Irreführung der Behörden* muß der Leser – abgesehen von den kurzen, explizit als parteilich richtig bewerteten Kommentaren am Ende des Buchs – die tatsächlichen Aussagen zur Literaturszene erst über ein humorvoll-ironisches Spiel von Verdrehungen, Understatements, Situationskomik und dialogischer Handlung im Verlaufe des Buches freilegen. Dies entspricht Beckers typischem, individuellem Stil, den ein befreundeter Schriftsteller, Heinz Kahlau, so beschreibt:

>»Ich gab Jurek die Hand, aber er reagierte unwillig, denn er erzählte gerade einen Witz. Als ich ihn das letzte Mal besuchte, hatte sich alles um ihn herum verändert, aber wieder platzte ich in einen Witz herein, den er gerade erzählte [...] *seine Begabung, Geschichten zu erzählen hat sich am Witz entwickelt.* Er pflegt diese Kunst mit dem Bewußtsein der Meisterschaft. [...] Ihm scheint jede Erklärung recht zu sein, wenn sie nur die Leute davon abhält weiter nach seinen wirklichen Gründen zu bohren. Ebenso geschickt bedient er sich anderer Verhaltensweisen, um sein Wesen zu verbergen [...] Immerhin ist es ihm mit diesen Mitteln gelungen, auf manche Leute den Eindruck eines oberflächlichen, anmaßenden und rechthaberischen Gernegroß zu machen.«[130](Hervorhebung von R.K.)

Diese Beschreibung konkretisiert die eingangs betonte Variante der thematischen ›Irreführung‹ des Lesers, die auf der Vorliebe des Autors für eine spezifische Narrenrolle beruht, d. h. einer Verbindung von Verstellung, Lüge und vorübergehender Täuschung, mit dem Zweck, die wirkliche Meinung so fast unbemerkt aber um so nachdrücklicher zu offenbaren.

Berücksichtigen wir dies allerdings als tragende persönliche Note Jurek Beckers, so bedarf unsere, eingangs als zweite These angenommene Vermutung einer probeweisen Erkundung des Literaturbetriebes der Überprüfung.

Als einzige, eigene, wirkungsbezogene Ausführung Beckers zu seinem Schriftstellerroman liegt die Richtigstellung eines falschen Verständnisses seiner Arbeit, vor allem von BRD-Rezipienten vor. Becker führt in einem Diskussionsbeitrag auf dem 7. Schriftstellerkongreß im November 1973 vier Gesichtspunkte zu dem wachsenden Interesse an DDR-Literatur in der BRD an. Auch wenn man Beckers polemisch-scharfer Abgrenzung eine Legitimationsstrategie seines eigenen politischen Standorts unterstellen muß, da er zwei Monate später in Bremen für *Irreführung der Behörden* den Literaturpreis der Rudolf-Alexander-Schröder-Stiftung entgegennahm [131], so weisen seine Bemerkungen dennoch unsere spekulative These über Beckers Intentionen in Schranken. Sie dimensionieren vielmehr nachdrücklich den Interpretationsrahmen allein auf das geschilderte Handlungsgefüge. Nach Becker handelt es sich dabei:

1. Um die Anprangerung einer Rezeptionsmethode, die darin besteht, »dem Leser zu erklären, was der DDR-Autor eigentlich in seinem Buch sagen wollte.« [132]
2. Die Unterstellung, ihm bleibe »nichts anderes übrig, als sein wahres Anliegen zu verstecken«, er müsse sich »in Metaphern und Andeutungen ergehen und sich notgedrungen darauf verlassen, daß die an solche Verfahrensweisen gewöhnten Leser schon das Eigentliche herauslesen werden, zwischen den Zeilen steht das Wichtigste.« [133]
3. Die falsche Voraussetzung einiger Leser, DDR-Literatur sei »so etwas Ähnliches wie Widerstandsliteratur.« [134]
4. Den nachdrücklichen Vermerk über die Art der *parteilichen Kritik* eines sozialistischen Schriftstellers, die allein die Absicht hat, *unsere* Position zu stärken, *unser* Leben zu verbessern, *unseren* Ideen den Weg zu ebnen.« [135] (Hervorhebung von R.K.)

Diese Hinweise verstärken die Relevanz unserer ersten These, nach der eine solche Entsprechung zum fiktiven Autor Bienek vorliegt, so daß *Irreführung der Behörden* als ein Medium der Handlungsplanung, als Zusammenspiel zweier fiktiver Partner – dem Autor und den literarischen Instanzen – aufzufassen ist, wobei über den Prozeß des »Sich-Versetzens« in imaginierte Situationen das Augenmerk auf kulturpolitische Handlungsträger gelenkt wird.

Die inhaltlichen Aussagen über die Literaturszene sind – wie noch zu zeigen wird – gering; die Kulturpartner vertreten keine spezifischen, für ihr Berufsmilieu besonders aussagekräftigen Argumente [136], sondern wirken eher wie burleske Chargen. Sie kompromittieren ein als veraltet und überlebt angesehenes Realismusverständnis; sie stellen ein Konglomerat von Beckers Erfahrungspotential dar, unterbrechen den negativen Kreislauf gegenseitig falsch verstandener ›Partnerschaft‹ und verweisen auf schriftstellerische Sackgassen bei zwanghaft schneller ideologischer Auslegung jeder Imagination.

Bei näherer Betrachtung der Szenen spielerischer Erprobung von Rezeptionsmechanismen soll daher besonders die Frage berücksichtigt werden, ob die z. T. entlarvende, z. T. verzerrte Darstellung der Kulturbehörden hier den maßgeblichen Impuls bildet, oder ob über sie – als Milieuvordergrund andere Erkenntnisse transportiert werden sollen. Die verschiedenen Dialoge unterscheiden sich nämlich zunächst auffallend dadurch, daß sie im öffentlichen und privaten Bereich gleichermaßen zwei Erzählhaltungen – zum einen einer ironischen, zum anderen einer dezidiert wörtlichen Wertung – verpflichtet sind.

Konstituierend für den Konflikt Gregors ist darüber hinaus die zunehmende Entfremdung schriftstellerischer Arbeit, die rigide Trennung zwischen Produkt und Verwertung
sowie ein diametral auseinanderfaltendes Verhältnis von schriftstellerischer Intention
und rezeptionssteuernder Verwertung, d. h. der Wirkungsdimension des Werkes. Besonders deutlich und provokativ wirkt dieser Aspekt im Zusammenhang mit dem zö-
gernden, nivellierenden Schriftsteller, der keiner Richtung, es sei denn einer mittleren
Position von Tendenzlosigkeit, verpflichtet ist; dessen anfangs noch im positiven Sinne
breite Ausgangsbasis – der auf die Frage, was er schreibe, antwortet: »Alles durcheinan-
der, ich bin noch kein Festgelegter« (108) – sich dann kontinuierlich dahingehend verkehrt, daß sich unterschwellig, kontrapunktisch zum äußeren Erfolg, eine innere Vakanz
und Verwirrung einstellt. In den verschiedenen Gesprächssituationen tauchen die Werke
Bieneks in Form von unfertigen, vorläufigen Ideen auf, deren Rezeptionspotential hier
unter verschiedenen Aspekten untersucht werden soll.

Verfolgen wir die satirisch und unterkühlt vermittelten Stellen, an denen die ›Behörden‹ zeigen, daß sie mehr an einer schnellen und reibungslosen Abwicklung ihrer Angelegenheiten als an einer gesellschaftspolitischen Integration ihrer Klienten interessiert sind,
so zeigt sich der Universitätsprofessor Gelbach in einer Art verzerrter Parallele zu Gregor. Sein wohlgemeinter Ratschlag stellt offensichtlich einen Auftakt für die nachfolgende Sequenz sarkastischer Kommentare gegenüber Gregor dar und verbindet fast unbemerkt die Relikte falscher bürgerlicher Einstellungen mit denen eines routinierten parteipolitischen Anspruchs.[137] Für diese parteipolitische Komponente steht stellvertretend[138] die Lektorin Lieber, die ihre persönliche Unsicherheit durch eilfertig vorgetra-
genes Fachwissen zu kompensieren versucht, und die Gregors ersten Probe- bzw. Förde-
rungsvertrag unterschreibt.[139] Ihr gönnerhaftes, intellektuelles Auftreten wird poetisch zu Gregors kurzen naiven Einwürfen kontrastiert. Ihre Beurteilungskriterien – die
sich in dem Bedürfnis, alles sofort zu katalogisieren und zu etikettieren in der theoretisie-
renden Nomenklatur bewegen – entlarven sich im Verlauf des Gesprächs als hohle Wort-
spielerei, als Unfähigkeit, sich in die Gedankengänge, Prämissen und Intentionen junger
Autoren zu versetzen bzw. sie zu eruieren. Winfride Lieber repetiert in bequemer Übereinstimmung mit dem Zeitgeist gängige Parolen, zeigt ein rollenmäßig antrainiertes, un-
reflektiertes Reaktionsschema, »liest schon aus alter Gewohnheit den Gegensatz zu anderen Gesellschaftsformen mit«, (40) spricht dezidiert vom ›Allgemeinen‹ und ›Besonderen‹ und entbindet Gregor durch ihr schematisches Interpretationsraster von der Notwendigkeit, seine vieldeutig angelegten Ideen zu erläutern und an seinen einzigen vollständigen Satz in diesem Gespräch anzuknüpfen: »Mich beschäftigen vor allem Dinge,
die sich in meiner Umgebung abspielen. Finden Sie das nicht logisch?« (39) Trotz des offensichtlichen Zynismus in dem seichten Literaturgeplänkel – »Kinder nein, sind sie
empfindlich, das werden sie sich als Dichter abgewöhnen müssen.« (41) – wirkt diese
Szene wegen der vielen, amüsant verfremdeten Einschübe[140] nicht repräsentativ. Statt
eines differenzierten Meinungsbildes scheint vielmehr der witzige Unterhaltungsstil der
Dialoge im Vordergrund zu stehen, über den erst in zweiter Instanz auf kulturpolitische
Normen verwiesen wird, die in ihrem Bürokratismus und Utilitarismus an den Bedürfnissen der Bevölkerung vorbeigehen.[141]

Mehr als an dem platten Realismus bzw. Widerspiegelungsverständnis des »Regisseurs einer mittleren Kategorie«[142], der »fest mit beiden Beinen im Erreichten steht« und für »Filme sensibler Machart psychologisierend und auf erprobte Rezepte verzichtend« (187) nicht viel übrig hat – ist Becker an dem psychologischen Mechanismus interessiert, dem er seine schriftstellerische Ich-Figur pointiert ausliefert. Ausgerechnet Pokornys seichtes, jedem sensiblen Literaturverständnis entgegenwirkendes Interpretationsraster bringt Gregors Kulisse von Bequemlichkeit und Anpassungsbereitschaft zum Wanken. Sein dünnes Selbstverständnis wird durch die Änderungsvorschläge zum Drehbuch hart getroffen. Der Protagonist kann seine eigenen Arbeitsmaßstäbe – die hier, entgegen anderen Stellen im Buch, durchaus als fortschrittlich und konstruktiv vorgestellt werden – nicht gegen Pokornys Hang nach »überschaubaren Figuren mit eindeutigen Konturen« (188) durchsetzen. Seine Bemühungen, die Entwicklung der Filmfigur wahrheitsgetreu, ohne falsches, aus der Retrospektive nur zur didaktischen Erbauung des Publikums ergänztes Heldentum darzustellen, sind vergebens.

Diese Szene besitzt offensichtlich, im Vergleich zu ähnlichen Konstellationen besonderen Stellenwert, insbesondere unter Berücksichtigung des Aspekts, daß Gregor inzwischen keinerlei Abhängigkeitsverhältnis oder autoritärer Weisungsgebundenheit mehr unterworfen ist, vielmehr in bezug auf die Kommunikationssituation ›symmetrische Verhältnisse‹ vorliegen. Wie die in Ansätzen steckengebliebenen Legitimationsversuche seines Konfliktverständnisses in der von ihm konzipierten Story einer Eheentfremdung zeigen, hat der inzwischen arrivierte Autor verlernt, die eigenen Vorstellungen nachdrücklich zu vertreten, d. h., sie Leuten mit anderer Denkstruktur plausibel zu machen. So kann er auch seine kritischen Vorbehalte an Pokornys Kommentaren nicht artikulieren, die er – wie an den langen Passagen ›inneren Monologs‹ und ›erlebter Rede‹ erkennbar – in Gedanken scharf formuliert. Bieneks Verhaltensmuster wird als bereits so eingefahren und reaktiv vorgestellt, daß ihm jede partnerschaftlich orientierte Arbeitsweise mißlingen muß; daß die eigenen literarischen Inhalte sich im Wirkungsbereich total verselbständigen, manipuliert und mit neuen – hier Pokornys – Ansichten vermischt werden können. Wir meinen sogar, daß seine poetischen Ideen hier als Negativillustration seines eigenen Realismusbegriffs benutzt werden, der dadurch gekennzeichnet ist, daß er in der Darstellung keine faktische Rekonstruktion von Vergangenheit und Gegenwart liefern will, sondern allenfalls – da sich Wirklichkeit dem unmittelbaren Zugriff von Sprache entzieht – eine spezifische Entsprechung mit Hilfe von Fiktionen sucht, so daß über das experimentelle Spiel mit fingierten Möglichkeiten die Diskrepanz von faktischer und erlebter Wirklichkeit sichtbar wird.

Bewegte sich das Mißverständnis zwischen Produktion und Rezeption im Lektorengespräch mit Winfride Lieber noch in relativ kleinen Dimensionen, da deren Meinung – solange sie nicht veröffentlicht wird – für die tatsächliche Wirkung relativ unbedeutend ist, so verstärkt es sich im Prozeß der filmischen Umsetzung der literarischen Vorlage. Ursache ist die Unterbrechung der künstlerischen Absicht in ihrem normalen Rezeptionskreislauf, die Einschaltung einer ›Zwischenblende‹, die je nach Ausrichtung die Ursprungsidee für den Betrachter verändert offerieren kann.

Eindringlich an dieser Episode wirkt die Aporie, daß Bienek wegen der Objektivierung des eigenen Falls ein starkes Interesse an der Umsetzung des ihn persönlich betreffenden Filmthemas hat, er anderseits aber das Kernanliegen besonders schlecht vermitteln kann, da es für ihn einen bisher ›exkommunizierten‹ Bereich darstellt. Zum Verständnis müßte er Pokorny seine persönlichen Schwierigkeiten offenbaren, insbesondere den Satz erläutern, der darauf hindeutet:»Außerdem geht es mir vor allem um den Mann dabei, um seine Reaktion auf ihr seltsames Benehmen, der Schock soll ihn zwingen, sein Verhältnis zu ihr zu überprüfen, solange dies noch einen Sinn hat.« (189) Zudem findet Bienek es unpassend, das der Bequemlichkeit filmischer Arbeit dienende Abbildschema seines Gegenüber zu korrigieren, da ihm plötzlich viel gravierendere eigene, durch Anpassung bedingte Substanzverluste und Versäumnisse vor Augen treten, ihn lähmende Unsicherheit und Schuldgefühle befallen und ihm bewußt wird, daß »Pokorny mit seiner Kritik nicht weit genug gegangen ist« (195), daß seine schriftstellerische Arbeit einem ständigen Verdrängungs- und Harmonisierungsprozeß entspricht. Die Reaktion des Regisseurs offenbart ihm spiegelbildlich seine eigene – wenn auch anders geartete – Seichtheit.

Die durch den inneren Schock ausgelöste, vorübergehende Handlungsunfähigkeit Gregors am Schluß der Unterredung äußert sich poetisch darin, daß er zur Wahrung des eigenen Gesichts, scheinbar grundlos das Zimmer verläßt, um im Nebenraum die aufgestaute Aggression gegen sich selbst in unmotivierte Motorik zu entladen: »Ich laufe wie ein Idiot zwischen Schrank und Bett herum.« (193)[143]

Die nächste innerliterarische Rezeptionssituation im Buch gibt eine erste, über die Figurenperspektive vermittelte Bestätigung des selbst erlebten Stagnationsgefühls Gregors. Sie wird kurz und prägnant durch zwei aktive Parteivertreter, den Dramaturgen Simmel und den Abgeordneten des Bezirkskulturamtes, Bungert, in einer Diskussionsrunde zum Film vermittelt. Diese beiden Nebenfiguren aus dem Öffentlichkeitsbereich bilden zusammen mit Lola, der Zentralfigur aus dem privaten Bereich, das Korrektiv, d. h. die positive Gegenperspektive zu Gregor – bzw. die Bezugsgruppe des Autors Becker –, da für sie die gesellschaftspolitische Reaktion auf die Schreibentwürfe noch nicht zum schnellen Motor der Berufskarriere pervertiert ist. Die fiktiven Meinungen, die in diesem Zusammenhang von den innerliterarischen Rezipienten ausgesprochen werden, erhalten – abgesehen von der inhaltlichen Stärke: »Man hat das Gefühl, die Helden müßten größere Anstrengungen unternehmen – als sie es im Film tun.« (229), dadurch paradigmatische Bedeutung, daß sie im Stil gegenüber den anderen Gesprächen abgesetzt sind, ohne jeden poetischen Berechnungseffekt zum ersten Mal genau das meinen, was sie sagen:

»Ich frage mich, ob der Mann und die Frau nicht zu isoliert von ihrer Umwelt dargestellt sind, ob sie nicht ein bißchen in ihrem eigenen Saft schmoren, [...] und ich frage mich auch, ob diese Darstellungsweise ihre Probleme nicht kleiner macht. Gewiß, es geht vor allem um ihre privaten Bereiche, die sind wichtig genug, um behandelt zu werden, aber habt ihr schon einmal überlegt, ob nicht ein Teil der Rettung auch von außen kommen muß?« (229)

Die Ironie ist allerdings auch hier nicht völlig unterbrochen, wirkt aber nicht über das Ausgesagte, sondern über die doppelte Kongruenz der vorgetragenen Kritik. Die Einwände und Vorbehalte gegenüber der fiktiven Figur treffen überdeutlich auf deren Urheber zu und sind somit nur ein Medium, diese Zusammengehörigkeit künstlerisch zu demonstrieren, d. h., die Aussage zu akzentuieren.

Ein Resümée der behandelten Romanausschnitte macht deutlich, was über die Exploration des Kulturbetriebs in der DDR zur Sprache kommt: kein konkretes, überprüfbares Wirklichkeitsmaterial, sondern vielmehr eine zusätzliche, direkte Thematisierung von Rezeptionssequenzen, die auf das eigene, bekannte Erfahrungsambiente der Literaturgesellschaft rekurrieren, die eine Verlagerung auf den Zeichenaspekt des Behandelten nahelegen und die die dialogische Tendenz der Romanhandlung als Anreiz für den Leser verstanden wissen wollen, um erweiternd nach Analogien, Repräsentanz und Differenzen abgetastet zu werden. Becker nutzt dieses spezifische Milieu darüber hinaus als trivialisierendes Mittel, noch letzte, ehemals kunsttypische »auratische«[144] Reste aus dem Kulturbetrieb zu entfernen, um so die Affinität zwischen ›Kunst‹ und Alltagsbereich zu unterstreichen. Die Thematisierung der literarischen Instanzen beinhaltet somit keine direkte Stellungnahme zur zeitgeschichtlichen Kulturpraxis in der Manier eines verklausulierten literaturpolitischen Beitrags, sondern nutzt diese Eigenart zur gefügigen Lesbarkeit literaturtheoretischer Probleme etwa derart, daß über dem Roman eine Zerstörung der traditionellen ästhetischen Normen praktiziert wird. Understatement, Umgangssprache, Witz und Ironie treten als Auftakt neuer Qualitäten der Struktur besonders in den Vordergrund. Die Kulturbehörden fungieren hier, mutatis mutandis, als Repräsentanten eines sozialistischen Kunstverständnisses, daß an den Formenkanon früherer Etappen erinnert und eine Bezugsgröße zwischen eingefahrenen ästhetischen Mitteln und gesellschaftlichen Normen nahelegt.[145]

Der eigentliche Impuls des Romans kommt jedoch erst durch die Rezeption im Privatbereich zum Ausdruck. Die Gestalten des Rentners Hensel und v. a. Lolas mit ihren offenherzigen Kommentaren werden als Kunstgriff verwandt, um in poetischer Form auf den – der ganzen Romanhandlung impliziten – Diskussionsbeitrag zur alten Streitfrage um den sog. positiven Helden[146] zu verweisen. Beide deuten in ihren Ausführungen den Grundwiderspruch Gregors an, seine nach unterschiedlichen Prinzipien angelegte Ausrichtung von Leben und Werk. Einem unpathetischen, egalisierendem innerliterarischem Heldenbegriff Bieneks steht seine eigene, prätentiöse nur auf Akklamation ausgerichteten Lebensweise entgegen. So stellt Hensel fest:

»Du willst *unbedingt ein Held sein*, das ist es. Immerzu willst du *den Helden markieren*, kommst ihnen mit Geschichten, daß einem schon von der ersten Zeile an mulmig wird, statt hübsch normal und sachte zu beginnen, wie es sich eben für einen Anfänger gehört [...] Du willst von Anfang an ein Held sein, und ich sage dir, *Helden halten bloß den Betrieb auf*. Wegen denen dauert alles viel länger.« (100) (Hervorhebung von R. K.)

Diese Beobachtung greift Lola in abgewandelter Form auf:

»Du sollst nicht einer sein, der mit rasselndem Säbel herumläuft und nur auf die Gelegenheit lauert zuzuschlagen, solche Helden *sind* mittlerweile komisch.« (246) (Hervorhebung von R. K.)

Mit der Frage, »*ob du die Absicht hast, mit deiner Arbeit die Zukunft* zu erreichen?« (245) (Hervorhebung von R. K.) verweist Lola darüber hinaus auf einen Gesichtspunkt, der auch in Beckers erstem Roman »Jacob der Lügner« auftaucht; nämlich auf den »geheimen Punkt, an dem beide (Romane, R. K.) zusammenhängen.«[147]

Zum besseren Verständnis soll in einem kurzen Exkurs der eine Roman mit dem anderen konfrontiert werden, indem Lolas Frage an *Jacob den Lügner* gestellt wird. Im

Grunde behandelt der ganze erste Roman die Frage, wie Jacob dazu gekommen ist, die Zukunft erreichen zu wollen. Gemeint ist seine halb freiwillige, halb gezwungene Erfindung, er besitze als einziger im Getto ein verbotenes Radio. Aufbauend auf einer tatsächlich aufgeschnappten Nachricht vom Standort der russischen Armee, fingiert er weitere Meldungen vom Vorrücken der Befreier. Sein Radio als Inkarnation einer ›konkreten Utopie‹ ist das Medium, aus dem er und seine Schicksalsgefährten die Kraft schöpfen, um möglicherweise die Zukunft zu erreichen. Die Erfahrung der begeisterten Reaktion auf seine erste Nachricht zwingt ihn moralisch, weitere zu erfinden, zwingt ihn zu ›Lügen‹, die keinerlei Bezug zur Realität mehr haben. Aber auch noch am Ende, als er weiß, daß das anvisierte Ziel nicht zu erreichen ist, die geplante Reise in den Tod führen wird, hält er für seine Umwelt, die erwartungsvoll auf ihn und sein ›Radio‹ blickt, den mit der Fiktion verbundenen hoffnungsvollen Glauben aufrecht. Das ›tertium comparationis‹ zwischen beiden Romanen bildet die exponierte Erzählerrolle, die in *Jacob der Lügner* den einzigen positiven Ausblick bildet. Der Erzähler, der als einziger Überlebender am Ende des Buches vor sich hinsinnt »wir fahren, wohin wir fahren«, wird als derjenige gezeigt, für den die Zukunft erreichbar ist, »weil er die Vergangenheit berichten kann. Nur für ihn ist die ›Lüge‹ der wachsenden Befreiung identisch mit der Wahrheit des Davongekommenen.« [148] Bedeutsam für diese Überlegungen ist die Tatsache, daß im ersten Roman der Erzähler von der Hauptfigur Jacob getrennt ist, sein beobachtendes Verhältnis zum ›Gewährsmann‹ [149] bewußt mitthematisiert wird. Was nun Jacobs ›Irreführungen‹ von denen eines Gregor Bienek unterscheidet und legitimiert, ist der über die eigenen Bedürfnisse hinausreichende Impuls, daß er gerade über diese Lügen versucht, die »Zukunft für die anderen noch zu erreichen, obwohl sie für ihn schon unerreichbar geworden« [150] ist.

In *Irreführung der Behörden* ist die Fiktion anders strukturiert. Dort ist der Schriftsteller Bienek sein eigener Erzähler und ›Held‹. Die Kritik Hensels und Lolas ist, im Klartext der Erzählfiguration, die Anmaßung Gregors, alle Schlüsselstellen im Roman besetzen zu wollen, dabei aber nicht als ernstzunehmender Erzähler von Geschichten, sondern nur als ›sein eigener‹ Erzähler aufzutreten.

In dem Experimentiercharakter der Bemühungen um eine realistische Erzählweise ist die *Irreführung der Behörden* darüber hinaus, in einer weiteren Analogie, ein Roman über den Roman allgemein und speziell über *Jacob der Lügner*. In beiden Werken steht, dialektisch aufeinander bezogen, der Erzähler zur Diskussion. [151] In dem ersten »als der einzig Überlebende, der vom Helden erzählt, aber selbst der Held nicht ist; im zweiten als der, der von sich selbst erzählt, und zwar der Held ist, aber als Held nicht überleben darf.« [152]

Die realistische Schreibweise wird in *Irreführung der Behörden* für den Leser in zweifacher Weise evident. Zum einen, indem er beim Lesevorgang – wie die Kritik immer wieder betont – der Faszination des Buches erliegt, ohne daß der z. T. banale Stoff besonders fesselt, zum anderen beim Prozeß der Reflexion, wenn er merkt, daß der Erzähler nicht nur die berichteten Objekte, sondern auch sich selbst realistisch beschreibt, indem er sich bei seinen Figuren mit unterbringt.

Wunberg spricht in seiner Laudatio zum Bremer Literaturpreis für das Buch – wie wir meinen zu Recht – von einer Egalisierung der Erzählerposition und seiner Figuren, wenn

»der ›Held‹ sich als Erzähler unter die Erzählten, als Beschreiber unter die Beschriebenen begibt«[153], was unaufdringlich und beharrlich auf Solidarität mit dem Leser verweise. Er markiert zweierlei als Fazit des Romans: für das Individuum Bienek und für die Menschheit überhaupt sei die Zukunft nur zu erreichen, wenn sie von sich selbst als Helden absähen; für den Erzähler bzw. den Schriftsteller Bienek, wenn er jene Wahrhaftigkeit der Schreibweise gegenüber sich selbst erreiche, die eine solche Potenz darstelle, daß »man ihr selbst den Mangel an Wahrheit verzeihen würde.«[154]

3.2.4. Die Rezeption von Jurek Beckers ›Irreführung der Behörden‹

Bei den Kritiken zum vorliegenden Roman fällt besonders auf, daß sie sowohl im literaturwissenschaftlichen Bereich[155], als auch in den anderen kulturpolitischen Medien[156], im Vergleich zu den Rezensionen ähnlicher Bücher anderer renommierter Autoren äußerst dürftig und oberflächlich gehalten sind.

Von zwei Ausnahmen abgesehen[157], offenbart sich eine große Hilflosigkeit gegenüber der Qualität des Buches – was sich bei der Bearbeitung und Bewertung eher als Pflichtübung in Form beliebig selektierter Deskriptionen statt provokativer Stellungnahme äußert. Auffallend einig ist sich die ›gesamtdeutsche Szene‹ in der überwiegend negativen Einschätzung des Buches, was aber vorrangig auf einer unvollständigen Lektüre und voreiligen Bewertung beruhen dürfte.

Sowohl im Osten als auch im Westen[158] wurde der zweite Roman am ersten gemessen und dabei übereinstimmend dem Erstaunen über den enormen Qualitätsverlust Ausdruck verliehen. Bei diesem unproduktiven gegenseitigen Abwägen und Ausspielen wurde durchgängig das wichtige Angebot des zweiseitigen, wechselweisen Aufeinanderbeziehens übersehen, d. h. die systematische, erzähltheoretische Problematik, die dem Buch hinter den bewußt amüsanten, klamaukhaften Handlungspointen unterlegt ist. Fast alle Rezensenten desavouieren den banalen Stoff ohne zu merken, daß zentral – wenn auch subtil – die Rede davon ist, *wie* hier erzählt wird.

Dieses Defizit zieht typische Fehler in der Beurteilung nach sich: das Beckersche Spiel mit erzähltechnischen Mitteln – Verfremdungen mittels ungelöster Widersprüche, Ironie, Parodie, Witz – wurde wörtlich genommen und ihm als ›Versehen‹ oder schwerwiegender Fehler angelastet, d. h., die Aussagen auf der anekdotischen Ebene werden mit den Intentionen des Textes verwechselt. Unverständlich erscheint in diesem Zusammenhang, daß dem Autor Becker die negativen Ansichten der Romanfigur vorgeworfen werden, obwohl trotz der provokanten, scheinbaren Verbindung die Abgrenzung von Figuren- und Autorenperspektive für den Leser klar erkennbar ist. Auf dieser schillernden Doppelung beruht die Aussage des Romans. Wer die beiden Perspektiven nicht trennt, ignoriert zwangsläufig die übrigen, damit verbundenen Problemstellungen des Buches. Dann kommt es zu Mißverständnissen der inhaltlichen Konzeption des Romans, wie bei folgendem ›Expertentip‹: »Bei dem Buch ist man gut beraten, das letzte Kapitel zuerst zu lesen«, da im übrigen Teil der Handlung »eine eindeutige Distanz [...] des Autors von dem Helden nicht immer deutlich genug« sei, man sogar vermuten müßte, daß er »hier und da die kleinkarierten Ansichten«[159] teile.

Der durchaus parteiliche Schluß von *Irreführung der Behörden*, gegen den sich aus der medienpolitischen Sicht der DDR nichts einwenden läßt, wird an anderer Stelle als unplausibel in bezug auf das übrige Romangeschehen bezeichnet; und zwar wird der innerliterarischen Fiktion die außerliterarische Alltagserfahrung entgegengesetzt: »Denn Bekker weiß aus seiner Milieukenntnis natürlich, daß die Bieneks den kritischen Frauen ihrer Ruhe wegen sowieso aus dem Weg gehen.«[160] Hatten wir bei der Romananalyse gerade die leise ironische, über die Geschichten Bieneks unfreiwillig demonstrierte Einheit von Leben und Werk eines Schriftstellers betont und auf den dialogischen, im Roman nicht explizit gelösten, sondern auf das rezipierende Lesesubjekt verlängerten, strukturellen Trend verwiesen, so wird hier einer »epischen Darstellung« das Wort geredet: die parabolische Schreibweise Bieneks bleibe

»[...] unbestimmt vieldeutig immer wieder an die ständig gegenwärtigen Gedanken und problemblasse Selbstgefälligkeit der Ich-Aussage Bieneks gebunden, die eine Distanzierung weitgehend verhindert.«[161]

War bisher schon in den Kriterien fast durchgängig von der ungenügenden Distanzierung des Autoren von der Hauptfigur die Rede, bei der die negativen Erzeugnisse Bieneks Becker vorgehalten wurden, so wird diese – literaturtheoretisch ohnehin unhaltbare – Tendenz noch zugespitzt, wenn nun genau umgekehrt gefragt wird;

»[...] der Student Bienek hat ein paar Geschichten in der Tasche, die so gut sind, wie Becker erzählen kann, und man sich daher fragt, warum er denn die um Gottes willen nicht los wird?«[162]

Die Rezensenten der DDR scheinen überwiegend keine Beziehung zu der ironischkritischen Akzentuierung des Romans zu haben, wie z. B. folgender Kommentar zeigt: »Bieneks menschliche Miserabilität [wird] nur sentimental durch das Auftauchen eines vergessenen alten Freundes denunziert«, er werde »über eine in der Substanz *idyllisch bleibende Kritik* aus seinem Konflikt entlassen.«[163] (Hervorhebung von R. K.). Unklar bleibt, ob mit der »idyllischen Kritik« die vermißte innerliterarische karthartische Versöhnung gemeint ist, oder die, in derselben Besprechung gerügte »Privatisierung des Konflikts«, hinter der »Illusionen und mangelnde Konsequenz Beckers« stünden.

Die Einschätzung der den Protagonisten einbindenden Figurenkonstellation ist noch immer in anachronistischer Weise der frühen Bitterfelder Rezeptionshaltung verpflichtet, bei der die Realität – vergleichbar jener vorkantischen, aufklärerischen Ästhetik[164] – bereits als vordefiniert gilt und an dem »Stand der Unschuld, Einfachheit und Durchschaubarkeit der Wirklichkeit«[165] gemessen wird. Nur so läßt sich das Insistieren der Kritik auf eine ausgewogenere, mit ›richtigem‹ Bewußtsein ausgestattete Umgebung Bieneks erklären. Auch die schnelle Klassifizierung der Personen in Gut und Böse – die Beckers Intention gerade zuwiderläuft – stimmt oft nicht. Der häufig verfremdete und gebrochene Habitus der Figuren kehrt die scheinbare Aussage der Belegstellen vielfach ins Gegenteil. So kommt es zu der naiven Kritik:

»Warum sich unter den vielgesichtigen Menschen um Gregor Bienek nicht ein einziger Freund findet, der sich mit dem jungen Schriftsteller einmal grundsätzlich auseinandersetzt, bleibt ungeklärt.«[166]

Dabei hätte Becker keine deutlicheren positiven Gegenfiguren wählen können, als

Simmel und Bungert. Eine ähnlich widersinnige Interpretation enthält eine andere Rezension:

> »Auf dem mühevollen Pfad [...] gerät das hoffnungsvolle Talent stets an die falsche Adresse mit einer derartigen Ausschließlichkeit, die schon nicht mehr glaubhaft wirkt. [...] Die einzige Verlagsmitarbeiterin, die ein *besonderes Gespür* für die Begabung des jungen Studenten hat, verschwindet ohne Kommentar aus der weiteren Handlung.«[167]

Ein vergleichbar ungerechtfertigtes Lob an der falschen Stelle findet sich in Hähnels Ausführungen in den *Weimarer Beiträgen*. Zunächst weist er zwar berechtigt auf die »produktiven Ansätze epischer Distanzierung und Überprüfung«[168] Bieneks hin, stellt dann aber *Pokorny* gleichberechtigt neben Simmel und Bungert – was angesichts der deutlichen Seitenhiebe Beckers auf die seichten Kommentare des Regisseurs als verfehlt angesehen werden muß. Ihren Höhepunkt findet die Interpretation, indem sie die Romanaussage in ihrer Persiflage der literarischen Instanzen ad absurdum führt: Bienek und seine Komik seien ärgerlich, da »die Lektoren im Kern Recht haben«, es dränge sich vielmehr die Frage auf, warum »die Kontrahenten nicht mit besseren Argumenten ausgerüstet«[169] sind. Mit dem Hinweis auf die Unentschiedenheit des Autors, der den Leser ständig »orientierungslos hin und herspringen«[170] lasse, suggeriert Hähnel auch zugleich die Antwort.

Erstaunlicherweise wird die vom Milieu und Themengehalt des Romans vorgegebene stimulierende Provokation in bezug auf den Literaturbetrieb und die kulturpolitische Praxis von der Kritik totgeschwiegen oder verdreht, wie z. B. von Bernhard in einem Beitrag in der NDL. Die wichtige Beobachtung, daß im Vergleich beider Romane Beckers »der Ansatz einer poetischen Konzeption in Umrissen« hervortritt, koppelt er mit einer simplifizierenden Dialektik, nach der beide Werke Beckers, entsprechend den jeweiligen gesellschaftlichen Verhältnissen, Gegensatz bzw. Übereinstimmung zwischen Schriftsteller und »den Herrschenden, den ›Behörden‹« signalisieren, »wobei es das Problem der bürgerlich, kritisch-realistischen Autoren bleibt, inwieweit sie diesen moralischen Widerstand in seinem geschichtlichen Gehalt erfassen können«[171], der sozialistische Autor dagegen zeige bei der Behandlung von Gegenwartsthemen, wie eine Kongruenz von Autoren und Kulturbehörden bewerkstelligt werden könne.

Die krassen Mißverständnisse in der Rezeption deuten auf ein eklatantes Widerspruchspotential hin. Die im Roman nur fiktive, ironische Darstellung von mangelndem bzw. ritualisierten Kommunikationsverhältnissen der am Kulturbetrieb Beteiligten, als Kulisse für literaturtheoretische Probleme, wird von der Kritik zur kulturpolitischen Affirmation umgedeutet. Beleg dafür ist auch, daß fast alle erzähltheoretischen Erörterungen des Buches unbeachtet bleiben.[172]

Die völlige Ignoranz gegenüber der besonderen Struktur des Romans – gemeint sind die verschiedenen Genre-Überschriften der Kapitel – verdeutlicht auch die folgende Kritik: »Die Komposition des Buches [...] gibt sich formal komplizierter als sie ist.«[173] Die Ich-Aussage am Schluß lasse dagegen Zweifel aufkommen, ob die anderen recht haben könnten. Es wird also absurderweise eine Nivellierung der »Spannung von Erlebnis- und Deutungssphäre, erzählendem und erzähltem Subjekt, Handlung Erinnerung...«[174] moniert.

Die lobenden Hinweise auf die flüssige und gekonnte Erzählweise – »es hat sich weggelesen«[175] – allein, ohne tieferlotend die zweite Reflexionsebene im Buch zu beachten, reichen kaum, um das kulturpolitische Plazet zur Veröffentlichung des Buches plausibel erscheinen zu lassen. Bei einem so gearteten Verständnis ist jede positive Perspektive in bezug auf den Aussagegehalt des Romans hinfällig, da hier selbst Lolas Einwände am Schluß günstigenfalls nur die Lösung eines ›Selbsthelfertums‹ für Bienek zuließen.

Die Sichtung der Rezeption von *Irreführung der Behörden* führt insofern zu unserer zweiten Ausgangsthese – der bewußten und geplanten Irreführung der Kulturbehörden – zurück, die wir zwar als Intention Beckers verworfen haben, die nun aber von der Wirkung her unversehens Aktualität gewinnt. Es wird eine Entsprechung von erster und zweiter Rezeptionsebene virulent, wobei letztere im Verbund mit einem Literaturverständnis, wie es in den Kritiken demonstriert wurde, in der Tat literarisch undurchschaubare Maßstäbe und eine unfreiwillig-tragische Widerspiegelung von Literatur und Wirklichkeit offenbart.

3.3. Aus der Theaterarbeit:
Die spezifische Utopie der Entwicklung eines Stückes
vom schriftstellerischen Entwurf zur kreativen Bewältigung
im Prozeß der kollektiven Aneignung.
Dargestellt an Volker Brauns ›Das ungezwungene Leben Kasts‹[176]

3.3.1. Ausgangsthesen

Die drei zeitlich variierenden Berichte über *Das ungezwungene Leben Kasts*[177] werden, trotz der formalen Differenz des Genres im Vergleich zu den bisher behandelten Werken[178], aufgegriffen, da sich in bezug auf die zur Debatte stehenden Spezifika der Prosa eine Reihe genereller Übereinstimmungen ergeben:
– Das Werk beinhaltet – über die tagebuchartige, protokollsimulierende, ausschnitthaft zugespitzte Zeichnung der Erlebnisse Kasts – einen poetisch besonders wirksamen Bezug zu den autobiographischen Stationen Volker Brauns.[179]
– Die drei Berichte wurden, obwohl schon früher verfaßt, erst 1972 im Zusammenhang veröffentlicht. Die damit verfolgte Intention deutet der Autor, etwas verklausuliert, in einem kurzen Vorspann der DDR-Ausgabe des Buches[180] an:

»Drei Berichte. Entstanden im jugendlichen Jahrzehnt unserer Gesellschaft. Für den Druck überarbeitet. *Im übrigen ist das Leben zu ändern.*« (Hervorhebung von R. K.)

Der Vermerk, der von Überarbeitung und nicht von einer retrospektiven Umdeutung spricht, will somit diese drei Entwicklungsstufen als *historische Dokumente* nicht nur individueller Provenienz, sondern auch generalisierbarer Repräsentanz transzendiert wissen. Die chronologische Übereinstimmung von Lebensdaten der persönlichen und gesellschaftlichen Entwicklung, vermerkt der explizite Hinweis der personifizierten Katachese »im jugendlichen Jahrzehnt unser Gesellschaft«. Kast bezieht durchgängig, in allen drei Zeitetappen, die widersprüchlichen Krisenmomente seiner Handlungen, Empfindungen und Ansprüche auf die beidseitige noch unausgereifte Anfangssituation und setzt sie in Relation zu den grundsätzlichen Entfaltungsmöglichkeiten innerhalb der sozialistischen Gesellschaft.

– Die verschiedenen Teile des Textes werden über Parallelismen, Vorausdeutungen und Kontraste als dialektische Einheit aufeinander bezogen. In ihnen offenbaren sich auseinandergezogene, sukzessiv angeordnete, analytische Segmente, des traditionellen Romans, nämlich jeweils besonders akzentuierte, unterschiedliche Äußerungsformen menschlicher Existenzweise. In »Der Schlamm« steht die Arbeit, in »Der Hörsaal« die Liebe, und »Die Bretter« die Kunst im Mittelpunkt des Geschehens. Die stärkste Verdichtung und Konzentration der kulturpolitischen und literaturtheoretisch aufgeworfenen Probleme findet in dem letzten Bericht statt: der Betonrohrleger, der Philosoph und der Dramatiker sind zwar inzwischen äußerlich weit voneinander geschieden, rücken innerlich aber immer näher zusammen, weshalb »Die Bretter« unseren vornehmlichen Untersuchungsgegenstand darstellen sollen.

Konzediert man das persönliche Engagement des Literaten an seiner Hauptfigur – das Geschehen wird durchgängig aus der stark subjektiv geprägten Individualperspektive des Kast gesehen – und verbindet es mit der zentralen Aussage am Ende, nach der die Kunstproduktion und -Konsumption als Modell und Experimentierfeld der Gesellschaft, »als Organ demokratischer Selbstverständigung und kollektiver Abneigung der Lebensprobleme«[181] verstanden wird, so fallen im Anschluß an Kasts Ausgangsposition strukturell zwei Entwicklungstendenzen auf, die sich aus der Ambivalenz von unbestimmter Sehnsucht, »Sich-gehen-lassen und aller Her-Zwingen-Wollen, Weltschmerz und ungewisser Suche nach dem Eigentlichen«[182] zusammenzusetzen:

1. Der allmähliche *Abbau* seines emotional übersteigerten Lebensgefühls, seines anarchistischen Selbstverwirklichungsdrangs wird im ersten und zweiten Bericht als Folge eines zwar weiterhin stark subjektiv geprägten Entfaltungsstrebens, aber auch einer, in zunehmendem Maße rationaler gesteuerten Lebensaktivität gezeigt, mittels der er, durch stete produktive Wahrnehmung von endogenen und exogenen Widersprüchen zur selbstbewußten Persönlichkeit gelangt.

2. Der *Aufbau* eines konstruktiven, für die gesellschaftliche Rezeption relevanten Kunstverständnisses gerät in der erzählten Handlung des dritten Berichts zu einer Utopie demokratischer Mitwirkung aller Beteiligten an der Realisation des Theaterstücks. Die Probleme des ersten und zweiten Berichts tauchen in »die Bretter« auf einer neuen Ebene auf – fiktiv im innerliterarisch thematisierten Kunstwerk und real bei der Einstudierung dieses Kunstwerkes. Zusammen mit dem Bezug auf die militärische Intervention der Warschauer Paktstaaten in der CSSR bilden sie die Kernfrage des Buches: Inwieweit das Volk bereits ein ausreichendes Maß an gesellschaftlichem Überblick, an strategischer Einsicht in die gefährlichen, wie am Beispiel von Prag ersichtlich, konterrevolutionären Intrigen besitze – ob die Forderungen nach Mitbestimmung, d. h. der Drang, die Verhältnisse aktiv selbst zu gestalten, bzw. künstlerisch abzubilden, nicht vorschnell und unpraktikabel sei. Mit seiner Bereitschaft, aus aktuellem Anlaß an seinem Theaterstück Änderungen vorzunehmen, stellt sich der innerliterarische Autor zwar hinter die Forderungen der Partei, über die dramatischen Ereig-

nisse bei den Probearbeiten deutet er aber gleichzeitig an, daß es besser wäre, solche Änderungen öffentlich zu verhandeln, sie in künstlerischen ›Probesituationen‹ durchzuspielen, statt sie als ›ad hoc‹-Entscheidungen einiger Privilegierter anzuordnen. Im weiteren konzentrieren wir uns zum einen auf die Erzählweise, d. h. die Werkstattspezifika, und zum anderen auf die Funktion und Ursachen dieser, zunächst als Selbstklärungsprozeß [183] zu markierenden Prosa. Zum ersteren sollen als Basis der Beobachtungen zwei Bemerkungen Brauns herangezogen werden, die zunächst, was den Bezug zum Kast anbetrifft, sich auszuschließen scheinen, bei näherer Betrachtung aber gerade dessen Vorgehensweise charakterisieren.

Im Interview mit Silvia Schlenstedt, das 1972, also zum Zeitpunkt der Veröffentlichung des Kast geführt wurde, nennt der Autor als zentrales Ziel seiner schriftstellerischen Wirkungsabsicht, die Fronten von Rationalem und Emotionalem, von Öffentlichem und Privatem zu lockern. »Mir geht es darum, diese Öffentlichkeit zu verpersönlichen, damit sie keine abstrakte Sache bleibt. Es muß sozusagen ein Sprechen von Mund zu Mund sein.« [184]

Diese Absicht deckt sich allerdings kaum mit der knapp zugespitzten Erzählstruktur des *Kast*, die ein Protokoll von Vorgängen, Begegnungen und Gesprächen darstellt, in dem in »Kaskaden von Fragesätzen« menschliche Haltungen und Reaktionen ohne weitere Erläuterung präsentiert werden. Braun konstatiert diese Unausgewogenheit seines ersten Prosawerkes auch selbst, wenn er an anderer Stelle kommentiert:

»Ich habe eine Geschichte erzählt – eine allerdings komplizierte, und es ist die Frage, ob man sie nicht hätte mehr aufblähen müssen.« [185]

An diese Eigenrezeption schließt er den zweiten wichtigen Punkt an, dessen Aussagebreite allerdings erst im Gesamtzusammenhang seines Werkes zu erfassen ist:

»[…] gelungen ist etwas nur dann, wenn *der Vorgang gegeben wird* und nichts als der Vorgang, der aber in sich so ausgelotet ist, daß die Aussage aus ihm selbst herausspricht.« [186]

Wir folgern bei unserer Näherung und Kommentierung Volker Brauns daraus, daß er sowohl die poetisch-künstlerische, d. h. den Leser eher sinnlich, gefühlsmäßig tangierende Komponente – die trotz der verkürzenden Erzählweise im *Kast* vorliegt – als auch die Akzentuierung des Vorgangs, das Historisch-Vermittelnde des Textes, im vorliegenden durch *sein besonderes Traditionsverständnis* erreicht. Braun rezipiert nämlich in seinem ersten Bericht »Der Schlamm« Büchners *Lenz* in einem teils identifizierenden, teils distanzierendem Verhältnis und vermittelt darüber seine dichterischen, d. h. ideologischen Prämissen.

Im ersten Teil unserer Analyse wäre daher zu untersuchen, wo diese Anknüpfungspunkte liegen und wie sein Traditionsbegriff zu verstehen ist. Darüberhinaus messen wir, was das eigene Selbstverständnis angeht, das Buch an einem Hinweis seiner Ich-Figur Kast; einem Hinweis, der im ähnlichen Sinne auch als Äußerung Brauns vorliegt und hier durchaus als direkte Autorenintention angenommen werden kann:

»Ich hatte mein Verhalten niemals nach dem Maß gezirkelt, daß die Meinungen anderer mir zubilligte oder zutraute, und ich werde es nie tun. Die Fessel muß jeder für sich immer wieder zerschlagen, in ihr käme unsere Revolution auf den Hund.« (86)

Brauns eigene Änderungs- und Überarbeitungsvorgänge unter diesem Gesichtspunkt zu befragen, erscheint uns aus drei Gründen legitim:

1. Wegen der bereits angeführten Selbstzeugnisse,
   - dem Vorspann zum Kast, früher Geschriebenes in seiner Historität als Dokument zu verstehen, um gerade aus dem reflektiv Erkannten, ›Überholten‹ die Veränderungsimpulse zu schöpfen und
   - dem nachdrücklichen Verweis darauf, daß ein Schriftsteller mit seinem Werk Vorgänge verdeutlichen solle.
2. Wegen der explizit positiv perspektivierten Beschreibung der Revision einer Theatervorlage in »Die Bretter«, die dadurch an Brisanz gewinnt, daß die *behandelten Theaterstückausschnitte im »Kast« inhaltlich, zum Teil wörtlich sein Werk »Hinze und Kunze«[187] rezipieren,* und in der übrigen Handlung einige Stellen aus den *Kippern*[188] versatzstückhaft übertragen.
3. Wegen der bekannten Tatsache, daß Volker Braun seine beiden bis dato verfaßten Theaterstücke, *Der Kipper Paul Bach* bzw. *Die Kipper* und *Hans Faust* bzw. *Hinze und Kunze,* einem langen, beim ersten über 10 Jahre, beim zweiten 6 Jahre währenden Veränderungsprozeß unterworfen hat.[189]

Wir gehen davon aus, daß sich der Autor zum Zeitpunkt der Bearbeitung der »Bretter« in einer Krise der Selbstbeurteilung in bezug auf die langwierigen Metamorphosen seiner beiden Theaterstücke befand. In Anbetracht der scharfen öffentlichen Kritik[190] an den ersten Fassungen der beiden Stücke ist zu fragen, welcher Haltung das Resümee im dritten Bericht verpflichtet ist; einer anpassungsbereiten Orientierung an die öffentlichen Instanzen oder einem Prozeß der sukzessiven, selbstkritischen Austragung von Unschärfe, Fehleinschätzungen und Widersprüchen.

3.3.2. Die selektive Verknüpfung von Erfahrungen eines anderen Autoren (Büchners Lenz) mit den eigenen, zur Vermittlung seines Lebensgefühls.

Indem Volker Braun in seiner ersten Erzählung *Der Schlamm* an Büchners *Lenz*[191] anknüpft, reiht er sich ein in den großen Kreis von Vertretern der Rezeptions- und Wirkungsgeschichte des Lenz.[192] Anders als Brecht, der mittels eines spezifischen Erbeverständnisses in der neuen Fassung des Lenzschen *Hofmeisters*[193] ebenfalls sozialistisches Gedankengut an Hand dieses Dichters zu vermitteln sucht, dabei aber sozialgeschichtlich verfährt, weil er die Auswirkungen auf die, durch das Versäumnis der bürgerlichen Revolution deformierte sensible Intelligenz herauszufiltern trachtet, benutzt Braun den Bezug zunächst eher sparsamer in einer stilistischen Annäherung an die subjektiv und lyrisch geprägte Prosa. Er knüpft an den Aspekt des Verweisgehalts der Figur an, der je nach historischer Situation unterschiedlich ist – einer Figur, die in ihrer Traditionalität exemplarischen Charakter hat und zum Topos der Überprüfung von Machtverhältnissen stilisiert wurde. Daher steht hier die persönliche Situation, die den eigenständigen Vermittlungsmodus hervorruft, als ausschlaggebend im Vordergrund. Dies um so mehr, als weniger die authentische, historische Verwandschaft im *Kast* interessiert, als vielmehr die neuartige Transformation, die zur Exposition der ideologischen Prämissen und zur Differenzierung des Lebensgefühls verwendet wird.

Büchner, der als 22-jähriger im Herbst 1835, zum Zeitpunkt seiner gescheiterten Revolutionspläne, im Straßburger Exil lebte, fühlte sich dem stigmatisierten, empfindsamen Außenseiter Lenz – dem durch wirtschaftliche und politische Abhängigkeit hart getroffenen Sturm- und Drangdichter – aufs engste verbunden. Auf der Basis der von Pfarrer Oberlin überlieferten Krankengeschichte verarbeitet er in einem Prozeß extremer Identifikation die Symptome eines innerlich zerrissenen und ausgehöhlten Schriftstellers; er legte jenem sein eigenes, am Realismus orientiertes dichterisches Credo in den Mund. Nach den abgebrochenen politischen Aktionen stellt der *Lenz* für Büchner einen selbsttherapeutischen Verarbeitungsprozeß dar, bei dem er die eigenen Probleme über einen fremden Lebenslauf distanzierend zu reflektieren versucht – ein Prozeß, der bezeichnenderweise nicht abgeschlossen wurde. Das Fragment endet mit der beängstigenden Skizzierung eines hoffnungslos gewordenen Weiterlebens:

»Am folgenden Morgen, bei regnerischem Wetter, traf er in Straßburg ein. Er schien ganz vernünftig, sprach mit den Leuten. Er tat alles, wie es die anderen taten; es war aber eine entsetzliche Leere in ihm, er fühlte keine Angst mehr, kein Verlangen, sein Dasein war ihm eine entsetzliche Last. So lebte er hin […]«[194]

Die persönliche Aktualität einer solchen, fatalistisch perspektivierten Existenzweise kann bei Büchner nicht mehr eindeutig nachgeprüft werden, da er bereits im folgenden Jahr starb. Das tendenziell äquivalente Gesellschaftsbild vom ausgehenden 18. Jahrhundert, das er in seiner Novelle vermittelt, erscheint dagegen deutlich als Ursache der aufgezeichneten, für ihn nicht zu bewältigenden Schizophrenie der Verhältnisse. Geht man bei dem Text von einem dualistischen Strukturprinzip aus – einer Zweiteilung der Welt in ein heiles und glückliches, sinnbildlich zu verstehendes Prinzip des Tales, des Dorfs, der Familie und eine fremde, zerstörerische Macht, symbolisiert durch die allein auf ökonomische Gesetze ausgerichtete Art Kaufmanns – so demonstriert er die Angst von einer bedrohlichen Gleichschaltung aller Lebewesen, vor einer Subsumption unter ein als unmenschlich begriffenes Nützlichkeitsziel, vor der Aussicht, das Leben als Akkumulation von Tauschwerten verkümmern zu lassen. Im Verlauf der gekennzeichneten Pathographie, die eine extreme Bezugslosigkeit zur eigenen Identität, zur Realität aufweist, verlieren Zeit, Raum und Tätigkeit an sinnvoller Prägnanz. Die vollzogenen Tätigkeiten sind ihres Praxischarakters enthoben und stellen nur noch Varianten von bedrückender Langeweile dar.

»Er ging gleichgültig weiter, es lag ihm nichts am Weg, bald auf – bald abwärts – Müdigkeit spürte er keine, nur war es ihm manchmal unangenehm, daß er nicht auf dem Kopf gehen konnte.«[195]

Lenz hat jedes Gefühl einer lebendigen Existenz verloren – »seine Glieder waren ganz starr […] er griff nach allem, was sein Blut sonst hatte rascher fließen machen, er versuchte alles, aber kalt, kalt«[196] – eine Ausweglosigkeit, die schließlich in den verzweifelten Versuch mündet, dem gefühlsmäßigen Absterben, der wachsenden Taubheit seiner Sensorien, dem Empfinden seiner Existenz als totem Mechanismus durch sich selber zugefügte Schmerzen entgegenzuwirken.

Für unseren Zusammenhang ist festzustellen, daß Büchner den *Lenz* zum Medium seiner Reaktion auf die restaurativen und sich zunehmend kapitalistisch entwickelnden Verhältnisse in Deutschland machte.

Lenz ist eine Beschreibung, in der die den Menschen determinierenden gesellschaftlichen Einflüsse mit dem unerschöpflichen Drang eines Subjekts konfrontiert werden, dem der Wille zur dynamischen Ausprägung seiner Identität, der Drang zur Selbstverwirklichung ein unverzichtbares Anliegen und – da nicht zu verwirklichen – ein tragisches Anliegen ist.

Volker Braun verwendet nun, in seiner 122 Jahre später erschienenen Reminiszens, diese Figur in einer neuartigen Verknüpfung von Analogien und *Differenzen,* wobei die Differenzen an Bedeutung gewinnen, da sie als strukturbedingte Kriterien angesehen werden können, d. h., daß die Rezeption im *Kast* in Form eines kontrastiven Gegenentwurfs zu Büchners *Lenz* erfolgt.

Der DDR-Autor appliziert in seiner Geschichte keine für ihn neue Technik – schon in *Die Kipper* rekurriert er auf Schillers *Räuber* und Brechts *Baal*, bzw. in *Hinze und Kunze* auf Goethes *Faust*.[197] In dem erwähnten Gespräch mit Silvia Schlenstedt versucht er, sein Anliegen – »den geschichtlichen Standort der Gegenwart poetisch evident zu machen«[198] – als einen Vorgang zu beschreiben, der das Alte als Untergrund noch durchscheinen läßt, der aber über die sprachliche Arbeit dem Leser die Transformation, d. h. die Umkehrung und Verwerfung ehemaliger Haltungen, zum Bewußtsein bringt. Braun grenzt sich in seinen Erläuterungen von dem, in der DDR oft verwendeten Mittel ab, antike Stoffe zu bemühen, um umstrittene Zeitprobleme einfacher zeigen zu können – einen Usus, den er abwertend als »Verfahren der Sklavensprache« bezeichnet: es sei geradezu unfair, »heutige Inhalte mit den Vorgängen der Klassengesellschaft zu transportieren«.[199] Es plädiert statt dessen für einen radikaleren Umgang mit den Archetypen in der Weise, daß zunächst die Geschichte freigegeben wird.

»[…] um zu zeigen, wie viel sich verkehrt hat. Im Gedicht ›Prometheus‹ geht es nicht darum, diesen Mythos zu bemühen, sondern die Sache selbst erinnert ihn: *Wir tragen das Feuer in den Himmel,* und es wird uns nicht vom Himmel gebracht. Diese Art der Benutzung ist keine Adaption, eher ihr erklärtes Gegenteil. Die *Umkehrung* ist kein zufälliges literarisches Mittel, sondern sie drückt den gesellschaftlichen Vorgang aus, daß die Verhältnisse vom Kopf auf die Füße gestellt werden.«[200] (Hervorhebung von R. K.)

Kehrt Volker Braun in seinem *Prometheus*-Gedicht[201] das neuartige schöpferische Verhalten, die Selbstgestaltung des Schicksals hervor, so versteht er sein Grundverhältnis zu Büchners *Lenz* in einem vergleichbaren Sinn. Das Muster, das er übernimmt, liegt in der ähnlichen Ausgangssituation. Bei Braun befindet sich ein mutloser junger Mann, der auf Grund politischer Differenzen die Schule kurz vor dem Abitur verlassen mußte, im Aufbruch zu einer Großbaustelle in der DDR. – In beiden Fällen wird das Individuum in einer, die Umwelt als ›gleichgültig‹ empfindenden Weise in die Landschaft einbezogen. Bei Büchner ist allerdings eine wilde, unberührte Natur Objekt der Betrachtungen und Empfindungen, bei Braun dagegen »ist Landschaft nur ein Entwurf« (9), der nun vom Menschen in einem Unterwerfungsakt angeeignet und verändert werden muß. Landschaft ist somit mehr als kontemplative Naturbetrachtung, sie wird in der Weise, wie sie im »Schlamm« immer stärker tätig verändert wird, zum Symbol produktiver menschlicher Arbeit. »Mit Landschaft ist das Umfassende gemeint, zu dem sich die Gesellschaft hinentwickelt, sie schließt die Natur ein, vor allem unsere eigene Natur, die sich in ihr realisiert.«[202]

Kasts anfängliche Lethargie erhält ebenfalls ein neues und wesentliches Motiv: sie wird als phasenbedingte Isolation begründet, die er in einem Prozeß zunehmender Identifikation mit seinem Brigadekollektiv überwindet. Sein Gefühl der Austauschbarkeit, die Monotonie der Arbeit in der Tiefbaubrigade, die extrem schlechten Arbeitsbedingungen kollidieren zwar immer wieder mit seinem stark subjektbezogenen Denken, aber im Verlauf der Handlung findet er die Einsicht in die Notwendigkeit kleiner Schritte und das positive Gefühl des Eingebundenseins in eine Gemeinschaft. »Die Arbeit mit vielen und für viele, das war alles, aus dem ich was werden konnte. [...] Mein Leben, das ich beginnen wollte, wie mußte es sein? Es ging so hin...« (26) Braun knüpft offensichtlich bewußt an Büchners Schluß »so lebte er hin...« an; eine Wendung, die jedoch in ihrer Bedeutung als Zwischenstation einen völlig anderen Sinn erhält. Sie steht nicht mehr als Zeichen fataler Auswegslosigkeit des Lebens, sondern als erster Bewußtseinsschritt eines Individuums, das sich zum aktiven Produzenten seiner Verhältnisse entwickeln will. Die zu Beginn relativ dicht aufeinanderfolgenden Stellen, an denen Braun sich in direkter Analogie zu Büchners *Lenz* in unbestimmten Freiheitsidealen, subjektivistischer Sehnsucht und ziellosem Entfaltungswillen ergeht, weichen einer gesteuerten »Beziehung zu den Dingen« (34). In dem Maße, wie sich die neue Entwicklung anbahnt, wird die alte Lenz-Metapher umgekehrt. Das von Büchner konstatierte dualistisch–antagonistische System erfährt hier eine Transformation der Affinität. Es wird zum Vehikel der alten, nun doch im Absterben begriffenen Relikte der bürgerlichen Gesellschaft: seien es die Manipulationen mit der Arbeitszeit (12, 38), die Ungeduld einer früheren Klassenkameradin, die sie veranlaßt, in den Westen zu gehen (18), seien es die nur am eigenen Fortkommen und Erfolg interessierten ehemaligen Mitschüler, oder der – in diesem Textteil noch nicht ausgetragene – Widerspruch einer Trennung von Arbeit und Genuß (37), Leben und Schaffen (32), auf den hier ständig in kleineren Episoden verwiesen wird und der dann in den beiden folgenden Berichten erneut aufgegriffen wird.

Die letzte explizite Allusion an Büchner im Schlußabsatz –

»Ich lief gepeinigt die Straßen herum, näherte mich nachts ihrer Straße, dem Haus. [...] Aber es trieb mich sofort wieder hinab, die Gaststätten schlossen, ich lief in dem engen Kreis...« (51)

erhält durch die Substitution der Probleme – dort unüberwindbare Existenzkrise, hier vorübergehenden Liebeskummer – eine evidente, parodistische Version, die in diesem poetisierendem Sinne die veränderte Form der Konflikte in einer sozialistischen Gesellschaft als nichtantagonistisch herausstellt.

3.3.3. Der Bericht ›Die Bretter‹ als Plädoyer für eine Integration von Fiktion und Realität beim wirkungsbezogenem Umschreiben einer Vorlage während der Inszenierungsarbeit

Wurde die selektive Lenz-Rezeption als maßgeblich für die Entwicklung im ersten Bericht gedeutet, so trifft dies für die beiden darauffolgenden Teile insofern zu, als auch dort immer wieder zwanghaft normierte Lebensformen, z. B. die ritualisierte Ehemoral, die traditionelle Theaterpraxis sowie eingefahrene parteiliche Konventionen aufgebrochen werden. Brauns subjektive Sichtweise setzt überall dort kritisch an, wo der Sozialismus zur Stagnation oder Bequemlichkeit neigt.

Im zweiten Bericht »Der Hörsaal« wird die reflexive Durchdringung der alltäglichen Situation des Zusammenlebens von Menschen mit der praktischen Realisation verglichen. Die mechanisch-materialistischen Thesen Lamettries bzw. ihre veränderte Weiterführung bei Marx werden mit den tatsächlichen Verhaltensweisen der Umwelt und der eigenen Lebensplanung konfrontiert. Es geht um die Grundsatzfrage, ob der persönliche Nutzen oder die gesellschaftliche Leistung den Vorrang habe, ob die volle Entfaltung aller Fähigkeiten oder die Notwendigkeit der Unterordnung im Vordergrund stehe. Kast wehrt sich gegen das Gefühl einer nur zufallsbedingten Bestimmung von Lebensbeziehungen und plädiert auf der Studentenversammlung für eine Vielfalt gesellschaftlicher Bindungen: es lohne sich, »für Aufgaben zu leben, die uns immer mehr und mit vielen verbinden«. (67) Trotz dieser euphorischen Einsicht und trotz der Lektüre von Engels *Über den Ursprung der Familie* (91) mißlingt ihm selbst zu der Zeit die Verbindung dieser generellen Überlegungen zur sozialistischen Moral und Ethik[203] mit dem eigenen Leben, d. h. die aufgeworfenen Probleme in einer, bzw. der thematisierten Liebesbeziehung zu lösen. Die defizitäre Theorie-Praxisverbindung seiner eigenen Lebensführung äußert sich darin, gesellschaftliche Gewohnheiten nur dadurch in Frage zu stellen, daß er keine festgelegten Entscheidungen ›für das Leben‹ treffen will. Er kommt über eine abstrakte, undialektische Konfrontation der gesellschaftlichen Verpflichtungen mit den persönlichen Bindungen an Orte, Institutionen und Personen nicht hinaus.

Braun ist in dem Text um Lösungen dieses, von ihm selbst als Konflikt empfundenen Gegensatzes bemüht. Das zeigt sich an der differenzierten Weiterführung dieser Fragen über die Nebenfiguren[204] und Episoden, in denen sie zwar erneut aufgenommen und umformuliert, aber nicht zu Ende diskutiert werden – ein Verfahren, daß die fragmentarische, protokollartige Skizzierung als poetisch-literarisches Verfahren betont.

Beispielhaft dafür ist die Episode, in der Kast seine Freundin Lore beim Besuch einer *Faust*-Vorlesung kennenlernt. Hier fassen nämlich zentrale, stichwortartige Einwürfe, in die Interpretation des historischen Faust verkleidet, die Kernprobleme Kasts verfremdend zusammen:

»Niemals Erfüllung dauernden Glücks [...] Egoismus seines Strebens, Unmenschlichkeit [...] titanische Züge, Prometheus [...] Faust unfähig zu jeglicher Bindung, Anlage seiner Natur –, daran scheitert Gretchen, vermag ihn nicht an sich zu binden [...]« (62)

Obwohl es sich nur um sporadische, kurze Andeutungen handelt, zeigen sie erneut das Vorgehen Brauns. Zum einen die bewußte strukturelle Parallelisierung, die erneute Identifikation mit einer literarischen Figur – in der Akzentverschiebung auf »ein modernes

Gretchen und eine moderne Gretchentragödie«[205] – und die kurze Konturierung des veränderten Konflikts anhand der historischen Fabel, zum anderen der implizit vorausgreifende Verweis auf das, von Kast zu inszenierende, Theaterstück im nachfolgenden Bericht, in dem er die hier z. T. nur angerissenen Probleme in einer erneuten funktionalen Verschiebung des traditionellen Faustmotivs in der Eigenrezeption seines Stückes *Hinze und Kunze* hypotasiert.

Die Fabel dieses symbolträchtigen letzten Teils konstruiert in zugespitzter, z. T. utopischer Form ein Modell universeller Persönlichkeitsentfaltung in der künstlerischen Arbeit. In ihrer Konzentration der öffentlichen, privaten und künstlerischen Vorgänge zu einer Einheit zerstört sie die Illusion einer Isolation einzelner Tätigkeiten. Im Verlauf des Geschehens wird ein kompliziertes System von Interdependenzen und Wirkungen plötzlich einsehbar. Sie erscheinen als Derivate einer synchronen Verbindung von Handlungselementen, die sich aus Gesprächsfetzen aus dem Theaterstück des Ich-Erzählers, dessen Beobachtungen und Reflexionen bei der Inszenierung, einer Entscheidungssituation im Privatleben und den politischen Ereignissen in der CSSR im August 1968 konstituieren.

Die komplizierte Erzählstruktur verfolgt im wesentlichen drei Absichten:

1. Die Sichtbarmachung abstrakter Vorgänge in bezug auf die besondere Rolle des sozialistischen Theaters bei der Interpretation von historischer Wirklichkeit – fiktionaler Verarbeitung – doppelt gefilterter rezeptioneller Wirksamkeit und vice versa; eine Erörterung, die über phantastisch anmutende Wirkungskonzeptionen aller Bereiche sinnlich faßbar gemacht wird und bei der die Grenze zwischen Realität, künstlerischer Vorlage und schauspielerischem Rollenverhalten immer fließender werden.[206]
2. Die Darstellung des Theaters als szenischen Mikrokosmos, als Forum des Lebens, dessen Aufgabe darin besteht, die fruchtbarste Alternative von Handlungen und Reaktionen im Hinblick auf eine Demokratisierung der gesellschaftlichen Verhältnisse aufzuzeigen.
3. Die Vermittlung eines Demonstrationsobjektes für die besonderen Funktionsmechanismen der Kunst. Bei den Proben sind Produzent, Vermittler und Rezipient in einer didaktisch einsichtigen Form ständig miteinander konfrontiert. Sie exemplifizieren an der Inszenierungsarbeit – in einer konzentrierten Überhöhung an einem Ort, zu einem Zeitpunkt zusammengebracht – die Strukturmerkmale der Literaturgesellschaft, d. h., sie zeigen stilisiert, wie durch ständige wechselseitige Rollenübernahme Wirkung entsteht.

Die Möglichkeiten dieses kombinatorischen Zusammenspiels werden allerdings nicht voll genutzt, was eine gewisse Verschleierung der politischen Aussage zur Folge hat. Gemeint sind die thematisierten Aktionen[207] im Zusammenhang mit der Intervention der Warschauer-Pakt-Staaten in der CSSR, die zwar als wesentlicher Impuls für eine Revision des Theaterstücks herausgestellt werden, deren Einschätzung jedoch – abgesehen von kurzen Abgrenzungen gegenüber konservativer Tiraden westlicher Radiostationen – unterbleibt, so daß eine einsichtige Ausgangsbasis zur Interpretation des Berichts fehlt.

Die Aktionen dienen zunächst lediglich dazu, modellhaft die Auswirkungen eines im Stück ebenfalls abgehandelten ›konterrevolutionären Putschversuchs‹ und die Art dessen Niederschlagung einer Probesituation zu unterziehen und die Notwendigkeit aufzuzeigen, unter besonderen historischen Umständen eine dichterische Vorlage zu verändern: »Die Arbeit konnte nicht unbefangen, nach eigenem Zweck weitergehen, sie wurde hineingezogen in diesen Tag.« (123)

Dieser offensichtliche Legitimationsversuch läßt sich allerdings unter Berücksichtigung der weiteren Änderungsanträge nicht als eindeutige Stellungnahme zur offiziellen Parteilinie werten. Denn die grundsätzliche Übereinstimmung mit den literarischen Instanzen, mögliche Mißverständnisse aus dem Theaterstück zu tilgen –

»Fritz als Bauleiter durfte nicht mehr vor dem Ansturm kapitulieren. Wir mußten heute in sein ›Leben‹ eingreifen, er mußte wie Kurt mit den besonnenen Arbeitern den Tumult niederschlagen.« (123) –

kollidiert mit den Vorstellungen der Parteileitung. Intendant und Dramaturg verordnen ohne Rücksicht auf künstlerische Kriterien, allein auf Grund ihrer institutionalisierten Machtstellung, Änderungen, die die Unmündigkeit der Zuschauer voraussetzen, bzw. fördern:

»Wir müssen alles weglassen, was auch nur entfernt – was an Ereignissen erinnert, die schwierig sind.« (133)

Braun verlagert im Fortgang der Handlung seine vorsichtig eingeflochtenen Bezüge zur Prager Intervention immer weiter in den Bereich der Literaturszene, bzw. den des Theaterlebens, d. h., er versucht die Probleme der beiden Sphären einander anzunähern. So entsteht eine zunehmend differenziertere politische Haltung bei Kast – eine Ambivalenz von grundsätzlicher Rechtfertigung des Einmarsches, um die Gefahr einer Konterrevolution einzudämmen, und der Sorge um die zukünftige Entwicklung in der CSSR, der Sorge, daß die unter Dubcek eingeführten Liberalisierungen [208], die Beteiligung breiter Volksmassen an allen politischen Entscheidungen nun möglicherweise vollständig revidiert, auf die dogmatisch-stalinistische Linie der Vorgängerzeit zurückkatapultiert werden könnte. Seine Gedanken gehen in die Richtung, sich mit dem gegenwärtigen Zustand nicht abzufinden, vielmehr verstärkt die Versäumnisse der Vorgängerzeit als Ursachen für die aktuelle Zuspitzung der Lage in die Überlegungen mit einzubeziehen.

Die weitere Handlung enthält Analogien zwischen historisch und unbewältigten Fakten – mit dem Hinweis auf die Ära Novotny nur angedeutet – und mangelhaften kulturpolitischen Praktiken bei der Realisation von Literatur. Der Ausgangspunkt liegt im Text in einem, aus der Autorenperspektive positiv bewerteten Kommentar des Schauspielers Fritz zu den Prager Ereignissen, in dem er die historische Entwicklung betont:

»Fritz nuschelte etwas von Zynismus, und daß sich die Probleme schon lange vor dem ›neuen Kurs‹ angehäuft hätten: die fehlerhafte bürokratische Planung und Leitung des Aufbaus, die Deformation, die *Entfremdung der Führung vom Volk*.« (128f) (Hervorhebung von R. K.)

Die politischen Zustände in der CSSR vor dem ›Prager Frühling‹ werden vom Autor zum Anlaß genommen, die eigene literarische Szene daraufhin zu prüfen, ob auch hier das Arbeitsklima zu einer Entfremdung von Leitung, Schauspielern und Autoren führt.

Damit ist innerliterarisch eine Situation angesprochen, in der Braun den Intendanten – durch die sarkastische Überzeichnung einer reduzierten Szene (140) als absurdes Theater

– eines falschen künstlerischen Leitungsanspruchs bezichtigt. Dessen ›kahlschlagende‹ Verfügungen, die aus Angst vor negativen agitatorischen Wirkungen beim Publikum resultieren, lassen die gesamte Dramaturgie in völligen Nonsens entarten. Für die Schauspieler, die hier exemplarisch als erste Rezipienten fungieren, besteht keinerlei Aktionsmotivation mehr, ihnen ist, »als wenn sie nur von einer Idylle in die andere arbeiten« (133).

In einer dritten Version eskaliert die gestörte Beziehung zwischen Leitung und Ensemble zur offenen Rebellion – und zwar parallel in der realen politischen Sphäre, im fiktiven Theaterstück des Autoren Kast, das die Ereignisse des 17. Juni 1953 in die szenische Entwicklung einbezieht, und in dem Widerstand der Schauspieler gegen den Ausschluß von der Beteiligung an der Umschreibung des Stückes. Diese Parallelen zeigen, daß Brauns Anliegen ein Inszenierungsprozeß ist, der von allen Mitwirkenden getragen wird. Es geht ihm um eine kollektive Transformation des Stückes durch das Ensemble, in Zusammenarbeit mit den Zuschauern während der öffentlichen Proben. Werden die Prager Ereignisse in weitem Sinne mit den Wirkungen einer restriktiven Kulturpolitik verglichen, so versucht Kast in engerem Sinne die anarchistischen und emanzipatorischen Aspekte der dichterischen Vorlage direkt auf die Schauspieler zu übertragen. Er versucht ihnen die eigenen Bedürfnisse zu Bewußtsein zu bringen, indem er ihnen ihre passive Weisungsgebundenheit aufzeigt und ihnen die Möglichkeit der reziproken Rollenerfassung suggeriert, sie einbezieht in die fiktiven Forderungen ihres Stücks nach Selbstbestimmung und Selbstdefinition der Arbeit.

Kast legt in seinem kleinen Bereich die Alternativen schauspielerischer Leitungsfähigkeit frei: auf der einen Seite die veraltete, entfremdende Form des ›auf die Rolle getrimmt Werdens‹, auf der anderen Seite die Entfaltung des Akteurs in der Rolle nach eigenen Vorstellungen, das Versetzen in die Situation eines anderen Subjekts und die probende Übertragung von authentischen Tagesereignissen auf dessen Verhaltensmuster.

Die bisher nur auf Reproduktion angelegte Tätigkeit des Schauspielers und die passive Rolle des Zuschauers sollen nach Ansicht des innerliterarischen Autors in einem Lernprozeß zu bewußter gesellschaftlicher Aktivität umgestaltet werden, d. h. zum eigenständigen Einvernehmen verschieden perspektivierter Standpunkte führen. Sie sollen aktiviert werden, die eigenen Belange und Bedürfnisse auf die fiktionale Vorlage zu beziehen, und die Institution Theater als ›gesellschaftliches Laboratorium‹ zu benutzen – Theater als Medium aufzugreifen, um sich zunehmend vom Objekt zum Subjekt der Verhältnisse zu entwickeln.

An den Ausführungen der Ich-Figur Kast, die sich z. T. fast wörtlich mit den Aussagen seines Autors Braun in den *Notaten* decken [209], wird deutlich, daß Braun in »Die Bretter« seine eigenen Erfahrungen mit der als mangelhaft empfundenen Theaterpraxis der DDR verarbeitet hat:

»Den Zuschauern eine *kritische Haltung* – das genügt nicht mehr. Es muß eine *praktische* sein. Die Zuschauer, und nicht nur sie müssen einbezogen sein – in ein ständiges öffentliches Proben gesellschaftlicher Lösungen. Kein Vorspielen und Ansehen von ›Abbildern‹ – sie müssen es mitmachen, sich das Bild machen. Vorweggenommene Praxis im Versuchsstadium, wo die Kosten der Experimente noch ertragbar sind.«(138)

Braun beschreibt seinen eigenen dichterischen Beitrag explizit als vorläufig und unfertig, als ein in öffentlicher Diskussion zu erweiterndes Wechselspiel von Offerten und Reaktionen – mit dem Ziel einer Lösung gesellschaftlicher Widersprüche. Darüber hinaus wendet er sich gegen einen apodiktischen ›Wahrheitsspruch‹, gegen die Realitätsexegese einer oligopolistischen Führungs-Clique. Theater soll in lebendiger Nachfolge Brechts[210] kritisch-provokatives Publikumsmodell aufnehmen und zum lizensierten Freiraum ständigen gesellschaftlichen Experimentierens, zum Forum aktiver Lebensgestaltung und zur Nahtstelle einer gemeinschaftlichen Vermittlung von Utopie und Realität erweitern.

3.3.4. Die Schreibmotivation Brauns in Kast als retrospektiver Legitimationsakt der Umschreibung seiner beiden ersten Theaterstücke

Um zu erkunden, welche autobiographischen, bzw. selbstrezipierenden Schreiberfahrungen Brauns, den innerliterarischen Änderungsvorschlägen zum Theaterstück im *Kast* zugrunde liegen, soll die im dritten Bericht angesprochene, generelle Legitimation der Modifizierung seiner Stücke am konkreten, im Text explizit rezipierten Fall untersucht werden, d. h. die Metamorphose von *Hans Faust* zu *Hinze und Kunze* – die er im dritten Bericht allerdings eher assoziativ beschreibt – soll zur Näherung an Brauns Arbeitsweise betrachtet werden.

Die *Hans-Faust*-Version des Stückes ist zwar nie gedruckt worden – sie wurde in Weimar inszeniert, von offizieller Seite sehr negativ aufgenommen und vom Spielplan wieder abgesetzt –, den Rezensionen[211] ist jedoch zu entnehmen, daß die innerliterarischen Änderungsvorschläge in »Die Bretter« den tatsächlichen Änderungen an *Hans Faust* zur letzten Version *Hinze und Kunze* entsprechen. So wie im *Kast* perspektiviert, scheint *Hinze und Kunze* als Folge der Diskussion in einer großen Gruppe zustande gekommen zu sein. Wir folgern dies aus einem Bericht in *Theater der Zeit* aus dem Jahre 1968[212], in dem eine Diskussion des *Hans Faust* im ›Verband der Theaterschaffenden‹ referiert wird, an der auch – wie betont wird – Volker Braun teilnahm. Die in dieser Diskussion gemachten Änderungsvorschläge haben teilweise sowohl in *Hinze und Kunze* als auch in *Kast* ihren Niederschlag gefunden. Beleg sind die, mit den Vorschlägen des Verbands übereinstimmenden Änderungen, insbesondere folgende, miteinander korrespondierende Stellen:

1. Der Forderung, Faust stärker als Kollektivfigur aufzubauen, entspricht Susannes Ansicht im *Kast*: »Fritz und Kurt gefielen ihr, die seien schon von sich aus geprägt, Individuen. Aber den meisten ließe ihre Rolle nicht viel Spiel.« (129)
2. Der Kritik, die Beziehung Faust–Marlies lasse noch zu viele Fragen offen, ist deutlich der Schlußkommentar des fiktiven Autors (148 f.) zugeordnet, der die entscheidende positive Perspektive seines Stückes auf die Emanzipation Ullas verlagert, die das von Fritz im Stich gelassene, wichtige Projekt im Chemiewerk selbständig weiterführt.
3. Die Anregung, die Mitarbeiter von Fausts Forschungsgruppe stärker einzubeziehen und zu individualisieren, nimmt *Kast* wieder auf mit der Einsicht von Fritz, »das Richtige lasse sich nur noch gemeinsam finden. Sonst gehe es nicht mehr gut.« (130)

Eine ähnlich frappierende Übereinstimmung zwischen innerliterarischer Ebene und

Realität besteht auch zwischen Kasts Kritik an der restriktiven Haltung der literarischen Instanzen und Volker Brauns ›öffentlichem Brief‹ von 1967 [213], in dem er antwortet auf eine einseitige, dogmatische Kritik von Winfrid Adling [214] an der zweiten Fassung seines Stücks, *Der Kipper Paul Bauch*, die vermutlich zur plötzlichen Absetzung der bereits geplanten Inszenierung der Vorlage führte. Braun reagiert darin auf eine Argumentationsweise, die »sein Menschenbild und sein produktives Verhältnis zu unserem sozialistischem Leben« [215] in Frage stellt und kritisiert die Stupidität einer literarischen Interpretation, die auf den Sätzen aufbaut, die an »bewußt rhetorische Provokationen und Überschwenglichkeiten (anknüpfen, R. K.) mit denen der tragische komische Held andere und sich selbst experimentell kontert.« [216] Er gibt seinem Befremden über die Befürchtung Ausdruck,

»[...] daß das Theater –, obwohl es Theater ist, Aussprüche und Haltungen des Helden als verbindlich gibt und nicht u. U. als Ausflüchte aus einer nicht individuellen und nicht sofort zu vertreibenden Misere, und daß die Zuschauer, obwohl sie Zuschauer sind, die unpraktische Privatlösung, den Aufbruch in die Illusion für sich gutheißen (statt durch sie ihre eigene Lage besser zu sehen, Ansprüche anzumelden und praktischer zu verfechten).« [217]

Neben dieser methodischen Abgrenzung gegenüber einem rein affirmativen, nur auf positiven Identifikationsfiguren bestehendem Theaterverständnis betont Braun am Ende des Briefes noch einmal explizit den in *Der Kipper Paul Bauch* behandelten, zwar nichtantagonistischen aber voll vorhandenen Widerspruch zwischen den veränderten Eigentumsverhältnissen und den noch existierenden Bereichen entfremdeter, unmenschlicher Tätigkeit:

»Aber weil die Fesselung in Technologien, die dem Menschen nur wenige seiner Fähigkeiten und Gedanken abverlangen, noch das Los Tausender ist, ist sie eines der wenigen großen Probleme, die zu zeigen sich lohnt, denn das schrittweise Sprengen dieser Fesselung geschieht um so schneller, je weniger spontan, je bewußter es geschieht.« [218]

Brauns Haltung zeigt, daß er nicht bereit ist, parteipolitisch einengenden Auflagen nachzukommen – auch wenn seine Stücke nicht aufgeführt werden dürfen. Dagegen ist er zu einsehbaren Überarbeitungen durchaus bereit, was sich an der – inzwischen vierten – Neufassung [219] unter dem Titel *Die Kipper* zeigt, die 1972 im Rahmen eines Regiekollektivs an der Bühne der Stadt Magdeburg in Zusammenarbeit mit Werktätigen der Maschinenfabrik Hermann Matern [220] entstand.

Beziehen wir die Umstände der verhinderten Veröffentlichung, bzw. Inszenierung der Theaterstücke auf den Prosatext Volker Brauns, so lassen sich seine Intentionen erkennen. So, wie der Autor die Veröffentlichung von früheren »Berichten« auch denn zur Demonstration einer ›gelebten‹ Entwicklung für gerechtfertigt hält, wenn sie inzwischen vom aktuellen Erkenntnisinteresse her überholt sind, so sollten auch die verschiedenen Fassungen seiner Theaterstücke Experimentiercharakter erhalten, d. h. auch mit der Einschränkung einer umstrittenen Wirkung gespielt, bzw. gedruckt werden können.

Das bedeutet, daß die Kritik an den undemokratischen Verfügungen der Intendanz im *Kast* als Kritik Brauns an den Kulturbehörden der DDR [221] zu interpretieren ist, die statt mögliche Fehler im Dialog mit den Rezipienten aufklären zu lassen, den Autor mit dem Ansinnen einer zu verbessernden Neufassung alleine läßt. D. h. die fiktive Dichterfigur Kast vermittelt stellvertretend Brauns eigene Erfahrungen und auch die Ansicht, daß Kunstwerke keinen Endgültigkeitsanspruch erheben können, sondern, daß die objektive Notwendigkeit für Überarbeitungen bestehen kann. Gleichzeitig kritisiert Braun aber durch Kast den Monopolanspruch der literarischen Instanzen, die eine produktive öffentliche Rückkoppelung verhindern.

3.3.5. Die Rezeption des ›Kast‹

Die uns zugänglichen Rezensionen [222] des *Kast* liefern für unsere Fragestellung leider keinerlei Material. Nahmen die Kritiken zu de Bruyns *Preisverleihung* und zu Bekkers *Irreführung der Behörden* wenigstens – wenn auch z. T. aus sehr einseitiger Sichtweise – noch Stellung zu den angesprochenen Problemen der Literaturgesellschaft, d. h. auch zu den, u. U. in Opposition zu den Literaturbehörden verfochtenen, reformistischen Anklängen der innerliterarisch thematisierten schriftstellerischen Alltagserfahrungen, so wird im vorliegenden Fall der ganze kritische, auf den Schriftsteller Kast bezogene Teil des Buches ignoriert. Er wird entweder zu einem rein apologetischen Dokument der innerliterarischen Landschaft umgedeutet:

»Kast erlebt eine Erziehung besonderer Art: Er wird erzogen von den Besten, die um ihn sind, aber er mischt sich aktiv in diesen Erziehungsprozeß ein.« –[223]

oder die Ansätze zur Literaturszene fallen in den zumeist nur assoziativ beschreibenden z. T. sehr seichten Inhaltsnacherzählung völlig heraus:

»Kasts Ungezwungenheit, die ja keine Unordnung oder Undiszipliniertheit zeigt, ist wie das Messer im Flußbett, je mehr davon da ist, desto stärker strömt der Fluß und desto imponierender wird er. So soll auch das Leben sein. Und genau das ist es, was bei Braun so wuchtig zum Ausdruck kommt, das kraftvolle ungezwungene Leben.« [224]

In einer Rezension wird die entscheidende Tatsache der Selbstrezeption zwar kurz angetippt, sogleich aber mit dem Vorwurf eines esoterischen, rein persönlichen Spezialproblems verknüpft:

»In ›die Bretter‹ geht es Braun zu offensichtlich um Umstände der Aufführung seines ›Hans Faust‹, als daß diese speziellen Probleme, die Braun anspricht, ohne weiteres […] deutlich werden könnten.« [225]

Unklar bleibt allerdings bei diesem einzigen Kritiker, der die Allusion an Brauns eigenes Theaterstück gemerkt hat, was mit »den Umständen der Uraufführung des ›Hans Faust‹« gemeint ist. Zumindest scheint er, wie seine weiteren Ausführungen verdeutlichen – in denen er davon spricht, daß der »Kast« nicht eigentlich Literatur sei, »dazu wäre größere Verallgemeinbarkeit, weniger Anspielungen auf vergleichsweise private Ereignisse […] vonnöten gewesen« [226] – davon überzeugt zu sein, daß die kulturpolitischen Restriktionen allein auf Volker Brauns Uneinsichtigkeit zurückzuführen seien. Die Parallelen zu Peter Hacks, Heiner Müller und Hartmut Lange übersieht er. [227]

Da die Rezensionen sich praktisch nur mit den beiden ersten Berichten befassen und die ›Lenz-Rezeption‹ nicht einmal erwähnt wird, muß angenommen werden, daß die von uns konstatierte Verarbeitung einer kulturpolitischen und schriftstellerischen Krise bei der eigenen Theaterarbeit mit Hilfe von politischen Analogien zwischen ›kulturellem Erbe‹ (18. Jahrh.) und Gegenwartsereignissen (›Prager Frühling‹) bewußt ›übersehen‹ wurde und das Buch statt dessen aus Harmonisierungsbestreben eines Status-quo-Denkens heraus durch eine Flut von Allgemeinplätzen ›aufgewertet‹ wurde.

4. Die DDR-Literaturgesellschaft

Der Begriff »Literaturgesellschaft« stammt von Johannes R. Becher und wurde von ihm in seinem Eröffnungsreferat auf dem IV. Schriftstellerkongreß 1956 in metaphorischem Sinne verwendet und gedeutet.

»Die Literatur ist nicht nur ein Haus, das unendlich viele Wohnungen hat [...] An diesem gesellschaftlichen Zusammenleben, wie es die Literatur darstellt, nehmen auch alle wahrhaft Interessierten teil, und weder dürfen von dieser Teilnahme die Verleger, Redakteure, die Lektoren, die Buchhändler ausgeschlossen werden, aber schon ganz und gar nicht der Leser [...] Diese Literaturgesellschaft greift über das eigentlich Literarische weit hinaus [...].«[1]

Er beschreibt dort ein harmonisch-utopisches Modell umfassender literarischer Beziehungen und ist davon überzeugt, daß das Kollektivwesen Literatur in der sozialistischen Gesellschaft dazu berufen sei, die Verwollkommnung der Menschengattung voranzutreiben. Im Zentrum seiner Überlegungen steht ein qualitativ neuer Öffentlichkeitsbegriff, den die neue Gesellschaft einlösen müsse. So wie alle gesellschaftlichen Bereiche, die sozialen, politischen und ökonomischen, würden auch die kulturellen Prozesse öffentlich gemacht und die Literaturinhalte den Charakter eines ›res publica‹ erhalten. Damit befände sich Literatur also nicht mehr wie früher isoliert in einem ghettoartigen Reich der inneren Gemütspflege[2] zur Erbauung einzelner, sondern sei allen zugänglich und hätte Massenkommunikationsaufgaben zur Konstitution eines assoziativ-demokratischen und kollektiv ausgerichteten Staatswesens. In seinem Ansatz geht Becher von einer, gerade gegenwärtig sehr evident werdenden, Strukturhomologie zwischen der Literaturgesellschaft und den sonstigen gesellschaftlichen Verhältnissen aus. Literaturgesellschaft fungiert also als überschaubarer Mikrobereich mit denselben Gesetzmäßigkeiten wie der Makrobereich der Gesamtgesellschaft.

Dieter Klische[3] beschreibt, indem er sich auf Becher bezieht, diesen neuen Gesellschaftscharakter der Literatur in einer modellhaften, trinitarischen Formel:
– Literatur ist Gesellschaft, d.h. die jeweiligen Autoren, Werke, Gattungen und Stile bilden einen zeitlichen und territorialen Bezug übergreifender Vermittlung, der, bildlich gesprochen, wie eine Gesellschaft funktioniert.
– Literatur in der Gesellschaft, d. h. die, von den veränderten sozialen Verhältnissen geprägten, gegenseitig korrespondierenden Ensembletypen, Schriftsteller, Leser, Literaturkritik, Schule, Theater sind einzelne Faktoren eines Gesamtprozesses.
– Literatur als Ferment gesellschaftlichen Bewußtseins meint die, durch die Dynamik gesellschaftlicher Beziehungen beeinflußten Entstehungsformen literarischer Äuße-

rungen. Damit sind die besonderen neuartigen Bedingungen der Produktion und Rezeption von Literatur angesprochen, sowohl in Hinsicht auf den Schriftsteller als kollektives Wesen als auch in Hinsicht auf den Leser, sowie der ständigen öffentlichen Verständigung über Literatur. Eine Beziehung, die idealtypisch zu einer immer stärker werdenden Immanenz, zu einer unsichtbar wirkenden Korrektur der Partner führt.

Becher selbst sah als Konsequenz dieser neuen Bestimmung der Literaturverhältnisse eine:
– engere Verbindung der Literaturwissenschaft mit der Praxis,
– Neuordnung der Themen und Gattungen,
– wechselseitige Übernahme von Funktionen, so z. B., daß der Schriftsteller im Prozeß der Selbstverständigung auch zum Literaturkritiker wird,
– stärkere Bemühungen um die pädagogischen Impulse der Kinder- und Jugendliteratur und eine Neuorientierung im Rahmen des Deutschunterrichts,
– Ausschaltung des alten Gegensatzes von sog. Hoch- und Unterhaltungsliteratur.

Um diese angestrebte Projektion eines partnerschaftlichen gesellschaftlichen Zusammenlebens aller am Literaturbetrieb Beteiligten soll es im folgenden gehen. Damit ist die Fragestellung nach der Art und Weise der zugrunde liegenden Mechanismen bewußter Planung, Lenkung und Kontrolle bei der Organisation des Literaturprozesses verbunden.

Wir können allerdings in diesem Teil der Arbeit keine systematisch soziologische Inhaltsfüllung des Begriffes Literaturgesellschaft leisten. Das entsprechende Zahlenmaterial zur Aufschlüsselung der ökonomischen Lage der einzelnen Institutionen, zur Ermittlung der Auflagenhöhe von Büchern, zu Kauf- und Lesegewohnheiten ist nach wie vor unzugänglich. Daher ist die Auswahl der beschriebenen Bereiche in erster Linie nach den Gesichtspunkten der Materialvorgabe verlaufen.

4.1. Skizzierung der ideologischen Verschiebung nach der Ablösung Ulbrichts durch Honecker

Mit dem 8. Parteitag im Frühjahr 1971, den Ausführungen des Politbüro-Mitgliedes Kurt Hager vor Gesellschaftswissenschaftlern im Herbst 1971 und dem Rücktritt Walter Ulbrichts von der Parteiführung, deutet sich eine markante Kurskorrektur der von Ulbricht proklamierten gesellschaftspolitischen Grundsätze an.

Ulbrichts Modell des ›entwickelten gesellschaftlichen Systems des Sozialismus‹, das noch auf dem 7. Parteitag als richtungweisend proklamiert wurde, sollte zum einen im ökonomischen Bereich die 1963 im Rahmen des NÖSPL eingeleiteten Dezentralisierungsbestrebungen drosseln, und zum anderen die These propagieren, daß der Sozialismus in der DDR schon eine qualitativ höhere Stufe erreicht habe, d. h. in seinem Entwicklungsstand anderen sozialistischen Staaten voraus sei. Ulbricht äußerte damals voreilig die Vorstellung, daß seit »dem Sieg der sozialistischen Produktionsverhältnisse sich der Sozialismus auf einer eigenen Grundlage entwickelt«[4] habe – eine Bemerkung, die impliziert, daß die Konzentration auf die Perspektive einer hochtechnisierten Leistungsgesellschaft die Berücksichtigung kommunistischer Gesellschaftsutopien einschränkt.

Die Kernpunkte dieses Systems kollidieren jedoch mit der marxistisch-leninistischen Modellvorstellung der Periodisierung. Wurde bis dahin der Sozialismus – in Übereinstimmung mit dem ›Gothaer Programm‹ – noch nicht als eigene Gesellschaftsordnung, sondern nur als Vorstufe auf dem Weg zur klassenlosen Gesellschaft angesehen, so durchbrach Ulbricht dieses Schema, indem er die kommunistische Gesellschaftsform in zwei gleichwertige Bereiche, den Sozialismus und den Kommunismus, aufspaltete. Er erklärt sogar explizit, daß sich die SED als berechtigt ansehe, »den Weg vom Kapitalismus zum Sozialismus *entsprechend den deutschen Bedingungen zu finden und zu beschreiten*.«[5] (Hervorhebung von R. K.) Daran schloß er den – später umstrittenen – Gedanken an, den Sozialismus nicht nur als kurze Übergangsphase der Gesellschaftsentwicklung zu betrachten, sondern ihn als »eine relativ selbständige sozialökonomische Formation in der historischen Epoche des Übergangs vom Kapitalismus zum Kommunismus«[6] zu begreifen. Unter dem Einfluß kybernetischer Vorstellungen entwickelte er ein Ordnungsmodell, nach dem das System bereits zum gegenwärtigen Zeitpunkt einem Harmoniemodell sich selbst stabilisierender Teilsysteme unter der Kontrolle der Staatsmacht entspricht. Dabei inthronisiert er die Naturwissenschaften und die politikberatenden Organisationswissenschaften als Hauptproduktivkräfte der weiteren Entwicklung. Das Ziel, die DDR mit Hilfe der modernen Einzelwissenschaften zum Modellfall eines hochindustrialisierten Sozialismus zu machen, kollidierte allerdings mit dem Führungsanspruch der Arbeiterklasse und dem Absolutheitsanspruch der Partei.

Diese Thesen wurden auf dem 8. Parteitag als unzutreffendes, abweichlerisches Harmoniebild verworfen. Ulbricht trat auf dem Parteitag nicht mehr persönlich in Erscheinung. Es war weder von der ›sozialistischen Menschengemeinschaft‹ noch vom ›entwickelten gesellschaftlichen System‹ die Rede, statt dessen wurde die Einheit des Marxismus mit allem Nachdruck beschworen. Der Seitenhieb Honeckers, »wir sollten solchen Tendenzen entgegenwirken, diese Einheit [...] geringzuschätzen«[7], bezieht sich auf die entscheidenden Merkmale Ulbrichtscher ›Theorieermächtigungen‹.

Deutlich definiert Hager auf einer Tagung der Parteihochschule ›Karl Marx‹ im Oktober 1971 den neuen Kurs, der die Erfolge der DDR maßvoller einschätzt. Er bestreitet das Primat der wissenschaftlich-technischen Revolution und räumt statt dessen der sofortigen Besserung der Lebensumstände der Werktätigen und der Ausweitung der Konsumgüterindustrie Vorrang ein.

Hatte Honecker bereits klargestellt, daß es zwischen Sozialismus und Kommunismus keine Grenze gäbe, daß die ›entwickelte sozialistische Gesellschaft‹ nur eine Vorstufe zur kommunistischen Gesellschaft sei, so wurde nun sogar Ulbrichts Begriff der ›Sozialistischen Menschengemeinschaft‹ als unwissenschaftlich abqualifiziert, da er die noch vorhandenen Differenzen in der Sozialstruktur der DDR verdrängen würde:

»Auf dem gegenwärtigen Entwicklungsabschnitt des sozialistischen Aufbaus in der DDR angewandt, ist er [der Ausdruck ›sozialistische Menschengemeinschaft‹, R. K] wissenschaftlich nicht exakt, da er die tatsächlich noch vorhandenen Klassenunterschiede verwischt und den tatsächlich erreichten Stand der Annäherung der Klassen und Schichten überschätzt. [...] In der DDR gibt es noch differenzierende Interessen zwischen den Klassen und Schichten. Der Prozeß der Annäherung ist noch nicht abgeschlossen. Er ist im Gange.«[8]

Durch die Aufgabe dieser Vorstellung einer bereits existierenden Harmonie der gesell-

schaftlichen Bedingungen, die schon eine angebliche Interessenidentität aller Gesellschaftsmitglieder durchscheinen ließ, wurde es wieder legitim, auch öffentlicherseits die
vorhandenen Widersprüche anzusprechen, statt in einem stagnierenden Status-quo-
Denken die Vorwegnahme der kommunistischen Utopie zu konstatieren.

4.2. Die kulturpolitischen Tendenzen in den frühen 70er Jahren

Im Vergleich zu den verhärteten kulturpolitischen Standpunkten in der zweiten Hälfte
der 60er Jahre[9] zeichnet sich mit dem 8. Parteitag ein liberales, auf Kooperation zwischen Schriftsteller und Partei ausgerichtetes Programm ab. Auch wenn der, von Honek-
ker vorgetragene Bericht des ZK für den 8. Parteitag mehr allgemeinübergreifende kulturelle Richtlinien enthält, sind dennoch einige spektakuläre Bemerkungen zu verzeichnen. Ausgehend von der Feststellung, »daß im künstlerischen Schaffen neben allem Guten auch noch Oberflächlichkeit, Äußerlichkeit und Langeweile anzutreffen sind«[10],
verweist er für die schriftstellerische Bearbeitung neuerdings auf die Dominanz der alltäglichen Handlungen der Menschen im Sozialismus. Zur Steigerung der Effizienz ihrer
Arbeit spricht er zwar einerseits immer noch pauschal davon, »die richtigen, unserer Gesellschaft nützlichen Themen [...] zu erfassen und auszuschöpfen«[11], regt aber andererseits die Künstler an, »in ihren Verbänden und Parteiorganisationen einen offenen,
sachlichen, schöpferischen Meinungsstreit darüber zu führen, wie der neue Gegenstand
immer besser gemeistert werden kann.«[12]
Er betont sogar den entsprechenden Toleranzspielraum der Partei.

»Unsere Partei wird den Künstlern dabei immer vertrauensvoll zur Seite stehen und ihnen helfen,
ihrem Schaffen für die sozialistische Gesellschaft noch wirksamere Wege zu öffnen. [...] Gerade
weil wir um die Mühen, um die Kompliziertheit der künstlerischen Schaffensprozesse wissen, bringen wir der *schöpferischen Suche* nach neuen Formen volles Verständnis entgegen.«[13] (Hervorhebung von R. K.)

Im Gegensatz zur 2. Bitterfelder Konferenz und zum 6. Schriftstellerkongreß wird nicht
mehr eine bereits vollzogene Überwindung der Kluft zwischen Kunst und Leben proklamiert, sondern die Notwendigkeit einer »Prägung der sozialistischen Persönlichkeit unserer Zeit«[14] in den Vordergrund gestellt.
War die Aufforderung zum offenherzigen Disput mit einer tendenziellen Absage an
administratives, präskriptives Verhalten verbunden, so entspricht dem auch der neue
Trend, keine offiziellen Empfehlungen für vorrangige Themendarstellungen aus dem
Produktionssektor mehr zu geben. Das unterstreicht das Schlußwort Honeckers auf der
4. Tagung des ZK der SED im Dezember 1971:

»Wenn man von den festen Positionen des Sozialismus ausgeht, kann es meines Erachtens auf dem
Gebiet von Kunst und Literatur keine Tabus geben. Das betrifft sowohl die Fragen der *inhaltlichen
Gestaltung* als auch des *Stils* – kurz, die Fragen dessen, was man künstlerische Meisterschaft
nennt.«[15] (Hervorhebung von R. K.)

Er betont ebenfalls die Notwendigkeit einer partnerschaftlicheren Haltung von

Schriftstellern und kulturpolitischen Instanzen und kritisiert, daß dieses Verhältnis in der Vergangenheit nicht immer zufriedenstellend gewesen sei:

>»Dabei übersehen wir nicht, daß es in gleichem Maße erforderlich ist, unseren Künstlern durch die dazu berufenen Organe besser mit Rat und Tat beiseite zu stehen. In unserer Gesellschaft ist – wie wir wissen – kein Boden für eine die schöpferische Tätigkeit unserer Künstler beeinträchtigende Praxis.«[16]

Wurde in der Vergangenheit in bezug auf erkenntnisfördernde Möglichkeiten Naturwissenschaft und Technik der Vorrang eingeräumt, so wird diese Einseitigkeit – zumindest was die öffentlichen Reden anbetrifft – wieder ausgeglichen. Hager nennt diesen Aspekt explizit in seinem Bericht zu Fragen der Kulturpolitik auf der 6. Tagung des ZK im Juli 1972:

>»Unsere Partei ist davon ausgegangen, daß die Künste im geistigen Leben unserer Gesellschaft unentbehrlich und unersetzbar sind. Wir können weder auf die Entdeckungen der Wissenschaften, noch auf die Entdeckungen der Künste verzichten.«[17]

Er führt diesen Gesichtspunkt aus, indem er – an Honeckers Ausführungen auf dem 8. Parteitag anschließend – feststellt, daß in einer sich stabilisierenden Gesellschaftsordnung nicht nur die äußeren, spektakulären Bereiche Interesse verdienen, sondern auch die Alltagskonflikte der Menschen:

>»Es sind nicht mehr die großen Zeitgemälde, die das Interesse der Künstler verdienen, sondern auch sogenannte kleine Gegenstände, das Entdecken und Gestalten des Sozialistischen im Alltag, in den Bewährungen und Wandlungen der Menschen – kein Bereich des Lebens, kein Gebiet des Zusammenlebens der Menschen unserer Gesellschaft, keine Lebensregung kann der Kunst ›unwichtig‹ sein.«[18]

Einer solchen Distanz zur Ära Ulbricht entspricht die inzwischen mögliche Veröffentlichung von Büchern mit stark subjektiv geprägter Sichtweise oder mit Hauptfiguren, die sich in relativer Außenseiterposition zur Gesellschaft befinden. Im März 1972 wurde Volker Brauns zehn Jahre lang ›kaltgestelltes‹ Stück *Die Kipper* in Leipzig und Magdeburg uraufgeführt. Zur gleichen Zeit erschien Hermann Kants *Impressum*, dem 1969 die Druckgenehmigung verwehrt worden war. Von Christa Wolfs *Nachdenken über Christa T.*, das 1969 nur in einer winzigen Auflage ausgeliefert worden war, wurde eine neue Taschenbuchauflage gedruckt. Aus den Spielplänen ist ersichtlich, daß sich die Bühnen wieder um die in den Vorgängerjahren wenig gespielten Stücke von Peter Hacks bemühen. Insgesamt ist festzustellen, daß es sich um eine Phase handelt, in der den Autoren, Literaturwissenschaftlern und Kulturpolitikern der Weg geebnet ist für eine Neubestimmung des literarischen Funktions- und Wirkungsverständnisses.

Der neue Trend beinhaltet auch eine Modifikation der Thesen des Bitterfelder Weges, wie Karin Hirdina in den Weimarer Beiträgen feststellt: »Nicht zuletzt ist es auch der zurückhaltende Gebrauch des Begriffs ›Bitterfelder Weg‹, der uns zwingt, die Beziehungen von Kunst und Gesellschaft tiefer und neu zu durchdenken.«[19] Sie begründet diese Notwendigkeit damit, daß der ›Bitterfelder Weg‹ dazu geführt habe,
– den internationalen Aspekt der sozialistischen Revolution auf dem Gebiet der Ideologie und Kultur zu vernachlässigen und

– die Kultur und Kulturarbeit zu stark auf die Probleme der künstlerischen Kultur zu beschränken,»d. h. von ihnen Leistungen zu erwarten, die nur das Resultat eines komplexen, das breite Spektrum kultureller Arbeit erfassender Tätigkeit sein können.«[20] Diese programmatischen Aufforderungen sind entsprechend auch auf den direkten literaturwissenschaftlichen Bereich übertragen worden. Seine wichtigsten Aufgaben sind im ersten Heft der *Weimarer Beiträge* des Jahres 1972 dargelegt worden[21], indem eine grundsätzliche Revision der Methoden auf ihre wissenschaftliche Brauchbarkeit angestrebt wird und überprüft werden soll, »ob sie nicht nur auf Erkenntnis, sondern auch auf Veränderung der Wirklichkeit zielen.«[22] Um den Gegenwarts- bzw. den Zukunftsaspekt besser ausschöpfen zu können, entstehen Forderungen an die Disziplin, ihre Maßstäbe auch aus den in der Entstehung begriffenen Werken herauszubilden, d. h. ihre Erkenntnis in bezug auf die gesellschaftliche Praxis mit den Schriftstellern gemeinsam zu erarbeiten und dabei verstärkt Untersuchungen über die Bedingungen der Konstitution künstlerischer Schaffensprozesse anzustreben. Durch den Beginn des Dialogs zwischen Autoren und Wissenschaftlern, nicht erst im Rahmen der Kritik, sondern schon eine Stufe früher, hofft man, Kriterien nicht nur abstrakt zu artikulieren, sondern eine stärkere Berücksichtigung der »Besonderheit des Stils der einzelnen Künstlerpersönlichkeit und die dadurch gegebene eigentümliche Art, der im Werk erscheinenden Neubildung realer Vorgänge vorzunehmen.«[23]

Gleichzeitig wird allerdings die Entwicklung fester ästhetischer Wertmaßstäbe gefordert, die »die gesellschaftliche Relevanz des Dargestellten [...] die Stimuli und Hemmnisse individueller Produktion beurteilen helfen« sollen, um »die tatsächlich vorhersehbare und erstrebenswerte Wirkung in die interpretierende Analyse«[24] mit einzubeziehen. Wie diese beiden Aspekte künstlerischer Spezifik und generalisierender Wirkungssteuerung integriert werden können, bleibt offen und muß als Hauptproblem der DDR-Literaturtheorie herausgestellt werden. Man versucht eine Lösung durch Einbeziehung des Lesers in die ästhetische Urteilsbildung zu finden, scheitert bislang aber noch an der geringen Kenntnis der »Art, wie aufgenommen wird und was die Ursachen für die Anteilnahme und Ablehnung sind.«[25]

Daraus resultiert die Notwendigkeit, die

»[...] spezifisch ästhetisch vermittelte Dialektik von Erkenntnis und Wahrheit, Wertung und Idealbildung [...] differenzierter herauszuarbeiten und zu untersuchen, wie Aktivität von Kunstwerken auf den Kunstgenießenden übergehen kann.«[26]

Um den Stellenwert der Forderungen beurteilen zu können, sollen zum einen einige Ansätze der seit Mitte der 60er Jahre einsetzenden Rezeptionsdiskussion bis ca. 1972 nachgezeichnet werden, und zum anderen, das zu diesem Zeitpunkt feststellbare Verhältnis von Schriftstellern und ihren Kritikern untersucht werden.

4.3. Literaturtheoretischer Exkurs zur Rezeptionsästhetik[27]

Seit etwa Mitte der 60er Jahre sind in der DDR-Literaturwissenschaft Legitimationsbestrebungen hinsichtlich der Bedeutung und Zukunft der eigenen Disziplin zu beobachten. Namentlich unter den jüngeren Wissenschaftlern scheint die Überzeugung verbreitet, daß die marxistische Ästhetik in ihrer Praxis anachronistische Tendenzen aufweist und den Anforderungen einer modernen Literaturgesellschaft nicht mehr genügend gerecht wird.

Richtungweisend für einen neuen Ansatz kann Günther K. Lehmanns Aufsatz *Grundfragen einer marxistischen Soziologie der Kunst* (1965)[28] gewertet werden. Sein Ausgangspunkt basiert auf der Beobachtung eines Gegensatzes zwischen aktueller Wirkung der sozialistischen Gegenwartskunst und der offiziellen Beurteilung durch die marxistische Theorie. Er verweist auf die Gefahr einer sich ständig erweiternden Diskrepanz zwischen offiziellen ästhetischen Normen und den Leseinteressen der Bevölkerung.

»Es geschah nicht selten, daß Bücher gepriesen wurden, die so gut wie keine Leser fanden, weil sie langweilig, unrealistisch, lebensfremd waren [...], wohl ebenso oft passierte es, daß frische und unkonventionelle Werke, die den Leser packten und seinem Denken neue Impulse gaben, bei den Kritikern auf Ablehnung stießen, weil sie entweder die angebliche Reinheit der Gattung verletzten oder weil die Logik ihrer Fabel, die Typik des Helden oder die Tragik der Konfliktlösung den dafür als Normen bereitgehaltenen Begriffen bzw. theoretischen Modellen widersprach.«[29]

Lehmann votiert für eine Verlagerung der Forschungsschwerpunkte, weg von einer spekulativen Ästhetik hin zu neuen Methoden (Statistik, Informationstheorie, Sprachwissenschaften, Sozialpsychologie), die dem sozialen Wirkungsgrad von Kunstwerken besser entsprechen. Provokativ – gemessen am marxistischen Selbstverständnis –, formuliert er seine daraus resultierende Definition über den Realismusgehalt von Kunst. »Die Realität eines Kunstwerkes liegt [...] in seiner kommunikativen Funktion begründet.« Dieser Wirklichkeitsbezug lasse sich nur in einem »vielverzweigten, komplizierten Netzwerk von effektiven Bezügen« erkennen, die kommunikative Funktion realisiere sich wiederum nur »in einer Vielzahl individueller Aktionen und Reaktionen, Verhaltensweisen und Einstellungen ästhetischer Wahrnehmungen und Wertungen.«[30]

Die Verbindung von einer so stark empirisch ausgerichteten Literaturtheorie zum Marxismus versucht er in einer späteren Arbeit[31] wiederherzustellen, in der er der Literaturwissenschaft die Rolle des Vermittlers konzediert, sich eine sozialistische Gesellschaft vorstellt, »die angesichts der Revolution der Massenmedien vor der Aufgabe steht, ästhetische Normen und tatsächlich sich abspielende literarische Kommunikationsprozesse aufeinander abzustimmen.«[32]

Nicht ganz deutlich wird die Praktikabilität seines Standpunktes, sein Versuch einer Synthese aus Altem und Neuem, wenn er nachdrücklich betont, daß keine direkte Steuerung – weder der Kunst noch des Publikums – vorgesehen sei.[33]

Auf jeden Fall bedeuten seine Vorschläge eine neue Weichenstellung, »nämlich Aufhebung der ästhetischen Unmündigkeit und Maximalisierung der ästhetischen Kommunikation durch Einbeziehung aller Bevölkerungsschichten.«[34]

Diese veränderte Form literarischer Theoriebildung stößt erwartungsgemäß zunächst auf Ablehnung, sie wird aber grundsätzlich – in modifizierter Form zwar – später praktiziert, ohne daß man sich explizit auf Lehmann bezieht. [35] H. Redeker bezweifelt neben grundsätzlichen ideologischen Einwänden die Durchführbarkeit seiner Vorschläge, die Objektivierbarkeit von Rezeptionsprozessen: »Wie soll der Kritiker und der Ästhetiker aber die Diskretion der häuslichen Lektüre durchbrechen? Sind hier überhaupt noch Reaktionen beobachtbar?«[36]

Robert Weimann[37] und Manfred Naumann[38] verlagern ihre rezeptionsästhetisch orientierten Forschungen auf eine Nutzung des historischen Spannungsfeldes. Sie entwickeln für die neuere Literaturwissenschaft ein Programm einer Integration von Verstehen und Handeln, von Vergangenheit und Gegenwart. Dieser Ansatz wird vornehmlich von der Kernfrage geleitet, »in welchem Verhältnis zueinander stehen das Subjekt des Geschichtsprozesses und das Subjekt des historischen Verstehens?«[39]

Um der Totalität des historischen Prozesses zu entsprechen, fordert Weimann vom Kritiker eine gleichrangige Beurteilung von Produktion und Rezeption, wobei das Gegenwartsbewußtsein die Basis bildet, die als die entsprechende Perspektive in die wissenschaftliche Arbeit einbezogen werden muß. Eine Möglichkeit der Koordination von diachronen und synchronen Prozessen bleibt somit im Rahmen der marxistischen Theorie.

»Da die Macht der Literatur sich nur über ihre Aneignung entschlüsselt, folgt daraus, daß die Aneignungsprozesse nicht der spontanen Selbstregulierung überlassen bleiben können, sondern, daß in jedem Fall alle Möglichkeiten ausgeschöpft werden müssen, um auf sie und ihre Ergebnisse einen Einfluß zu gewinnen.«[40]

Das impliziert die praxisbezogene Funktion der Germanistik, sie muß Wege entwikkeln, die Bevölkerung nicht nur an die gegenwärtige, sondern auch an die vergangene Literatur so heranzuführen, »daß sie diese in die eigene Lebenspraxis zu überführen vermag.«[41]

Dieser Standpunkt fordert zwar auch die Anwendung empirischer Methoden, betont aber, stärker als Lehmann, die Notwendigkeit einer kontrastiven Abgrenzung von faktischer Leseraktion und ästhetischem Wertsystem. Entsprechend verfahren Dietrich Sommer und Dietrich Löffler[42] in einer Studie zu H. Kants *Aula*, indem sie eine Analyse der Haltung des Lesepublikums durchführen und generell – als neue Tendenz ihrer Disziplin – die Motivationsforschung in den Vordergrund stellen.

»Sie muß einmal die literarischen Gegenstände, die durch ein Interesse ausgezeichnet werden, auf ihre gesellschaftliche und persönlichkeitsbildende Funktion untersuchen, sie muß zum anderen danach fragen, welche gesellschaftlichen und individuellen Faktoren dieses Interesse determinieren.«[43]

Die erzieherische Funktion der Kunst im Sinne einer Ausbildung sozialistischer Verhaltensweisen und Wertmaßstäbe muß mittels einer über Rezeptionsmechanismen orientierten Literaturkritik an der Herausbildung der Erwartungen mitbilden, um so die Bedingungen einer literarischen Öffentlichkeit selbst mitbestimmen zu können. Die Kritik enthält, so verstanden, eine wichtige Katalysatorfunktion, sie müßte – stände sie auf dem neuesten Stand der Rezeptionsforschung – die potentiellen Wirkungen eines Kunstwerkes annähernd genau antizipieren, um die Impulse in ein, dem »sozialistischen Menschenbild«[44] zugeordnetes, Wertsystem zu überführen.

Das ›tertium comperationis‹ in diesem Prozeß gegenseitiger Abhängigkeiten ist die Frage, wie weit jeder Partner in der Produktion, Distribution und Rezeption dem anderen seine Mündigkeit bzw. seinen individuellen Freiraum konzediert, wie weit das folgende, von offizieller Seite entworfene Kunstbild tatsächlich praktiziert wird:

»Da Kunst ihrem Wesen nach ein Öffentlichmachen von Erfahrungen, Maximen, Haltungen ist, da sie ebenfalls als Wesenselement, das Angebot zum Mitmachen (Mitdenken, Mitfühlen, Vergleichen der im Kunstwerk enthaltenen Erfahrungen mit dem eigenen, daraus entstehenden Analysieren, aber auch ›Gegen-denken‹ ›Gegenfühlen‹ usw.) enthält, erfüllt sie schon von sich aus alle Voraussetzungen, die mit dem Begriff sozialistischer Demokratie verbunden sind.«[45]

4.4. Rezeptionsbeeinflussung (Stimulierung und Steuerung)

4.4.1. Zum Leseverhalten der Bevölkerung

Das Lesen von Büchern gehört in der DDR – wie immer wieder stolz betont wird – zu den grundsätzlichen Lebensbedürfnissen. Die Richtigkeit dieser Aussage, insbesondere im Bereich der Belletristik, wird durch einige empirische Anhaltspunkte unterstützt.

So wurden 1977 6015 Buchtitel mit einer Gesamtauflage von 137,8 Mio. Exemplaren[46] gedruckt, was einer Durchschnittsauflage von knapp 23 000 Exemplaren je Titel entspricht. Damit entfielen 1977 auf jeden DDR-Bürger im Durchschnitt acht Bücher.[47]

Obwohl laut Umfragen das Fernsehen in der DDR den höchsten Freizeitwert beansprucht[48], rangiert das Lesen meist unmittelbar danach. Nach einer Untersuchung von 1967 lesen 25% der Arbeiter häufig, 60–70% selten und 5–10% gar nicht.[49]

Erstaunlich hoch ist mit einem Anteil von rd. 30% sowohl an den Titeln als auch an der Gesamtauflage die Belletristikproduktion (einschl. Kinder- und Jugendbüchern).[50] 1977 wurden rd. 1800 Belletristik-Titel mit einer Gesamtauflage von 43,4 Mio. Exemplaren gedruckt (Durchschnittsauflage 24 000).

Selbst Bücher von unbekannten Schriftstellern und Erstlingswerke erhalten in der Regel eine Startauflage von mindestens 10 000 Exemplaren.[51] (Eine Ausnahme bilden dabei kritische Gegenwartsbücher, die trotz Bedenken der Gutachter gerade noch der Druckgenehmigung erhielten, z. B. Erich Loest *Es geht seinen Gang oder Mühen in unserer Ebene*: Startauflage 8500.[52])

Die hohe Wertschätzung der Belletristik zeigt eine Repräsentativerhebung in den Bezirken Halle und Leipzig Ende 1970.[53]

Danach lesen
– 25 bis 30% sehr viel,
– 25 bis 35% durchschnittlich viel,
– 35 bis 40% wenig und
–   5 bis 10% gar nicht.[54]

Auch wenn diese Klassifizierung nicht nach objektiven Kriterien vorgenommen wurde, sondern die subjektive Bedeutung der schönen Literatur für die Befragten im Rahmen ihrer Freizeitbeschäftigung wiedergibt, so weist diese Selbsteinschätzung doch auf einen hohen Gebrauchswert von Büchern hin.

Als weiteres wesentliches Ergebnis der Untersuchung erscheint, daß 55% der Befragten ihrer Einschätzung nach zu wenig Zeit für Lesen aufbrachten – eine Aussage, die vor allem von den Weniglesern gemacht wurde. 82% stimmten darüber hinaus dem Satz zu: »Literatur und Kunst sind für die gesellschaftliche Entwicklung ebenso wichtig wie Wissenschaft und Technik.«[55]. Dieses Ergebnis mag zwar durch ein gewisses suggestives Moment der Aussage überzeichnet sein, ist aber dennoch erstaunlich hoch.

Betrachtet man zusätzlich die Bücher, die in der DDR Spitzenauflagen erreichten, dann stößt man auf Werke mit relativ hohem literarischen Niveau – Bücher, die im Westen unter die Kategorie »schwer verkäuflich« fallen würden:

- Heinrich Heine, *Deutschland ein Wintermärchen*   1,3 Mio.
- Bruno Apitz, *Nackt unter Wölfen*   1,2 Mio.
- Willi Bredel, *Väter, Söhne, Enkel*   1,1 Mio.
- Anna Seghers, *Das siebte Kreuz*   1,1 Mio.
- Ludwig Renn, *Trini*   520 Tsd.
- Dieter Noll, *Abenteuer des Werner Holt*   509 Tsd.
- Hermann Kant, *Die Aula*   443 Tsd.[56]

Selbst unter Berücksichtigung des Aspekts, daß diese Titel auch als kulturpolitisch wertvoll durch ständige Neuauflagen lanciert werden[57], zeigt sich dennoch, daß die genannten Autoren auch tatsächlich zu den beliebtesten gehören.[58]

Die Ursache für die anspruchsvollen Lesegewohnheiten wird nicht zuletzt im qualitativen Standart der Unterhaltungs- und Heftchenliteratur zu suchen sein. Sie existiert auch in der DDR in Form des »sozialistischen Krimis«, in verschiedenen Variationen von »Science-fiction« und »Comics«. Zu dieser Heftchenliteratur stellte Rolf Schneider nach kritischer Prüfung fest: »Ich habe in keinem der von mir gelesenen DDR-Heftchen Sadismus, genußvolle Ausbreitung von Abnormitäten und keine billigen Traumwelten gefunden, vielmehr Bemühungen um Wirklichkeiten.«[59] Abgesehen von einigen Publikationen aus dem Militärverlag der DDR, deren oberflächliche Kampfklischees[60] uns als die negativste Form der Trivialliteratur erscheinen, ist diese Literaturform grundsätzlich frei von faschistoiden Tendenzen wie Gewaltverherrlichung und Hetze gegen Minderheiten.

Die DDR-Kulturpolitik bemüht sich – zumindest was den äußeren Rahmen anbelangt – die Distanz zwischen Unterhaltungs- und »hoher« Literatur zu verringern. So, indem sie sich zur Verbreitung von Weltliteratur des Heftchens als traditionellen Massengenres bedient, das wie die Zeitschriften mit monatlichen Neuerscheinungen im Abonnement über die Post oder am Straßenkiosk vertrieben wird. Sowohl die vom Verlag »Volk und Welt« herausgegebene Serie *Romanzeitung* (80 Pf.) als auch das vom Verlag »Neues Leben« editierte *Poesiealbum* (90 Pf.) – ein Forum für die sonst schwer verkäufliche Lyrik[61] – erfreuen sich großer Beliebtheit. Dies deutet auf eine Entwicklung, in der Kunst zunehmend als Selbstverständlichkeit in den Alltag einbezogen wird.

Die vorhandene Nachfrage nach Literatur, insbesondere nach Gegenwartsliteratur, wird allerdings durch die Druckproduktion bei weitem nicht gedeckt. Der schon immer vorhandene Papiermangel hat sich durch die Papierpreissteigerungen und den Devisenmangel verschärft. Zusammen mit den staatlichen Subventionen für Bücher, die ebenfalls zu Kontingentierungen führen, ergeben sich hohe Überzeichnungsquoten. Auf der Leipziger Buchmesse 1975 war davon die Rede, daß grundsätzlich 40% mehr Bücher verlangt würden als geliefert werden könnten. Bei Belletristik soll es sich sogar um 80% unerfüllter Käuferwünsche handeln.[62] Neue Werke beliebter Gegenwartsautoren werden nicht mehr für alle zugänglich ausgelegt, sondern sind nur noch »unter der Theke« erhältlich – und sind erfahrungsgemäß selbst dann nach drei Wochen bereits vergriffen.

Das erstaunlich hohe Literaturinteresse der DDR-Bevölkerung läßt sich sicher nur bedingt auf das niedrige Preisniveau der Bücher, bzw. das relativ eingeschränkte übrige Konsumangebot zurückführen.

Maßgeblichen Einfluß dürfte das erweiterte Schul- und Ausbildungssystem haben, das sich in den Kultur- und Bildungsplänen der Betriebe fortsetzt. Mit den individuellen und kollektiven Verpflichtungen zu weitreichenden kulturellen Initiativen – etwa im Wettbewerb um den Titel »Kollektiv der sozialistischen Arbeit« – werden die kulturellen Aktivitäten und die individuelle Beteiligung registriert. Zur systematischen Erhöhung des Kultur- und Bildungsniveaus der arbeitenden Bevölkerung findet – als Voraussetzung für gesellschaftliche Auszeichnungen – eine Art ökonomisch-kultureller Leistungsvergleich statt. Inwieweit solche kulturellen Verpflichtungen tatsächlich freiwillig oder nur widerstrebend zur Normerfüllung wahrgenommen werden, läßt sich von außen schwer beurteilen. Die gewerkschaftlichen »Kulturobmänner« vermitteln aber im Rahmen ihrer Veranstaltungen zur Literaturpropaganda offensichtlich eine Fülle von Lektürenanregungen. Die »Zirkel schreibender Arbeiter«, die in den 60er Jahren im Zentrum der kulturpolitischen Bemühungen standen und in geringerem Umfang immer noch bestehen, haben zwar – wie bereits erwähnt – die in sie gesetzten qualitativen Erwartungen nicht erfüllt, aber dafür ein wachsendes Verständnis für die Autorenarbeit gefördert.

Ausgeprägt als Lesestimulans scheint das Qualifikationsstreben, die Ausrichtung auf permanentes Lernen zu sein. In der Befragung von 1970 nahm das Weiterbildungsmotiv als Lesemotivation den dritten Platz ein (nach dem Erkenntnis- und Erlebnismotiv).[63] Die Autoren führen dazu aus:

»[…] das Weiterbildungsmotiv [wird] von sämtlichen sozialen Faktoren beeinflußt und weist zudem noch die höchsten Einflußstärken auf. Das Weiterbildungsmotiv ist in bezug auf das Lesen schöner Literatur eigentlich ein Pseudomotiv, ein von außen auf den einzelnen wirkender Stimulus, der aber im großen und ganzen stärker zum Lesen anregt als das allgemeine Bildungsstreben und so tief in das individuelle Motivgefüge eingedrungen zu sein scheint, daß er als echter Beweggrund dient.«[64]

Diese Interpretation wird gestützt durch die Korrelation von Einschätzung des beruflichen Werdeganges und Lesegewohnheiten. 39% derjenigen, die die Frage »Halten Sie Ihre berufliche Entwicklung für abgeschlossen?« verneinten, hielten die Bedeutung des Lesens für überdurchschnittlich (gegenüber 23% derjenigen, die die Frage bejahten).[65] Insgesamt zeigen diese Ergebnisse, daß die bildungspolitischen Bemühungen, Literatur zur Stärkung des parteipolitisch orientierten, sozialistischen Bewußtseins in der Bevölkerung zu verbreiten, nicht ohne Erfolg geblieben sind.

Allerdings erhält in den letzten Jahren verstärkt ein Teil der Belletristik eine zusätzliche Funktion, die sich gegen die eindimensionale, gefilterte Informationsübermittlung der Medien richtet.[66] Werke wie Plenzdorfs *Leiden des jungen W.* Brauns *Unvollendete Geschichte*, Loests *Es geht seinen Gang oder Mühen in unserer Ebene* sowie die beiden Bücher von Schlesinger, *Alte Filme* und *Berliner Traum*, füllen mit ihren intensiv ausgeloteten Alltagsbeschreibungen, die das Gegenwartsmilieu des Durchschnittslesers unmittelbar berühren, geradezu exemplarisch den kleinen Freiraum, den die Belletristik als einziges öffentliches Forum hier noch bietet. Diesen Zustand, daß Gegenwartsautoren primär aus außerliterarischen Gründen an Interesse gewinnen, indem sie das von der Presse nicht mehr betretbare Terrain besetzen, sieht Karl Heinz Jacobs, der als Journalist und Schriftsteller über beide Erfahrungswerte verfügt, längerfristig als Gefahr für die Qualität der Literatur:

»Ich habe immer versucht, im Journalistischen die Nöte darzustellen. Aber dann komme ich zur Redaktion, und dann streichen sie mir alles raus. Und am Ende ›dichte‹ ich dann alles, was mir rausgestrichen worden ist, in meine Romane hinein. Ich halte diesen Zustand aber nicht mehr für möglich. [...] auch für meine Kollegen nicht mehr [...] Wir versauen unsere Romane.«[67]

Die Berechtigung dieser Befürchtungen läßt sich bereits an Beispielen belegen.[68]

Diese eher spekulativen Versuche, die Hintergründe der Lesemotivationen in der DDR zu beschreiben, zeigen, wie wichtig für effektive kulturpolitische Planung und Lenkung eine differenzierte empirische Analyse des bevorzugten Lesestoffes ist. Die DDR-Kulturbürokratie hat unverständlicherweise solche empirischen Untersuchungen über literarische Wirkungsweisen erstmals 1970 von der Universität Halle durchführen lassen.[69] Von einem kurzen Zwischenbericht 1975[70] abgesehen, erschien diese Untersuchung erst Ende 1978 und war somit bereits bei Erscheinen veraltet – zumindest eine aktuelle Kontrolluntersuchung wäre hier dringend geboten.

Bei der Untersuchung wurden die Befragten gegliedert nach den Kriterien
– gesellschaftliche Schichtung (Arbeiter und Angestellte in Produktionsbetrieben, Arbeiter und Angestellte in Dienstleistungsbetrieben; Werktätige, die den Kultur- und Bildungsplan ihres Kollektivs kennen; leitende Angestellte und Intelligenz; landwirtschaftlich Beschäftigte; Hausfrauen und Rentner),
– Schulbildung (Acht-Klassen-Abschluß, Zehn-Klassen-Abschluß, Hochschulabschluß),
– Alter und
– Geschlecht.

Hervorstechendes Merkmal der Vorgehensweise bildet der souveräne und sehr selbstverständlich dargestellte Ansatz eines Klassen- bzw. Schichtenmodells. Er wird explizit mit der auch in der sozialistischen Gesellschaft noch existierenden arbeitsteiligen Produktionsweise begründet, aus der Interessendifferenzen zwischen Arbeitern und Intelligenz als Arbeitshypothese vorausgesetzt werden könnten. Allerdings richten die Autoren – um der Doktrin von den »nicht antagonistischen Widersprüchen im real existierenden Sozialismus« nicht zu widersprechen – die Interpretation ihrer Ergebnisse darauf aus, eine allmähliche Angleichung der zugestandenen Interessenvarianz aufzuzeigen.

So wird das Ergebnis, daß bei allen sozialen Gruppen – mit Ausnahme der Hausfrauen und Rentner sowie der landwirtschaftlich Beschäftigten – Reise- und Expeditionsschilderungen das höchste Leseinteresse finden, dahingehend interpretiert, daß zwischen Arbeitern und Intelligenz zumindest eine »mäßige Übereinstimmung«[71] gegeben sei. Ohne kritische Überlegungen zu diesem spektakulären Ergebnis – das einen evasionistischen Hang zum Exotismus erkennen läßt – anzustellen, wird nur euphorisch – wenn nicht zynisch – festgestellt: »Das Streben, die Welterfahrung zu erweitern, ist in der Arbeiterklasse und der Intelligenz gleich stark und zeigt eine übereinstimmende Orientierung.«[72] Inwieweit hier Literatur, zumindest tendenziell, auf Kompensation für real unerfüllbare Wünsche reduziert wird, bleibt völlig offen.

Als weitere Gemeinsamkeit beider Schichten wird festgestellt, daß der Komplex Gegenwartsliteratur oder zumindest politisch ausgerichtete Themen in der Lesegunst relativ weit hinten plaziert sind. Bei der Intelligenz rangiert sozialistische Gegenwartsliteratur an fünfter, bei den Arbeitern sogar erst an zehnter Stelle.

Insgesamt ergibt sich folgende Reihenfolge beider Gruppen: An erster Stelle stehen Darstellungen, die Kenntnisse über das Leben anderer Länder und Völker vermitteln (Reisebeschreibungen, Lebensschicksale in anderen Ländern). Es folgen bei der Intelligenz Stoffe, die Einblicke in die historische Tradition ermöglichen (Gesellschafts- und Bildungsromane, Historische Romane, Leben berühmter Persönlichkeiten). Bei den Arbeitern rangieren davor noch zwei Bereiche, zum einen aktionsbezogene Genres (Abenteuer- und Kriminalromane) und zum anderen Themen der Privatwelt (Liebes- und Eheromane, Tiergeschichten). Erst im folgenden plazieren sich Bücher, die Themen der sozialistischen Gegenwart und der revolutionären Tradition gestalten (Sozialistische Gegenwartsliteratur, Literatur der revolutionären Arbeiterbewegung, der Befreiungskämpfe unterdrückter Völker und des antifaschistischen Widerstandes).

Die Autoren interpretieren dieses Phänomen der Vorliebe für unpolitische Bücher mit dem Kommentar:

»Die Unterschiede [zwischen Arbeitern und Intelligenz] liegen nicht in den Gegenständen des Interesses (Welt und Geschichte stehen für beide Gruppen im Zentrum), sondern in der Art und Beziehung, die zu diesen Gegenständen eingenommen wird. Die Arbeiterklasse interessiert sich in erster Linie für die Bedeutung, die die von der Literatur mitgeteilten Erfahrungen für die Interpretation der eigenen Lebenspraxis besitzt, während die Intelligenz vornehmlich bewußt reflektierend die gesellschaftliche Problematik im ästhetisch gestalteten Gegenstand selbst sucht.«[73]

Offensichtlich übertragen die Autoren hier Beobachtungen, die sie bei anderer Gelegenheit gemacht haben müssen. Als Resultat dieses Materials sind sie absolut unplausibel, bezeichnen doch die Erstnennungen aller Gruppen viel eher solche Themen, die mehr eine Flucht vor der sie umgebenden Lebenswelt darstellen. Dafür spricht auch, daß bei den befragten jungen Leuten zwischen 25 und 30 Jahren die sozialistische Gegenwartsliteratur erst an vorletzter Stelle genannt wird – nur die Heimatliteratur ist weniger gefragt.[74] Solche Problembereiche werden in der Interpretation entweder harmonisierend nivelliert oder gar nicht besprochen.

Insgesamt ist aus dieser empirischen Erhebung zu folgern, daß die kulturpolitischen Bemühungen nicht den erhofften Bewußtseinswandel bewirkt haben.

Die in der Befragung eher bescheiden erscheinende Rolle der sozialistischen Gegenwartsliteratur muß aber insofern relativiert werden, als infolge des außerordentlich hohen Lesebedürfnisses der DDR-Bevölkerung die Nachfrage auch nach dieser Literatur trotz hoher Auflagen meist nicht gedeckt werden kann.

4.4.2. Institutionelle Beeinflussung

4.4.2.1. Das Ministerium für Kultur

Zentrales Organ zur Planung, Leitung und Koordinierung aller ökonomischen und ideologischen Aktivitäten im kulturellen Bereich ist das Ministerium für Kultur. Sein umfassender Einflußbereich wird durch ein enges Netz von lokalen Stützpunkten – den kulturpolitischen Leitungsgremien in den Bezirken, Kreisen und Städten – sichergestellt. Als Ziel der Tätigkeit nennt das Statut des Ministeriums
– die Gestaltung der entwickelten sozialistischen Gesellschaft durch einen wachsenden Beitrag der Kultur und Künste sowie ein anregendes kulturelles Leben in Stadt und Land,
– die Förderung der Literatur und Künste und ihres sozialistischen Ideengehaltes sowie die Aneignung des kulturellen Erbes und
– die Leistung eines Beitrags zur internationalen Kultur des Sozialismus durch Entwicklung der sozialistischen Nationalliteratur.[75]
Als Aufgaben sind im Statut – neben einer variantenreichen Wiederholung der Ziele – angeführt:
– die Sicherung der »ideellen, materiellen und finanziellen Voraussetzungen für das Entstehen neuer Werke der sozialistisch-realistischen Kunst und Literatur und ihre Verbreitung« und
– die Förderung der Arbeits- und Schaffensbedingungen der Künstler und Schriftsteller sowie die Ausbildung des künstlerischen Nachwuchses.[76]
Das Ministerium hat als Organ des Ministerrats seine Aufgaben in Durchführung der Beschlüsse der Partei der Arbeiterklasse wahrzunehmen.

Für den literarischen Bereich ist seit 1963 die Hauptverwaltung »Verlage und Buchhandel« zuständig[77], die aus den früheren Organisationen »Staatliche Kommission für Kunstangelegenheiten«, »Amt für Literatur und Verlagswesen« und »VVB Verlage« hervorging.[78] Diese Abteilung ist für alle Entscheidungen in den Bereichen Perspektiv- und Jahresplanung der Verlage, Künstlerausbildung, Künstlerverbände sowie Förderungsmaßnahmen (Auftragsvergabe, Verwaltung des Kulturfonds, Regelung von Honoraren und Gagen) zuständig.

Das neue Statut von 1977 löste die 1963 verfaßte Satzung ab.[79] Neben textlichen Umformulierungen, deren Sinn für den Außenstehenden wenig einsichtig ist, fällt vor allem der Wegfall zweier Aufgaben auf:
– die Unterstützung der humanistischen und demokratischen Kräfte Westdeutschlands und
– die Förderung der Bewegung schreibender Arbeiter und Bauern.
Obwohl beide Punkte im Rahmen der Kulturpolitik nach wie vor relevant sind, dürfen

sie offensichtlich nicht mehr genannt werden, da die SED einerseits seit 1970 die Vorstellung einer Wiedervereinigung auf sozialistischer Basis aufgegeben hat (These von der DDR als sozialistischer Nation) und andererseits der »Bitterfelder Weg« als Programm nach dem Abgang Ulbrichts getilgt wurde. Neu hinzugekommen ist die Aufgabe einer »regelmäßigen Kontroll- und Inspektionstätigkeit auf dem Gebiet der Kultur und Kunst«, die sich u. a. richtet auf »Einhaltung und Durchsetzung der Rechtsvorschriften und der *Prinzipien der Ordnung und Sicherheit*«[80] (Hervorhebung von R. K.). Dieser Verweis auf die schwammigen Prinzipien der Ordnung und Sicherheit – die offensichtlich durch die Rechtsvorschriften nicht ausgefüllt werden – kann wohl nur als präventive Legitimation von Willkürentscheidungen des Ministeriums interpretiert werden.

Für den Verlagsbereich nennt das Statut folgende Aufgabenstellung des Minsteriums:

»Der Minister gewährleistet eine einheitlich politisch-ideologische Arbeit des gesamten Verlagswesens und die ökonomische Leitung der dem Ministerium unterstellten Verlage sowie Einrichtungen des Buchgroßhandels und -einzelhandels, eine bedarfsgerechte Buch- und Broschürenproduktion in hoher ideologischer und künstlerischer Qualität – bei gleichzeitiger Entfaltung einer zielstrebigen vielseitigen Literaturpropaganda […] bestätigt die thematischen Perspektiv- und Jahrespläne der Verlage und die *Verteilung der Kontingente polygraphischer Erzeugnisse* auf der Grundlage einer langfristig orientierten Kulturpolitik, *entscheidet über die Lizenzpolitik* und erteilt die Druckgenehmigung für nichtlizenzpflichtige Druckerzeugnisse.«[81] (Hervorhebung von R. K.)

Obwohl der Ausdruck »Druckgenehmigung« im Statut nur für Druckerzeugnisse wie Eintrittskarten, Kalender, Spiele etc. (»nichtlizenzpflichtige«) verwendet wird, bedeuten die Umschreibungen »Verteilung der Kontingente polygraphischer Erzeugnisse« und »entscheidet über die Lizenzpolitik« genau das gleiche: die Genehmigung durch eine Zensurstelle. Eine ähnlich verschleiernde Umschreibung der Zensur findet sich auch im kulturpolitischen Wörterbuch der DDR:

»Mit der Druckgenehmigung wird bei den Herausgaben lizensierter Verlage eine Prüfung der Qualität vorgenommen. Im Prinzip gilt dasselbe für die nichtlizensierten Druckerzeugnisse, wobei die Erteilung der Erlaubnis entscheidend durch die zur Verfügung stehende Papiermenge bestimmt wird.«[82]

Zwar ist infolge des Papiermangels die Kontingentverteilung eine Aufgabe des Ministeriums, aber die Erteilung der Druckgenehmigung mit der »zur Verfügung stehenden Papiermenge« zu begründen, grenzt an Selbstironie (die Praxis der Druckgenehmigung wird im folgenden noch eingehender untersucht).

Die Organisationsstruktur des Ministeriums ist auch nach dem neuen Status streng hierarchisch, Mitbestimmungsstrukturen sind nicht erkennbar: »Das Ministerium wird vom Minister nach dem Prinzip der Einzelleitung und kollektiven Beratung über Grundfragen geleitet.«[83]

Elf der sechzehn Paragraphen des Statuts beginnen mit »Der Minister bestimmt, … gewährleistet, … sichert, … ist verantwortlich, … nimmt Einfluß …«

Außer in Fragen der Frauenförderung, des sozialistischen Wettbewerbs und der sozialistischen Rationalisierung – in denen er mit den Zentralvorständen der Gewerkschaften zusammenarbeitet – bestimmt der Minister sowohl im Innen- als auch im Außenverhältnis ohne gleichberechtigte Mitwirkung (»Der Minister überträgt im Rahmen seiner Verantwortung den Ratsmitgliedern für Kultur der örtlichen Räte Aufgaben zur Sicherung der einheitlichen Leitung der Kultur und Kunst und erteilt ihnen dazu Weisungen.«[84]) Beratende Gremien des Ministers sind das »Kollegium«, dessen Zusammensetzung nicht definiert wird, sowie der »Rat für Kultur«, dem »Vertreter anderer zentraler Staatsorgane sowie gesellschaftlicher Organisationen, Künstler, Kulturschaffende und Werktätige aus Industrie und Landwirtschaft angehören.«[85] Vorsitzender beider Gremien ist der Minister, Aufgaben und Arbeitsweise der Gremien werden von ihm bestimmt.

Die vom Minister allein verfügten rechtlichen Bestimmungen auf kulturellem Gebiet sind teils – sofern sie allgemeiner Natur sind – im Gesetzblatt der DDR, teils – soweit sie die dem Ministerium nachgeordneten Fachorgane, Institute und Betriebe betreffen – in den *Verfügungen und Mitteilungen des Ministeriums für Kultur* veröffentlicht. Während das Gesetzblatt allgemein über Buchhandel und Bibliotheken erhältlich ist, sind die *Verfügungen und Mitteilungen* für das westliche Ausland überhaupt nicht und auch innerhalb der DDR nur einem begrenzten Personenkreis zugänglich.[86]

Daß die wichtigen Bestimmungen zum Honorar-, Lizenz- und Vertragswesen so schwer zugänglich sind, dürfte kein Zufall sein. Dieses Informationsdefizit läßt vermuten, daß eine Diskrepanz zwischen offiziellem Anspruch und Praxis besteht.

Im wichtigsten Tätigkeitsbereich des Ministeriums für Kultur – der Vergabe von Druckgenehmigungen und Lizenzen im Verlagsbereich – fällt anhand der zugänglichen Dokumente seit 1945 auf, daß die Zahl der damit im Zusammenhang stehenden Verordnungen sehr stark angewachsen ist. Allerdings zeigt dieser Vorschriftenkatalog, trotz der Konsolidierung der politischen und gesellschaftlichen Verhältnisse, keine Entwicklung zu größerer Freizügigkeit des gedruckten Wortes, die eigentlich Artikel 27 der DDR-Verfassung zu verbürgen vorgibt.[86a]

Die Entwicklung, die schließlich zur vollständigen Kontrolle des Ministeriums über das gedruckte Wort führte, vollzog sich in mehreren Schritten.

Ausgangspunkt war der Befehl der Sowjetischen Militäradministration in der damaligen Sowjetischen Besatzungszone von 1945 »Über die Konfiskation nazistischer und militaristischer Literatur«[87], der weitere Folgebestimmungen nach sich zog: Kulturelle Institutionen, Verbände und Verlage der NSDAP wurden verboten, ehemals eindeutig faschistisch ausgerichtete Autoren erhielten keine Veröffentlichungsmöglichkeit, Lehrer und Lehrpläne wurden überprüft und die Bibliotheken von Büchern mit nationalsozialistischem, militaristischem und chauvinistischem Gedankengut gesäubert.

Die erste Initiative, die sich auf die kulturelle Neuorganisation der DDR richtete, war die Gründung des »Kulturbundes zur demokratischen Erneuerung«, die 1945 auf der Basis der ehemaligen Volksfront erfolgte. Diese Organisation, die laut Gründungsmanifest alle nichtfaschistischen politischen Kräfte bündnishaft verbinden sollte, hatte nur eine sehr unpräzise Zielrichtung. Sie sollte »die große deutsche Kultur, den Stolz unseres Vaterlandes wieder erwecken und ein neues deutsches Geistesleben begründen«.[88] Damit wurde letztlich nur erneut zu einem frühbürgerlichen, antiabsolutistischen Kampf aufgerufen. Außer der Ablehnung des Faschismus und der Anknüpfung an »die wahren deutschen Kulturwerte«[89], wie sie im kulturellen Erbe von Goethe, Schiller und Lessing lägen, ist eine inhaltliche Ausrichtung nicht erkennbar.

Die Vagheit der literarischen Kriterien wird in den im folgenden erlassenen Verordnungen durch die Phrase »fortschrittlich demokratische Kultur bzw. Literatur« deutlich. So weist die 1950 erlassene »Verordnung zur Entwicklung einer fortschrittlich demokratischen Kultur des deutschen Volkes und zur weiteren Verbesserung der Arbeits- und Lebensbedingungen der Intelligenz«[90] als einzige positive Definition dieses Begriffes für die Gegenwartsliteratur die Volkstümlichkeit aus:

> »Die neue deutsche fortschrittliche Kultur ist getragen von einem kämpferischen Humanismus. Sie beruht auf einer tiefen Volksverbundenheit und auf der weitgehenden Förderung der schöpferischen Selbstbetätigung des Volkes. Die Werke der Wissenschaftler, Schriftsteller und Künstler müssen die gesellschaftliche Realität widerspiegeln, sie müssen dem Volke verständlich sein und seine friedliche Aufbaumoral festigen.«[91]

Die organisatorische Zentralisierung der Registratur und Überprüfung für alle Bücher wurde in vier Schritten vollzogen:

- Mit der 1950 geschaffenen »Zentralstelle für wissenschaftliche Literatur«[92] wurde der westliche Einfluß durch Überprüfung und Filterung des privaten und öffentlichen Buchbezugs kontrolliert.
- Mit der ebenfalls 1950 erlassenen »Verordnung über die Registrierung von Druckereien und Vervielfältigungsbetrieben«[93] wurde die Voraussetzung für eine zentrale Überwachung geschaffen.
- 1951 wurde mit der »Verordnung über die Entwicklung fortschrittlicher Literatur«[94] das »Amt für Literatur und Verlagswesen« geschaffen, das eine verstärkte »planmäßige und systematische Lenkung und Förderung der Buch- und Zeitschriftenproduktion«[95] sichern sollte und durch die Aufgaben »Begutachtung der geplanten Werke«, »Lizenzerteilung für Buchverlage« und »Verteilung […] des Papierkontingents« bereits alle Instrumente einer staatlichen Zensurstelle besaß.
- Mit der kurz darauf eingeführten Lizenzpflicht für alle Buch-, Zeitschriften-, Kunst- und Musikverlage (»Erste Durchführungsbestimmung zur Verordnung über die Entwicklung fortschrittlicher Literatur«[96]) wird diese Zensur auch formal rechtskräftig. So müssen die Verlagspläne jährlich und jedes zur Veröffentlichung bestimmte Buch einzeln genehmigt werden.

Die Entstehung dieser Zensurinstanz fiel in die Zeit des »Kampfes gegen den Formalismus«.[97] Mit dem Verdikt des »Formalismus« als Abweichung vom sozialistischen Realismus wurden damals fast alle unliebsamen Kunstwerke diffamiert. Wie umstritten diese über das Faschismusverdikt hinausgehende Zensur auch innerhalb der DDR war, zeigt der im September 1951 von Bertolt Brecht verfaßte offene Brief *An die Künstler und Schriftsteller*, in dem er fordert:

> »Völlige Freiheit des Buches, des Theaters, der bildenden Kunst, der Musik, des Films mit einer Einschränkung: Keine Freiheit für Schriften und Kunstwerke, welche den Krieg verherrlichen oder als unvermeidlich hinstellen und für solche, welche den Völkerhaß fördern.«[98]

Mit der Gründung des Ministeriums für Kultur 1954 war organisatorisch die letzte Hürde für eine allumfassende Koordination und Kontrolle genommen.

1956 wurde als nachgeordnete Stelle des Ministeriums das »Büro für Urheberrechte« geschaffen[99], das auf dem Gebiet des Urheberrechts in deutschen und internationalen

Organisationen mitarbeiten, die Weiterentwicklung des Urheberrechts unterstützen, staatliche Einrichtungen und Urheber beraten und Rechte der DDR-Urheber im Ausland bzw. ausländischer Urheber in der DDR wahrnehmen sollte – *sofern dem Büro die Wahrnehmung übertragen wurde.*

Diese fakultative Einrichtung wurde 1966 – kurz nach Verabschiedung des neuen Urheberrechtsgesetzes – zu einer Kontrollinstanz umfunktioniert, mit der auf die Veröffentlichungen von DDR-Autoren im Ausland Einfluß genommen werden sollte. In einer »Anordnung über die Wahrung der Urheberrechte durch das Büro für Urheberrechte« wurde verfügt:

»Die Vergabe von urheberrechtlichen Nutzungsbefugnissen [...] an Partner außerhalb der DDR bedarf vor Abschluß des Vertrages der Genehmigung durch das Büro für Urheberrechte.«[100]

Bei Zuwiderhandlungen wurde eine Ordnungsstrafe bis zu 500 Mark angedroht.

Endgültig kriminalisiert wurden die Autoren, die dennoch ohne Genehmigung im Westen veröffentlichten, 1973 durch die Einführung eines Devisengesetzes, nach dem jeglicher Erwerb von Devisen der vorherigen Genehmigung bedarf (Strafandrohung: Gefängnis bis zu zwei Jahren auf Bewährung bzw. Geldstrafe bis zu 10000 Mark).[101] Diese Verordnung ist ausdrücklich an das Urheberrecht gekoppelt, indem bestimmt wird, daß das Büro für Urheberrechte die Devisengenehmigung mit übernimmt.[102]

Diese Vorschriften wurden bis vor kurzem noch relativ großzügig gehandhabt. Erst 1979 wurde – vermutlich als Reaktion auf die Bahro-Veröffentlichung und die wachsende Kritik der DDR-Autoren nach der Biermann-Ausbürgerung – im Falle Stefan Heyms und Robert Havemanns auf die Devisenbestimmungen zurückgegriffen. Heym kommentiert den Maulkorbcharakter dieser Rechtsvorschriften:

»Vor zehn Jahren habe er für die Veröffentlichung seines Romans ›Lassale‹ außerhalb der Grenzen der DDR ohne Genehmigung des Büros für Urheberrechte eine Geldstrafe von 300 Mark zahlen müssen, heute aber für die Veröffentlichung seines Romans ›Collins‹ im Westen 9000 Mark. ›Der Preis für die Freiheit des Wortes in der DDR ist also um das Dreißigfache gestiegen, eine Entwicklung, die wenig Gutes für die Literatur des Landes verheißt.‹«[103]

4.4.2.2. Das Verlagswesen

Von den etwa 90 Buch- und Zeitschriftenverlagen in der DDR sind rund 22 Verlage auf Belletristik und von diesen wiederum neun auf Gegenwartsliteratur ausgerichtet.[104] Auch wenn keine vollständigen Angaben über die Eigentumsverhältnisse veröffentlicht werden, lassen sich überschlagsmäßig 70 Verlage volks-, partei- bzw. organisationseigen einordnen.[105] Rund 20 Verlage befinden sich also zumindest teilweise noch in Privatbesitz, wobei ihr mengenmäßiger Produktionsanteil relativ gering sein dürfte.[106]

Da in der Programmgestaltung Konkurrenz- und Profitgesichtspunkte weitestgehend zugunsten von kulturpolitisch-erzieherischen Bestrebungen zurückgedrängt wurden, weisen die Verlage eine sehr ausgeprägte Spezialisierung und Profilierung auf – auch innerhalb der Belletristik.[107] Der Kontakt der Verlage untereinander im Rahmen der Perspektiv- und Jahresplanveranstaltungen, der von der Hauptverwaltung regelmäßig veranstalteten Seminare und der literaturpropagierenden Veranstaltungen (Leipziger Buchmesse, Woche des Buches, Ostseewoche, Tag der Kinder- und Jugendliteratur) führt trotz der strikten Aufgabenverteilung auch immer wieder zu gemeinsamen Projekten wie z. B. Anthologien zu Jubiläen und Sammelbände junger Autoren.

Aufwendungen für Werbungen fallen in der Verlagsarbeit nur in relativ geringem Umfang an. Dafür nimmt die Unterstützung der Autoren (Stipendien, Reise- und Studienförderungen) breiten Raum ein. So vergibt z. B. der Hinstorff-Verlag an etwa ein Viertel seiner Autoren Stipendien.[108]

Einige Verlage haben Freundschafts- und Arbeitsverträge mit sozialistischen Betrieben, und die meisten arbeiten zur genaueren Bedarfsbestimmung mit einer Testbuchhandlung zusammen.

Angesichts des Perspektivprogramms der Hauptverwaltung, das schon 1965 eine »allmähliche Ersetzung der staatlichen Kontrolle und die volle Eigenverantwortlichkeit der Verlage«[109] vorsah, erstaunt die immer noch streng hierarchische Organisation des Verlagswesens. Dem vom Ministerium eingesetzten Verlagsleiter sind alle Entscheidungskompetenzen übertragen, für die er zusammen mit seinen Cheflektoren gegenüber dem Ministerium künstlerisch und ideologisch die Verantwortung trägt. Sowohl Verlagsleiter als auch Cheflektor sind Positionen mit unmittelbarer parteipolitischer Bindung. Eine berufliche Veränderung, etwa der Wechsel zu einem anderen Verlag, wäre nur mit dem Einverständnis der Partei möglich – ist aber absolut ungewöhnlich.[110]

Als Mitwirkungsgremien in den Verlagen sind nur die Verlagsbeiräte (Vertreter von Buchhandel, Bibliotheken, Autoren, Lesern und staatlichen Leitungen) vorgesehen, die bei Themenbereichsberatungen und gelegentlich auch bei Manuskriptfragen eingeschaltet werden, deren Kompetenzbereich jedoch in keiner Rechtsvorschrift zu finden ist. Zu vermuten ist, daß die Verlagsbeiräte ähnlich wie der »Rat für Kultur« beim Ministerium für Kultur nur unverbindlich beraten und empfehlen können. Im Verlagsbereich fehlen offensichtlich Gremien, die das Prinzip des »Mitregierens« verkörpern, das laut DDR-Soziologie[111] neben dem System der staatlichen Einzelleitung als »Teilnahme der Werktätigen an der Planung, Leitung und Kontrolle des betrieblichen Reproduktionsprozesses«[112] die sozialistische Demokratie im Betrieb ausmacht.

Der mit zehn bis zwölf Autoren je Lektor im Vergleich zur BRD drei- bis viermal so große Lektoratsapparat bringt für die Autoren Vor- und Nachteile. Die intensive Betreuung (für die Lektoren werden vom Institut für Verlagswesen und Buchhandel Fortbildungskurse organisiert), meist schon im Verlauf der Entstehung eines literarischen Werkes, läßt eine inhaltlich und formal breite Manuskriptarbeit zu, die in der Rolle des partnerschaftlichen Gesprächspartners einerseits sicherlich fruchtbar ist, andererseits allerdings auch als Einfluß staatlicher Institutionen die innere und äußere Zensur begünstigt und den Entscheidungstermin von Büchern erheblich verzögern kann.[113]

Generell nimmt aber auch in der DDR das subjektive Verhältnis von Schriftsteller und Lektor eine zentrale Stellung ein. So ist es den Autoren im Gegensatz zu den Lektoren durchaus möglich, den Verlag gelegentlich zu wechseln. Nicht zuletzt darin zeigt sich, daß sich »die Beziehung Autor–Lektor nicht so weit vergesellschaften läßt, daß außerliterarische Institutionen Literatur herstellen könnten.«[114]

Stärker dem Instanzenbereich zugeordnet als der Lektor ist der Außengutachter, der eine »Vorkritik« übt (auf die im Abschnitt über Literaturkritik noch näher eingegangen wird). Die Rolle dieser Gutachter ist auch innerparteilich umstritten. Inge von Wangenheim plädierte 1975 im Leipziger *Börsenblatt*[115] dafür, die Kompetenzen dieser Gutachter einzuschränken; das Verlagslektorat solle den Mut aufbringen, die unabhängigsten Gutachter zu wählen und vor allem keine anonymen Gutachten anfertigen zu lassen, denn dies sei ein flagranter Verstoß gegen die Demokratisierung der Arbeit der sozialistischen Geistesschaffenden. Unter der Überlegung, daß es für künstlerische Tätigkeiten keine objektiv formalisierbaren Maßstäbe gäbe und der Gutachter wie der Autor seine Subjektivität einbringe, fordert sie mehr Eigenverantwortung der Autoren:

»Lektorat und Gutachter sollten in Zukunft noch konsequenter als bisher um die Erweiterung des Spielraums und die Bewegungsfreiheit des Autors kämpfen [...] und ihn schließlich [...] – bei aller sorgfältigen Abwägung der Dinge – seinem eigenen Risiko überlassen, mit dem er sich der Öffentlichkeit stellt.«[116]

Zu fragen ist allerdings, ob diese Forderung nicht insofern naiv ist, als es sicherlich nicht Hauptaufgabe des Gutachters sein dürfte, den Autor vor Kritik in der Öffentlichkeit zu bewahren.

Nicht zuletzt, um diese für Schriftsteller schwer durchschaubaren Zwischeninstanzen zu umgehen und direkt mit dem Ministerium über die Druckgenehmigung zu verhandeln, versuchte 1975 eine Gruppe Berliner Schriftsteller (darunter Plenzdorf, Schlesinger, Stade) einen eigenverwalteten Autorenverlag zu gründen. Allerdings ist dieses Experiment, sich der vollständig institutionalisierten Produktionsmittel selbst zu bedienen, gescheitert. Eine in kollektiv-kritischer Textarbeit begonnene Anthologie mit Geschichten über Berlin hatte in der geplanten Konzeption keine Realisierungsmöglichkeiten. Schließlich wurde mit Erfolg versucht, einzelne Autoren mit großzügigen Angeboten für Einzelpublikationen aus dem Verband herauszulösen.[117]

4.4.2.3. Buchhandel und Bibliotheken

Die gesamte Verlagsproduktion (einschl. importierter Literatur) wird über den »Leipziger Kommissions- und Großbuchhandel« an den Bucheinzelhandel verteilt.

85% des gesamten Buchumsatzes wickelt der VEB »Volksbuchhandel der DDR« (Leipzig) ab, der mit rund 750 Volksbuchhandlungen in allen Bezirken vertreten ist und zu dem auch der zentrale Versandbuchhandel sowie das Zentralantiquariat der DDR gehören.[118] Daneben besteht etwa die gleiche Zahl privater Buchhandlungen, deren Funktion so beschrieben wird: »Etwa 800 meist kleinere private Buchhandlungen, größtenteils durch Kommissionsverträge mit dem Volksbuchhandel verbunden, ergänzen die Arbeit des Bucheinzelhandels.«[119] Die Bedeutung des privaten Buchhandels schwindet jedoch durch eine diskriminierende Belieferungspraxis.[120] Für 1973 wurde die Zahl der privaten und halbstaatlichen Buchhandlungen noch mit rd. 1100 angegeben.[121]

Neben dem traditionellen Vertrieb über den Bucheinzelhandel wurden in der DDR auch neue Wege des Vertriebs und der Propagierung beschritten, wie folgendes Beispiel zeigt:

»Zwischen dem VEB Kranbau und der Volksbuchhandlung ›Unterhaltung und Wissen‹ Eberswalde–Fino wurde ein Freundschaftsvertrag mit dem Ziel der verbesserten Literaturversorgung für die Werktätigen und den Betrieb abgeschlossen. Die Mitarbeiterinnen der Gewerkschaftsbibliothek richteten einen Buchverkauf ein. Außerdem werden künftig zweimal im Monat Buchverkaufsausstellungen in den Speiseräumen durchgeführt. Der Betrieb nimmt mehr als bisher bei Prämierungen Bücher und Büchergutscheine in Anspruch. Die Volksbuchhandlung unterstützt mit Hilfe der Verlage den Bestandsaufbau der Bibliothek [...] Der Betrieb wird ständig mit aktuellen Informationen über wichtige Titel und Werbematerial versorgt. Weitere Vereinbarungen gibt es über gegenseitige Unterstützung bei literarischen Veranstaltungen, z. B. Schriftstellerlesungen.« [122]

Diese Meldung aus dem *Börsenblatt* über die Verbesserung der Literaturversorgung für die Werktätigen eines Betriebes kennzeichnet neben der Demonstration literaturpropagandistischer Aktivitäten das Bemühen der DDR, auf dem Sektor des Buchvertriebs die Effizienz der klassischen Institutionen Buchhandel und Bibliothek durch neuartige Vermittlungsgesichtspunkte zu steigern und die beteiligten Institutionen soweit wie möglich zu integrieren. [123]

Die breite Verteilung von Büchern und das Erreichen neuer Leserschichten wird durch die verstärkte Einbeziehung traditionell nicht spezifischer Kunstvermittlungsfaktoren angestrebt: durch die Einbeziehung der Gewerkschaften, der Partei und der freiwilligen Helfer. So gab es 1977 rund 5100 Gewerkschaftsbibliotheken und 36000 Literaturobleute. Nahezu 12500 ehrenamtliche Vertriebsmitarbeiter betrieben den Buchverkauf am betrieblichen Arbeitsplatz, in der Landwirtschaft und an den Schulen. [124] Diese direkt in den Arbeitssektor integrierten Vertriebsformen erreichten bereits Anfang der 70er Jahre einen Anteil am Gesamtumsatz des Volksbuchhandels von knapp 10%. [125] Daneben unterhalten HO- und Konsumverkaufsstellen sowie zahlreiche Kioske der Post sog. Agenturverträge mit dem Volksbuchhandel.

Diese Erweiterung literaturverbreitender Einrichtungen schafft offensichtlich [126] in allen Bevölkerungsschichten eine Atmosphäre der Selbstverständlichkeit und Souveränität im Umgang mit Büchern und Buchhandlungen. Immerhin besuchen knapp 10% der Arbeiter regelmäßig Buchhandlungen. [127] Die z. B. in der BRD häufig festzustellende Schwellenangst vor Buchhandlungen scheint weitgehend abgebaut zu sein.

Die Maßnahmen zur besseren Literaturversorgung durch Intensivierung des Vertriebs wirken in gewisser Weise paradox angesichts der allgemeinen Erfahrung mit den Buchhandlungen, die sich zu »Stätten des Zufallsglücks und der Routineenttäuschung« [128] entwickelt haben, in denen Überzeichnungsquoten von 100% für bestimmte Titel an der Tagesordnung sind. Von »Versorgung« kann hier nur in quantitativer Hinsicht gesprochen werden. Der qualitativen Nachfrage wird dadurch zu begegnen versucht, daß statt vergriffener, nicht lieferbarer oder unerwünschter Titel solche angepriesen werden, die in genügender Anzahl vorhanden sind. Die rezeptionssteuernden Maßnahmen [129] wirken jedoch nur ungenügend. So entsteht im DDR-Literaturbetrieb ein wachsendes Dilemma zwischen dem Erfolg der Literaturpropaganda, das Lesebedürfnis zu steigern, und der ökonomischen wie ideologischen Unfähigkeit, diese geschaffenen Bedürfnisse auch zu befriedigen.

Um den Lesebedürfnissen zu begegnen, wurde das Bibliothekswesen stark ausgebaut. 1977 bestanden knapp 18000 Bibliotheken mit einem Buchbestand von rund 71 Mio. Exemplaren (12 656 staatliche Allgemeinbibliotheken, 5104 Gewerkschaftsbibliotheken und 33 wissenschaftliche Bibliotheken). Es gab rund 93 Mio. Entleihungen durch 5,1 Mio Benutzer. [130] Das heißt rund ein Drittel der Gesamtbevölkerung benutzt Bibliotheken, und jeder Benutzer entleiht durchschnittlich jährlich 18 Bücher.

Trotz des hohen Stellenwertes der kostenlosen Bibliotheksbenutzung wie auch der privaten Ausleihe unter Bekannten läßt sich die Versorgungslücke auf dem Buchsektor nur begrenzt durch den Versuch beheben, das Lesebedürfnis vom Kaufwunsch zu emanzipieren. Empirische Untersuchungen ergeben eine positive Korrelation zwischen Buchbesitz und Bibliotheksbenutzung: mit steigendem Umfang des Buchbesitzes steigt auch die Bibliotheksbenutzung. [131] Buchhandel und Bibliothek sind in ihrer Funktion also nur begrenzt substituierbar.

Angesichts der Diskrepanz zwischen Buchangebot und -nachfrage wirkt die Forderung des stellvertretenden Kultusministers auf der Leipziger Buchmesse 1976, die DDR-Gesellschaft müsse die anachronistisch besitzbürgerliche Verhaltensweise eines steigenden privaten Buchbesitzes durch eine Bibliotheksleihkarte ersetzen [132], eher als hilflose Geste denn als richtungweisende Lösung.

Durch die in qualitativer Hinsicht ungenügende Abstimmung von Angebot und Nachfrage im Buchhandel werden auch die literaturpropagandistischen Aktivitäten in anderen Medien konterkariert. So stellt das DDR-Fernsehen in speziellen Sendungen Autoren und ihre Werke vor und sendet zahlreiche Filme nach literarischen Vorlagen. Eine Untersuchung der Abteilung Bedarfslenkung beim Leipziger Kommissions- und Großbuchhandel, die die im Jahre 1974 vom Fernsehen ausgestrahlten literarischen Sendungen und Filme analysierte [133], zeigt die mangelhafte Koordination mit dem Buchhandelsangebot auf. Von 164 in der DDR erschienenen Titeln, die in Sendungen behandelt bzw. verfilmt wurden, waren nur 27 Titel (16,5%) im Buchhandel lieferbar. Auch bei DDR-Gegenwartsliteratur war die Relation kaum besser. Von 42 im Fernsehen behandelten Titeln waren 30 als Buch erschienen, jedoch nur 6 (20%) lieferbar.

4.4.3. Meinungsbildung durch Literaturinterpretation

4.4.3.1. Das Literaturverständnis in der ersten DDR-Literaturgeschichte [134]

Auf das lesende Subjekt ausgerichtete literaturtheoretische Untersuchungen wie das 1973 erschienene Standardwerk zur Rezeptionstheorie *Gesellschaft Literatur Lesen* [135], steigerten die Erwartung auf eine DDR-interne, marxistische Literaturgeschichte. Bereits auf dem V. Parteitag der SED 1958 wurde ein solches Projekt beschlossen, die Planung erstreckte sich auf eine elfbändige *Geschichte der deutschen Literatur von den Anfängen bis zur Gegenwart*. [136]

Diesem, von der Parteispitze in Auftrag gegebenen Projekt oblag ein repräsentativer Gestus mit weitreichenden praktischen Konsequenzen. Es kann davon ausgegangen werden, daß gerade der Band zur DDR-Literatur, als erster Schritt einer systematischen Selbstanalyse, eine exemplarische Vorstrukturierung literaturhistorischer Kenntnisse und Maßstäbe des durchschnittlichen Literaturkonsumenten der DDR leisten wird.

Die Entstehungszeit des Unternehmens war ungewöhnlich lang. Noch zu Ulbrichts Zeiten, Mitte der 60er Jahre, hatte das Autorenkollektiv unter der Leitung von Horst Haase am Institut für Gesellschaftswissenschaften beim ZK der SED die Verantwortung übernommen. Nach der Veröffentlichung von vier, relativ umfangreichen Monographien zur DDR-Literatur in der BRD[137] – allerdings mit sehr unterschiedlichem Informationswert – wuchs in der DDR-Öffentlichkeit die Ungeduld; wurden die Forderungen nach einer aus eigener Sicht vorgenommenen Darstellung unüberhörbar. So wertet der damalige Vizepräsident des Schriftstellerverbandes, Hermann Kant, in seinem Eingangsreferat zum VII. Schriftstellerkongreß 1973, mit Seitenblick auf die westlichen Publikationen »[…] das Ausbleiben einer Geschichte der DDR-Literatur, verfaßt von Germanisten der DDR« als »[…] eine nicht nur peinliche Angelegenheit.«[138] Die auch von anderen Teilnehmern unterstrichene Dringlichkeit[139] veranlaßte schließlich Horst Haase noch während des Kongresses, das bevorstehende Erscheinen der Literaturgeschichte offiziell zu annoncieren.

Vermutlich war zum damaligen Zeitpunkt das Manuskript bereits fertiggestellt – Haase spricht von 1000 Seiten, die vorlägen[140] –, es ginge nur noch darum, einige vorhandene Mängel zu beseitigen, da man nicht subjektivistisch vorgehen wolle, sich vielmehr »um eine parteiliche und eine gerechte Darstellung bemühe.«[141] Kurz danach kündigte *Neues Deutschland*[142] offiziell die Literaturgeschichte an und meldete eine rege Diskussion des Manuskripts am Lehrstuhl für Kultur und Kunstwissenschaft des Instituts für Gesellschaftswissenschaft beim ZK der SED. Es ist allgemein von »Verbesserungsvorschlägen und konstruktiven Ergänzungen« die Rede, »die in den nächsten Monaten der Endredaktion zugrunde gelegt werden«. Ein konkreter inhaltlicher Hinweis über den Verlauf dieser Diskussion bleibt dem literarinteressierten Leser allerdings vorenthalten. Eine Tatsache, die zu Vermutungen zwingt, warum das Werk erst zweieinhalb Jahre später zum 9. Parteitag im Sommer 1976 erschien.[143] Die langwierige Korrekturphase, als Ausdruck einer internen Selbstzensur, muß wohl im Zusammenhang mit dem personellen Wechsel der Parteispitze und der dadurch veränderten kulturpolitischen Ausrichtung nach dem VIII. Parteitag gesehen werden. Ein Teil der Artikel dürfte sich in seinen Wertmaßstäben noch zu euphorisch an der »sozialistischen Menschengemeinschaft« orientiert haben und war daher bereits überholt. Ein äußeres Indiz ist die fast durchgehende Tilgung des Ulbrichtschen Namens.[144] Eine strukturelle Konsequenz dagegen stellt die totale Unterbewertung der von Ulbricht angeregten kulturpolitischen Impulse dar, wie z. B. die verschiedenen Phasen des »Bitterfelder Weges«.

Im folgenden soll die Literaturgeschichte in erster Linie unter Gesichtspunkten behandelt werden, die bisher in der Arbeit angesprochen wurden.

Bei der Bewertung des methodischen Vorgehens fällt auf den ersten Blick der breitgefaßte Literaturbegriff positiv auf, der sowohl das Kinderbuch, den Kriminalroman als auch das Fernsehspiel subsummiert. Warum dagegen die Literaturkritik als eigenständige Gattungsform nicht berücksichtigt wird, ist bei der Aktualität, die ihr in der DDR zukommt, unverständlich.[145]

Die Ausweitung des Literaturbegriffs wird leider inhaltlich nicht gefüllt. Statt für die Literaturbereiche, die den größten Teil der Rezipienten anspricht (Reiseliteratur, Kinderbuch, Kriminalroman etc.), neue Interpretationskriterien zu entwickeln, werden sie

traditionellen Kategorien zugeordnet und verschwinden hinter der formellen Vorgehensweise, die die historischen Phasen in die drei literarischen Gattungsformen Prosa,
Lyrik und Drama unterteilt. Wie schon Helmut Peisch und Jürgen Schütte in ihrer Besprechung des Bandes richtig bemerkten[146], wurde selbst die Chance einer solchen
Gliederung nicht ausgenutzt, da jeder Abschnitt schematisch gleich dimensioniert
wurde, die wichtige Frage nach der Dominanz einzelner Genres in bestimmten Zeitab-
schnitten, ihr politischer Funktionswert, ausgeklammert blieb.

Vergebens sucht man sowohl in der Einleitung als auch im Verlauf des Textes nach einer Darstellung des literarischen Konzepts, nach genauerer Ausführung des zugrunde
gelegten materialistischen Ästhetikbegriffs.[147] Einer apodiktischen, abstrakten und
propagandistischen Postulierung eines marxistischen Ansatzes zu Beginn des Werkes
fehlt jegliche Verbindung zu der gerade in den letzten Jahren so präzise geführten literaturtheoretischen Diskussion; Namen wie Naumann, Weimann, Kaufmann und Schlenstedt bleiben unerwähnt.[148] Statt dessen finden sich triviale Formulierungen wie: »Die
kommunistische Partei Deutschlands war eine politische Kraft, die über ein Programm
verfügte, das diesen historischen Aufgaben entsprach. Das begünstigte die literarische
Entwicklung.«[149] Das Statement, daß im Bereich der Druckindustrie durch Beseiti-
gung des Monopolbesitzes und Überführung in Volkseigentum »neue gesellschaftliche
Grundlagen für literarische Entwicklung geschaffen« (27) wurden, wirkt besonders paradox bei einem Wirtschaftsbereich, wo sich hinter ›Volkseigentum‹ ein zentralistisch organisierter Verlagsapparat mit staatsmonopolistischer Zensurgewalt verbirgt.

Quer durch das Buch ist von heftigen ideologischen Kämpfen und Auseinandersetzungen, von umstrittenen Positionen die Rede[150], ohne daß diese strittigen Positionen
und ihre Gründe genannt oder erfolgte Kursänderungen beschrieben würden. Vieles
wird aus dem Blickpunkt der Gegenwart in teleologischer Verzerrung beschrieben.[151]

Freilich bietet schon der äußere Rahmen schlechte Voraussetzungen für die erforderli-
chen Differenzierungen der politischen Strömungen. Hatte man die früheren Bände der
Literaturgeschichte in der Gliederung jeweils mit der Überschrift »Standpunkte und
Gruppierungen« eingeleitet, so läuft das hier gewählte kontrastive Schema »Gesellschaftliche Entwicklung und Literaturverhältnisse« – »Wirklichkeitsverhältnisse und literarische Gestaltung« Gefahr eines starr vorgegebenen Realismusverständnisses. Es suggeriert ein simples Basis-Überbau-Verständnis, das zwar als normative Ausrichtung in der
Frühzeit der DDR von einigen Kulturfunktionären angestrebt wurde, sich aber nicht
durchsetzen und inzwischen auch von offizieller Seite als überholt betrachtet wird. Um
so erstaunlicher wirkt daher die Unsicherheit bei der Beurteilung der dichterischen
Werke, die allerdings mit pädagogischem Impetus vorgenommen wird. Statt die Kriterien einer neuartigen, veränderten Funktion der Literatur im Sozialismus systematisch
herauszuarbeiten, tauchen noch immer unreflektiert und unbesprochen Termini Lukács-
scher Provinienz auf: Da wird von ›Totalität‹, ›Objektivität‹, ›Historizität‹, ›Typisie-
rung‹, von ›Weite und Tiefe‹ und ›Formen des Lebens‹ selbst gesprochen.[152]

»Um Probleme wird selbstverständlich gekämpft oder gerungen; Schriftsteller schreiben nicht,
sie ›gestalten‹ ihre Werke, ›offenbaren‹, sie ›betreten Neuland‹, wenden sich ›vergangenheitsge-
schichtlichen‹ Stoffen zu – was immer das heißen mag – oder lassen in ›Vorbildgestalten‹ den Menschen neuen Typs erkennen.«[153]

Auch wenn es so scheint, als ob der außerordentlich niedrige z. T. stark simplifizierende, stilistische Level des Buches auf große Breitenwirkung in der Bevölkerung abzielt, verbirgt sich dahinter doch eher ein grundsätzlicher, struktureller Mangel des Werkes. Einer Darstellungsweise, die Inhalten ein historisches Gliederungsprinzip überstülpt, das geradezu geschichtsbiologischen Charakter trägt – man beachte die Überschriften der Hauptkapitel »Vorbereitung« – »Herausbildung« – »Entfaltung« der sozialistischen Nationalliteratur –, bleibt nichts anderes übrig, als alles Abweichende zu nivellieren, vage und allgemein zu halten, zu verdrängen oder auch gelegentlich zu verfälschen. Ein mechanistischer Kontinuitätsdrang übertüncht fast alle wesentlichen Meinungsverschiedenheiten. Beispielhaft soll hier die verkürzende und harmonisierende Beschreibung bei einigen Autoren angesprochen werden.

Brechts hart geführte Auseinandersetzungen mit den restriktiven Realismuskonzeptionen Anfang der 50er Jahre werden als Faktum erwähnt, man vermißt nur gerade an einer solchen Stelle, wo auch Eislers *Faustus* behandelt wird, eine, wie wir meinen für eine historische DDR-Literaturuntersuchung unerläßliche, ausführliche Darstellung der divergierenden Ansätze zum sogenannten kulturellen Erbe.[154] Statt dessen finden sich dann Überleitungen wie folgende: »Auch die Einwände, die in den Diskussionen [...] vorgebracht wurden [...] prüfte der Dichter sorgfältig.« (211 f.) »Damit traten in dieser Debatte unterschiedliche Meinungen zum künstlerischen Erbe hervor.« (212)

Bei der Behandlung von Peter Hacks Theaterstück *Die Sorgen um die Macht* (1959/62) bereitet das Taktieren den Verfassern offensichtlich Mühe, was wohl daraus zu erklären ist, daß Hacks damals seinen Dramaturgieposten beim Deutschen Theater verlor, inzwischen rehabilitiert und zu hohem kulturpolitischen Ansehen avanciert ist. Nachdem das Stück über eine Seite hinweg lobend besprochen wurde, verblüfft gegen Ende eine unmotivierte Kritik:

»In der Öffentlichkeit der DDR stieß das Stück und seine Inszenierung auf Widerspruch. Die Einwände ergaben sich aber vor allem auch daraus, daß der Autor in wichtigen Passagen den Weg zum Sozialismus/Kommunismus und deren Ziele konfrontierte.« (656)

Eine Anmerkung im Schlußteil des Buches ergänzt dann die fehlenden politischen Umstände, indem sie sich in kurioser Weise hinter dem Zitat einer theaterwissenschaftlichen Veröffentlichung der eigenen Institution verschanzt:

»Nach einigen Wochen, in denen eine lebhafte Pressediskussion vor allem die Schwächen dieses Stücks [...] herausgestellt hatte, setzte deshalb die Intendanz des Deutschen Theaters diese Inszenierung vom Spielplan ab.« (824) [155]

Strittmatters *Ole Bienkopp*, eines der in den 60er Jahren am meisten diskutierten Bücher innerhalb der DDR, gerät hier eindimensional zum hehren Klassiker eines sozialistischen Agrar-Pioniertums. Die Meinungsverschiedenheiten, in diesem Fall noch nicht einmal erwähnt, werden durch folgenden Kommentar übergangen:

»So kommt es zum tragischen Untergang des Helden, dessen literarische Berechtigung und Notwendigkeit nicht in Frage steht. Sowohl die Spontanität und das Einzelgängertum Bienkopps, als auch die bürokratische Leitungspraxis seiner Gegner, die doch eigentlich seine Freunde sein müßten, sind unter neuen Bedingungen anachronistisch geworden.« (528)

Ohne hier im weiteren die *Ole Bienkopp*-Debatte ausführen zu wollen, sei eine nachdenklich stimmende Bemerkung von Inge von Wangenheim über diese Figur angeführt:

»Er [Ole Bienkopp] ist maßstabsetzend. Entweder gelingt es uns, allen gemeinsam eine Republik zu schaffen, in der die Schöpferkraft dieses Menschen im Ganzen freigesetzt wird, oder aber wir werden keinen richtigen Sozialismus haben – keine Gerechtigkeit.« [156]

Das Buch wird schließlich, durch »die Schwierigkeit [...] die Selbstbefreiung der Volksmassen in ihrer ganzen Bewegung zu erfassen« (529), in der Nachbarschaft zu Christa Wolfs *Der geteilte Himmel* und Erik Neutschs *Spur der Steine* gerückt, ein hinkender Vergleich angesichts der unmittelbaren Nähe zu dem anarchischen Typus des Übermenschen, der für die DDR-Literatur geradezu schon zum Topos geworden ist. Die Palette der Reaktionen auf Christa Wolfs *Nachdenken über Christa T.* wird man vergebens suchen. Glaubt man vorübergehend einen Anknüpfungspunkt im Text zu finden, wenn an einer Stelle von »Unschärfen in der philosophischen Konzeption des Buches« und von fließender Grenze »zwischen opportunistischer Anpassung und der Einsicht in notwendige gesellschaftliche Bedingungen« (548) gesprochen wird, so verwirrt der letzte Satz der Abhandlung – ein Zitat übrigens – restlos. Alle Unstimmigkeiten sind beseitigt und werden als rein literarische Produktionsprobleme banalisiert: »Zu Recht wurde daher festgestellt, daß die Probleme des Buches, soweit sie als unbewältigt betrachtet werden müssen, [...] letztlich wiederum nur in künstlerischer Gestaltung aufhebbar waren.« (548)[157] Hat man noch die scharfen Angriffe von Max Walter Schulz auf dem 6. Schriftstellerkongreß im Ohr, vergegenwärtigt man sich die Auflagenlimitierung auf 800 Stück und die öffentliche Selbstkritik des Verlegers, so entsteht eine historische Lücke, stellt sich die Frage, wie es zu dieser posthumen Anerkennung kam? Es handelt sich offensichtlich um einseitige Selektion, um bewußt Taktik, denn gerade Horst Haase, der Hauptverantwortliche des Herausgeberteams kennt als Experte diese Diskussion besonders gut. Eine Relativierung seiner Position von 1969 zu Christa Wolf liegt nämlich in einer 1976 erschienenen literaturwissenschaftlichen Studie vor:

»Bei aller Kritik, die seinerzeit an Christa Wolfs Nachdenken über Christa T. auch von mir in meiner Rezension geübt wurde, scheint es mir berechtigt zu sein, diesen Roman heute als eine wichtige, in sich sehr widersprüchliche Leistung [...] historisch einzuordnen.« [158]

Daß bei einem derart einseitig literarischen Wahrnehmungsraster Dissidenten und einzelne Oppositionelle herausfallen bzw. noch stärker zurechtgestutzt werden, liegt nahe und weist programmatisch auf den, einige Monate später erfolgten, Biermann-Eklat hin.

In einem literaturgeschichtlichen Werk, das in seiner Gliederung die »Literaturverhältnisse« gleich dreimal anführt, wirkt eine dermaßen allgemeine und abstrakte Darstellung der Fakten zum Literaturbetrieb besonders ärgerlich. Sie sind in der Frühphase bis 1955, gemessen am ganzen, noch relativ anschaulich und verkümmern zur Gegenwart hin kontinuierlich. Es fehlen die empirischen Daten zur Herausbildung und Veränderung von Leseinteressen, die Erläuterungen zu Verlagsstrukturen (Angebotsdifferenzierung, Entscheidungsgremien, Medienverzahnung...), vergebens sucht man Ausführungen zur Literaturkritik. Konkretes Erfassen von Wirkungsmechanismen, die eine Interdependenz von kulturpolitischen Aktionen und literarischen Entwicklungen freilegen könnten, bedürfte exakter Zahlen über Lizenzen, Auflagenhöhe, Theateraufführungen, Film- und Fernsehbearbeitungen, Bibliotheksausleihen u. ä. m. Hinweise zum Kulturrecht, zum sozialen Status von Autoren, zu anderen beruflichen und öffentlichen Funktionen gibt es fast nirgends.[159] Ein wesentlicher Mangel – mit verursacht durch die konzeptionelle Anlage – besteht darin, daß das monumentale Unternehmen bereits beim Erscheinungstermin restlos veraltet war. Das Kapitel ›Entwicklungstendenzen in den 70er Jahren‹ umfaßt ganze fünf Seiten, was nicht allein auf den anfangs erwähnten Verschiebungen, sondern in einer generellen Zaghaftigkeit hinsichtlich einer eigenständigen, noch offiziell unabgesicherten Beobachtung beruht. Die Literaturgeschichtsschreibung ist, wie unsere Untersuchungen ergeben haben, über weite Strecken Reflex eines parteipolitischen Legitimationsbedürfnisses; Wunschdenken verkehrt sich zum Ist-Zustand und kommt einer Verkehrung von Theorie und Praxis nahe.

Die DDR-Rezeption dieses Werkes erfolgt, wie nicht anders zu erwarten, größtenteils affirmativ.[160] Das Verfahren, in dem die Literaturgeschichte zustande kam, wurde nur von Schriftstellerseite kritisiert. So beanstandet Uwe Berger, daß ihm Mitverfasser des Bandes erklärt hätten, »daß sie das Ganze bei der Drucklegung nicht kannten, sich also über die Funktion ihres Beitrages im Ensemble nicht im klaren waren«.[161] Joachim Walter erklärte schon 1973, nach der offiziellen Bekanntgabe des Projekts:

> »Aber warum muß es nun wieder *die* Literaturgeschichte werden? Konnten nicht drei oder vier Literaturwissenschaftler *ihre* Literaturgeschichte schreiben, subjektiv gefärbt natürlich, nicht mit dem eh nicht erreichbaren Drang nach endgültiger Objektivität.«[162]

4.4.3.2. Das didaktische Konzept des Literaturunterrichts

Die Schule hat einen besonderen Einfluß auf das individuelle und kollektive Erfassen von Literatur, da sie im Laufe des Sozialisationsprozesses systematisch Rezeptionsmuster prägt. Diese pädagogischen Impulse, die das Leseverhalten stärker prägen dürften als z. B. Literaturkritik, interessieren besonders in einer Gesellschaft, die sich selbst das Planziel einer »gebildeten Nation« gesetzt hat.

Zu fragen ist, inwieweit der schulische Literaturunterricht – dem in der DDR eine wichtige Funktion beigemessen wird[163] – in das zitierte »Modell Literaturgesellschaft« eingebettet ist; in welcher Beziehung dieses Fach zu den Objekten seiner Disziplin steht und inwieweit sich die schriftstellerischen Wirkungsabsichten mit den pädagogischen Leitlinien verbinden lassen.

Zu diesem Zweck sollen, bevor wir uns den schulischen Zielsetzungen zuwenden, die beabsichtigten Wirkungs- und Funktionsweisen sozialistischer Literatur rekapituliert werden, wie wir sie anhand von Autorenäußerungen untersucht haben:

Die Beschäftigung mit Literatur gilt als Möglichkeit der Erweiterung von eigenen Erfahrungen, als Steigerung des Verlangens nach menschlicher Totalität. Sie bietet dem Leser Hilfestellung zur Selbsterkenntnis und Identitätsfindung. Die in der literarischen Vorlage sinnlich aufgezeigten – und oft ungelöst bleibenden – Widersprüche bieten einen Anreiz zu eigenständigem Denken und gesellschaftlich-kritischem Bewußtsein. Über die Aufarbeitung von Kontinuität und Diskontinuität menschlichen Verhaltens in der Literatur werden Konflikte aufgedeckt, Verdrängungen und Harmonisierungen bekämpft. Durch die »Umstülpung der Mythologie ins Aktuell-Realistische«[164] wird die gegenwärtige Realität durch geschichtliche Ereignisse verfremdet. Gesellschaftliche Phantasie soll durch emotionale Ansprache, durch Sich-Versetzen in fremdartige Situationen angeregt werden. Sensibilisierung soll zu gesellschaftlicher Solidarität erziehen.

Eingefahrenen Gewohnheiten werden neue Wahrnehmungskategorien entgegengestellt; ein dialektischer Prozeß von spontanem Einfühlen und rationalem Erfassen soll historische mit aktuellen Fehlern in Verbindung bringen und sie deutlicher erkennbar machen. Die utopische Komponente, die Diskrepanz zwischen Realität und Ziel soll als Spannung aufrecht erhalten werden, damit das Ziel immer wieder neu imaginativ durchdacht wird.

Untersucht werden soll, inwieweit sich diese Rezeptionsvorstellungen der Autoren in den Zielsetzungen des Literaturunterrichts wiederfinden.

Grundlage des Lehrplans für den Literaturunterricht der Klassen 11 und 12 – der im Vordergrund unserer Untersuchung steht – ist das »Gesetz über das einheitliche sozialistische Bildungssystem« vom 25. 2. 1965. Auf dieser Basis wurde sukzessiv ein Lehrplanwerk eingeführt, das seit 1971 generell verpflichtend ist.[165]

Wie alle Schulbücher der DDR erscheint auch der Lehrplan samt den ihm zugeordneten curricularen Unterrichtsmaterialien[166] ausschließlich im Verlag Volk und Wissen. Während für den obligatorischen Lehrplan nur das Ministerium für Volksbildung verantwortlich zeichnet, werden bei den methodischen Hinweisen, die detaillierte didaktische Anleitungen liefern, Einzelpersonen als Verfasser der jeweiligen Themenkomplexe genannt.

Der Lehrplan selbst stammt offensichtlich – wie aus einer Vorbemerkung erkennbar – noch von 1968. Als Redaktionsschluß wird 1974 ausgewiesen, doch wir konnten trotz genauer Überprüfung nicht feststellen, daß die Zwischenzeit kulturpolitisch eingearbeitet worden wäre: Der Lektürekanon endet immer noch mit Hermann Kants *Aula*, und die Kommentare zu den Neuerscheinungen, die wahlweise frei in den Unterricht einzubeziehen sind, lassen keine Überarbeitung erkennen, die der Kulturpolitik der 70er Jahre entspräche. Waren Ende der 60er Jahre – entsprechend den häufigen Revisionen der Lehrpläne – noch ausführliche Debatten zu Problemen des Deutschunterrichts geführt worden – vor allem in der fachdidaktischen Zeitschrift *Deutschunterricht*[167] –, so sucht man nach solchen konkreten Auseinandersetzungen und Vorschlägen in den Jahren 1970–76 vergebens. Wir vermuten daher, daß die vorliegende Konzeption auf absehbare Zeit relativ statisch festgeschrieben ist.[168] Voraussichtlich verbleiben auch in den nächsten Jahren im Literaturunterricht der Klassen 11 und 12 von 126 Stunden insgesamt nur 12 Stunden, die sich mit der Gegenwartsliteratur der DDR befassen.[169]

Der mögliche Beitrag des Literaturunterrichts zur Erreichung des Ziels des Bildungsgesetzes, nach dem Kinder, Jugendliche und Erwachsene befähigt werden sollen, »als gute Staatsbürger wertvolle Arbeit zu leisten, ständig weiter zu lernen, sich gesellschaftlich zu betätigen, mitzuplanen und Verantwortung zu übernehmen«[170], dürfte also schon von der Quantität her eher bescheiden ausfallen.

Die »Ziele und Aufgaben« des 1. Kapitels der Lehrpläne fallen schon von der Sprachstruktur her durch ihren Weisungscharakter auf. Wenn den Lehrern nicht vorgeschrieben wird, was die Schüler »müssen« oder »sollen« (etwa ein Viertel der Sätze), werden ihnen (in einem zweiten Viertel der Sätze) indirekte passivische Anweisungen erteilt – »die Schüler sind zu befähigen«, »sie haben sich damit auseinanderzusetzen«, »der Unterricht ist zu gestalten«. Meistens wird in bezug auf das Lernziel allerdings eine jede Fragestellung von vornherein ausschließende Form der Präsensaussage gewählt, z. B. »die Schüler begreifen«, »sie werden sich darüber klar«, »ihnen wird bewußt«, gelegentlich auch unpersönlich passivisch »als wesentlich wird erkannt«. Die grammatikalischen Schemata lassen sich in Verbindung mit den inhaltlichen Aussagen als Ausdruck simplifizierender, emotional-suggestiver Handlungsanweisungen interpretieren.

Als oberstes Ziel des Literaturunterrichts wird angegeben,

»Sie [die Abiturienten] sollen so gebildet und erzogen werden, daß sie bereit und fähig sind, bewußt und schöpferisch an der Gestaltung der entwickelten sozialistischen Gesellschaft mitzuwirken und ihr sozialistisches Vaterland zu verteidigen.«[171]

Es ist von den in der »Literatur liegenden Potenzen für die staatsbürgerliche Bildung«[172] die Rede. Diese Zielsetzung verweist auf einen in erster Linie operationalen, eindimensionalen Literaturbegriff. Auch die im zweiten Halbsatz angesprochene Mitwirkung bezieht sich wohl weniger auf ein demokratisches Erfassen und Lösen gesellschaftlicher Widersprüche, sondern ist eher ein Appell an fixierte Normen im verbindlichen Wertekanon. Die Mobilisierungsbereitschaft der Schüler wird nicht vornehmlich in geistiger Hinsicht – die in der gegenwärtigen politischen Landschaft noch zu einem schöpferischen Literaturbegriff passen würde – angesprochen, sondern degradiert Literatur quasi zur moralischen Aufrüstung. Es handelt sich bei solchen Aussagen zur Erhöhung der Wehrbereitschaft nicht um plakative Allgemeinplätze, sondern – wie noch zu zeigen sein wird – um eine Programmatik, der im schulischen Umgang mit Literatur durchaus Rechnung getragen wird.

Auffällig ist, daß der Lehrplan in der kulturpolitischen Einleitung, in den literaturtheoretischen Vorbemerkungen zum jeweiligen Themenkomplex und in den detailliert ausgeführten Stundenabläufen jeweils strikte Lernziele und Ergebnisvorgaben enthält.[173] Die Ausführungen zu den Zielen und zur gewünschten Interpretations- und Analyseweise lassen schon ohne Kenntnis der Lektürevorschriften vermuten, daß bei der Literaturauswahl Texte bevorzugt werden, die tendenziell affirmativ sind und die Realität optimistisch bejahen. Denn warum soll Literatur den Schülern pauschal als »Quelle der Erkenntnis«[174] und nicht auch als Anreiz zum Weiterdenken dienen; warum wird sie zum »Ausdruck eigener Gedanken und Gefühle«[175] reduziert – wäre nicht kritische Distanz genauso wesentlich wie das identifikatorische Leitbild? Warum muß Literatur nur »Antwort auf sie bewegende Fragen und Probleme geben?«[176] – sind offengelassene Fragen nicht genauso legitim?

Ähnlich reduziert erscheint die Adaption des sog. literarischen Erbes, deren naiven Bezug zum Historischen z. B. folgende Textstellen offenbart:

»Die Schüler sollen erkennen, daß die Ideale und Vorstellungen, die Sehnsüchte und Träume der fortschrittlich-humanistischen Dichter und Schriftsteller in der sozialistischen Literatur dialektisch aufgehoben und weiterentwickelt werden und in der sozialistischen Gesellschaft ihre konsequente Verwirklichung finden. Ihnen soll bewußt werden, daß die Arbeiterklasse mit der Verwirklichung ihrer historischen Mission unter der Führung ihrer marxistisch-leninistischen Partei damit gleichzeitig die fortschrittlichen Ideale der Dichter und Denker der Vergangenheit auf einer höheren Stufe der gesellschaftlichen Entwicklung in die Tat umsetzt.«[177]

Diese Art der Klassik-Renaissance taucht als Argumentationsmuster immer wieder leitmotivisch in den Lehrplänen und methodischen Anweisungen auf und muß daher als Kernaussage und These der Lehrpläne gewertet werden. Dabei ist das harmonisierende Geschichtsbild dieser Argumentation so überzeichnet dogmatisch und flach, daß es den Prinzipien einer differenziert marxistischen Analyse eklatant widerspricht.[178] Zum einen wird der Zeitabschnitt der Gegenwartsentwicklung im Rahmen des historischen Entwicklungsprozesses unzulässig überbewertet. Zum anderen bedeutet das geradlinige Anknüpfen an Kulturideale, die 1789, 1813 oder 1848 fortschrittlich waren, daß die sozialistische Gesellschaft als Verwirklichung – wenn auch auf höherer Stufe – von zutiefst kleinbürgerlichen Idealen definiert wird, in deren Tradition die Metternich'sche Restauration ebenso steht wie die Wilhelminische Ära und der Faschismus. Ein Umstand, der von Emmerich treffend charakterisiert wird:

»Ließe sich eine in Klassen gespaltene, von Terror und Krieg verstümmelte Nation dadurch wieder einigen und aufrichten, daß man ihre vergangene Kultur sammelte, verteidigte und feierte, dabei übersehend, daß alle diese Kulturgüter Überschüsse einer an sich barbarischen Gesellschaft – der bürgerlichen – waren [...]«.[179]

Eine zentrale Stellung in den Lehrplänen hat – wie auch in der DDR-Literaturgeschichtsschreibung – die Weimarer Klassik. Alle anderen Literaturströmungen – soweit sie überhaupt angesprochen werden, Romantik, Naturalismus und Expressionismus sind fast gar nicht vertreten – werden zur Weimarer Klassik in Relation gesetzt, »sie verbreitend, sie fortführend, sie verratend, sie verteidigend«.[180] Entsprechend fungieren Autoren wie Sophokles, Shakespeare, Lessing und Herder als Wegbereiter der herausragenden Leistungen von Goethe und Schiller. Bei der Vorgehensweise fällt die Selektion auf – es geht weniger darum, Zusammenhänge zwischen Sozialgeschichte und Literatur zu vermitteln, Literatur als Metapher einer komplexen Wirklichkeit zu begreifen, sondern vielmehr um die Vermittlung verbindlicher Leitbilder. Wolfgang Motzkau hat in seiner 1977 erschienenen Dissertation über den Literaturunterricht in der DDR herausgearbeitet,

»[...] daß diejenigen Züge an den Werken Goethes und Schillers, die den Citoyen-Idealen der bürgerlichen Emanzipationsbewegung entsprechen und in denen sich der rebellische Geist eines Teils der bürgerlichen Intelligenz ausdrückt [...]«[181],

überdimensional und historisch verfälschend in den Vordergrund treten. Einerseits werde die ablehnende Haltung der beiden Dichter zur Revolution selbst, andererseits ihr ambivalentes Verhältnis zu den Kräften des Feudalismus verschleiert. Die Argumentation werde bei dieser Akzentsetzung allerdings völlig inkonsistent, wenn Autoren wie Hölderlin (daneben auch Kleist und Jean Paul) als sog. Nebenfiguren der klassischen Ära abgewertet werden – was gerade angesichts Hölderlins kompromißlosen Festhaltens an den revolutionären Idealen erstaune. Obgleich auch die DDR-Germanistik, den neueren

Forschungen von Bertaux folgend[182], das stark klischeebehaftete Hölderlinbild – vom verzweifelten Griechenlandschwärmer etwa – revidiert hat[183], bleibt es in den Lehrplänen im wesentlichen erhalten.[184]

Die nachklassischen Epochen werden in zwei Entwicklungslinien unterschieden. Zur einen Linie gehören Autoren, die sich in einen relativen Einklang oder zumindest in eine positive Beziehung zur Klassik bringen lassen. Dazu werden Autoren wie Keller, Fontane, Thomas und Heinrich Mann, Anna Seghers, Arnold Zweig und Johannes R. Becher gerechnet. Die andere Linie beinhaltet die frühen Werke der Arbeiterliteratur im 19. Jahrhundert, die Autoren des BPRS, Brecht, Weinert sowie die Vertreter des »Bitterfelder Weges«. Die faktische Bewertung der beiden Linien widerspricht allerdings der These einer historischen Höherentwicklung vom kritischen zum sozialistischen Realismus. Denn überraschenderweise rekurriert der Literaturunterricht in der quantitativen Auswahl und der qualitativen Bewertung schwerpunktmäßig auf die Klassik-Linie, so daß die eigenständigen neuen proletarischen Werke dahinter stark zurücktreten. Der BPRS wird in einer Stunde behandelt, Bitterfeld wird explizit nur am Rande erwähnt, Brigadetagebücher, Zirkel schreibender Arbeiter u. ä. tauchen in den Lehrplänen der Klassen 11 und 12 nicht auf. Deutlich wird diese Präferenz auch in dem zeitlichen Gewicht, das dem Klassik-Bezug innerhalb der fünf Themenkomplexe eingeräumt wird, die für die Klassen 11 und 12 verbindlich sind:

1. Die Bedeutung der Literatur für die Entwicklung der Persönlichkeit und der Gesellschaft in der DDR (Klasse 11: 6 Stunden)
2. Grundfunktionen realistischer Literatur in der kapitalistischen Gesellschaft von den Anfängen der Arbeiterbewegung bis zur Großen Sozialistischen Oktoberrevolution (Klasse 11: 14 Stunden)
3. Literatur des sozialistischen Realismus als Mitgestalter der sozialistischen Gesellschaft vom Sieg der Großen Sozialistischen Oktoberrevolution bis zur Gegenwart (Klasse 11: 30 Stunden)
4. Literatur des sozialistischen Realismus im Protest und im Kampf gegen Imperialismus und Krieg von der Jahrhundertwende bis zur Gegenwart (Klasse 11: 12 Stunden, Klasse 12: 12 Stunden)
5. Realismus und Humanismus in der deutschen Klassik – Die dialektische Aufhebung und Realisierung des klassischen Humanitätsideals in der sozialistischen Literatur und Gesellschaft (Klasse 12: 52 Stunden).

Keinem anderen Thema wird soviel Zeit (40% des Literaturunterrichts) und Sorgfalt in der didaktischen Analyse gewidmet (2/3 des Umfangs der »Methodischen Hinweise« beziehen sich auf Thema 5).

Wie wird nun in den Lehrplänen die Dialektik von Sozialismus und Klassik verstanden? Ganz offensichtlich wird das klassische Humanitätsideal, das nach gängigem DDR-Schlagwort den Menschen als schöpferisch-tätige, allseitig ausgebildete Persönlichkeit definiert, in erster Linie als Legitimationsmittel der DDR-Kulturpolitik benutzt.

Nirgends wird auf die immer kontrovers ausgetragene Diskussion zum Klassikverständnis verwiesen. Statt dessen gibt eine jeden Zweifel ausschließende, konstatierende Präsensaussage Denkstrukturen vor:

»Die Schüler begreifen, welche Anforderungen die Weiterentwicklung der sozialistischen Gesellschaft in der Deutschen Demokratischen Republik an die Schriftsteller, an das Publikum und an die Institutionen stellt, die für die Publikation literarischer Werke verantwortlich sind.«[185]

In den »Methodischen Hinweisen« wird zu der umstrittenen neuen Rezeption und Um- bzw. Einarbeitung von klassischen Motiven indirekt mit einem Zitat von Horst Haase Stellung bezogen:

> »Nicht die Fragestellungen der Gegenwart sind in das Erbe hineinzutragen, sondern in der historisch-konkreten Aneignung des Erbes sind jene Fragen aufzudecken und theoretisch zu verallgemeinern, die in unserer Zeit relevant und bedeutungsvoll sind.«[186]

Wie die schwammigen Begriffe »relevant« und »bedeutungsvoll« zu verstehen sind, geht aus einer weiteren Textstelle hervor: »Fehlt diese dialektisch-historische Sicht, dann besteht die Gefahr, das Erbe ahistorisch zu werten bzw. in einer schädlichen Weise zu aktualisieren.«[187]

Gemeint sind damit wohl in erster Linie Autoren, die wie Heiner Müller, Günter Kunert, Günter de Bruyn u. v. a. auch auf historische Persönlichkeiten und soziale Konflikte zurückgreifen, die heikle Parallelen zur DDR-Gesellschaft aufweisen. Unverständlich bleibt allerdings, warum eine Vorgehensweise als ahistorisch disqualifiziert wird, die sich auch der geschichtlichen Strömungen annimmt, zu denen die Gegenwart durchaus negative Parallelen aufweist, die sich – um mit Marx zu sprechen – der »Muttermale der Gesellschaft« annimmt.

Kennzeichnend für diese Geschichtsklitterung ist die Vermittlung eines einseitigen Brecht-Bildes. Neben vier Gedichten ist nur der *Galilei* in den beiden letzten Schuljahren Pflichtlektüre. Bezeichnenderweise wird er im Zusammenhang mit Themenkomplex 5 behandelt, somit in einen kontinuierlichen Bezug zur Klassik gebracht und schließlich sogar gewaltsam in direkte Nachfolge zu Goethes *Faust* gesetzt.[188] Brechts Distanz bzw. sehr eigenwilliges Verhältnis zu den Klassikern – speziell zu Goethe[189] – bleibt in dem langen Analysetext des Lehrmaterials unberücksichtigt. Vielmehr wird Brecht allen DDR-internen literaturwissenschaftlichen Auseinandersetzungen[190] zum Trotz nachdrücklich als Goethes geistiger Erbe vermittelt. Kaum ein DDR-Schüler mit durchschnittlichen Literaturinteressen wird also erfahren, daß es gerade bei Brecht keines so weit hergeholten Vergleichs zur sozialistischen Faustrezeption bedarf, daß von ihm selber eine zweimal geänderte Urfaust-Bearbeitung vorliegt und darüber hinaus eine Stellungnahme zur Diskussion des Textbandes von Hans Eislers Opernlibretto *Johann Faustus* existiert.[191] Verfolgt man ergänzend die Arbeit mit Brecht-Texten in den davorliegenden Schuljahren, so muß vermutet werden, daß Brechts pädagogische Hauptleistung darin gesehen wird, den Deutschlehrern geeigneten Stoff für die ideologische Ausprägung des Freund-Feind-Bildes zu liefern – wenn etwa *Die Gewehre der Frau Carrer* und *Die Tage der Commune* als Material für die sozialistische Wehrerziehung fungieren.[192]

Die Gründe für die Klassik-Normierung in der DDR – die in den Lehrplänen offensichtlich besonders stark ausgeprägt ist – sehen wir in vier Ursachenkomplexen:

1. In den Nachwirkungen der sog. Volksfrontpolitik, die entsprechend den Beschlüssen des VII. Weltkongresses der kommunistischen Internationale 1935 die Strategie verfolgte, sich dem Nationalsozialismus mit einem breiten Bündnis aller Antifaschisten

zu widersetzen. Dieser anvisierte geistig-ideologische Kampf richtete sich in erster Linie gegen die Kulturbarbarei des Nationalsozialismus und griff uneingeschränkt auf das kulturelle Erbe der Weimarer Klassik zurück. »Goethe« und »Hitler« wurden bedenkenlos simplifizierend zum Symbol für »Frieden« und »Krieg«.[193]

2. In der zentralen Rolle der literaturtheoretischen Schriften von Georg Lukács, der die DDR-Kulturpolitik in der Frühphase aktiv im Sinne der Volksfrontideologie beeinflußte und innerhalb einer ganzen Generation von DDR-Germanisten weit über 1956 hinaus passiv weiterwirkte.

3. In dem Glauben an die Übertragbarkeit des nationalen Gedankens. Ähnlich wie die fortschrittlichen Dichter der Weimarer Zeit, denen eine Befreiung von den kleinstaatlichen Absolutismusidealen durch eine ästhetische Nationalerziehung vorschwebte, behauptet die DDR innerhalb der eigenen Grenzen eine eigene Nationalität und damit auch eine eigenständige sozialistische Nationalliteratur geschaffen zu haben – ein Begriff, auf den z. B. im letzten Band der besprochenen DDR-Literaturgeschichte und in den Lehrplänen großer Wert gelegt wird.

4. In der Bedeutung, die dem vagen Erziehungsziel der »allseitig entwickelten sozialistischen Persönlichkeit« beigemessen wird. Da die eigenständig entwickelten Inhalte zur Füllung dieses Begriffes offenbar nicht ausreichen, wird aus Repräsentations- und Legitimationsbedürfnis Literatur als Vehikel eines Menschenbildes benutzt, das mit allen positiven Merkmalen der klassischen bürgerlichen Emanzipationsbewegung gefüllt wird.

Für die eigentliche DDR-Literatur stellen die Lehrpläne folgende Erziehungsziele in den Vordergrund:[194]

– Verstärkte Ausbildung der politisch-ideologischen Position und Einordnung in den eigenen individuellen Lebenszusammenhang.
– Einordnung der sozialistischen Gegenwartsliteratur in den Entwicklungsverlauf der DDR.
– Aktive Beteiligung der Schüler am kulturellen Leben.
– Entwicklung eigenschöpferischer Initiativen.

Diesen Zielen wird allerdings die Themenaufteilung im Literaturunterricht kaum gerecht. Obwohl die DDR-Literatur in vier der fünf Themenkomplexe enthalten ist, wird sie bei den Themen 1, 4 und 5 nur ganz am Rande und allein in Thema 3 ausführlich behandelt. Die insgesamt 30 Stunden des Literaturunterrichts der Klassen 11 und 12, die sich mit DDR-Literatur befassen, verteilen sich folgendermaßen auf die Themenkomplexe:

Thema:	1	2	3	4	5	insgesamt
DDR-Lit. allgemein	1	–	12	–	5	18
aktuelle Gegenwartsliteratur	4	–	5	1	2	12

Da die 12 Stunden für aktuelle Gegenwartsliteratur zur freien Verfügung sind, entzieht sich ihr Inhalt unserer Kenntnis. Somit sind es von den verbleibenden 18 Stunden in erster Linie die 12 Stunden im Themenkomplex 3, die zu untersuchen sind (die restlichen 6 Stunden behandeln hauptsächlich kulturpolitische Texte).

Aus den Angaben zur DDR-Literatur in den Lehrplänen – die nur bis Mitte der 60er Jahre reicht![195] – müssen wir folgern, daß zeitlich bedingte Autorenpositionen als allgemeingültige, überzeitliche Positionen festgeschrieben werden sollen. Ansätze, Entwicklungstendenzen herauszuarbeiten, neue Konflikte und Problembereiche zu bearbeiten – insbesondere auch Themen, die die Jugendlichen selbst betreffen – sucht man vergebens. Obwohl immer wieder warnend auf westliche Literatur, insbesondere Trivialliteratur verwiesen wird, nutzt der Lehrplan auch diese Quelle nicht, um kritisches Leseverhalten einzuüben. In den drei Stunden, die für Literatur kapitalistischer Länder vorgesehen sind, enthält die Stoffauswahl Werke, die nach den eigenen Maßstäben als fortschrittlich eingestuft werden. Kulturpolitische Themen werden nur anhand einiger Klassikerzitate unhistorisch angesprochen, man vermißt konkrete Hinweise zur aktuellen Literaturgesellschaft und inhaltliche Aussagen zur praktischen Kulturarbeit.

Den im Lehrplan aufgeführten Zielen (s. o.) werden die didaktischen Ausführungen kaum gerecht, da durch die Literaturauswahl, die Stoffülle und die normierte Vermittlung von Vorbildhaftem den individuellen Interessen der Schüler nur wenig Rechnung getragen werden kann. Die von den Autoren vertretenen Maximen einer Rezeptionsweise subjektiver Betroffenheit im steten Wechsel von Identifikation und Distanz, die Einübung von Kritikfähigkeit durch Erkennen gesellschaftlicher Widersprüche sowie die stete Ausrichtung auf Identitätsfindung und Eigenverantwortung sind geradezu abgeschnitten – wenn nicht ins Gegenteil verkehrt worden.

Wie bereits erwähnt, wird in der Zeitschrift »Deutschunterricht« – dem direkt für den Literaturunterricht zuständigen Organ – die Ausrichtung der Lehrpläne nicht grundsätzlich zur Debatte gestellt. Das gilt allerdings nicht für das ganze Spektrum der kulturellen Veröffentlichungen. Die 1972 von der FDJ-Zeitung *Forum* veröffentlichte Untersuchung der von Monika Olias vorgenommenen Befragung[196] von DDR-Jugendlichen über den Stellenwert von Kunst in ihrem Leben setzte provozierende Akzente für die öffentliche Diskussion durch die verblüffende Offenheit der Schüler-Antworten. Die Oberstufenschüler kritisierten Mängel in der musischen Ausbildung und gingen insbesondere mit der Strukturierung des Literaturunterrichts hart ins Gericht. Bemängelt wurden die Stoffauswahl, die starren Vermittlungsmethoden und die fehlende Aktualität. Bei allen Einschränkungen, die gegenüber Einzelaussagen zu machen sind, erscheint uns die Aussage des Schülers Gert eine Bestätigung für die Schlußfolgerungen, die wir aus der Analyse der Lehrpläne zogen:

> »Der Literaturunterricht, wie er jetzt ist, regt nicht dazu an, sich über den Unterricht hinaus mit Literatur zu beschäftigen. Schon seit der 5. Klasse lesen und besprechen wir Bücher und immer wieder Bücher. Zu jedem Werk werden dieselben Fragen gestellt: ›Charakterisieren Sie den positiven Helden!‹ usw. Man weiß schließlich schon, was kommt. Es scheint, als wolle der Lehrer keine fruchtbare Diskussion, sondern nur ein Frage-Antwort-Spiel. Meiner Meinung nach wird die geistige Entwicklung der Schüler nicht berücksichtigt. Wir machen uns aber selber Gedanken über solche Dinge. Wenn man nach den Problemen fragen würde, die bei den Schülern während des Lesens aufgetreten sind, hätte man eine gute Diskussionsgrundlage. Das ist natürlich komplizierter.«[197]

In einer direkten Erwiderung auf den Aufsatz zieht Wolfgang Thierse vom Bereich Kulturtheorie und Ästhetik der Humboldt-Universität folgenden Schluß, der sich von der Bemerkung des Schülers Gert nur durch abstraktere Diktion unterscheidet:

»Wenn in der Schule nicht gelernt, d. h. zur Erfahrung gebracht wird, daß Kunstwerke Anlässe sind, eigene Phantasie zu entwickeln, Meinungen über die Wirklichkeit zu erproben, Eigenem auch ästhetischen Ausdruck zu verleihen, dann kann Kunst leicht überflüssig erscheinen.«[198]

Thierse weist auch auf die Gefahr von Rezeptionsweisen hin, die sich aus dem gegenwärtigen didaktischen Inhalt der Lehrpläne ergäben: Schülern, deren Motivation zur Beschäftigung mit Kunst einzig in der unbestrittenen Brauchbarkeit der Werke für die Illustration des Geschichtsunterrichts und als Hilfsmittel für die politisch-ideologische Erziehung bestünde, vollzögen eine für die sozialistische Persönlichkeitsentwicklung fatale Form der Zweiteilung – einerseits ein sog. *offizielles* Verhalten, das den Vorstellungen der Pädagogen entspricht, andererseits eine sog. *private* Haltung, die den vielseitigen Bedürfnissen nach persönlichen Interessen, Unterhaltung und Entspannung entspricht. Diese Diskrepanz zwischen schulischem und privatem Umgang mit Literatur fordere geradezu nach einer Aufhebung der Unterscheidung zwischen sog. ernster Literatur und Unterhaltungsliteratur heraus.[199]

Für Karl Jülich[200] ist diese Diskrepanz das Resultat einer zu kopflastigen Ausbildung; sie führe zur formelhaften Anwendung moralischer Kategorien auf literarische Texte, sei aber von aktuellen Verhaltensmustern und konkreten Handlungsmöglichkeiten völlig losgelöst. Sein Ansatz für eine verstärkte »Erziehung der Gefühle« besteht in der Forderung, der Deutschlehrer solle mehr Möglichkeiten haben »zu entscheiden, welches Werk er in bezug auf das Rezeptionsniveau seiner Klasse einsetzt.«[201]

Jülichs Überlegungen treffen sich mit denen der Lehrer Sommerfeld und Hartenstein[202], die schon 1974 in den *Weimarer Beiträgen* engagierte Kritik an den Vorgaben zum Literaturunterricht übten. Sie setzten sich dafür ein, an dem am alltäglichen Gebrauchswert orientierten Interesse der Schüler anzuknüpfen, ihnen Gelegenheit zu geben, ihre eigenen Probleme am Kunstwerk zu diskutieren – die Fragen des individuellen Kunsterlebnisses in den Vordergrund zu stellen. Sie schlagen vor – neben der Empfehlung, Plenzdorfs *Neue Leiden des jungen W.* und seinen Film *Paul und Paula* zu behandeln, die aktive und passive Rezeption zu intensivieren. Die aktive Rezeption durch Aufführung von Theaterstücken und gemeinsames Besprechen selbstverfaßter Gedichte, die passive Rezeption durch Anknüpfen an außerschulische Medien, z. B. Diskussion von Fernseh- und Hörspielen.

Diese Ansätze, die sich von der reinen »Vermittlungpädagogik« der Lehre(n) und Nutzanwendung(en) distanzieren, dürften den eingangs angeführten Vorstellungen der Autoren am ehesten entsprechen. Typischer für den durchschnittlichen Literaturunterricht in der DDR dürfte allerdings die Position sein, die Ursula Heukamp 1977 in ihrem Aufsatz *Spaß am Lesen – obligatorisch*[203] vertrat. Ausgehend von der richtigen Bemerkung, daß Spaß am Lesen und ästhetisches Vermögen nicht automatisch identisch sind mit Erziehung durch Literatur, vollzieht sie daran anschließend einen fragwürdigen Kompromiß:

»[...] es ist nicht immer problemlos, beide Erziehungsziele am gleichen Werk etwa zu verwirklichen. Im ersten Fall muß der Spontanität und Unmittelbarkeit ihr Recht werden, unterschiedliche Rezeptionsweisen müssen eher angeregt als eingedämmt werden. Im anderen Fall muß tatsächlich bisweilen die gültige ›Moral aus der Geschichte‹ gezogen werden, faßbar vermittelt, welche Verhaltensweisen die Gesellschaft als wichtig und nachahmenswert anerkennt und wie sie ihre ethischen Werte bestimmt.«[204]

Da die didaktische Methode der Lehrpläne überwiegend auf dem »anderen Fall« basiert, ist sie für einen produktiven Umgang mit Literatur im Sinne unserer Eingangsthesen unbrauchbar, denn sie propagiert geradezu die innere Zweiteilung von öffentlicher und privater Meinung – ähnlich wie die innere Zensur der Autoren.[205]

Für das Vorherrschen dieser inneren Zweiteilung spricht auch das Ergebnis einer kürzlich erschienenen soziologischen Untersuchung von Dietrich Sommer[206], die erstmals DDR-Rezeptionsgewohnheiten empirisch untersucht hat. Ausgehend von der Überlegung, daß es für die Pädagogen notwendig sei, die individuelle ebenso wie die kollektive literarisch-ästhetische Aneignung zu überprüfen bzw. zu korrigieren, stellte Sommer Jugendlichen die Frage, mit wem sie regelmäßig über ihre individuelle Lektüre redeten. Als Ergebnis kam heraus, daß 62% der Befragten keinen kontinuierlichen Gesprächspartner für ihre Lektüre haben. 23% der Nennungen bezogen sich auf den familiären Bereich, 12% auf den Freundeskreis und nur 0,7% auf den Deutsch/Literaturunterricht. Eindeutig dominiert der private Bereich, der öffentliche Bereich rangiert mit 2,9% (Schule allgemein 1,3%, Deutsch/Literaturunterricht 0,7%, Bibliothek 0,9%) ganz am Ende der Skala.

Die Untersuchung bewertete den geringen Anteil der Schule zwar als problematisch, gleichzeitig referiert sie aber unkritisch Lehrerkommentare zu dieser Situation, deren Art auf einige Ursachen hinweist:

»[…] ihnen [den Lehrern] fehle es an Zeit, zielgerichtete Erkundigungsgespräche regelmäßig mit allen Schülern durchführen zu können. Man beschränke sich deshalb vor allem auf jene Schüler, deren Leistungs- und Erziehungssituation dies geraten erscheinen lasse.«[207]

Kein Wunder, daß die Schüler von sich aus die schulische Sphäre für Gespräche über Literatur meiden, wenn diese nicht im Klassenverband stattfinden können und darüber hinaus noch als Disziplinierungsmaßnahme für Schüler verwendet werden, die der Norm in Leistung und sozialistischer Persönlichkeitsfindung nicht entsprechen.

Ein ähnliches Verfehlen der intendierten Wirkungsabsichten des Schulunterrichts konstatiert eine 1966–1970 vorgenommene Befragung von Neuimmatrikulierten des Faches Deutsch an der Pädagogischen Hochschule Leipzig.[208] Selbst in diesem literarisch orientierten Kreis antworteten 1970 von 160 Studenten auf die Frage »Erinnern Sie sich an eine Literaturstunde, die auf Sie eine besonders nachhaltige Wirkung ausübte?« 44% mit »nein«. Dieses Ergebnis fordert zu einer realistischeren und selbstkritischeren Einschätzung der Effizienz des Literaturunterrichtes heraus, als es in der DDR sonst üblich ist: Bei der Auswertung der Zahlen wird vorsichtig eingeräumt, daß die »im Literaturunterricht erzielten Erfolge […] noch nicht in vollem Umfang den Zielrichtungen der präzisierten Lehrpläne«[209] entsprächen und daß »offene und ungezwungene Diskussionen über den Lehrstoff bei Jugendlichen dieses Alters großen Anklang finden«[210], da bei 11% der Befragten Unterrichtsstunden dieses Stils am besten behalten wurden.

Möglicherweise trägt der längst fällige, bisher erst in zaghaften Ansätzen zu beobachtende Trend,

»[…] literatursoziologische Studien zu den Verlagseditionen, zum individuellen Buchbesitz, zu literarisch-ästhetischen Kommunikationsbeziehungen oder zur Erwartungshaltung gegenüber dem Vermittlungs- und Aneignungsprozeß […]«[211]

durchzuführen, dazu bei, daß sich ein stärker auf Vertrauen und Offenheit ausgerichteter Kontakt zwischen Vermittler und Rezipient im Literaturunterricht der DDR entwickeln kann, der seinen Niederschlag auch in den Lehrplänen findet.

4.4.3.3. Kontroversen um die Literaturkritik

Vermittelte die Analyse der Romane von de Bruyn und Becker ein spannungsreiches Verhältnis zwischen den Schriftstellern und den über sie reflektierenden Partnern, so entspricht diese Krise der literarischen Szene der beginnenden 70er Jahre.

Sie kündigt sich bereits 1968 bei einer Diskussionsveranstaltung über den Roman an, auf der H. Plavius versucht, das Genrespezifische der neueren Romanproduktion zu charakterisieren. Er lobt dabei den stärkeren Einsatz subjektiver Elemente, der sich im Roman so äußert, daß der Held als »Demiurg seiner Welt«[212] gestaltet wird. Er definiert künstlerische Arbeit als »Konzentrat von Wirklichkeit, die mit dem Impuls menschlich subjektiver Schöpferkraft angereichert ist und daher zur Wirklichkeit von morgen wird.«[213] In der sich anschließenden Gesprächsrunde mit Autoren und Germanisten erhebt Fritz Selbmann, im Rahmen der neu zu konzipierenden Literaturkriterien, heftige Vorwürfe gegen die Literaturwissenschaft, die sich in völlig unzureichendem Maße mit der Gegenwartsliteratur beschäftige und daher ihren praktischen Aufgaben als Korrektor bzw. Förderer der Autoren nicht genügend nachkomme.[214]

Der schwelende Unmut gipfelt 1971 in einem Aufsatz Adolf Endlers in *Sinn und Form*, in dem er gegen eine neue Lyrikpublikation zu Felde zieht. Ohne hier die gesamte Breite der inzwischen zum Begriff gewordenen zweiten »Lyrikdebatte« vorzutragen, soll an ihr der gegensätzliche Standpunkt von Künstlern und Wissenschaftlern exemplifiziert werden. Endler wertet die besagte Darstellung von zehn Jahren Lyrikentwicklung in der DDR als eine Erscheinung »im Hinblick auf eine geplante Literaturgeschichte« und erblickt als das »Dilemma der Literaturwissenschaft [...] einen brutalen Dogmatismus, der alles wegschnitt, was nicht in sein Bild paßte.« Er moniert an dem Herausgeber, daß die Lyrikszene nur einseitig ausgeleuchtet sei, daß er das »gute Dutzend jüngerer Dichter von Walter Herzog bis Günter Kunert und Sarah Kirsch [...] nicht in seine Betrachtungen einbezogen hätte«.[215]

Bedenklich stimmt in bezug auf die Demokratisierung der Literaturgesellschaft die Replik des Kritikers Martin Reso[216], der am Ende seiner Ausführungen die Publikation des Endleressays in *Sinn und Form* als politischen Fehler bezeichnet, der auf eine unzureichende Analyse der kulturpolitischen Situation zurückzuführen sei. Im Anschluß daran rechtfertigt Wilhelm Girnus[217], der Leiter von *Sinn und Form*, die Veröffentlichung des umstrittenen Beitrages und betont dagegen: »Im Bereich der Literatur sei die öffentliche Diskussion die wichtigste Methode zur Ermittlung der Wahrheit.«[218] Das Verhalten der gegenwärtigen Literaturkritik kommentiert er als unzufriedenstellend; in seiner kritischen Bilanz macht er auch den hochschulpolitischen Sektor mitverantwortlich dafür. Für die Lehrerausbildung, die den breitesten Raum einnehme, müßten die Belange der Literaturkritik ein stärkeres Gewicht erhalten. Er folgert dies aus einer Untersuchung, die besagt, »daß der Literaturvermittler in der Schule [...] zu denen gehört, die den geringsten Anteil am Bezug von Litaraturzeitschriften haben«[219], und fährt fort, daß die mangelnde Vertrautheit mit Theorie und Methode moderner Literaturkritik zu schematischer Vermittlung und damit zum Überdruß bei den Schülern führe.

Die fehlende Bereitschaft der Wissenschaft zu einer Reform des Litaraturstudiums, die seit 1967 anstehe, sei symptomatisch für die Unsicherheit der Disziplin. Als mögliche Ursache für die stagnierende Beteiligung bei einer öffentlichen Kontroverse um diese Belange führt er die Verfügung an, »daß lehrende Angehörige der Universität ihre Veröffentlichungen zu Literatur-Kulturproblemen zuvor ihren Vorgesetzten zur Genehmigung unterbreiten müßten«.[220]

Die Anprangerung solch diskriminierender Selektion, die administrative Einengung des wissenschaftlichen Meinungsstreits, korrespondiert mit der literarischen Gestaltung de Bruyns und könnte als authentische Vorlage der DDR-Wirklichkeit gewertet werden.

Anfang 1973 versucht man in einer Vorstandssitzung des Schriftstellerverbandes zu Fragen der Literaturkritik die entstandene Kluft zwischen Autoren und Kritikern erneut aufzugreifen.[221] – Die wichtige Rolle der Kritik wird bestätigt, indem sie als Schnittpunkt von Literaturgeschichte, Literaturtheorie und Rezeption, als Promotor einer literarischen Öffentlichkeit gewertet wird. Kurt Batt macht in seinem Hauptreferat Vorschläge zur Verlagerung literaturkritischer Schwerpunkte: Das kritische Potential sei für den Leser besonders effektiv, wenn eine echte Sichtung der Werke nach den differenzierten Lebensbedürfnissen der Rezipienten vorgenommen würde. Für den Schriftsteller dagegen wäre eine Akzentverschiebung auf die Werkstattprobleme, »das Herausfinden des schriftstellerischen Problems und seiner Darstellung im jeweiligen Fall«[222] wichtig. Er sieht die Schwächen der Kritik vor allem in dem mangelnden Bemühen um die Schaffensantriebe, die Grunderlebnisse, die spezifische Sprache. »Es wird häufig etwas auf bereitstehende Begriffe gebracht, durchaus in bester Absicht, da man meint, daß man dem Autor schaden könnte, wenn man das Persönliche, Originäre betont.«[223]

Ein Vertreter der Kritiker[224] schließt sich diesen beiden Punkten – zumindest theoretisch – an und erweitert sie, indem er ein Mißverständnis konstatiert, das darin liege, von der Existenz einer Literaturkritik als Institution auszugehen. Vielmehr bestehe zum einen untereinander ein gestörtes Kommunikationsverhältnis, das mit der Praxis Kleingewerbetreibender vergleichbar wäre, zum anderen werde man aber in der Öffentlichkeit wiederum nicht als einzelne Kritikpersönlichkeit ernstgenommen. Seine Verbesserungsvorschläge umfassen im wesentlichen die folgenden Gesichtspunkte:

– Der Kritiker bedürfe eines ständigen produktiven Kontaktes mit den Künstlern; dieser müsse auch von seiten der Autoren gefördert werden, indem sie sich häufiger zu Rückkopplungen bereitfänden.

– Die Kritik in den Tageszeitungen solle sich mehr nach Lesbarkeit hin orientieren und sich vor literaturwissenschaftlicher Theorieüberlagerung hüten, sich eindeutiger zur feuilletonistischen Arbeit bekennen.

– Für den Leser erleichtere es seine Beurteilung, wenn man »nicht nur das rezensierte Buch, sondern auch den Rezensenten als Persönlichkeit wiederfindet«.[225] Mit anderen Worten: Er plädiert auch in einer professionellen Literaturbeurteilung zum Mut, dem eigenen Leseerlebnis Ausdruck zu verleihen.[226]

»Das individuelle Leseerlebnis ist, so meine ich, kein dem einzelnen Individuum innewohnendes Abstraktum, in dieses Leseerlebnis mischen sich ununterbrochen die gesellschaftlichen Verhältnisse ein. Meist unbewußt. Sie bewußt werden zu lassen, halte ich für eine entschiedene Funktion der Literaturkritik.«[227]

– Um einer besseren Literaturkritik zum Durchbruch zu verhelfen, regt er ein aktive Bemühen um den Nachwuchs an, d. h. die Planung einer Ausbildungsstätte speziell für Kritiker – eine Aufgabe, die dem ›Aktiv für Literaturkritik‹, einem Gremium des Schriftstellerverbandes, obliege.

Im Verlauf derselben Sitzung wird schließlich – soweit wir es überblicken können – zum erstenmal im Rahmen einer institutionellen Veranstaltung von Kulturfunktionären selber das Umfeld der Druckgenehmigungspraxis in Hinblick auf die behördlich durchgeführte Vorkritik kritisch kommentiert und anschließend veröffentlicht. In Annemarie Auers deutlichem Beitrag zu dieser tabuisierten Zone institutionalisierter Machtverhältnisse im Bereich der literarischen Veröffentlichungspraxis klingt dies folgendermaßen:

»Hinsichtlich der Arbeitsbedingungen zeigt sich ein deutliches Übergewicht der Vorkritik, also der institutionellen Seite. Der Tätigkeit von Gutachtern, Redakteuren, Lektoren bei Verlagen, Ministerien, Massenmedien liegt ein eindeutiges Berufsbild zugrunde: Ihre Obliegenheiten sind umrissen, ihre Kompetenzen unbestritten, ihr Lebensunterhalt ist durchs Angestelltenverhältnis geregelt. Informationsmittel sind ihnen zugänglich. Bleibt er auch meistens anonym, so greift doch sein Einfluß tief und bestimmend in die Publikationspraxis ein. *Die inhaltlichen und zahlenmäßigen Proportionen unserer Buchproduktion sind weitgehend abhängig von den Kompetenzen der vorkritischen Instanzen. Deren Urteilsprämissen und Kriterien hat daher unser dringendstes literaturtheoretisches Interesse zu gelten.*«[228] (Hervorhebung v. R. K.)

Es fällt auf, daß hier, ohne grundsätzlich die Struktur der Literaturkritik in Frage zu stellen, bei der Behördenangestellte über die Existenz von Literaturveröffentlichungen entscheiden, zunächst v. a. die Modalitäten der Auswahl transparent gemacht werden sollen. Eine Ausrichtung, die von Kurt Batt noch genauer in Hinblick auf ihre praktischen Auswirkungen hin verfolgt wird. Er führt an, daß sich die Literaturkritik der DDR, jenseits der ideologischen Abgrenzungsbemühungen, zu wenig um die gesellschaftliche Funktion der Kritik im gegenwärtigen Sozialismus bemühe. Die veränderten literarischen Produktions- und Distributionsbedingungen in der DDR, wo der Rezensent seine Existenz nicht mehr wie früher damit rechtfertigt, der erste repräsentative Leser zu sein, um gegenüber der Öffentlichkeit »Gutes von Schlechtem [zu] scheiden«[229], verführten zu Praktiken, »die dem Gewerbe insgesamt ein zuweilen melancholisches Ansehen geben.«[230] Nicht selten habe der Autor nämlich noch vor der öffentlichen Besprechung vom Verlag ein »mit großer Akkuratesse angefertigtes Gutachten in der Hand«[231], dessen Grundtenor sich dann repetierend in den Besprechungen der Medien wiederfindet, »zumal häufig der letzte Gutachter des Manuskripts auch der erste Kritiker des Buches ist.«[232] Wir entnehmen seinen Überlegungen drei verallgemeinerbare Beobachtungen:

– Die Verlagerung der Diskussion eines Buches aus dem öffentlichen in den institutionellen Bereich des Verlages, d. h. bei der Beurteilung hat sich die Priorität auf die Beziehung von Gutachter-Lektor-Autor vor die angestrebte Koordination von Autor-Rezensent-Publikum verschoben.

– Die Verschränkung und Verdichtung innerhalb des Kompetenzbereiches der literarischen Instanz, dem Ministerium für Kultur. Sei es darüber, daß »Vor«- und »Nachkritik« von derselben Person ausgeführt wird, sei es dadurch, daß der durchschnittliche Kritiker von der Autorität des Erstgutachters geblendet, sich häufig schwer damit tut, eigene Maßstäbe gegen die offizielle Darstellung zu entwickeln.[233]

– Die undefinierten Maßstäbe und Verfahrensweisen der internen Gutachterkritik im Verlag bzw. im Ministerium für Kultur (= Vorkritik) und der öffentlichen Besprechungen in den Medien (= Nachkritik). Dies führt dazu, daß diesen beiden Varianten der Kritik keine genauere Funktionsbestimmung zugeordnet wird. Was etwa im ersten Fall hieße, Selektionskriterien, und im zweiten Fall Vermittlungsgesichtspunkte zu entwickeln, damit die Literaturkritik nicht zu einer Art doppelten Legislative pervertiert, deren Exekutive die Kunst ist.[234]

Der Orientierungsvorschlag Annemarie Auers im Zusammenhang mit ihrer bereits zitierten Problematisierung der Ungleichgewichtigkeit von Gutachterkritik und publizistischer Kritik reduziert am Ende aber den ganzen Ansatz auf ökonomische Fragen des Berufsbildes. Sie unterstreicht bei den Vertretern der ersten Beurteilungsinstanz das organisatorisch gesicherte Einkommensverhältnis durch den Angestelltenstatus bei Ministerien und Verlagen, welches bei der Medienkritik, da sie normalerweise auf freier Mitarbeiterbasis ausgeübt werde, völlig unzureichend sei.

>Lebendige Literaturkritik kann da nur als eine Art Hobelspäne, als Abhub und Nebenprodukt anderweitiger, vorrangiger beruflicher Bindung zustande kommen. Demzufolge entstand an Literaturkritik in all den Jahren nur Sporadisches – ein Bruchteil dessen, was bei vollem Einsatz der Kapazität möglich gewesen wäre.«[235]

Das Bemühen, die Ungerechtigkeiten der Vergütung zwischen Vor- und Nachkritik herauszustellen, ist zwar gut verständlich, dennoch geht ihr Appell, auch die publizistischen Kritiker ins Angestelltenverhältnis zu übernehmen, strukturell in die falsche Richtung, verhält sich sogar zur Lösung der von ihr selber kritisierten Kopflastigkeit institutioneller Auswahlmechanismen von Kunstpublikationen als Widerspruch, da er die bereits bestehende Verknüpfung von Vorkritik und Nachkritik nun endgültig auch organisatorisch festschreiben würde.

Richtungweisender im Rahmen dieser Diskussion beurteilen wir Franz Fühmanns Eingangsreferat auf dem 7. Schriftstellerkongreß für die Arbeitsgruppe »Literatur und Kritik«. In seinem Vortrag, der schonungslos in 25 Thesen die Tendenzen der DDR-Literaturkritik anspricht, die er als hemmend für die Literaturentwicklung begreift, akzentuiert er den Hauptmangel dahingehend, »an der Spezifik der Literatur vorbeizusehen«.[236] Dies resultiere aus der Praxis, »Literatur auf ihren ideologischen Aspekt zu reduzieren und diesen zumeist nochmals auf Heldenwahl oder Thema.«[237] Für ihn gilt,

>daß der ganze Mensch von der Literatur ernstgenommen werden sollte, erst dann wird auch der Leser ernstgenommen, als ganzer Mensch mit allen seinen Gedanken und Gefühlen, den vorwärtsweisenden wie den bedrängenden, ernstgenommen in seiner Erfahrung und im Zutrauen zu seiner Urteilsfähigkeit und der Kraft seines Handelns in der von Widersprüchen bewegten Zeit.«[238]

Seine Ausführungen gipfeln schließlich in dem wichtigen Plädoyer einer klaren Trennung von Kritik und Administration. Kritik als öffentliche Macht, als gesellschaftliche Autorität müsse administrative Maßnahmen oder Appellationen an außerliterarische Instanzen aus dem literarischen Leben verbannen, da ihre wichtigste Funktion, der Gesellschaft Literatur bewußt zu machen, sonst vernichtet wird. Die falschen Forderungen an Literatur resultieren aus einer zu hohen irrealen Einschätzung des geschriebenen Wortes. Es ist,

»als könnten die Härten und Laster die tragischen Züge unseres Heute und Hier dadurch aufgehoben werden, daß die Literatur sie verschweigt oder wegbeschwört, während sie bewältigt werden müssen.«[239]

Man konnte bei der Beurteilung der DDR-Literaturkritik – trotz aller Vorbehalte gegen die Existenz einer ersten Kontrollstelle mit undurchschaubarem Zensurcharakter – gelegentlich dazu neigen, ihr einen wachsenden liberalen Trend zuzubilligen, der möglicherweise dazu führen könnte, den Arbeitsbereich der sog. Vorkritik einzuschränken, da einige kulturpolitisch nicht konforme Bücher diese erste Barriere zunächst passierten. Man denkt dabei v. a. an die Vorgänge mit Christa Wolfs *Nachdenken über Christa T.*, an Werke Volker Brauns und Heiner Müllers, was Hans-Jürgen Schmitt (BRD) in seiner 1975 veröffentlichten Darstellung über die DDR-Literaturgesellschaft noch zu der Schlußfolgerung veranlaßte, »mehr und mehr beschränkte sich die ›Hauptverwaltung‹ in den letzten fünf, sechs Jahren auf die Devise ›erst einmal drucken dann diskutieren‹«.[240] Dabei handelt es sich um eine Einschätzung, die zu Beginn der Honecker-Ära zutreffend war, allerdings nicht mit einer grundsätzlich neuen kulturpolitischen Stoßrichtung verwechselt werden darf.[241]

Die Rolle der Literaturkritik – so läßt sich verallgemeinernd feststellen – liegt also nicht in erster Linie darin, als Promotor für das Austragen literarisch-gesellschaftlicher Konflikte zuständig zu sein, sondern fungiert auch darin, den parteilichen Standort und das Verantwortungsbewußtsein des Verlagsleiters bzw. seines Cheflektors zu überprüfen. Solche unproduktiven Mechanismen resultieren nicht zuletzt aus der Struktur des Verlagsapparats, der, wie bereits ausgeführt, streng hierarchisch aufgebaut, nur den Verlagsleiter für die künstlerische Leitung verantwortlich zeichnet.

Wenn auch erst in dritter Instanz, so kommt dem lesenden Publikum, durch die Kritiker entsprechend beeinflußt, gesteuert und provoziert, noch immer eine relativ große, wenn auch widersprüchliche Schlüsselposition zu, wie es die lebendigen Leserzuschriften in den entsprechenden Organen belegen.[242] Widersprüchlich insofern, als es einerseits als Partner der Kritiker in den Medien eine weiterführende meinungsbildende Funktion ausübt, andererseits aber auch zum Objekt mangelnder Mündigkeit degradiert wird, dem bestimmte Bücher entweder ganz oder nach knapp gehaltener Erstauflage vorenthalten werden, dem Theaterinszenierungen nach der Probeninspektion nicht mehr zugemutet werden können bzw. dem öffentliche Kritik und Besprechung zu einzelnen literarischen Vorlagen völlig verwehrt werden.[243]

Eine 1978 verfaßte empirische Untersuchung, die sich mit den Auslösefaktoren zur Lektüreauswahl beschäftigt, und bei der Literaturkritik (in allen Medien) mit 4% an letzter Stelle rangiert[244], verweist allerdings den lancierenden Stellenwert der Literaturkritik in seine Schranken. Somit wird deutlich, daß sich die Wirkungsweisen der Literaturkritik auch in der DDR noch immer nicht auf die Durchschnittsleser beziehen, sondern auf Literaturfachleute. Nach wie vor hängt die Entscheidung, ein bestimmtes Buch zu lesen – entgegen den Bemühungen der Massenmedien, viel stärker von Empfehlungen durch Familienangehörige (17%), Freunde und Bekannte (10%), bzw. Arbeitskollegen und Mitstudenten (7%) ab. Dennoch muß das qualitative Wirkungsbarometer der Literaturkritik v. a. durch seine Rückwirkungen auf die Autoren relativ hoch angesetzt werden, weil sie häufig zum Auslöser kulturpolitischer Maßnahmen wird, handelt es sich nun um Neuauflagen, Auflagenrestriktionen oder um Weiterveräußerungen von Lizenzen für andere Medien und Länder.

4.4.3.3.1. Exemplarische Untersuchung eines literaturkritischen Vorgangs an Hand von Günter Kunerts »Pamphlet für K.«

Drei zentrale, 1973 in *Sinn und Form* erschienene literaturkritische Debatten[245] sind dadurch gekennzeichnet, daß sie sich dezidiert mit neuen Fragestellungen zum literarischen Erbe auseinandersetzen und daß die Apologeten dieser neuen Impulse nun endgültig die einst von Johannes R. Becher und Wilhelm Girnus[246] formulierte »Vollstreckertheorie« verwerfen. Sie knüpfen statt dessen an das konterkarierende Klassikverständnis an, wie es vergleichsweise in den frühen fünfziger Jahren Brecht und Eisler im »Dr. Faustus« bzw. der »Urfaustinszenierung« aufgeworfen haben. Stark verkürzt geht es dabei um drei zentrale Aspekte:
– Die Aufweichung und Infragestellung des normativen Gültigkeitsanspruchs der klassischen Ästhetik für eine sozialistisch-realistische Literatur.
– Die Kritik an der politischen Ausrichtung Goethes, sei es in seiner staatsmännischen Funktion, sei es in seiner Haltung zur französischen Revolution.
– Die Revision der, bis zur 2. Bitterfelder Konferenz gültigen, musealen Beziehung zur Klassik zugunsten einer kritischen Kontrafaktur, d. h. ein Verfügbarmachen der historischen Topoi für aktuelle Belange mit neuen und möglicherweise verfremdenden Mitteln.

Diese drei Gesichtspunkte fügen sich in einer produktiven und mit den literaturpraktischen Mechanismen des DDR-Literaturbetriebs eng verknüpften Art und Weise in dem 1975 in *Sinn und Form* erschienen kleinen Aufsatz von Günter Kunert, *Pamphlet für K*, zusammen.[247]

Kunert bewertet darin den Selbstmord von Kleist als Ausweg und mögliche Alternative für dessen widrige Lebensumstände. Die Selbstmordstelle am Wannsee gewinne metaphorischen Charakter, wenn der neugierige, meist mit gesunder Kondition versehene Tourist, von dem angenehm prickelnden Schaudern überwältigt, eher in pharisäerhafter Geste vor der tragischen Situation verharrt, statt sich die zentralen weiterführenden Fragen zu stellen, die auch ihn betreffen: Wie und unter welchen Umständen konnte das passieren, gibt es Enden der Vergangenheit, in denen auch wir noch in vergleichbarem Maße verfangen sind? Kunert wirft mit dieser fiktiven Situationsschilderung der Kleistschen Grabstelle die generalisierbare Schlüsselfrage auf, inwieweit die alte Kohlhaas'sche Forderung nach Gerechtigkeit – in der Historie an der Figur Kleists inzwischen obsolet geworden – nun in der DDR verwirklicht sei. Kennzeichnendes Merkmal seiner Kleistrezeption stellt eine identifikatorische Form ›des Sich-Versetzens‹ in einen anderen Autoren dar, ein typischer Vorgang, den wir zu Beginn der Arbeit bei Christa Wolf als Grundmuster schriftstellerischer Aktion herausgearbeitet haben.

Die Aneigung des kulturellen Erbes basiert – laut Kunert – noch immer auf sog. anerkannte Kapazitäten, wie hier auf der Negativeinschätzung durch Goethe, der – wie man weiß – Kleist als in hohem Maße problematisch und krankhaft bezeichnete. Heutige Formulierungen wie »unser K.« hätten daran nichts Grundsätzliches geändert, sie implizierten nur eine neue Vorstellungswelt besitzbürgerlichen Denkens. Der literaturwissenschaftliche »Gesundheitstest« scheine damit äußerlich zwar vollzogen, rühre aber in erster Linie von legitimatorischen Absichten der geistesgeschichtlichen Vereinnahmung her. Im übrigen exemplifiziere sein Fall noch immer die fehlende Rehabilitation und

»ein schein-wissenschaftliches Vorurteil, welches [...] zur Vernichtung von Intellektuellen, von Künstlern führte und dessen Fortwirken bis heute nicht aufgehört hat und das weiterhin die gleichen Argumente für seine ›Endlösungen‹ benutzt wie die gegen K. ausgeführten.«[248]

Kunert begründet diese Anklage mit zwei konkreten Vorfällen. Als ersten wählt er das Beispiel eines zeitgenössischen Betroffenen, der zur Beschreibung seines Zustandes – er verübte später ebenfalls Selbstmord – sich direkt auf die Verkehrsformen mit Kleist berufen hat:

»Goethes Urteil über die Kleistsche Dichtung, als Zeichen von Krankheit, von Hypochondrie [...] mündet in die Barbarei, in der was der eigenen Vorstellung vom Gesunden sich nicht fügte, als entartet verfolgt wird.«[249]

Krankheit und Unnatur, das seien Urteile, die weit über das Ästhetische eines Kunstwerkes hinausgriffen und auf diesem Wege ein Verdikt aufstellten, »vor dem das Lebensrecht eines Künstlers selbst ereilt wird.«[250] Den zweiten Beleg bezieht Kunert aus der diffamierenden Art und Weise der DDR-Literaturgeschichtsschreibung, hier speziell dem *Lexikon deutschsprachiger Schriftsteller*[251], das zu dem Standardwerk in seiner Richtung zählt. In dem Kleistartikel entwickeln die Verfasser einen Wertekanon, der seine Kriterien primär von Begriffen wie Vitalität und Gesundheit herleitet. Die Klassik und mit ihr die Goethesche Einschätzung Kleists fungiert als tertium comperationis schlechthin. Dafür bezeichnend und den Argumentationsstil des Textes verdeutlichend, steht neben anderen Goethezitaten das folgende:

»Der antike Sinn in Behandlung des Amphitryon ging auf Verwirrung der Sinne, auf den Zwiespalt der Sinne mit Überzeugung [...] Kleist geht auf Verwirrung des Gefühls hinaus.«[252]

Nicht, daß hier die Haltungen und Leiden der fiktiven Personen seinem Erfinder angelastet werden und dabei zu einem unsachgemäßen Analogieschema entarten, darüber hinaus wurde auch noch das Goethezitat verfälscht. Eine nicht gekennzeichnete Auslassung hat das Goetheurteil noch besser im intendierten Sinne verfügbar gemacht. Im Original heißt es nämlich: »Kleist geht *bei den Hauptpersonen* auf die Verwirrung des Gefühls hinaus.«[253] (Hervorhebung von R. K.)

Da ist ferner von »einem fatalistischen Pessimismus«, Patalogischem, von unrealistischen Lösungen u. ä. m. die Rede, ohne sich, wie Kunert zu Recht kritisiert, auf die heutigen Erkenntnisse der Sozialpsychologie und die seelischen und geistigen Voraussetzungen des schreibenden Verarbeitens einzulassen.[254] Die Autoren hätten eine maßgebliche Kondition außer acht gelassen:

»[...] daß jedes wirklich große und bedeutende Kunstwerk aus einer extremen (nicht ›normalen‹) Geistes- und Gefühlsverfassung produziert wird; nämlich: daß erst einer erkranken muß an der Welt, um sie diagnostizieren zu können als das Heillose schlechthin.«[255]

Diese Beobachtung trifft sich mit der These einer neueren Arbeit zur schriftstellerischen Produktionsästhetik,

»[...] daß eine abweichende (und zwar für die jeweilige Schicht, in der der Schriftsteller lebt und entsteht) Primär- und/oder Sekundärsozialisation, eine problematische Entwicklung, eine der Voraussetzungen ist, die überhaupt erst zum Einsatz des Schreibens führt.«[256]

Auf Kleist angewendet, bestätigt sich diese Überlegung voll und ganz. Nach dem frühen Tod der Eltern entwickelt der junge Adlige eine extreme Form von Sensibilität und Gerechtigkeitsempfinden, so daß er auf den autoritären Strukturansatz im entsprechenden Handlungszusammenhang mit Flucht, Rückzug bzw. Veränderung reagiert. Schriftstellerische Arbeit wird somit schließlich, nach Durchprobieren mehrerer Lebensformen – im Soldatenstand, als Student, Ehemann, Beamter, Journalist – zum zwanghaften Ausdruck sonstiger gestörter Kommunikation. Rigider Zensurismus von seiten der preußischen Staatsbürokratie, Intrigen und abfällige Kritiken, die Ablehnung rsp. die Ignoranz von Persönlichkeiten, an denen ihm gelegen war, verstärken seine labile Disposition derart, daß ihm auch die letzte Lebensvariante einer dichterischen Existenz keine selbsttherapeutische Hilfe mehr leisten kann. Nach Mißlingen aller Bindungsversuche steht Kleist am Ende unter solchem Erfolgsdruck, daß er die Berufung, »sich selber und seine Beziehungen als Vorlage und Material zu betrachten und verwerten zu müssen, [...] als Verfluchung entlarvt.«[257]

Kunert bewertet diesen Fall aus der preußischen Feudalgesellschaft, die ihren eigenen Zustand so deklamatorisch als gesund und ihren Diagnostiker, den Dichter, so skrupellos als krank erklärt, als präfaschistische Erscheinungsweise, die, wann immer sie auch heute noch in der sozialistischen Gesellschaft existiert, als extremer Widerspruch aufzuzeigen ist.

Das erläuternde Nachwort zum *Pamphlet für K.* rückt dann auch, wie zu vermuten war, den Schreibanlaß und die Aktualität des Beitrages in unmittelbare Nähe. Bei dem Kleisttext handelte es sich ursprünglich um eine Auftragsarbeit vom Aufbauverlag anläßlich einer Anthologie mit Schriftstellerbeiträgen zum 200jährigen Kleistgeburtstag. Nach Fertigstellung des Manuskriptes war dieses allerdings von Peter Goldammer, dem zuständigen Lektor, mit der nachstehenden Begründung abgelehnt worden:

»Sie machen neben anderen Goethe dafür verantwortlich, daß Kleist (oder dem Künstlertypus K.) bis heute keine gesellschaftliche Gerechtigkeit geworden ist. Diesen Vorwurf, den schon mancher vor ihnen erhoben hat, wird, so hoffe ich, meine Dokumentation der Wirkungs- und Rezeptionsgeschichte des Kleistschen Werkes entkräftigen.«[258]

Der Verfasser dieses Briefes übersieht offenbar den unfreiwilligen Zynismus, dem er unterliegt, seine Argumentation verdeutlicht die folgenden Gesichtspunkte:
– Er will eine Rezeptionsgeschichte von Kleist *dokumentieren*, dabei aber gleichzeitig auf die Wirkungsweise des Dichters Einfluß nehmen, d. h. sie in die seiner Meinung nach ›richtigen‹ Bahnen lenken.

– Obgleich Goethes Kritik, wie Goldammer im Vorwort zu seiner Anthologie einräumt, ungerecht gewesen sei, soll eine Diskussion darüber vermieden werden.

– Während er den Vorwurf widerlegen will, daß Kleist bzw. verallgemeinernd dem Künstler K. bis heute keine Gerechtigkeit widerfahre, zensiert er skrupellos Kunerts Beitrag heraus, weil er ein falsches Klassikbild vermittle. [259]

Diese offensichtlichen Widersprüche bestätigen Kunerts Folgerungen, die er aus seinen Erfahrungen mit dem Vorgang der offiziellen Kleistrezeption in der DDR zieht (darüber hinaus korrelieren sie mit den Beobachtungen unseres Kapitels zum Literaturunterricht): Herrn Goldammers Klassikverständnis sei in erster Linie bürgerlich und affirmativ, der Klassiker Goethe erhalte die Funktion einer Ersatzgottheit, bei der unterschwellig Devotion mitschwinge, da ihr grundsätzlich »metaphorische Reinheit« zugeordnet werde. Dies sei Geniekult in sozialistischer Modifikation, der

»[...] unter sorgfältiger Ausschaltung störender, nämlich widersprüchlicher Elemente aus den überlieferten Werken, eine aufsteigende Entwicklungslinie der Literatur bis zu sich selbst als Kulminationspunkt herstellte.«[260]

Wirklich produktive Klassikaufnahme sei nur dann festzustellen, wenn der Leser bereit sei, Relationen zu sich selber und zu seiner Zeit herzustellen. Man müsse sich dagegen wehren, den Klassiker als Mitläufer und Dekor zu mißbrauchen,

»[...] sinnvoll wäre er nur als Begleiter, dessen differenzierte und damit differenzierend wirkende Menschlichkeit dem Leser dazu verhelfe, all jene pathologischen Eigenschaften und Verhaltensweisen zu diagnostizieren, an denen die Welt leidet, und damit bis zu einem gewissen Grade zu ihrer Therapie beizutragen.«[261]

Die Erwiderung Peter Goldammers erfolgte in Form einer Vorbemerkung zu einem Vorabdruck seiner Anthologieeinleitung, die er sinnigerweise *Pamphlet für G.* überschrieb. Die Hilflosigkeit, angemessen zu den Vorwürfen Günter Kunerts Stellung zu beziehen, äußert sich am markantesten in seinem Hinweis: »Die Einleitung zu der Sammlung [...] scheint mir eine besondere Replik auf Kunerts ›Pamphlet für K.‹ überflüssig zu machen.«[262] Der übrige Text bezieht sich darauf, Kunerts Anklage abzuwehren, die Goetheschen Begriffe vom Natürlichen, Gesunden und Krankhaften in irgendeinen Zusammenhang zu Erscheinungen einer praefaschistischen Haltung zu bringen. Sie müsse schon daher absurd sein, da Kunert in seinen Ausführungen die sozialökonomischen Wurzeln des Faschismus nicht untersucht habe, und da der Faschismus ja gerade Kleist und nicht Goethe zum Nationaldichter erklärt habe. Auch wenn diese Begründungsversuche eher indoktrinär als überzeugend wirken, so scheint er Kunert doch in einem Punkt verstanden zu haben, was die vorwurfsvoll eingeschobene Zwischenfrage verdeutlicht. »Geht es Kunert überhaupt um Kleist und Goethe, um die Klassikrezeption [...] und um sozialistische Erbeaneignung?«[263] Wäre es Goldammer gelungen, diese Erkenntnis positiv zu formulieren, daß es Kunert über den historischen Bezug in der Tat um aktuelle DDR-Kulturpolitik zu tun war, so wäre möglicherweise ein geeigneter Gesprächsansatz zustande gekommen. Nun wirkt sein Unternehmen, den Kleist-Mythos aufzulösen, eher dahingehend, als wolle er ängstlich jenen Eindruck vermeiden, auch der DDR-Sozialismus reproduziere noch einen, dem Bürgertum vergleichbaren, Gegensatz von Künstlern und Normalmenschen. Diese bestehende Divergenz, die gerade eine Reihe belletristischer Neuerscheinungen, die sich mit empfindsamen und schwierigen historischen Künstlerfiguren[264] beschäftigen, sinnlich konkret zu machen, will Peter Goldammer offenbar leugnen und nivellieren. Er beurteilt dieses Phänomen sogar explizit als historisch und überwunden, wie es der folgende Satz beschreibt:

>»Es *waren* vornehmlich Menschen, schöpferische Menschen, in einer ähnlichen gesellschaftlichen und gesellschaftlich bedingten psychischen Situation, die den Menschen und Künstler Heinrich von Kleist bis zur Identifikation verehrt haben [...] Mit dieser antibürgerlichen Komponente des Kleist Mythos hängt es zusammen, daß der Dichter immer dann beschworen wurde, wenn es galt, gegen Trägheit und Selbstgenügsamkeit, Dogmatismus und Epigonentum zu Felde zu ziehen. In diesem Sinne hat der Mythos um Heinrich von Kleist nun freilich bis heute seine schöpferische Potenz nicht verloren.«[265] (Hervorhebung R. K.)

Dieser, geradezu paradigmatische Aussagekraft repräsentierende, Satz einer hier ausnahmsweise positiven Sicht des Kleist-Mythos gilt auch in seinem Gegenwartsbezug – wie Goldammer weiter ausführt – nur für kapitalistische Gesellschaftssysteme.

Während er aber den Kunertaufsatz in seinem beispielhaften Weiterwirken des Kleist-Mythos so kraß negiert, muß er übersehen haben, wie mit dem Deckmantel Kunstpflege, aus einer Erbschaft spätabsolutistischer Verhaltensweisen heraus, Kunst in Schach genommen wird, die ein aufgestelltes Legitimationsprinzip verletzt.

Der Herausgeber von *Sinn und Form* hatte durch den Abdruck des Kleistartikels von Kunert versucht – wie es eine Fußnote belegt[266] – eine öffentliche Diskussion über den Text und wie wir meinen auch über die Zensurmaßnahmen einzuleiten. Leider kam es aus undurchschaubaren Gründen nicht dazu.

Kennzeichnend für Kunerts individuelle Unnachgiebigkeit hinsichtlich der ungeklärten Divergenzen mit seinen Partnern im DDR-Literaturbetrieb, die einer Verstummungstaktik gleichkam, muß seine Wiederaufnahme desselben Themas als Hörspiel gewertet werden. Sie erfolgte direkt im Anschluß an die beschriebenen restriktiven Maßnahmen und stellt eine ironisch chamouflierte Form der dichterischen Verarbeitung seiner Erlebnisse dar. Das Hörspiel *Ein anderer K.*[267] verschränkt nun in der poetischen Ausgestaltung ganz präzise den rekonstruierten Erlebnisstrang der historischen Kleistrezeption mit der gegenwärtigen in der DDR. Schon der Titel *Ein anderer K.* ruft verwirrende Assoziationen hervor, seien es solche, die sich auf einen engen Bezug zwischen Kleist und der fortlaufenden Traditionslinie der weiteren K. beziehen, oder solche, die sich gegen eine einseitige Festschreibung künstlerischer Persönlichkeiten zur Wehr setzen.[268] Einen ironischen Verweis auf die beschriebenen Erlebnisse Kunerts vermittelt die schillernde Namensnennung der Hauptperson »Grollhammer«, wobei die Allusion an »Goldammer«, den Herausgeber des Kleistbandes, kaum zufällig zustande gekommen sein wird. Um so mehr als diese, in dem Hörspiel zum negativen Helden stilisierte Figur, nach dem Tode Kleists als Polizeispitzel eingesetzt, die Aussagen der Befragten so zu montieren hat, daß sie die geistigen Störungen des Dichters bezeugen. Kunert benutzt dabei eine Methode, die Authentisches und Fiktionales vermischt, um daraus soziale und biographische Umstände zu konstituieren, die sich zum »Fall Kleist« verdichten und ihn gleichzeitig überschreiten. Über die Darstellungsweise mit einem übergeordneten auktorialen Erzähler als Koordinator von »erfundenem Dokumentarischen« vermittelt Kunert mehr an Aussagen über die Mitmenschen Kleists und das geistige Klima Preußens als über ihn selber, eingedenk der Devise Kunerts, »daß der einzelne nur so krank sein kann, wie die Gesellschaft ihn macht.«[269]

Ausgangspunkt der Handlung stellt eine Zeitungsnotiz dar, in der der Testamentsvollstrecker Peguilhen in Form eines wohlgemeinten Nachrufes zu dem Selbstmord Stellung bezieht. Das Paar »habe die Welt verlassen aus reinem Verlangen nach einer besseren.«[270] Eine solche Nachricht, im Zusammenhang mit einem ehemaligen preußischen Offizier, verursacht Ungelegenheit und Verärgerung bei Hof, da sie als Provokation und Signal gewertet wird, die Unruhe gegenüber den durch die napoleonische Besatzungsmacht verunsicherten Staatsorganen zu aktivieren. Eine Kabinettsordre verschärft die bestehenden Zensurmaßnahmen.

»Wenn es jedem, dessen sittliches Gefühl erstorben ist, freistehen soll, seine verkehrten Ansichten in Blättern, die in jedermanns Hände kommen, laut und mit anmaßender Verachtung Besserdenkender zu predigen, so werden alle Bemühungen, Religiosität und Sittlichkeit im Volk neu zu beleben, vergebens sein.«[271]

Jeder Verdacht, der junge Kleist, der ja auch als patriotischer Dichter tätig war, habe über seinen Selbstmord Kritik an den bestehenden gesellschaftlichen Verhältnissen üben wollen, sollte per Dekret vermieden werden. Neben den sicherlich bewußt ausgearbeiteten Parallelen zwischen Preußen und der DDR – das besetzte Land, die Zensur, der Staatssicherheitsdienst – beruht die zentrale, allerdings phantastische Aktualisierung der historischen Vorfälle darin, daß jeweils zwei Personen innerhalb der Figurenkonstellation, die eine Dualität pro und contra Kleist aufweist, ins andere Lager überwechseln. In dem einen Fall ist es der Spitzel Grollhammer, der, obgleich inständig bemüht, bei seinen Recherchen das gewünschte Ergebnis zu erzielen, hinsichtlich der Legitimität seines Auftrages zunehmend stärker verunsichert wird. Die Aussagen der Befragten quittieren ihm seine eigene Charakterlosigkeit und bewirken eine moralische Erschütterung, die eine Entwicklung in Gang setzt, an deren Ende man Grollhammer vergiftet auffindet. Was die faktisch sicherlich phantastische Wandlung dieser Figur anbelangt, verweisen wir auf Friedrich Rothe, der beschrieben hat, daß der Humanist Kunert darin seiner Hoffnung Ausdruck verleiht, »daß die Wahrheit selbst solche Menschen, die dem staatlichen Polizeiapparat dienen, so verunsichert, daß sie schließlich Sand im Getriebe der Herrschenden werden.«[272] Führte die Darstellung dieser Negativfigur utopische Elemente in das Hörspiel ein, so handelt es sich bei dem zweiten Frontwechsler im Soziogramm der Personen, dem Nachlaßvollstrecker und Freund Kleists, um die Gestaltung der nackten Durchschnittlichkeit, der Realität. Kunert hat ihn als einen beschrieben, der aus Angst vor Repressalien seine Position wider besseren Wissen revidiert, indem er seinen Artikel widerruft.

Der Schlußsatz des fiktiv aus dem Jenseits herbeibeschworenen Kleist stellt schließlich sinngemäß eine offensichtliche Selbstrezeption Kunerts dar. Der Dichter wird darin als Chiffrierer von Erkenntnissen bezeichnet, der noch so lange gebraucht wird, wie die Utopie einer menschenwürdigen Gesellschaft nicht eingelöst ist.

»Die wahre Erkenntnis […] erscheint nur in Bildern und Gleichnissen, denn das Paradies hat sich hinter uns geschlossen und ist verriegelt. Wir müssen die Reise um die Welt machen und sehen, ob es vielleicht von hinten irgendwo offen ist. Denn die Welt ist ringförmig, und es gibt einen Punkt, wo sie wieder ineinandergreift. Erst wenn dieser Punkt erreicht ist, erst wenn alles Getrennte erneut sich zusammenfügt, kann Leben so werden, daß es nicht länger notwendig ist, es noch darzustellen.«[273]

Das Hörspiel wurde, ungeachtet seiner gegenüber dem Kleistaufsatz verschärften Aussage, vom Berliner Rundfunk (DDR) als offizieller Beitrag zum 200jährigen Kleist-Geburtstag gesendet. Für diese Realisierung können alternativ drei Gründe als Voraussetzung angenommen werden:

– Die für die Rundfunksendung Verantwortlichen kannten die erfolgte Auseinandersetzung in der Zeitschrift *Sinn und Form* nicht.

– Die dichterische Umhüllung hat die Verarbeitung der aktuellen Verflechtung von intriganten Geschehnissen um Kleist und Kunert für die Begutachter nicht durchsichtig werden lassen.

– Die Sendung ist in Anbetracht der vorangegangenen Ereignisse als Eingeständnis eines Fehlers und als kulturpolitische Korrektur zu bewerten.

Günter Kunerts Vorgehen innerhalb des DDR-Literaturbetriebes verkörpert seine zum damaligen Zeitpunkt noch ungebrochene Vitalität, wenn er wie hier in dreifach gesteigerter Aktivität (Kleistaufsatz für die Anthologie, Nachwort für den Abdruck in der Zeitschrift *Sinn und Form* sowie Gestaltung seiner Erfahrungen in dem Hörspiel *Ein anderer K.)* sich darum bemüht, seine Meinung zu veröffentlichen. Darüber hinaus wird an diesem Beispiel erneut deutlich, daß es offensichtlich schwieriger ist, sich als DDR-Autor unverblümt literaturkritisch zu äußern – ein Bereich, der einem anderen, extra dafür ausgebildeten Personenkreis vorbehalten ist –, als wenn er in literarisierter Form in »Verkleideter Wahrheit«[274] spricht.

4.5. Privilegien und Abhängigkeiten

4.5.1. Die ökonomische Lage der Autoren[275]

Die kurz nach der DDR-Gründung ganz offensichtlich mit starken sozialpolitischen Vergünstigungen vollzogene materielle Bevorzugung und Förderung der Intelligenz im Vergleich zum Durchschnittsbürger basierte zunächst – so die offizielle Begründung – auf den historischen Bedingungen. Dem Engpaß, der darin bestand, auf keinen Stamm wissenschaftlich qualifizierter und gleichzeitig politisch loyaler Mitarbeiter zurückgreifen zu können, begegneten die DDR-Behörden pragmatisch dadurch, daß die alte bürgerliche Intelligenz mit großzügigen Angeboten für die neuen sozialistischen Aufbauvorhaben geworben wurde. Die Sonderstellung kam in zahlreichen Gesetzesvorlagen zum Ausdruck, die diese Konditionen genauer spezifizieren. Sie reichen von großzügigen Krediten für Neubau und Renovierung des Eigenheims, vom Erholungsurlaub, Steuervergünstigungen, bevorzugter Versorgung mit Wohnraum und Brennmaterial, über den Abschluß von Einzelarbeitsverträgen bis hin zur eigenen Rentenversicherung.[276]

Ohne diese, für den Ausbau des Sozialismus an sich ungebührliche Form von sozialer

Bestechung weiter zu verfolgen, soll hier die Frage im Vordergrund stehen, ob die Merkmale der Bevorzugung bei der Gruppe der schriftstellerischen Intelligenz, gemäß dem marxistischen Schlagwort von der »sozialen Annäherung«, im Laufe der Entwicklung abgebaut bzw. wie sie modifiziert wurden.

Zur genaueren soziologischen Standortbestimmung der hauptberuflichen Autoren in der DDR muß man sich ihre Verankerung in der heterogenen Schicht der Intellektuellen, die etwa 10% der DDR-Bevölkerung umfaßt, genauer vergegenwärtigen. [277] Zum Intellektuellenstatus wird gezählt, wer »vorwiegend geistige, eine hohe Qualifikation erfordernde Arbeit leistet« [278], wobei als Kriterium landläufig eine Fach- oder Hochschulausbildung gilt. Er umfaßt somit Berufe, die eine breite Palette gesellschaftlicher Funktionen besetzen, die von wissenschaftlich technischen, medizinischen, juristischen und pädagogischen Tätigkeiten über Funktionärsämter innerhalb der Partei bis hin zu den freiberuflichen Künstlern reicht.

Die Intelligenz wird innerhalb der DDR-Gesellschaftswissenschaft als Schicht bezeichnet. Dabei wird eine Abgrenzung zum Leninschen Klassenbegriff vorgenommen, der durch seine qualitative Stellung zu den Produktionsmitteln definiert ist und eine Zuordnung meint, die für diese Gruppe nicht ermittelt werden kann. Die Art der gesellschaftlichen Einbindung des Intellektuellenstatus beruht auf einer unklaren Standortbestimmung zwischen der Klasse der Arbeiter und Angestellten einerseits und den Genossenschaftsbauern und -handwerkern andererseits, sowie der kleinen Schicht der Selbständigen.

Die Begriffsbestimmung verdeutlicht, daß die DDR in Übereinstimmung mit den marxistischen Klassikern auch für den Sozialismus die Fortexistenz einer Klassengesellschaft konzediert, da auch nach der Vergesellschaftung der Produktionsmittel noch strukturelle Differenzen bestehen bleiben, die von den Produktionsprozessen abhängig sind. Gemeint sind so gravierende Unterschiede, die z. B. aus den Gegensätzen von Stadt und Land, von leitenden und untergeordneten Berufstätigen und v. a. aus der Arbeitsteilung zwischen körperlicher und geistiger Betätigung herrühren. Aufgrund der Besonderheiten ihres Platzes im System der gesellschaftlichen Arbeitsorganisation leiteten sich für die Intelligenz die »Besonderheiten der Lebensbedingungen, der Bedürfnisse und der Lebensweise« [279] ab. Die Legitimation erfolgte offenbar dadurch, daß diese Schicht »Funktionen im Auftrag und im Interesse der jeweils herrschenden Klasse« [280] wahrnimmt. [281] Gleichzeitig ist daneben aber auch von einem kontinuierlichen Prozeß der Nivellierung der Klassen und Schichten die Rede. Laut DDR-Wörterbuch der Soziologie [282] bedingen vier Gesichtspunkte – quasi gesetzmäßig – das Verschwinden dieser alten Widersprüche. Sie sollen hier jeweils referiert und in bezug zur Autorensituation gebracht werden:

– Zur proportionalen Rekrutierung der Intelligenz aus allen gesellschaftlichen Klassen muß angemerkt werden, daß diese ausgewogene Verteilung auch unter den Nachwuchsautoren nicht gegeben ist. Einer Untersuchung der *Weimarer Beiträge* zufolge [283] entstammen nur relativ wenige der Nachwuchsautoren der Arbeiterklasse. Von den Jungschriftstellern, die seit 1968 in verschiedenen Anthologien Erzählungen publiziert haben, waren nur 9% Produktionsarbeiter. Dafür haben 76,3% Hochschulabschluß oder waren zum Untersuchungszeitpunkt Studenten. 23,6% sind von Beruf

Lehrer, 14,5% Journalisten und 12,7% Funktionäre der unterschiedlichsten Organisationen. Diese Faktoren bedingen eine »Dominanz bestimmter Wirklichkeitserfahrungen und Kenntnisse.«[284] Die meisten Werke spielten in einem Milieu, das den Autoren geläufig sei, während die Welt der Fabrikarbeit nur am Rande vorkomme.

– Die durch die wachsende Automatisierung erfolgte Reduktion des Anteils an körperlicher Arbeit bzw. die verstärkte Erfordernis geistiger Beherrschung beinhaltet einen Aspekt, der für den zu untersuchenden Personenkreis irrelevant ist.

– Die sozial- und steuerpolitischen Maßnahmen zur Angleichung der Gegensätze betreffen den nächsten Untersuchungsgegenstand dieses Kapitels.

Betrachten wir dazu die historische Entwicklung, so bemühen sich die Behörden, die Zwitterstellung der Autoren zwischen Selbständigen und Angestellten durch sukzessive Neuregelung der sozialen Eingliederung in Richtung Arbeitnehmerstatus zu verändern. Die 1947 eingeleitete, umfassende Sozialversicherungspflicht durch die sowjetische Militäradministration war der erste Schritt dazu.[285] Zwar wurden die Künstler zunächst, nach Auflösung der Einheitsversicherung 1956, nicht in die dem FDGB unterstellte »Arbeiter- und Angestelltenversicherung« integriert, sondern der »Deutschen Versicherungsanstalt« zugeordnet, die für die Selbständigen und Genossenschaftsmitglieder zuständig ist. Wenn sie allerdings in ihren jeweiligen Berufsverbänden organisiert waren, gewährte man ihnen auch dort zum Ausgleich für die ungünstigere Beitragszahlung Sonderkonditionen.[286] 1970 erfolgte dann endgültig die Neuregelung, die die Künstler zusammen mit den Ärzten in die FDGB-Versicherung eingliederte.

Ein ähnliches Gewicht kann in diesem Zusammenhang auch den beiden Steuerreformen von 1948 und 1951 beigemessen werden. Seit jener Zeit gilt

»[...] eine Besteuerung des Einkommens der Angehörigen der Intelligenz, die nicht in festem Arbeitsverhältnis stehen – z. B. Schriftsteller, Künstler, Gelehrte –, nicht nach den Steuersätzen für Privatunternehmer, sondern nach den Steuersätzen für Arbeiter und Angestellte.«[287]

Praktisch sah dies so aus, daß dieser Personenkreis von der Umsatzsteuer befreit wurde, der Einkommensteuertarif reduziert wurde, die Buchführungspflicht wegfiel und zuletzt die Honorarabrechnung an das Lohn- und Gehaltssystem für Arbeitnehmer angeglichen wurde. Die literarischen Institutionen mußten nun die Steuern direkt an das Finanzamt zahlen, und die Autoren wurden wie Gehaltsempfänger netto ausbezahlt.[288]

Die hier beschriebene Arbeitnehmerähnlichkeit bezieht sich aber nur auf die formalen, nicht auf die inhaltlichen Honorarregelungen. Die im Verlauf der DDR-Entwicklung zwischen Schriftstellerverband und literarischen Instanzen ausgehandelten Vertragsmuster[289] sind nämlich keine Tarifverträge, sondern breitgefächerte finanzielle und verfahrensmäßige Rahmenbedingungen, die im Einzelfall spezifiziert werden.

Diese unterschiedlichen, von der Einschätzung des jeweiligen Individuums abhängenden Konditionen bilden den Übergang zu den generellen Förderungs- und Einnahmeregelungen für Autoren, die durch keinerlei Verbindlichkeit ausgezeichnet sind.

Führt man sich diese Möglichkeiten idealtypisch und fiktiv anhand der vorstellbaren Kontakte vor Augen, die ein junges parteipolitisch orientiertes, schriftstellerisches Talent im Verlauf seiner Karriere passiert, so könnte dies folgendermaßen aussehen[290]: Der junge Schreibende fällt bereits mit fünfzehn Jahren auf dem »Bezirkspoetenseminar« auf, das von der FDJ (in Zusammenarbeit mit dem Schriftstellerverband, dem Kulturbund und dem Sender »Stimme der DDR«) jährlich veranstaltet wird, und betätigt sich nach Antritt seiner Lehre aktiv im »Zirkel schreibender Arbeiter«. Ein erster Erzählungsband wird vier Jahre später – auf Vermittlung eines bekannten Schriftstellers, der mit dem Betrieb ein Patenschaftsverhältnis eingegangen ist – im »Mitteldeutschen Verlag« angenommen. Der junge Mann gehört damit zu den sechs Nachwuchsautoren, denen der Verlag jährlich ein Debüt ermöglicht. Um noch Überarbeitungen und Erweiterungen vornehmen zu können, wird er auf Kosten seines Verlages drei Monate vom Betrieb freigestellt. Die Honorarregelung, die eine 12%ige Beteiligung am Absatz vorsieht mit einer ersten Auflage von 10 000 Stück bei einem Ladenpreis von 4,– kalkuliert ist, wird ihm voraussichtlich 4000,– einbringen. Eine Summe, von der er bereits bei Vertragsabschluß ein Drittel, also 1600,– erhält. Die beiden weiteren Drittel verteilen sich auf den Zeitpunkt der Auslieferung und des Verkaufs. Das positive Echo durch die Rezensionen bewirkt, daß er zwei Jahre später den »Förderpreis für Belletristik« erhält, den der Mitteldeutsche Verlag zusammen mit dem Institut für Literatur vergibt. Diese Auszeichnung zieht ein längeres Gespräch mit seinem Verlagslektor nach sich, der ihm zur Weiterbildung zu einem dreijährigen Studium am »Institut für Literatur« rät. Er willigt ein und erhält ein monatliches Stipendium von 300,–. Zu diesem Zeitpunkt bereits beginnt er mit einem neuen Roman. Eine ebenfalls während der Studienzeit verfaßte Erzählung wird kurz vor seinem Abschluß im »Forum«, dem Organ der FDJ, gedruckt. Auf Anraten desjenigen Autoren, der ihn bereits dem Verlag empfohlen hatte, und der eine Art Mentorenrolle übernommen hatte, bewirbt er sich – nachdem er noch einen zweiten Bürgen gefunden hat – bei der Bezirksgruppe des Schriftstellerverbandes und wird in den Kandidatenstand übernommen. Da er zur Fertigstellung seines Romans keinen finanziellen Rückhalt mehr hat, gewährt ihm die Nachwuchskommission beim Verband ein monatliches Stipendium von 300,–. Während der »Tage der Literatur«, die der Verband in regelmäßigem Turnus veranstaltet, liest er erste Teile aus seinem Werk vor und diskutiert sie mit einer Delegation von Lehrlingen seines ehemaligen Betriebes, die im Rahmen einer FDJ-Veranstaltung dort erschienen sind. Gleichzeitig beteiligt er sich an einem, vom Verlag »Neues Leben« in Zusammenarbeit mit dem Verband ausgeschriebenen, Wettbewerb für ein Abenteuerbuch. Der Autor erhält den mit 2000,– dotierten zweiten Preis und einen günstigen Vertrag für sein Manuskript, das als Kinderbuch erscheinen soll. Es wird ihm in den nächsten Jahren etwa 20 800,– Einnahmen einbringen (bei 13%, 8,– Ladenpreis und einer Auflage von 20 000), so daß er das von seinem angestammten Verlag in Aussicht gestellte Förderungsstipendium bis zum Abschluß seines Romans nicht mehr braucht.

Weitere regelmäßige Veröffentlichungen bewirken, daß er bereits mit Anfang Dreißig ein anerkanntes Mitglied des Schriftstellerverbandes geworden ist und zehn Jahre später über ein durchschnittliches Jahreseinkommen von 30 000,– verfügt, was für DDR-Autoren absolut nicht selten ist. Die Einnahmen setzen sich aus Buchhonoraren [291] und den sog. Zweitrechten zusammen, die sein Verlag an Dritte gibt, wobei dem Urheber etwa Dreiviertel des Ertrages garantiert werden. [292] Dazu kommen Film- und Theaterverträge, die der Künstler selber aushandelt, und für die er die volle Vertragssumme erhält. Ein 40 Minuten langes Filmszenarium bringt ihm etwa 3000,– ein, bei dem er in der Regel mit drei bis vier Nachsendungen à 1500,– rechnen kann. Auftragsarbeiten, die der Verlag, die DEFA oder der Funk an ihn herantragen, und die oftmals ein bis zwei Jahre dauern, bezahlen diese Organisationen in voller vertraglicher Höhe, unabhängig davon, ob dieses Werk dann auch tatsächlich realisiert wird.

Ein zehn Monate dauernder Studienaufenthalt in den USA zum Recherchieren eines neuen Reisebuches wird ihm – wie mehrere andere kürzere Lesereisen ins westliche Ausland zuvor – auf Antrag beim Schriftstellerverband gewährt. Höhepunkt seiner Karriere sind mehrere Literaturpreise[293], seine Wahl in den Vorstand des Schriftstellerverbandes und schließlich, als hoher Prestigegewinn, seine Berufung in die »Akademie der Künste«. Vorausgesetzt, er läßt sich auch weiterhin keine groben kulturpolitischen Abweichungen zuschulden kommen, hat unser Autor für den Rest seines Lebens in finanzieller Hinsicht ausgesorgt. Die Einnahmen werden kontinuierlich aus den Honorarzahlungen, dem Akademiesalaire[294] und der meist überdurchschnittlich hohen Rente fließen.[295]

Die Ausführungen verdeutlichen, daß die Einkommenslage von Schriftstellern in der DDR weit über dem Durchschnittsverdienst der übrigen Bevölkerung liegt[296], ja, daß jene häufig über das Drei- bis Vierfache verfügen und darüber hinaus noch in den Genuß von Westreisen, Devisen bzw. Intershopgutscheinen kommen, die für die meisten DDR-Bewohner in diesem Rahmen absolut unerreichbar sind. Den Autoren wird, entsprechend dem hohen staatlichen Anspruch der Stabilisierung einer geistigen Elite, eine besondere soziale Wertschätzung und somit auch eine hohe finanzielle Unterstützung zuteil. Die literarischen Instanzen schaffen mit ihrem undurchschaubaren, aber sorgsam abgestuften System an Stipendien, Förderungen, Studienreisen, Mitgliedschaften in Organisationen, Literaturpreisen und Renten ein Leistungsklima, in dem die Künstler immer wieder neu taxiert werden. Diese Institutionen stellen, ähnlich dem alten feudalistischen Mäzenatentum, eine Synthese sozialer Abhängigkeiten und Privilegien dar, die alle an nicht genauer definierte Bedingungen politischen Wohlverhaltens geknüpft sind. Dem Kollegium, das im Schriftstellerverband organisiert ist, werden ökonomische Konditionen geboten, die jeglichen materialistischen Klassen und Schichtvorstellungen trotzen. Einmal erhält es die gesetzlich verordneten Vorteile des Arbeitnehmerstatus (Sozialversicherung, Steuerregelung, Auftragsarbeiten, Rahmenverträge), zum anderen werden ihm aber auch – quasi als Leistungsstimulanz – die Präferenzen der Selbständigen gewahrt.

Grundsätzlich handelt es sich bei den Autoren um einen sozialen Status, der auf recht vagen Voraussetzungen basiert, was beispielsweise das Honorarwesen im Verlag offenbart. Die einerseits am quantitativen Leistungsbegriff orientierte Art der marktwirtschaftlich ausgerichteten Absatzzahlung[297] – man spricht dabei von der Höhe der »Nutzung des Werkes durch die Gesellschaft«[298] – hängt andererseits, wie die Auflagenpolitik zeigt, nicht von Nachfrage, sondern von Vorgabequantitäten ab. Bedenkt man darüber hinaus noch, daß weder Autor noch Leser Einfluß auf diese Kontingentierung nehmen können, wirkt die hier vordergründig demonstrierte Leistungsbemessung geradezu zynisch. Die alte kapitalistische Konkurrenzsituation wird durch solche prestigebesetzten Mechanismen keineswegs verändert, sie pervertiert nur zu einer neuen Mischung aus parasitärer politischer Anpassungsbereitschaft bzw. kompromißlerischem Verhalten und finanzieller Belohnung.[299] Es fällt auf, daß offenbar gerade bei der künstlerischen

Intelligenz, als einer Gruppe, die von ihrer historischen Rolle her sich dennoch dazu prädestiniert fühlte, gesellschaftliche Erscheinungen kritisch zu verarbeiten, die sozialpolitischen Integrationsabsichten besonders forciert werden.

Die Sonderstellung bedingt, daß DDR-Autoren tendenziell der Gefahr ausgeliefert sind, von vielen elementaren Problembereichen abgeschnitten zu sein. Haben die Schriftsteller diese ungleichen Bedingungen durchschaut und entziehen sich in ihrer Arbeit einer affirmativen Ausrichtung, wollen sie gleichermaßen aber auch nicht ihre gesamte berufliche Existenz aufs Spiel setzen, so reduziert sich ihr Einsatz auf taktierende und chiffrierte Vorgehensweisen. Diese Erscheinung läuft nicht selten mit einem Rückzug aus dem Öffentlichkeitsbereich parallel und funktioniert die Autoren in Themenwahl, Ausdruckswahl und Lebensstil zum sozialistischen Privatgelehrten um.

Die gute ökonomische Lage bedingt sicherlich, daß mehr DDR-Autoren im Vergleich zu ihren westlichen Kollegen von ihrer Autorentätigkeit leben können.[300] Innerhalb des eigenen gesellschaftlichen Umfeldes bedeutet diese Form einer wachsenden Privilegierung eine Eingliederung der Künstler in die »expertokratische Laufbahngesellschaft«[301] und somit eine ständige Erweiterung des Widerspruchs zwischen Hand- und Kopfarbeit. Die zentrale Zielrichtung ist aus dem Blickfeld geraten, die besagt, daß künstlerische Produktion zu denjenigen allgemeinen gesellschaftlichen Angelegenheiten gehört, die von allen in freier Tätigkeit besorgt werden können, gemäß der bekannten Marxprognose – »in einer kommunistischen Gesellschaft gibt es keine Maler, sondern höchstens Menschen, die unter anderem auch malen.«[302]

4.5.2. Das DDR-Urheberrechtsgesetz

Ein wesentliches Element des Literaturbetriebes ist die Rechtsbeziehung zwischen Literaturproduzenten und Gesellschaft. Diese Rechtsbeziehungen sind in der bürgerlichen Gesellschaft in Deutschland seit dem 19. Jahrhundert kodifiziert. Die DDR ist einerseits in die historische Entwicklung des Urheberrechts eingebunden, indem sie bis 1965, wie auch die BRD, die Urheberrechtsregelungen aus dem Jahre 1901 bzw. 1907 übernommen hatte.[303] Die Verankerung des Urheberrechts als ein Grundrecht befindet sich auch in der DDR-Verfassung, allerdings mit der Einschränkung, daß die Rechte den Interessen der Gesellschaft nicht zuwiderlaufen.[304] Daneben gilt in der DDR noch ein weitgehender Schutz, da sie 1973 der UN-Menschenrechtskonvention beigetreten ist, nach deren Artikel 27 jeder Mensch das Recht hat, am kulturellen Leben der Gemeinschaft frei teilzunehmen und seine immateriellen und materiellen Interessen aus jeder wissenschaftlichen, literarischen oder künstlerischen Produktion geschützt sind.[305]

Fast gleichzeitig traten sowohl in der DDR als auch in der BRD 1965 neue Urheberrechtsgesetze in Kraft.[306] Ein Vergleich bietet sich an, um Anhaltspunkte dafür zu gewinnen, worin der spezifisch sozialistische Anspruch des URG besteht, das bürgerliche Postulat des geistigen Eigentums als ausschließliche Emanation der Künstlerpersönlichkeit, zum Verständnis einer gesellschaftlich definierten Urheberrechtspersönlichkeit hin zu verändern.

Während die Neufassung des UrhRG im wesentlichen die Rechtsbeziehungen der

Künstler gegenüber den gewerblichen Verwertern zu verbessern trachtet, ohne im Gegensatz gesellschaftspolitische Zielsetzungen zu definieren, steht im Vordergrund des URG die Abgrenzung (nach DDR-Auffassung die Integration) der Rechte der Urheber gegenüber den Ansprüchen der Gesellschaft.

Nach der Präambel soll damit die kulturelle Grundaufgabe beim Aufbau des Sozialismus, »die geistige Formung des Menschen der sozialistischen Gesellschaft und die Entwicklung der sozialistischen Nationalkultur« [307] aktiviert werden. Darüber hinaus werden – gemäß der Bitterfelder Devise, der das URG zeitlich verpflichtet ist – »die Aneignung von Kunst und Wissenschaft durch alle Bürger sowie ihre immer stärker werdende Teilnahme am vielfältigen kulturellen und geistigen Leben [...] geschützt und gefördert.« [308] Die Präambel weist also dem geistigen Schaffen eine explizit gesellschaftliche Aufgabe zu und betont das Recht der Gesellschaft auf Aneignung. Ein Grundsatz, der sich im Gesetz durch im Vergleich zum UrhRG wesentlich erweiterte freie Nutzungsrechte, gesetzliche Lizenzen und in einer um zwanzig Jahre kürzere Schutzfrist ausdrückt. [309] Dennoch bleibt das grundsätzliche Recht des Urhebers, über die Veröffentlichung seines Werkes zu entscheiden, erhalten. Eine Einschränkung des Persönlichkeitsrechts muß aber darin gesehen werden, daß im URG ein »Rückrufrecht wegen gewandelter Überzeugung« [310] fehlt.

Der zentrale Unterschied zum UrhRG (und auch zur UN-Charta), wo der Urheberrechtsschutz unabhängig von der Veröffentlichung bereits im status nascendi einsetzt, besteht im URG im grundsätzlich gesellschaftlichen Anspruch bzw. dessen Interpretation. In den Grundsätzen dazu heißt es:

»Das Urheberrecht ermöglicht eine breite Wirkung und Nutzbarmachung aller literarischen, künstlerischen oder wissenschaftlichen Werke, die dem gesellschaftlichen Fortschritt, der Verbreitung humanistischer Ideen und der Sicherung des Friedens und der Völkerfreundschaft dienen. Es stellt also eine Verbindung der persönlichen Interessen der Urheber mit den gesellschaftlichen Interessen dar.« [311]

Aus dieser Formulierung muß geschlossen werden, daß die Werke, denen die Zuerkennung dieser unbestimmten Werte verweigert wird, keinen Urheberrechtsschutz genießen. Diese Annahme wird durch die Tatsache erhärtet, daß im Gesetz die Bezeichnung »Schutz« stets gemeinsam mit dem Ausdruck »Förderung« auftaucht. Was nicht förderungswürdig ist, ist auch nicht schutzwürdig. In einem Kommentar zum URG führt Münzer aus:

»Werke, die eine nach unseren sozialistischen Kunstauffassungen nicht duldbare, mindere Qualität aufweisen oder unseren Anschauungen in anderer Weise prinzipiell entgegenstehen, verfallen der allgemeinen gesellschaftlichen Ablehnung. An ihnen können daher Fragen eines Urheberrechtsschutzes in konkreten gesellschaftlichen Beziehungen nicht sehr praktisch werden.« [312]

Die Formulierung weist feinsinnig auf die totale Abhängigkeit der Urheber von den staatlichen Instanzen hin, die in positiver Form auch in den Grundsätzen festgelegt ist:

»Die Leiter der Staats- und Wirtschaftsorgane, der kulturellen und wissenschaftlichen Einrichtungen, der Verlage und Betriebe und die Leitungen anderer Organisationen sorgen dafür, daß die Rechte der Urheber in ihrem Verantwortungsbereich verwirklicht werden.« [313]

Negativ ausgedrückt, wird damit auch im URG noch einmal nachdrücklich auf das Kulturmonopol des Staates hingewiesen. Dem staatlichen Kulturmonopol entspricht auch die Einbeziehung des Verlagsrechts in das URG sowie die ausdrückliche Regelung der Vertragsbeziehungen zwischen Urheber und Medien.[314]

Dem Urheber sanktionierter Werke bietet das URG dagegen im Vergleich zum UrhRG deutliche Vorteile, da das Prinzip der Vertragsfreiheit (das von der Fiktion gleicher Verhandlungsstärke ausgeht) eingeschränkt ist. So vergibt der DDR-Schriftsteller dem Verlag in der Regel nur die Rechte zur Vervielfältigung und Verbreitung, der Lizenz und der Übersetzung. Weitere Nutzungsformen regelt er in speziellen Zusatzverträgen mit den dafür zuständigen Medien. Diese Praxis, die auf der Devise beruht, daß sich der Verlag nur solche Rechte übertragen lassen soll, »die er auch ausüben kann und will«[315], verhilft den DDR-Autoren zu einer größeren materiellen Nutzung ihrer Werke verglichen mit den BRD-Kollegen, denen diese Nutzungsrechte als Veröffentlichungsbedingungen meist sofort entzogen werden.

Von der Verpflichtung des geistig Schaffenden auf den gesellschaftlichen Fortschritt abgesehen, ist im URG keine spezifisch sozialistischen Komponente zu entdecken. Deshalb wird von einer radikalmarxistischen Position heraus das URG als eine Naturrechtsquelle bezeichnet, die die Künstler privilegiere. So kritisiert Apitzsch, daß das URG von Urheberpersönlichkeitsrechten ausgeht, nicht »aus einer Analyse des gesellschaftlichen Charakters künstlerischer Tätigkeit, sondern aus dem Verhältnis des Urhebers zu seinem Werk.«[316] Sie exemplifiziert ihre Kritik an dem Unterschied zwischen URG einerseits und dem Erfinder- und Neuererrecht andererseits und knüpft dabei an Nathan an, der das »sozialistische Persönlichkeitsrecht«[317] des URG so interpretiert, daß der Gegenstand der eingeräumten Rechte, das Kunstwerk, unmittelbar Ausfluß der Persönlichkeit ihres Schöpfers sei und damit diese Persönlichkeit zugleich materialisiere. Deshalb ließe sich der Wert geistiger Arbeit auch nicht nach der gesellschaftlich notwendigen Arbeitszeit bemessen, »sondern vor allem nach der künstlerischen Potenz und Geltung, das heißt der individuellen Persönlichkeit seines Schöpfers.«[318]

Das Erfinder- und Neuererrecht dagegen vollziehe sich unter staatlicher Leitung in unmittelbarem Zusammenhang mit der materiellen Produktion und sei insofern kein Ware-Geld-Verhältnis mehr. Die Werktätigen arbeiteten »unmittelbar für die Gesellschaft, und die Vergütung des Erfinders und Neuerers ist, ebenso wie der Arbeitslohn, ihr in Geld ausgedrückter proportionaler Anteil am gesellschaftlichen Gesamtprodukt.«[319] Obwohl ihrer Natur nach Erfindungen und kulturelle Werke ähnlich sind, wird das eine als gesellschaftlicher Prozeß, das andere in erster Linie als Ausfluß der Persönlichkeit gewertet. Die besonderen Ansprüche daraus müssen deshalb, nach Apitzsch, »weil aus der besonderen Natur der Persönlichkeit herrührend, Privilegien genannt werden.«[320] Nathan begründet diesen Unterschied mit dem Übergangscharakter der gegenwärtigen Ordnung. Momentan sei es erst ein kleiner Kreis von Urhebern,

»[...] die ihr künstlerisches oder literarisches Erzeugnis der Gesellschaft nicht mehr durch einen Austauschakt in der Ware-Geld-Form vermitteln, sondern als Künstler beim Film, Rundfunk und Fernsehen [...] Angestellte staatlicher Betriebe und Institutionen sind und als solche unmittelbare gesellschaftliche Arbeit verrichten.«[321]

Die Mehrzahl seien aber noch freiberuflich tätige Urheber, die ihr schöpferisches Produkt erst durch einen besonderen Austauschakt, etwa dem Verlagsvertrag, zur Verfügung stellen.

Dieser Argumentation zufolge wäre eine Auflösung des Widerspruchs dadurch möglich, daß alle Kulturschaffenden zu Staatsbediensteten würden. Ob eine solche Entwicklung dem offenen gesellschaftlichen Gespräch – das Literatur auch nach DDR-Vorstellungen bewirken soll – dienen würde, muß bezweifelt werden.

Die von Apitzsch diagnostizierten Privilegien des URG sind allerdings mehr rechtstheoretischer Natur. Was wesentlich stärker ins Auge springt, sind die Abhängigkeiten, die sich aus den gesellschaftlichen Bedingungen ergeben, an die die Gewährung des Urheberrechtsschutzes geknüpft ist.

Die Bedeutung dieser Bedingung muß aber insofern relativiert werden, da durch das staatliche Veröffentlichungsmonopol im Gebiet der DDR Urheberrechte für nicht akzeptierte Werke ohnehin wertlos sind. Entscheidender in dieser Hinsicht sind da die Regelungen für eine Veröffentlichung außerhalb der DDR, die sich erstaunlicherweise nicht im Urheberrechtsgesetz selber befinden. Dies, obgleich das »Büro für Urheberrechte«, dem Werke vor Veröffentlichung im Ausland vorgelegt werden müssen, bereits seit 1956 existiert und speziell 1965 eine explizite Rechtsverbindlichkeit erhielt.[322] Die Tatsache, daß für die Genehmigungspraxis des »Büros für Urheberrechte« keine zugänglichen Kriterien existieren, daß sie vielmehr vage an die Bestimmungen des Devisengesetzes gekoppelt sind, die eine nicht genehmigte Veröffentlichung kriminalisieren können, legen den Schluß nahe, daß es für Werke, die den Vorstellungen der staatlichen Instanzen nicht entsprechen, keinen Urheberrechtsschutz gibt, daß dagegen eine unübersehbare Verknüpfung von Druckgenehmigungspraxis und Urheberrechtspraxis vorliegt.

4.5.3. Der Schriftstellerverband der DDR

Wie aus dem Kapitel zu der ökonomischen Lage der Autoren ersichtlich, nimmt eine Mitgliedschaft im Schriftstellerverband der DDR einen wichtigen Stellenwert für diese Berufsgruppe ein. Sie bedeutet gesellschaftspolitisches Prestige, kulturpolitischen Einfluß und soziale Absicherung. So übernimmt der Verband für seine Mitglieder die Hälfte des Jahresbetrages für die Rentenversicherung[323], stockt bedürftigen Kollegen die Rente auf, vergibt Kredite und Stipendien; zusätzlich ist er bei der Vermittlung von Wohnungen, Ferienplätzen und Autos behilflich und fungiert als Anlaufstelle für die Genehmigung von Auslandsreisen. Gleichermaßen gilt sein Einfluß bei den Verlagen im Rahmen der Auflagenfestsetzung und der Vergabe von Auftragsarbeiten.

Der Schriftstellerverband ist nach dem Krieg zunächst noch überregional mit Vertretern aus allen vier Besatzungszonen entstanden. Damaliges Ziel war es, den alten, aus der Weimarer Republik stammenden »Schutzverband Deutscher Autoren«, in Zusammenarbeit mit dem Kulturbund, auf gewerkschaftlicher Basis zu reformieren. Erst 1952, auf dem 3. Schriftstellerkongreß, kristallisierte sich diese Vereinigung als eigenständige Organisation der DDR heraus. Obgleich die gewerkschaftliche Ausrichtung dabei aufgegeben wurde, sollte sie zumindest formal nach außen aufrechterhalten bleiben. Günter

Görlich betonte 1977, im Rahmen seiner Position als erster Vorsitzender der Berliner Sektion, erneut diesen Aspekt:

>Unser Verband hat die Funktion einer gesellschaftspolitischen Vereinigung, mit einer den Gewerkschaften entsprechenden, ihnen gleichberechtigten Stellung, darin selbstverständlich eingeschlossen die Interessenvertretung unserer Mitglieder [...].«[324]

Zu diesem Zeitpunkt wirkte allerdings der Kommentar eher als hilflose Vorwärtsverteidigung denn als realistische Beschreibung der Verhältnisse. In Kontrast zu ihm stehen die, bis zur Gegenwart hin anhaltenden, Ausschlüsse und Austritte von renommierten Autoren. Es begann im Sommer 1976 mit der Relegation von Reiner Kunze, dem teils freiwilligen, teils erzwungenen Austritt von sieben Schriftstellern aus dem Vorstand des Berliner Bezirksverbandes nach der Biermann-Exilierung und dem Austritt Jurek Bekkers im Frühjahr 1977. Dem folgte, daß eine Anzahl von Autoren zum 8. Schriftstellerkongreß 1978 nicht delegiert wurde bzw. ihre Bereitschaft dazu verweigerte, und daß, außer Stefan Hermelin, kein einziger in den neuen Hauptvorstand aufgenommen wurde, der sich gegenüber der Biermann-Ausweisung offen kritisch geäußert hatte. Im Juni 1979 schließlich wurde neun Kollegen, die in einem Brief an Honecker kulturpolitische Mißstände angeprangert hatten, die weitere Mitgliedschaft im Verband verwehrt. Als Begründung für diese spektakulären Ausschlüsse hatte Hermann Kant, anläßlich einer Sondersitzung des Vorstandes, in seiner Rolle als Verbandspräsident einen Statutverstoß der betreffenden Autoren in den Vordergrund seiner Ausführungen gestellt:

>Das Statut des Schriftstellerverbandes der DDR ist keine bürgerliche Wahlplattform, deren Forderungen und Verheißungen sich nach Gutdünken vergessen lassen. Wer das anders sieht oder will, der mag sich erklären, und er soll sich auf unsere klare Antwort einrichten.«[325]

Wir wollen daher, um das Selbstverständnis und das Vorgehen des Verbandes genauer beurteilen zu können, das Statut bzw. die verschiedenen Statutfassungen von 1957, 1969 und 1973[326] untersuchen und sie nach den Bedingungen befragen, die die Interessenvertretungen der Autoren betreffen.[327]

Betrachtet man gleich zu Beginn den Passus, in dem die Ziele und Aufgaben des Verbandes behandelt und die kulturpolitischen Voraussetzungen einer Mitgliedschaft genannt werden, so fallen gerade hier die pauschalen, schlagwortartigen Formulierungen auf. Die Stilistik vermittelt zudem die Struktur eines Credos, das – im Laufe der Jahre stets erweitert – auf eine strikte Unterwerfungstaktik hinausläuft. So »bekannte« sich 1957 der Verband lediglich zum sozialistischen Aufbau und verpflichtete seine Mitglieder, diesen »zu fördern und zu verteidigen«.[328] 1969 wird das einzelne Mitglied zum direkten Bekenntnissubjekt. An der entsprechenden Stelle heißt es:

>Die Mitglieder des Schriftstellerverbandes der DDR anerkennen die führende Rolle der Arbeiterklasse und ihrer Partei in der Kulturpolitik. Sie *bekennen* sich zur *Schaffensmethode des sozialistischen Realismus*. Sie treten entschieden gegen alle Formen der ideologischen Koexistenz und das Eindringen reaktionärer und revisionistischer Auffassungen in die Bereiche der Literatur auf.«[329] (Hervorhebung von R. K.)

Besonders deutlich wird die normative Komponente durch die Festschreibung der Autoren auf eine bestimmte Schaffensmethode, einmal da der »sozialistische Realismus«,

wie die historische Diskussion gezeigt hat, niemals als klares Arbeitsmuster bündig definiert worden ist, zum anderen, da gerade in jüngster Zeit auch parteipolitisch unverdäch-
tige Autoren wie Irmtraud Morgner und Peter Hacks in ihren Werken mit einer Mischung aus Montagetechnik, Dokumenten und surrealistischen Elementen in keiner
Weise mehr mit dem ehemaligen Realismusverdikt in Einklang stehen. Es bleibt somit
unverständlich, was auch 1973 dieser überholte Kanon anderes bewirken soll, als im
Zweifelsfall eine ästhetische Handhabe gegen politische Verstöße zu haben.

Auch die übrigen Bedingungen zur Mitgliedschaft wurden stets erweitert. Waren es
anfangs nur vier Gesichtspunkte, die als Voraussetzung galten (Bekenntnis zu den Prinzipien des Humanismus, Anerkennung der Verbandsziele, Mitarbeit im Verband und
Wohnsitz in der DDR), so kam als nächster Schritt die Anerkennung des Statuts hinzu
und die Forderung, daß die literarische Tätigkeit »schöpferisch und kontinuierlich« sein
müsse – eine vage Aussage, die auch durch den Verweis auf die »angemessene Qualität«
nicht deutlicher wird. Vergegenwärtigt man sich die Tatsache, daß es sich dabei um einen
Berufsverband handelt, der eigentlich darauf bedacht sein müßte, möglichst viele Angehörige des Metiers zu erfassen, um an Stärke zu gewinnen, verblüffen die scharfen Selektionskriterien. Wir denken da zunächst an den elitären Literaturbegriff, der nur die Autoren zuläßt, die sich als Schöpfer »schöngeistiger Werke« verstehen.

»Draußen gehalten werden Schriftsteller, die sich ihr Brot durch das ›Verfassen oder Übersetzen
oder die Herausgabe wissenschaftlicher oder Fachliteratur‹ verdienen, die ›nur‹ die ›populärwissen-
schaftliche‹ Literatur herstellen, ›Sachbücher sowie andere publizistische Arbeiten ohne *wesentliche
künstlerische Gestaltung*‹.« [330]

Erstaunlich wenig kritisch ist man allerdings bei den Nichtschriftstellern. Neben Lektoren und Literaturwissenschaftlern können auch Parteifunktionäre aufgenommen werden, die mit »Persönlichkeiten, die sich hervorragende Verdienste bei der Förderung der
sozialistischen Nationalliteratur erworben haben« [331], umschrieben sind.

Auffallend ist der mißtrauische Umgang mit dem Nachwuchs. Nachdem seit 1973 die
»Arbeitsgemeinschaften junger Autoren« beim Verband aufgelöst wurden, kommen die
jungen Anwärter nur mit der Fürsprache von zwei Bürgen in den sog. Kandidatenstand, der, wie Günter Görlich berichtet hat [332], meistens einen Zeitraum von fünf
Jahren umfaßt. Diese Regelung bezieht sich aber nicht auf das Statut, sie ist wie andere
nur in den »Richtlinien zum Statut« ausgewiesen, die je nach Anforderungen erlassen
werden können und nur verbandsintern zugänglich sind. Dort wird dann, was die
Dauer des Kandidatenstatuts anbelangt, auf den verwaschenen Talentbegriff verwiesen. [333] Nicht zuletzt dieser Umgang mit dem Nachwuchs hat dazu geführt, daß –
wie uns berichtet wurde – der Verband insgesamt an tendenzieller Überalterung seiner
Mitglieder leidet.

Besonders nachdrücklich ist neben diesem Aufnahmeritus die Beendigung der Mitgliedschaft geregelt. 1957 gab es dafür nur drei Gründe: Tod, Ausscheiden und Ausschluß. 1969 kam eine weitere Regelung, »die Entlassung aus der Mitgliedschaft«, und
1973 »das Erlöschen der Mitgliedschaft« hinzu. Ohne auf diese graduellen Unterschiede
im einzelnen eingehen zu wollen, vermitteln diese differenzierten Formulierungen die
Bereitstellung von scheinbar objektiven Maßstäben, sie dienen aber – wie die Praxis ge-

zeigt hat – allein dazu, ein willkürliches und taktisches Handlungsinstrumentarium zu verschleiern.

Bezüglich der Leitungsebene fällt auf, daß über 80% des Vorstandes SED-Mitglieder sind. Die wichtigste Position hat nicht, wie man vermuten könnte, der Präsident inne, er vertritt den Verband eher repräsentativ nach außen, sondern das Sekretariat. Es besteht aus drei Sekretären und den einzelnen Fachgebietsverantwortlichen, wovon der 1. Sekretär, als Schlüsselfigur für die Tagesgeschäfte, über den weitesten Handlungspielraum verfügt. Soweit wir richtig informiert sind, besteht der zuletzt genannte Personenkreis aus hauptamtlichen Mitarbeitern. Angesichts dieser Faktoren erstaunt es auch nicht, daß die Stelle des 1. Sekretärs von jeher nicht von Autoren, sondern von Gesellschaftswissenschaftlern bzw. Agitationsexperten der SED eingenommen wird.[334] Offenbar werden auch die Verbandssekretäre nicht wie der Präsident und die Vizepräsidenten gewählt, sondern berufen, was soviel heißt, daß sie von höherer Stelle dafür designiert werden, sich also nicht aus dem eigenen Mitgliederstamm rekrutieren.

Ähnlich undurchschaubar bleibt auch die Delegierung aus den Bezirksverbänden zum Schriftstellerkongreß. Wörtlich heißt es dazu: »Die Delegierten für den Kongreß werden nach einer vom Präsidium *zu erlassenden Wahlordnung* in den Bezirksverbänden gewählt.«[335] (Hervorhebung von R. K.) Diese, seit 1957 unverändert übernommene, Formulierung suggeriert einen je nach Erfordernissen neu vorgegebenen Wahlmodus. Möglicherweise hat die Praxis, das Statut allgemein zu halten, um dann, entsprechend der kulturpolitischen Lage, die spezifischen Vorgehensweisen in Zusätzen, den sog. Richtlinien, zu fassen, dazu geführt, daß über den Gesamtzeitraum hinweg eine Tendenz zur Vergrößerung des Verwaltungsapparates zu verzeichnen ist.[336]

Abschließend muß noch erwähnt werden, daß das Statut des Schriftstellerverbandes nicht aus den Reihen der Mitglieder selbst entstanden ist, vielmehr vom Ministerium für Kultur erlassen wird, dem auch allein jegliche Neuregelungen vorbehalten sind, was u. a. auch daraus ersichtlich ist, daß im Statut keine Verfahrensweisen zu Statutsänderungen angesprochen sind.

Wie wenig der Verband seine Aufgabe darin sieht, den ästhetischen und kulturpolitischen Kontroversen ein öffentliches Forum bereitzustellen, wurde durch die Verfahrensweisen auf dem 8. Schriftstellerkongreß 1978 deutlich. Entgegen früheren Gewohnheiten war das Präsidium des Verbandes in »einem freundschaftlichen Gespräch«[337] mit Erich Honecker darin übereingekommen, daß die Arbeitsgruppentagung der Kongreßdelegierten – als Forum der grundsätzlichen Problemdiskussion – nicht auf dem Kongreß selber, sondern vorher intern geführt werden sollte. Angesichts des heftigen politischen Zündstoffs einer neuen Emigrantensituation von DDR-Schriftstellern wollte man offenbar vermeiden, tabuisierte Gesprächsbeiträge nach außen dringen zu lassen. Dazu zählt auch, daß entgegen der Verfahrensweise früherer Kongresse statt der Arbeitsgruppenprotokolle nur deren Resumees publiziert wurden.

Die Untersuchungen haben verdeutlicht, daß der Schriftstellerverband der DDR seiner Struktur nach keine demokratische Interessenvertretung der Autoren darstellt, sondern daß er als eine Art Überleitungsinstanz zwischen dem staatlichen Apparat und den einzelnen Autoren zu werten ist, um Beschlüsse von oben nach unten möglichst reibungslos zu kanalisieren und gegebenenfalls mit Gewalt durchzusetzen.[338]

4.5.4. Das Literaturinstitut J. R. Becher

Bei der Darstellung des Schriftstellerverbandes haben wir bereits die ausgeprägte Zusammenarbeit und gezielte ökonomische und ideologische Förderung junger Autoren beschrieben. Seit 1955 existiert in der DDR neben den Institutionen, die sich in Kooperation mit dem FDGB, der FDJ und dem Kulturbund dieser Aufgabe widmen, eine eigene Instanz, die sich explizit als sog. Autorenschulungsstätte versteht, das Institut für Literatur in Leipzig. Es entstand in direkter Nachfolge der Bildung des Ministeriums für Kultur, als eine administrative Maßnahme auf Veranlassung Walter Ulbrichts, der dieses Projekt auf dem IV. Parteitag 1954 in Anlehnung an das sowjetische Vorbild des »Maxim Gorki Instituts« gefordert hatte.[339] Mit der Herausbildung einer solchen parteipolitisch organisierten Institution erhoffte man sich verstärkter als zuvor, die künstlerischen Werke bereits in der Entstehung in eine kulturpolitische Richtung lenken zu können, die für den sozialistischen Aufbau und die Bewältigung der nationalen Frage als systemintegrierende Kraft gebraucht wurden. Grundsätzlich erstrebte man damit die effektive Konstitution einer an der Arbeiterschaft orientierten, volkstümlichen und parteilichen Literatur für agitatorische Zwecke.

Allerdings stieß der diesem Projekt zugrunde liegende, optimistische Aspekt »von der Lehrbarkeit der literarischen Meisterschaft«, so der Titel der Eröffnungsrede des ersten Institutsleiters Alfred Kurella[340], auch in den Reihen der eigenen Autoren und Funktionäre zunächst auf große Skepsis. Es ist davon die Rede, daß selbst der damalige Kulturminister Johannes R. Becher, nach dem das Institut seit 1959 heißt, einer solchen Dichterschule gegenüber Mißtrauen entgegenbrachte.[341] Die Befürchtungen basierten auf der Vorstellung, die SED wolle die Schriftstellerei, analog den Schauspielern, Musikern und Artisten, die vor ihrer Einstellung eine entsprechende Akademie besuchen müssen, zur lizenzpflichtigen Berufssparte ausbauen.[342]

Kurellas Eröffnungsrede streift, wenn auch sehr allgemein gehalten, die Gründungsabsichten der Lehrstätte, setzt sich aber mit den kritischen Einwänden nicht auseinander. Ausgangspunkt seiner Überlegungen ist, ein Forum zu haben, das sowohl der realistischen Kunstauffassung wie auch dem sozialistischen Menschenbild Vorschub leiste und die Verantwortung der Gesellschaft gegenüber den Literaten in den Mittelpunkt rückt. Es zeuge von hochgradiger Passivität, ein solches Potential an nachhaltiger Einwirkungsmöglichkeit auf fast alle Bereiche des menschlichen Lebens in seiner »Entwicklung sich selbst zu überlassen«[343], ohne zumindest den Versuch zu machen, eine »Technische Hochschule für diese Ingenieure der menschlichen Seele einzurichten«.[344] Er verweist u. E. zu Recht auf den für jeden Schriftsteller relevanten Arbeitscharakter des Schreibens und auf die verantwortliche Bereitstellung der »notwendigen Beziehungen zur materiellen und natürlichen gesellschaftlichen Umwelt«[345] und distanziert sich nachdrücklich von überlieferten Künstlerbildern, die sich in ihrer Vorstellungswelt auf »jenseitige Offenbarung und transzendentale Inspiration«[346] beziehen.

Betrachtet man das Material der 50er und 60er Jahre, das vorwiegend aus Reden und Interviews der Institutsleiter besteht[347], so fällt auf, daß das Institut in der Art einer der »Arbeiter und Bauernfakultät« angenäherten Form die Suche und Förderung von schreibenden Arbeitern und Bauern unterstützen wollte. Wie Max Zimmering 1959 unterstrich, lag der Hauptakzent darin, eine neue Schriftstellergeneration zu kreieren, die das alte Ideal des »freien Schriftstellers, der seinen Wohnsitz möglichst in Berlin hat«, zerstören würde, um den Schriftsteller neuen Typus an die Zentren des Sozialistischen Aufbaus zu binden. [348] Bereits ein halbes Jahrzehnt vor Bitterfeld war es also Grundlage dieses Konzepts, sich um eine Koordination von schreibenden Arbeitern und arbeitenden Schreibern zu bemühen. Dazu zählt auch, daß die soziale Zusammensetzung der zwanzig Lehrgangsteilnehmer sich im Verhältnis von 3/4 zu 1/4 [349] von Arbeiterschaft und Akademikern verhalten sollte. Untersuchungsgegenstand soll daher im folgenden sein, wie weit sich diese Ausrichtung bis in die 70er Jahre gehalten hat, zu welcher Reaktion sie von Studentenseite geführt hat, und ob diese Konzeption einer neuen sozialistischen Autorenausbildung zumindest bei den Institutsabsolventen zu einem veränderten schriftstellerischen Selbstverständnis im angestrebten Sinn geführt hat. Genauere strukturelle Hinweise und inhaltliche Maximen zur Zielsetzung und Ausführung der Unterrichtsgestaltung lassen sich leider aus dem uns zugänglichen Material nicht ersehen. [350]

Formal ist das Institut dem Ministerium für Kultur und dem Staatssekretariat für Hochschulwesen (Lehrkräfternennung) unterstellt und gehört zur Kategorie der Kunsthochschulen. Praktisch steht es aber ganz unter dem Einfluß des Schriftstellerverbandes. Es ist statuarisch fixiert [351], daß das Präsidium des Schriftstellerverbandes aus seiner Mitte die Mitglieder des künstlerischen Institutsbeirats benennt. Ihm obliegt gleichermaßen das Vorschlagsrecht für den Direktor, es trifft eine vorbereitende Auswahl für die Studentenzusammensetzung und stellt die Leiter für die schöpferischen Seminare, die in den drei klassischen Genres Lyrik, Drama und Epik abgehalten werden.

Das Studium, das zunächst in Einjahres-, später in Dreijahreskursen durchgeführt wurde, setzt sich aus sechzehn obligatorischen Wochenstunden zusammen, in denen neben den bereits genannten schöpferischen Seminaren das Grundlagenstudium des Marxismus-Leninismus einen breiten Raum einnimmt. Zusätzlich wird Literaturgeschichte, Ästhetik, Stilistik, Musik, Kunstgeschichte und seit 1976 [352] auch Literaturkritik gelehrt. In jedem Studienjahr sind Praktika in den nahegelegenen Kombinaten vorgesehen. Das letzte Studienjahr dient vorwiegend der kulturpolitischen Praxis, indem die Studenten turnusweise bei Betriebszeitungen, Kulturreferaten und Verlagslektoren arbeiten. Es war zwar im Sinne des Instituts, daß die Absolventen, die in der Regel ein monatliches Stipendium von 500,- [353] beziehen, möglichst nach dem Studium wieder in ihre alten Berufe zurückgingen und nur nebenbei schrieben, indem es das Bemühen, eine Beschäftigung im Verlag oder den übrigen kulturellen Institutionen zu erlangen, zunächst nur in Ausnahmefällen unterstützte. Die eigenen Aufnahmebedingungen durchkreuzten jedoch immer wieder – wie auch die veränderte Studienordnung von 1969 – die angestrebte Ausrichtung einer neuen Schreibpraxis. Durch die Hintertür zentrierte sich auch hier – wie aus der Beschreibung des Bitterfelder Weges ersichtlich – der elitäre und traditionell bildungsbürgerlich orientierte Kultur-, Talent- und Leistungsbegriff.

Als Bedingungen für die Studienbewerber gelten, neben dem Abschluß der zehnklassigen polytechnischen Oberschule und einer abgeschlossenen Berufsausbildung, die generelle Anforderung eines »überzeugend geleisteten Nachweises des literarischen Talents sowie der Nachweis vertraglich gebundener Arbeitsvorhaben«. [354] Hinzu kommt »der Nachweis aktiven gesellschaftlichen Engagements« und die »Delegierung bzw. Befürwortung der eigenen Bewerbung durch einen Betrieb, den Zirkel schreibender Arbeiter, den Schriftstellerverband oder andere Einrichtungen«. [355] Schließlich muß der Bewerber darüber hinaus seine Fähigkeiten durch eine Aufnahmeprüfung vor Vertretern des Instituts, des Ministeriums für Kultur und des Schriftstellerverbandes ausweisen. Dieser für die Aufnahme notwendige Ritus verdeutlicht die sehr enge Verzahnung der kulturellen Institutionen, der im vorliegenden Fall weniger als Selektionshilfe denn als Unsicherheitsfaktor einzuschätzen ist. Offensichtlich ist das Institut nicht in der Lage, selbst schriftstellerische Wertmaßstäbe für die Aufnahme zugrunde zu legen, die im je subjektiven Einzelfall eine eigenverantwortliche Maßnahme erlauben. Dies gilt sowohl für die Studenten, die delegiert werden müssen und sich nicht allein bewerben können, wie auch für die Institutsleitung, die ohne mehrfache Instanzenabsicherung hinsichtlich so vager Begriffe wie »gesellschaftliches Engagement« und »Talent« keine Entscheidung fällen darf.

1964 kamen zu diesen Sicherheitsmaßnahmen mit den »achtmonatigen Vorstudienkursen« noch effizientere Auswahlmöglichkeiten hinzu.

Ende der 60er Jahre entwickelte sich die Situation am Institut zu einer ernsthaften Krise. Wie das nachfolgende Zitat aus der kulturellen Wochenzeitschrift »Sonntag« verdeutlicht, reichte sie sogar so weit, den gesamten Ausbildungsgang in Frage zu stellen.

»Literaturschaffende unserer Republik fragen sich, ob ›ihr‹ Institut, das Institut für Literatur ›Johannes R. Becher‹ in Leipzig, nach rentablen Gesichtspunkten arbeitet. Werden die dort immatrikulierten Studenten nicht mehr verwöhnt als gefordert? Da sie heute nicht einmal den Nachweis des Abiturs erbringen müssen; da man in letzter Zeit Mühe hatte, die Mindestanzahl von Studenten für einen Lehrgang zusammenzubekommen; da der im Jahre 1967 beendete Kurs minimale Erfolge zeitigte, da die einstige Bedeutung des Instituts im Schwinden begriffen ist, ist die hin und wieder auftauchende Meinung, diese Einrichtung zu schließen, verständlich. [...] Welche Änderungen muß man treffen? So wie bisher kann es nicht weitergehen.« [356]

Die geforderten Gesichtspunkte – wie sie v. a. in dem Appell nach Abiturientenqualifikation und dem Ruf nach großen Namen [357] deutlich werden – repräsentieren geradezu exemplarisch, wie stark auch zu diesem Zeitpunkt in der DDR das bildungsbürgerliche Schriftstellerimage noch vertreten ist.

Bei der sich anschließenden Neuorganisation der Lehrgänge gewannen unverständlicherweise die quantitativen Maßnahmen vor den qualitativen an Priorität. Statt den rückläufigen Studentenzahlen dadurch zu begegnen, die Aufnahmebedingungen zu überprüfen und die vorhandenen Kurse in verstärktem Ausmaß auf die Interessen und Bedürfnisse der Teilnehmer zu orientieren, wurde in erster Linie die Ausbildungskapazität von ca. 25 auf 100 Teilnehmer erweitert. Das Kursangebot besteht seither aus vier unterschiedlichen Studiengängen:

1. Das Direktstudium (ein- bis dreijähriges Aufbaustudium)
2. Der einjährige Weiterbildungskurs für Schriftsteller
3. Das dreijährige Fernstudium
4. Lehrgänge und Kolloquien.

Liest man in der Informationsbroschüre des Instituts nach, in der diese neuen Kurse kommentiert sind [358], so wird ersichtlich, daß sich das Schwergewicht von der Ausbildung junger Berufstätiger zu Autoren zur Weiterbildung von bereits arrivierten Jungschriftstellern hin verschoben hat. Damit wurde zumindest latent eine Entwicklung angekurbelt, die sich wieder vorwiegend auf den Status der hauptberuflichen freien Autorenschaft ausrichtet. Wir folgern dies daraus, daß die vorgenommene Kurseinteilung eine klare Trennung in hauptberufliche (Kurs 1, 2, 4) und nebenberufliche Schriftsteller (Kurs 3) aufzeigt. Zusätzlich wird die erste Gruppe deutlich favorisiert, wenn das Fernstudium, das sich in seiner Aufgabendefinition ausdrücklich auch auf die schreibenden Arbeiter als Adressaten bezieht, in seiner Funktionszuordnung abschließend als Optimierung für das Auswahlverfahren des Direktstudiums abgewertet wird. In eine ähnliche Richtung deutet auch die 1975, mit 20jährigem Bestehen des Instituts, vorgenommene Bilanzierung von vierzig Kunstpreisträgern der ca. 580 Gesamtinstitutsabsolventen. [359]

Von den Kursteilnehmern selber drang in all den Jahren wenig an authentischen Erfahrungen über das Literaturinstitut an die Öffentlichkeit. Gelegentlich war von Exmatrikulationen zu hören, die sich, soweit wir es beurteilen können, auf kulturpolitische Differenzen[360], auf unterschiedliche Disziplinvorstellungen[361], oder, wie in dem Ausnahmefall des westdeutschen Wilhelm König, auf grundsätzliche politische Abgrenzungsbemühungen bezogen.[362]

Erst das Juliheft der *Weimarer Beiträge* im Jahre 1979, das dem Problemfeld junger Künstler gewidmet ist, vermittelt anhand eines Gesprächs von Joachim Novotny[363] mit Studenten des 3. Studienjahrs am Literaturinstitut Hinweise zum literarischen Funktionsverständnis der angehenden Autoren. Dabei wirkte offenbar die Themenstellung »Vorbild–Leitbild« so provozierend, daß die Studenten in erster Linie ihre Orientierungslosigkeit zum Ausdruck brachten, die sie von ihrer überwiegend negativ erlebten Schulerfahrung herleiten.

»Na ja, man ist in den fünfziger/sechziger Jahren durch die Volksbildung gegangen, und man ist in bestimmter Weise politisch und ideologisch erzogen worden. Man hat sich bestimmte Kenntnisse angeeignet, ein großes Vorbild gewählt oder es ist unbewußt als Vorbild in uns eingegangen, sagen wir Walter Ulbricht [...] Dann geschieht folgendes: Wie auch die Massenmedien Vorbilder produzieren, werden sie von diesen Massenmedien selbst wieder verschluck [...] eine Begründung gibt es so gut wie nie. Es entsteht ein luftleerer Raum, in den einfach etwas anderes hinein muß, aber hier setzt schon die Furcht vor einem weiteren Vorbild ein, es könnte ähnlich ergehen.«[364]

Durchgängig wird wie hier an diesem Ausspruch die Tendenz deutlich, sich von bestehenden und offiziell vorgegebenen Werten abzusetzen und eigene, jeweils individuelle Ansatzpunkte zu suchen. Literarische und philosophische Leitbilder werden, wenn nicht überhaupt abgelehnt, in erster Linie in den offiziell tabuisierten Bereichen gesucht. Immer wieder tauchen Autorennamen auf, die nicht zum gängigen Repertoire der DDR-Verlage und Bibliotheken gehören, sei es nun Dante, Schopenhauer, Knut Hamsun oder Günter Grass. Die Fragen nach den Motiven zur Beschäftigung mit speziell diesen Autoren und zur Literatur allgemein lassen sich besonders markant an den Ausführungen des ehemaligen Lehrers Stefan Ernst präzisieren. Zusammengefaßt lassen sie sich auf die folgenden Aussagen reduzieren:
- Themen wie Weglaufen, Abenteuer, Zivilisationshaß stehen als Abwehr gegen die erfahrene Erziehungsdisziplin im Vordergrund des Interesses.
- Das Ausprobieren anderer Philosophien und Weltbilder fungiert als »Gegenkraft zur Schulauffassung, zum Staatsbürgerunterricht, zur Ideologie«.[365]

– Schwer zugängliche und zensierte Bücher steigern gerade dadurch den Leseanreiz.

– Literatur wird allgemein in der Art erlebt, daß sie aus dem Bewußtsein von Ungenügen entsteht, und eine Opposition bildet gegenüber Erscheinungen wie Kollektivzwang, Massenvereinnahmung und Manipulation. Sie wird als zweite Wahrheitsdimension und Lebenshilfe begriffen, die die vorgegebene Ausdeutung von Welt durch Schule und Medien »wieder geraderückt«.[366]

Da Lesen in erster Linie als geistiger Ausbruchsversuch geschildert wird, liegt es nahe, daß die Bedeutung der DDR-Literatur von den Beteiligten eher als sekundär für sie selber beschrieben wird. Erst auf nachdrückliches Befragen fallen die Namen von Christa Wolf, Brigitte Reimann und Volker Braun, bleiben aber unverhältnismäßig blaß. Die Begründung liegt darin, daß der überwiegende Teil der DDR-Literatur »die Möglichkeiten des einzelnen viel zu hoch« ansetzt und sich im »Wegprivatisieren der Konflikte übt«.[367] Die Relation zu den Leitbildern beruht auf Fernorientierung. Sei es zeitlich, wenn in der Vergangenheit der Veränderungsstimulus von literarischen Werken offensichtlicher und deutlicher als in der Gegenwart erlebt wird, sei es geographisch, wenn die zeitgenössische Weltliteratur die Dimension von Erlebnisersatz gewinnt, indem sie zu einer Art Selbstverständigung innerhalb des kleinen Territoriums beiträgt, das »nicht viele konkrete Möglichkeiten der Welterfahrung«[368] vermittelt. Der kulturpolitisch angestrebte DDR-Messianismus weicht, zumindest in dieser Runde, einem skeptischen Weltbürgertum. Die jungen Autoren sind in ihrer Situation in einem Stadium verfangen, in dem sie, wie die Hamsunschen Landstreicher, um ihre Individualität und Selbstbestimmung kämpfen. Sie unterscheiden sich damit in ihrem eigenen Selbstverständnis – trotz Erfahrungen in der Arbeitswelt, die ihnen durch Berufspraktika in jedem Studienjahr vermittelt werden – relativ wenig vom überlieferten künstlerischen Rollenbegriff der bürgerlichen Gesellschaft. Dieser Eindruck mag sich auch dadurch erhärten, daß die ursprünglich angestrebte Sozialstruktur der Institutsstudenten sich – ähnlich dem Milieu des neueren DDR-Romans – stark zur Intellektuellenseite hin verschoben hat. Von den siebzehn Beteiligten des Rundgesprächs waren nur drei vorher in rein praktischen Berufen tätig, alle übrigen hatten eine akademische Ausbildung.[369]

Somit ist das Literaturinstitut kein neuartiger Kristallisationspunkt für eine spezifisch sozialistische Autorenausbildung geworden, deren Absolventen sich in ihrem Rollenverständnis vom freien Autorenstatus weg um einen wirklichen Zusammenhang zur gesellschaftlichen Basis bemühen würden. Vielmehr gewinnen – wie gerade das zuletzt beschriebene Gespräch verdeutlicht hat – verstärkter denn je egozentral ausgerichtete Problemstellungen vor soziozentralen an Priorität.

Auch wenn Max Walter Schulz 1973 zumindest noch rühmend das zuverlässige Autorenkader betonte, das aus dieser Institution erwachse, was er damit belegte, daß bei fünfzehn Bezirksverbänden des Schriftstellerverbandes zehn von ehemaligen Institutsabsolventen geleitet werden[370], so bleibt zu fragen, ob diese jüngste Schriftstellergeneration noch bereit sein wird, solche Posten im Literaturbetrieb zu übernehmen. Es erscheint eher, daß sie von den für sie aufgestellten Normen weg einem Ideal des freien Künstlertums nachstrebt und Literatur vorwiegend unter die Kategorie Selbstfindung und allenfalls noch als Öffentlichkeitsersatz einordnet.

5. Schlußbetrachtung

Wir haben im Rahmen dieser Arbeit aufzuzeigen versucht, wo die Ursachen für die, seit Christa Wolfs *Nachdenken über Christa T.* festzustellende Neigung der DDR-Autoren zur Thematisierung von Schriftstellern liegen und welche Bedeutung der – tendenziell kritischen – fiktiven Interaktion mit den literarischen Instanzen zukommt. Voraussetzung für diesen Trend war die Neudefinition der gegenwärtigen Entwicklungsetappe auf dem 8. Parteitag 1971, der die Vorstellung einer in sich abgeschlossenen Gesellschaftsform des Sozialismus korrigiert hat. Durch die realistische Einschätzung, daß der Klassenantagonismus in der DDR noch nicht überwunden sei, hat sich eine neue, produktive Komponente für die Literatur im Spannungsbereich zwischen Ideal und Wirklichkeit ergeben, bei der das Kritikwürdige seinen ›abnormen‹, zufälligen und untypischen Charakter verliert und den Weg ebnet für ein reflektiertes Aufarbeiten von eigener Geschichte und Gegenwart.

Das Hauptindiz für die Akzentverschiebung ist darin zu sehen, daß den subjektiven Momenten der Gesellschaftsmitglieder sowohl bei der Auslösung als auch im Verlauf von Konflikten größere Bedeutung zugebilligt wird. Die Künstlerfigur steht paradigmatisch für die sich verbreitende Einsicht, daß das Ringen der einzelnen um Selbstverwirklichung zum Vorwärtskommen der ganzen Gesellschaft beiträgt bzw. die Stärkung der eigenen Kräfte auf die potentiellen der Allgemeinheit verweist. In der Nachfolge einer langen bürgerlichen Tradition wird demnach die Künstlerfigur auch in der sozialistischen Literatur zum Extremfall einer spezifischen Stilisierung des Problemkonnexes von Individuum und Gesellschaft. Sie zeigt, daß sich die meisten Probleme nicht von außen, durch die abstrakte Größe ›Gesellschaft‹ lösen lassen, sondern vom tätigen Individuum immer wieder angegangen werden müssen. Der Schriftsteller fungiert für den Leser als Reflexionsanreiz, um eine produktive Ungeduld wachzuhalten, indem er durch Imagination und Phantasie die Divergenz zwischen der Welt, wie er sie vorfindet und der, wie er sie sich vorstellt, aufzeigt.

In bezug auf die historische Eingebundenheit des Phänomens der Eigenthematisierung ist festzustellen, daß sich in Anlehnung an Schlenstedts[1] ›Etappenperiodisierung‹ – ›Abschied‹, ›Ankunft‹, ›Anspruch‹ – als Signum der konsolidierten Verhältnisse der Begriff des ›Bilanzierens‹ herausbildet. Bei den hier behandelten Romanen wurde dies besonders bei de Bruyns *Preisverleihung* deutlich, wo der Protagonist durch einen kritischen Auftrag plötzlich im Alltagshandeln innehält, im sein bisheriges Leben zu überdenken und einzuschätzen. Dieser Vorgang läßt sich aber auch an unserem Ergebnis exemplifizieren, daß nämlich bei allen drei, autobiographisch gehaltenen Romanen der

Schreibimpuls für dieses Thema durchgängig in einer Selbstrezeption, d. h. in einem sich abgrenzenden (de Bruyn), in einem kontinuierlichen (Becker) und in einem sich legitimierenden (Braun) Bezug gesucht werden muß.

Günter de Bruyn markiert durch die Auswahl seiner beiden Hauptfiguren – eines negativen Autors und eines aufrichtigen Literaturwissenschaftlers – seine frühere und seine jetzige Identität und entwickelt unter Einbeziehung der doppelten Zeitebene seine Distanzierung von heroisch überladenen literarischen Standpunkten der Aufbauzeit der DDR, wie er sie in seinem bekannten Entwicklungsroman *Der Hohlweg* vertreten hatte.

Jurek Becker, dessen erzähltheoretisches Interesse dem Verhältnis von Erzähler, Autor und Hauptfigur gilt, variiert diese Positionen in seinen Romanen *Jacob der Lügner* und *Irreführung der Behörden*. War der Erzähler im ersten Roman der einzige Überlebende, der über den ›Helden‹ berichtete, und in dem die Zukunft erreichbar war, so wird er im zweiten Roman in dialektischer Umkehrung als derjenige gezeigt, der zwar ›Held‹ ist, als solcher aber nicht mehr überleben darf. Darin äußert sich eine beträchtliche Polemik gegenüber den Klischeevorstellungen vom sozialistischen Künstler, dessen Wirksamkeit infolge der gesellschaftlichen Verhältnisse als a priori gesichert und erfolgreich begriffen wird. Die Künstlerbilder dagegen, die sich um eine negative Abgrenzung bemühen, d. h. die zeigen, wie ein Künstler nicht sein soll, versuchen den Leser anzuregen, nach den besonderen Bedingungen eines sozialistischen Berufsbildes zu fragen.

Volker Braun demonstriert von einem poetisch genau markierten Standpunkt aus, in einer Umkehrung der Rezeption von Büchners *Lenz*, seine zwiespältigen kulturpolitischen Erfahrungen, die sich auf die Kritiken und Restriktionen seiner beiden Theaterstücke in den 60er Jahren beziehen. Er legitimiert im 3. Teil des *Kast* seine langjährigen Änderungen an den *Kippern* und *Hinze und Kunze,* indem er utopisch die Entstehung eines literarischen Produktes beschreibt, das sich vom individuellen schriftstellerischen Entwurf heraus im Prozeß der kollektiven Aneignung ständig modifiziert.

Bei diesen Ansätzen gewinnt das Verhältnis zwischen Produzent und Rezipient bewußtseinsmäßige Gestalt. Dem Leser wird eine selbständigere Rolle zugewiesen, die sich vom reproduzierenden Akt zum Stimulus von Aktivität und gesellschaftlicher Phantasie wandelt. Dies wird dadurch evident, daß in keinem der Romane mehr Konfliktlösungen explizit dargestellt werden; lediglich ihre Richtung läßt sich schemenhaft erkennen. Das besondere und neue des Leseerlebnisses besteht in der Vorstrukturierung des Weiterdenkens, des ›Durchspielens‹ der Handlung auf alternative Lösungsmöglichkeiten hin, d. h. des Vergleichs der eigenen Erfahrungen mit denen des Schriftstellers. Bräunigs Ausspruch, »es [das Erzählen] ist ein ordnendes und veränderndes, ein erinnerndes Erfinden auf ein Gegenüber hin«[2], gewinnt an wechselseitiger Gültigkeit. Insofern spielt beim Erzählen, das sich selbst zum Gegenstand hat, immer auch der Aspekt eine Rolle, durch die ständige ›Autorenanwesenheit‹ beim Rezipienten die Voraussetzungen zu schaffen, die Bedingungen der Konstitution des Erzählvorgangs bewußter zu machen. Dies geschieht, indem die Funktion des Schriftstellers im Roman entweder stark abgesetzt, d. h. polyperspektiviert wird (de Bruyn), oder indem Erzähler und Autorenfigur eine Einheit bilden, die dann wieder zum tatsächlichen Autor kontrastiert (Becker), oder indem beide parallelisiert werden (Braun).

Ein weiteres Motiv für unser Thema resultiert daraus, daß sich die Autoren auch Anfang der 70er Jahre noch mit der Vorgängerzeit, d. h. mit den Forderungen einer Planer- und Leiterperspektive auseinandersetzen, die die Unterordnung unter ökonomisch-effizienzorientierte Planung verlangt. Der Schriftsteller tritt dem Ansinnen entgegen, seine Arbeit nach wissenschaftlichen Gesichtspunkten auszurichten. Er zieht vielmehr einen Vergleich, der besagt, daß die Verstümmelung der freien Entfaltung seiner ›Produktivkraft Poesie‹ in einem äquivalenten Verhältnis stehe zu den Restriktionen der übrigen Gesellschaftsmitglieder. Die Kompatibilität dieses ursächlichen Problems rechtfertigt es, die spezifische Konfliktsituation eines Schriftstellers anhand des relativ abgehobenen Bereichs der Literaturgesellschaft als ureigenes Erfahrungsmilieu auszuschöpfen, um darüber auch die Probleme eines qualitativ anderen Tätigkeitsbereiches zu transportieren.

Wird, wie in neuerer Zeit in der DDR, die Existenz systemimmanenter Widersprüche akzeptiert, so kann der Wert von Literatur nicht mehr wie früher an der Nähe zu einer präskriptiven Ästhetik gemessen werden, die – auch wenn sie sich nur als Orientierung versteht – den negativen Beigeschmack von ›Anweisungen‹ nicht leugnen kann. Grundsätzlich ist festzustellen, daß sich die entscheidende Verlagerung im Literaturverständnis in der wechselseitigen Überprüfung vollzieht:

– Überprüfung von Literatur an den kulturpolitischen Entschlüssen,
– Literatur aber auch entsprechend als Überprüfungsinstrument eingefahrener Mechanismen und Praktiken bei den literarischen Instanzen.

Ihre wichtige neue Funktion besteht darin, »den Kreis dessen, was wir über uns zu wissen glauben, zu durchbrechen, zu überschreiten«. (LS 80) In einer Diskussionsrede der NDL (1974) über die Frage »Wie agitiert Literatur?«[3] knüpft Klaus Schlesinger an diese Überlegung an, wenn er vom Autor spricht, der gegenüber seinem Staat problembewußter geworden sei, für den es nicht mehr um Sein oder Nichtsein gehe, sondern der ihm notwendig und richtig erscheine. Hier ist eine qualitative Neuerung festzustellen: der Gedanke, daß das künstlerische Subjekt Wirklichkeit neu schafft – die Möglichkeit der ›konkreten Utopie‹. Dies impliziert eine wichtige Folgerung für den erkenntnistheoretischen Ansatz von Literatur, der sich nach Schlesinger so konkretisiert:

»Eine weitere Veränderung sehe ich auch in der Stellung vieler Autoren zu ihrem Handwerk, der Literatur. Das lange herrschende Mißverständnis, Literatur sei eine (mehr oder weniger mittelbare) Abspielung der Wirklichkeit, ist doch der Erkenntnis gewichen, daß sie, die Literatur, eine ganz eigene Wirklichkeit schafft, die eigenen Gesetzen folgt und ihnen im übrigen auch immer gefolgt ist. Brecht sprach [...] von der besonderen Weise der menschlichen Existenz, die in der Kunst sei.«[4]

Dabei muß besonders der erste Teil der Ausführungen, die neue Stellungnahme zum ›Handwerk‹ betont werden, denn es ist zu vermuten, daß in der ›entwickelten sozialistischen Gesellschaft‹, in der sich Autor und Publikum – zumindest idealiter – auf einer gemeinsamen geistigen und politischen Ebene begegnen, viele Erklärungen überflüssig sind bzw. die Aussage in differenzierterer Weise mit neuen Möglichkeiten der Darstellung gekoppelt werden kann.

Zusammenfassend ist allerdings einschränkend festzustellen, daß im Zusammenhang mit den drei interpretierten Romanen unser eingangs entwickeltes Rezeptionsmodell nur partiellen Aufschluß in bezug auf die besondere Konstitution der Literaturgesellschaft in der DDR geliefert hat. In bezug auf den schriftstellerischen Werkstattprozeß konnten wir über die theoretischen Formulierungen Christa Wolfs hinaus keine grundsätzlich neuen Mechanismen aufdecken, dafür aber die Mechanismen im Einzelfall spezifizieren. Im Hinblick auf die Zusammenarbeit von Schriftsteller und literarischen Instanzen bietet das Material auf der ersten Rezeptionsebene – da es allenfalls als Milieukulisse fungiert – wenig konkrete Hinweise. Es gibt keinen Aufschluß, inwieweit der Schriftsteller, nach der Phase der Reflexion und dem kreativen Akt der Phantasie, die Vorstellungen seines intendierten Handlungsmodells in seinem eigenen Bereich verwirklichen kann, d. h. wie sich einerseits das Verhältnis zwischen der Arbeit der Berufsliteraten und den ›Zirkeln des künstlerischen Volksschaffens‹ in den Betrieben gestaltet, und wie andererseits der einzelne Schriftsteller seine Vorstellungen in den verschiedenen Gremien des Schriftstellerverbandes durchsetzen kann. Die in den Romanen thematisierten Vertreter der Kulturbehörden bestätigen allenfalls das, auch in jüngster Zeit noch stark konfliktbeladene Verhältnis zu den Autoren, das auf der zweiten Rezeptionsebene sichtbar wurde. Wir folgern dies aus der Tatsache, daß die auf Demokratisierung des Literaturbetriebes bezogenen Rezeptionsvorlagen von den meisten Kritikern ignoriert oder sogar die offensichtlich intendierte Aussage ins Gegenteil verkehrt wurde.

Hatten wir anhand der Analyse der *Preisverleihung* schon eine Krise innerhalb der Literaturwissenschaft, einen Konflikt zwischen Rezeptionsästhetik und Literaturkritik festgestellt, so wurde sie durch die Aufnahme von *Irreführung der Behörden* ganz offensichtlich. Sämtliche herausgearbeiteten erzähltheoretischen Ansätze kamen in der Rezeption nicht zur Sprache. Statt dessen wurde mit den harmonisierenden Begriffen einer bereits überwunden geglaubten Epoche gearbeitet. Volker Brauns provokative Einflechtung von Büchners *Lenz* und die authentischen Erfahrungen im Verlauf der Inszenierung von *Hinze und Kunze* wurden von den Kritikern entweder gar nicht bemerkt bzw. als zu brisant beiseitegeschoben, oder aber gar als subjektivistische Eigenbrödelei abgewertet. So kommt es zu der absurden Situation, daß auf der einen Seite der Autor sich bemüht, die negativen Erscheinungen seines kleinen Bereichs sinnhaft konkret zu machen, d. h. der Lächerlichkeit preiszugeben, um die potentielle Kreativität seiner Leser anzusprechen – auf der anderen Seite die Kritiker nichts besseres zu tun haben, als die innerliterarisch ironisch demonstrierte Aussage nun auch realiter zu bestätigen. Damit korrelieren auch die Untersuchungen der Wirklichkeitssphäre, wie die angeführten Differenzen in der sog. zweiten Lyrikdebatte und in dem Fühmannschen Beitrag auf dem VII. Schriftstellerkongreß zeigen.

Die nach wie vor defizitäre Ausgangsbasis, das unzugängliche Quellenmaterial zu Fakten der Verlags- und Theaterarbeit bzw. zu den Gremien der zentralen Koordination und Leitung der Literaturproduktion durch das Ministerium für Kultur, bekräftigt zusätzlich den innerliterarisch konstatierten Widerspruch zwischen der Praxis und dem Anspruch, das gesellschaftliche Neue gegenüber dem Kapitalismus bereits befriedigend verwirklicht zu haben. In dem Maße, wie die materiellen Grundlagen für die Aufhebung der Trennung zwischen Gesellschaftlichem und Individuellem gelegt wurden, müßte auch der alte Gegensatz von öffentlichem und privatem Bereich aufgehoben und die Mechanismen der politischen Sphäre transparent gemacht werden.

Wenn wir daher abschließend als Fazit der Untersuchungen zur Literaturgesellschaft Aussagen über die Struktur der literarischen Öffentlichkeit in der DDR machen wollen, so fällt als gravierender Widerspruch die scharfe Interessendisparität hinsichtlich der Funktionsvorstellungen von Literatur bei den Vertretern der Bürokratie einerseits und den normalen Alltagsindividuen andererseits auf. Der staatliche Ehrgeiz, sich als Kulturnation zu profilieren und dabei den sozialistischen Anspruch zu erfüllen, Wirklichkeit nicht nur zu beschreiben, sondern aktiv zu verändern, kollidiert mit der Verteidigungsstrategie der Funktionärselite, die darauf abzielt, ihr Machtmonopol und ihre materiellen Privilegien zu sichern. Operationelle Impulse von Literatur sind daher nur noch so weit unumstritten zugelassen, wie sie sich von bürgerlich-kapitalistischen Wertvorstellungen abgrenzen, weitergehende Vorgaben werden sorgsam darauf abgetastet, ob sie geeignet sind, Emanzipationsvorstellungen umzusetzen oder ob sie – was noch toleriert wird – ein Kanalisationsventil für Unmut darstellen, das in der innerliterarischen Sphäre verpufft. Dennoch kann, trotz dieser starken Frontenstellung zwischen Alltagshandelnden einerseits und Bürokraten andererseits, auch eine Bewegung im Rahmen der Literaturgesellschaft beobachtet werden, da die Vertreter der staatlichen Literaturinstitutionen zumindest ihre ideellen Neigungen eher auf die eine oder die andere Seite hin ausrichten. Grundsätzlich verhält es sich dabei so, daß diejenigen, die beruflich mit den oberen Instanzen verbunden sind, reformatorische Ansätze bremsen, wohingegen die Mitglieder der unteren Instanzen (Lehrer, Lektoren, Kritiker) bisweilen auch noch relativ eng mit dem Objekt ihrer Arbeit verbunden sind, so daß sie sich z. T. auch mit den widerständigen Autoren verbünden.

Bei den Alltagsindividuen haben die breiten kulturellen Initiativen, v. a. in bezug auf die sozialismusinternen Auseinandersetzungen, die seit dem VIII. Parteitag verstärkt gefordert werden, eine erzieherische Wirkung gezeigt, die sich der Kontrolle der Kulturfunktionäre entzieht. So besteht eine Lesergruppe, die sich gesellschaftlichen Fragestellungen gegenüber völlig indifferent verhält und das Literaturgenre in erster Linie nur als Vehikel benutzt, die sie umgebende Lebenswelt zu verlassen. Daneben entwickeln aber breite Teile der lesenden Bevölkerung die intellektuellen und gefühlsmäßigen Fähigkeiten, die sozialistischen Ideale – den Abbau der Klassenschranken, der hierarchischen Organisationsstrukturen, der Arbeitsteilung, der Geschlechtsdiskriminierung, den Zuwachs an Demokratie, Öffentlichkeit und Selbstverwirklichung – in ihrem privaten und beruflichen Leben ernst zu nehmen und Theorie und Praxis aufeinander zu beziehen.

Diesem Trend der Leser, die, wie die Ausführungen zu Bibliothek und Buchhandlung gezeigt haben, zunehmend selbstbewußter und mündiger mit dem Medium Buch umgehen, ist eine große Anzahl von Autoren verbunden, deren altes pädagogisch moralisches Rollenverständnis sich qualitativ auf eine partnerschaftliche Form der kollektiven Verständigung[5] hin verlagert hat. Die, gerade in der DDR sehr unterstützte, Begegnung von Alltagsindividuen und Literaten hat einen äußerst lebendigen und immer persönlicher werdenden Kommunikationsaustausch zwischen ihnen bewirkt. Beide Gruppen haben offenbar erkannt, daß sich Organisation und Funktion ihrer Phantasien und Wünsche ähneln[6], da sie gemeinsam auf eine Ich-zentrierte Perspektive hinzielen, was bedeutet, daß sie »das praktisch orientierte Eigeninteresse«[7] für Problemanalyse und zukünftige Lösungsentwürfe in ihren unmittelbaren Lebenszusammenhang stellen. Literatur nähert sich dabei ihren Zielsetzungen – analog der Wirklichkeit – über kasuistische Strukturen, also jeweils auf den persönlichen Einzelfall bezogen, was sie nicht mehr reibungslos mit Theorie kompatibel macht. Dies um so weniger, weil ja der gesamte Theoriekomplex in der DDR sein Widerspruchspotential nicht nur aus dem alten Gegensatz von Theorie und Praxis herleitet, sondern v. a. durch die jeweiligen Interessenkollisionen der wissenschaftlichen Theorien der einzelnen Fachdisziplinen und die Theorie der SED gekennzeichnet ist. In den früheren Jahren der DDR-Entwicklung wurde das – noch relativ gering ausgebildete – Alltagsbewußtsein zur Stabilisierung der jeweils geltenden Theorieansätze benutzt, eine Situation, die sich gerade im letzten Jahrzehnt gewandelt hat, indem es eine eigenständige gesellschaftliche Dimension geworden ist, die den Gegensatz von individuell erfahrener Realität und öffentlich verbindlicher Wirklichkeitsbetrachtung nicht mehr ignorieren wird.

Wenn Literatur sich dann darum bemüht, die Alltagsprobleme des täglichen Verkehrs zuzulassen, wird sie zum zentralen Ausdruck des gesellschaftlichen Erfahrungsregisters. Schriftsteller und Künstler nehmen dabei eine Art Delegationsfunktion für das Alltagsindividuum ein, da sie als einzige Gruppe in der Gesellschaft – trotz ihrer noch immer ziemlich starken Isolierung zur übrigen Welt – als Normalbürger ohne Funktionärsstatus Zugang zu den gesellschaftlichen Institutionen haben, die Träger der politischen Öffentlichkeit sind. Dennoch muß die reine Kontakt- und Gesprächsmöglichkeit dabei betont werden. Die Untersuchungen zur strukturellen Organisation des Ministeriums für Kultur haben gezeigt, daß die konkreten Handlungsschritte im Verlagsbereich nach dem Prinzip des »demokratischen Zentralismus« verlaufen, was besagt, daß alle wesentlichen Erscheinungen von der Leitung als Planvorgabe diktiert werden. Die Beteiligung in den zugeordneten Gremien beruht auf beratendem Nachvollzug, der sich allenfalls in Empfehlungen artikulieren darf. Der DDR-Autor verfügt demnach in keiner Weise über die Reproduktionsmittel seines Werkes, er ist vielmehr stärker als je zuvor auf die Vermittlung durch Lektor, Redakteur, Regisseur u. ä. Personen der staatlichen Institutionen angewiesen. Zur Realisierung seines Werkes sind deren Befugnisse als ständige, z. T. einschätzbare, z. T. irreale Variablen zu bewerten. Wie wenig die Wirklichkeit dem einst so euphorisch von Johannes R. Becher vorgetragenen Modell einer Literaturgesellschaft entspricht, zeigt die empfindliche Störung, die zwischen den Ablauf von Produktion, Distribution und Rezeption eingetreten ist. Die zentrale Schaltstelle, die Zone der Distribution, hat sich zum anwachsenden Problembereich herauskristallisiert, der von den Vertretern der Bürokratie als tabuisierte Grauzone behandelt wird. Die Erstellung von Literaturlehrplänen für die Schule, die Bearbeitung von Schriftstellerlexikon und Literaturgeschichte, die Druckgenehmigungspraxis bleibt weiterhin Monopol der staatlichen Instanzen, in denen die Schriftsteller kein formelles Mitwirkungsrecht verbürgt bekommen, kraft ihrer persönlichen Ausstrahlung kann allenfalls von informellen Mitwirkungsmöglichkeiten gesprochen werden.

In eine äußerst schwierige Lage geraten in diesem polarisierten Kräftefeld all jene Personen, die sich in den gesellschaftlichen Institutionen hauptberuflich mit Literatur befassen, wenn sie z. T. gleichzeitig als Autoren arbeiten bzw. deren emanzipatorischen Wertvorstellungen nahestehen. Sie befinden sich dabei unversehens in einer schizophrenen Situation, da sie den von uns aufgezeigten Interessenwiderspruch der Literatur tagtäglich in ihrem Tätigkeitsbereich aushalten müssen. Ein spektakuläres Beispiel dieser Konfliktzone war im Jahre 1976 die Entlassung Konrad Reichs, der zusammen mit dem 1975 verstorbenen Kurt Batt den gemeinsam geführten Hinstorffverlag in Rostock zur lebendigsten Stätte der Auseinandersetzung mit der neueren DDR-Literatur entwickelt hat. Deutete sich bei diesen beiden Persönlichkeiten eine zu offene Nähe denjenigen experimentierfreudigen jüngeren Kollegen gegenüber an, die unterbunden wurde, so gelingt es z. B. Hermann Kant, in seiner Funktion als Präsident des Schriftstellerverbandes zwischen den Fronten zu lavieren, indem er die Wertvorstellungen der Bürokratenklasse übernommen hat. Dennoch verrät auch seine Haltung noch gelegentlich Brüche, die von seiner alten Rolle als hauptberuflicher Schriftsteller herrühren. In einem Interview mit der westdeutschen Zeitschrift *Konkret*[8], zu dem 1979 erlassenen Paragraphen 219 des Strafgesetzbuches der DDR befragt, bei dem es um die Kriminalisierung ungenehmigter Veröffentlichungen im Ausland geht, gibt Kant statt einer Erläuterung des realpolitischen Vorgangs folgenden unsicheren Beitrag:

»Und ich sehe lieber hier in den ins Auge gefaßten Tatbeständen keine literarischen Vorgänge. Das kann damit nicht gemeint sein. Literatur schädigt übrigens einen Staat nicht. Sie kann ihn nur manchmal ärgern.«[9]

Kant gerät bei dieser Proklamation seiner Wünsche unfreiwillig direkt an den kritischen Punkt. Solange politisch brisante Themen so angelegt sind, daß sie auf einer rein literarischen Ebene verhandelt werden, bleiben sie relativ ungefährlich. Dem entsprechen auch die Beobachtungen, die wir in den von uns untersuchten Werken aus dem Literaturmilieu gemacht haben. Sie konnten alle, trotz ihrer widerständigen Thematik, reibungslos veröffentlicht werden. Diese Autoren wurden allerdings dann, als sie mit denselben Gedanken aus der Sphäre des imaginativen Probehandelns heraustraten und sie in der Öffentlichkeit praktizierten, wie dies mit dem 1. Petitionsbrief[10] nach der Biermann-Ausbürgerung geschah, streng reglementiert. Der unmittelbar danach erfolgte Ausschluß der Initiatoren des Briefes aus dem Vorstand des Berliner Schriftstellerverbandes konnte nicht deutlicher demonstrieren, wie problematisch inzwischen jegliche Verbindung zur Distributionsebene geworden ist. Literarisch hat sich dieser ungelöste Konflikt darin manifestiert, daß die Thematisierung des Schriftstellers zu diesem Zeitpunkt Hochkonjunktur hatte. So haben neben vielen anderen auch unsere vier Autoren unmittelbar vor oder kurz nach der Biermann-Exilierung erneut und noch nachdrücklicher in ihrem Werk zum DDR-Literaturbetrieb Stellung bezogen.[11]

Ein solcher Trend, der Autoren z. T. gezwungenermaßen, z. T. freiwillig der letzten Funktionen und Ämter ihres eigenen Berufsfeldes entbindet, schneidet auch einen wichtigen Teil der Erfahrungen ab, den sie noch mit ihren Lesern gemeinsam haben. Es verdeutlicht den kulturpolitischen Weg, der die Ausrichtung zum hauptberuflichen Autor mit allen organisatorischen Mitteln unterstützt. Somit entsteht für die Schriftsteller eine sterile Zone der Freistellung vom Alltag, die durch ein abgestuftes System an Gratifikationen sowohl eine Solidarität unter den Autoren verhindern soll, als auch das künstlerisch Tätigen immanente Widerstandspotential aus dem realen Tagesverkehr ziehen und es in einer neutralisierenden Kunstsphäre aufbewahren soll. Die gesellschaftliche Isolierung wird damit nicht mehr wie früher in der bürgerlichen Gesellschaft über mangelnde Anerkennung, Statuslosigkeit und finanzielle Unsicherheit vollzogen, sondern umgekehrt in eine prestigegesteigerte Übersättigung. Der soziale Zusammenhang wird nicht mehr unter-, vielmehr überschritten. Beides sind Tendenzen, die zwischen Produzenten und Rezipienten eine Kluft schaffen. Die inhaltliche Diskussion unterliegt dann der Gefahr, der Zeitungsebene, also der Zone der unmittelbaren gesellschaftlichen Aktivität, zu entweichen und sich in der literarischen These zu kristallisieren. Dazu zählen nicht zuletzt auch all jene Werke, die sich der variationsreichen Verhüllungstechniken bedienen, die Literatur mit ihrer Formsprache anbietet. Gemeint ist damit die Kunst der indirekten und vieldeutigen Rede, der verdeckten Anspielungen und ironischen Manöver, bei denen die Auseinandersetzungen mit dem gegenwärtigen Sozialismus im Rückgriff auf das kulturelle Erbe, auf die Mythologie oder in der Verlagerung auf den Privatbereich geführt werden.

Bemühungen, das fiktive Alltagsgespräch für reale Verständigung zu nutzen, sind, wenn sie konsequent und praktisch angewandt wurden, wie die Erfahrungen mit dem »Jenaer Kreis« gezeigt haben [12], bisher scharf sanktioniert worden. Die Tendenz all derer, die sich bemühen, die täglichen Widersprüche schreibend zu erkennen und zu vermitteln, divergieren in zwei Richtungen. Die einen, die sich für ihre Inhalte der immer verfeinerten Kunstsprache und in letzter Zeit auch wieder verstärkt der phantastischen Stilmittel bedienen, geraten dabei in Gefahr, esoterisch zu werden bzw. nur noch von einem relativ kleinen Leserkreis verstanden zu werden, der zwar über die notwendige Bildung verfügt, sich aber in der Regel nicht als praktisch und handlungsorientiert ausweist. Die anderen, die ihr Geschriebenes eher als vorläufige Verständigungstexte über konkrete Alltagserfahrungen ansehen, verschenken die Chance des künstlerischen Ausdrucks, der ja durchaus als zusätzliche Sinnes- und Erkenntniserweiterung dienen kann. Diese Faktoren verdeutlichen gerade in ihrer spannungsreichen Gegensätzlichkeit die Anstrengungen der Beteiligten, eine Struktur anzustreben, die vom literarischen zum politischen Gespräch führt, da Zensur nur von Einzelpersonen veranlaßt wird, sich dagegen das Spektrum der Wirklichkeit immer als vielfältiger erweist.

In diese Richtung zielt das modellhaft konsequente Vorgehen von Rudolf Bahro, seine Überzeugungen nicht nur mit dem Verstand, sondern mit der »staatsbürgerlichen Existenz«, also handlungsorientiert durchzufechten. Er hat die Notwendigkeit verdeutlicht, mit Beharrlichkeit die vorgezeichneten Grenzen immer wieder neu zu überschreiten. Auch wenn ihm dadurch die Veröffentlichungsbasis in der DDR entzogen wurde, hat das Verbot seines Werkes *Die Alternative* [13] bewirkt, daß es gelesen wird. Bahro nannte 1977, unmittelbar nach Erscheinen des Buches, seine DDR-Adressaten. [14] Neben den linken Oppositionellen, denen er Mut machen will für eine optimistische und konstruktive Perspektive, und der Gruppe der halbloyalen Parteimitglieder, die er aus ihrer Resignation und Erstarrung zu lösen bemüht war, ging es ihm v. a. auch darum, die Ebene des Parteiapparates anzusprechen. Indem er deren Reaktionsweisen imaginativ durchspielte, verweist er gerade bei diesem Kreis auf die krasse Spaltung zwischen äußerer und innerer Handlungsweise. Sie wird sich einmal in den »eingeübten Abwehrmechanismen« vollziehen, aber an dem Prozeß der inneren Auseinandersetzung mit den inhaltlichen Argumenten nicht vorbeikommen.

»Ich glaube, ich habe ein Buch geschrieben, gegen das die politische Polizei machtlos sein wird, weil es noch die loyalsten Apparatleute – soweit sie überhaupt denkbereit sind – in ihrer natürlichen Eigenschaft als denkende Menschen anspricht. Zumindest, was die Analyse betrifft, die Charakteristik des bestehenden Zustands, werden auch Politbüromitglieder vor den Seiten sitzen und von Zeit zu Zeit vor sich hinsprechen: Ja, so ist es. Das entwaffnet innerlich. Ich baue direkt auf den Unterschied zwischen offizieller Position und innerem psychologischen Prozeß bei den politischen Individuen.«[15]

Wenn Bücher in vergleichbarer Art und Weise an konventionalisierten Tabus rütteln, schafft Zensur unfreiwillig eine Atmosphäre der starken Auseinandersetzungen mit den literarischen Werken. Strittige Titel von Autoren, v. a. bei solchen, die sich in der Vergangenheit einen Namen gemacht haben, werden bis in die höchsten Instanzen hinauf geprüft und gelesen. Unter der Zielperspektive, daß eine Strategie verfolgt wird, die den Legitimationsdruck der Partei stets erhöht, so daß Entscheidungen über Druckgenehmigungen nur gemeinsam mit Funktionsvertretern aller Beteiligten zustande kommen, kann Literatur, die so ernst genommen wird, auch etwas von dieser gesellschaftlichen Verantwortung auf die Rezipienten in der DDR übertragen.

Zu 1

1 Vgl. Johannes R. *Becher*, Von der Größe unserer Literatur, Berlin 1956.
2 Gesetz zur Änderung und Ergänzung straf- und strafverfahrensrechtlicher Bestimmungen und des Gesetzes zur Bekämpfung von Ordnungswidrigkeiten (3. Strafrechtsänderungsgesetz) vom 28. Juni 1979. Vgl. v. a. § 106:
»Staatsfeindliche Hetze (1) Wer die verfassungsmäßigen Grundlagen der sozialistischen Staats- und Gesellschaftsordnung der Deutschen Demokratischen Republik angreift oder gegen sie aufwiegelt, indem er [...] 2. Schriften, Gegenstände oder Symbole zur Diskriminierung der gesellschaftlichen Verhältnisse, von Repräsentanten oder anderen Bürgern herstellt, einführt, verbreitet oder anbringt; [...] wird mit Freiheitsstrafe von einem bis zu acht Jahren bestraft.« und § 219: »Ungesetzliche Verbindungsaufnahme (1) [...] mit Freiheitsstrafe bis zu fünf Jahren, Verurteilung auf Bewährung oder mit Geldstrafe [wird] bestraft [...] 2. wer Schriften, Manuskripte oder andere Materialien, die geeignet sind, den Interessen der Deutschen Demokratischen Republik zu schaden, unter Umgehung von Rechtsvorschriften an Organisationen, Einrichtungen oder Personen im Ausland übergibt oder übergeben läßt.« (GBl. I/1979, S. 142 und S. 144)
3 Vgl. u. a.
  - Karl-Heinz *Jakobs*, Die Interviewer, Berlin 1973
  - Brigitte *Reimann*, Franziska Linkerhand, Berlin 1974
  - Volker *Braun*, Die unvollendete Geschichte, in: S. u. F. 1975, H. 5, S. 941–979.
4 Vgl.
  - Wolfgang *Joho*, Abschied von Parler, Berlin/Weimar 1971
  - Günter *de Bruyn*, Die Preisverleihung, Halle 1972
  - Bernhard *Seeger*, Vater Batti singt wieder, Halle 1972
  - Kurt *David*, Die Überlebende, Berlin 1972
  - Volker *Braun*, Das ungezwungene Leben Kasts, Drei Berichte, (Lizenzausgabe), Frankfurt 1972
  - Erwin *Strittmatter*, Wundertäter II, Berlin/Weimar 1973
  - Anna *Seghers*, Sonderbare Begegnungen, Berlin/Weimar 1973
  - Günter *Kunert*, Gast aus England, München 1973
  - Jurek *Becker*, Irreführung der Behörden, (Lizenzausgabe), Frankfurt 1973
  - Franz *Fühmann*, Zweiundzwanzig Tage oder die Hälfte des Lebens, Rostock 1973
  - Karl-Jacob *Danzinger*, Die Partei hat immer recht, Stuttgart 1976
  - Werner *Heiduczek*, Tod am Meer, Leipzig 1977
  - Klaus *Poche*, Atemnot, Olten/Freiburg 1978
  - Bodo *Homberg*, Versteckspiel, Berlin 1978
  - Stefan *Heym*, Collin, München 1979
  - Rolf *Schneider*, November, Hamburg 1979
  - Harry *Thürk*, Der Gaukler, Berlin 1979.

5 – Anni *Voigtländer* (Hrsg.), Liebes- und andere Erklärungen, Schriftsteller über Schriftsteller, Berlin/Weimar 1972
   – Christa *Wolf*, Lesen und Schreiben, (Lizenzausgabe), Darmstadt/Neuwied 1972 (Erweiterte Ausgabe, a.a.O. 1980)
   – Joachim *Walter*, Meinetwegen Schmetterlinge, Berlin 1973
   – Anneliese *Löffler* (Hrsg.), Auskünfte, Werkstattgespräche mit Schriftstellern, Berlin/Weimar 1974
   – Gerhard *Schneider* (Hrsg.), Eröffnungen, Schriftsteller über ihr Erstlingswerk, Berlin/Weimar 1974
   – Werner *Liersch*, Was zählt ist die Wahrheit, Briefe von Schriftstellern der DDR, Halle 1975
   – Volker *Braun*, Es genügt nicht die einfache Wahrheit (Lizenzausgabe), Frankfurt 1975
   – Günter *Kunert*, Warum schreiben, (Lizenzausgabe), München 1976
   – Peter *Hacks*, Die Maßgaben der Kunst, (Lizenzausgabe), Düsseldorf 1977
   – Erik *Neutsch*, Fast die Wahrheit, Berlin 1978.
6 Vgl. z. B. *Joho*, a.a.O., *de Bruyn*, a.a.O., *Seeger*, a.a.O., *Becker*, a.a.O., *Braun*, a.a.O.
7 Vgl. z. B. *Strittmatter*, a.a.O., *Seeghers*, a.a.O., *David*, a.a.O., *Fühmann*, a.a.O.
8 Vgl.
   – Eduard *Claudius*, Menschen an unserer Seite (1951), Halle 1965 (Andrytzki = Maler)
   – Regina *Hastedt*, Die Tage mit Sepp Zach (1959), Berlin 1960 (Schriftstellerin)
   – Brigitte *Reimann*, Die Geschwister, Berlin 1973 (Elisabeth Arendt = Malerin)
   – Erik *Neutsch*, Spur der Steine, Halle 1964 (Voß = Maler)
   – Anna *Seeghers*, Die Entscheidung, Berlin/Weimar 1959 (Herbert Melzer = Schriftsteller)
9 Unsere Rezeptionsgesichtspunkte basieren auf den theoretischen Voraussetzungen von Manfred *Naumann*, Gesellschaft Literatur Lesen, Literaturrezeption in theoretischer Sicht, Berlin/Weimar 1975.
10 Dabei sind wir uns bewußt, daß wir aus dem Blickwinkel Westdeutschlands nur partielle Aussagen machen können, da wir, anderen gesellschaftlichen Verhältnissen entstammend, nur zu den in zweiter Linie angesprochenen »Adressaten« zählen, d. h. allenfalls vermittelten Zugang zu den entsprechenden Problembereichen haben. Vgl. dazu ausführlicher: Karl Robert *Mandelkow*, DDR-Literatur und ihre bürgerliche Rezeption. In: *Ders.* Orpheus und Maschine, Heidelberg 1976, S. 141 ff.

Zu 2

1 Vgl. dazu Manfred *Jäger*, Sozialliteraten, Funktion und Selbstverständnis der Schriftsteller in der DDR, Düsseldorf 1973, S. 7 f.: »Wer das komplizierte Wechselspiel zwischen kulturpolitischer Orientierung und veröffentlichter Literatur verstehen will, tut gut daran, nicht von Leitsätzen und Beschlüssen auszugehen und nachträglich deren Ergebnisse in Romanen, Erzählungen und Gedichten zu suchen. [...] Man degradiert damit die einzelnen Werke zu Beispielen, die Vorgegebenes angeblich nur illustrieren und allein aus Zweckmäßigkeitsgründen eine mehr oder weniger künstlerische Gestalt angenommen haben. [...] Aus Beschlüssen entstehen keine Bücher. Die längsten Hauptreferate und die einmütigsten Deklarationen können nur das Milieu mitbestimmen, in dem Literatur entsteht. Am Schreibtisch sitzt der Autor wieder allein. Auch wer mit seiner schriftstellerischen Arbeit einen sozialen Auftrag zu erfüllen sucht, produziert Literatur.«
2 Diese Haltung einer Negation antagonistischer Gegensätze zwischen Ost und West nehmen stellvertretend für andere besonders nachdrücklich ein: Hans-Dietrich *Sander*, a.a.O. und Werner *Brettschneider*, a.a.O.
3 Karl Robert *Mandelkow*, a.a.O., S. 144.
4 Georg *Lukács*: Rede in der philosophischen Debatte des Petöfi-Kreises am 15. 6. 1956 (Auszug). In: *ders.*, Schriften zur Ideologie und Politik (hrsg. v. P. *Ludz*), Neuwied/Berlin 1967, S. 596.
5 Ebd., S. 636.

6 Georg *Lukács*, Der Kampf des Fortschritts und der Reaktion in der heutigen Kultur. In: *ders.*, Marxismus und Stalinismus (hrsg. von E. Grassi), München 1970, S. 158.

7 Vgl. dazu die Ansprache Kubas vor den Absolventen der Parteihochschule »Karl Marx« des ZK der SED in Klein-Machnow. In: E. *Schubbe*, Dokumente zur Kunst-, Literatur- und Kulturpolitik der SED, Stuttgart 1972, S. 427; im folgenden zitiert als *Schubbe*, Dokumente.

8 Georg *Lukács*, Das Problem der Perspektive. In: *ders.* Werkausgabe Bd. 4, Darmstadt/Berlin, 1968, S. 654.

9 Vgl. W. *Wyninger*, Demokratie und Plan in der DDR, Probleme der Bewältigung der wissenschaftlich-technischen Revolution, Köln 1971, dort v. a. S. 35 ff.

10 Georg *Lukács*, Das Problem der Perspektive, a.a.O., S. 654.

11 Ebd., S. 655.

12 Georg *Lukács*, Tendenz und Parteilichkeit. In: kurs. Werkausgabe Bd. 4, a.a.O., S. 33.

13 Georg *Lukács*, Das Problem der Perspektive, a.a.O., S. 652.

14 Georg *Lukács*, Freie oder gelenkte Kunst. In: kurs., Marxismus und Stalinismus, a.a.O., S. 134.

15 Georg *Lukács*, Parteidichter. In: Marxismus und Stalinismus, a.a.O., S. 91.

16 Vgl. Bernhard *Greiner*, Die Literatur der Arbeitswelt in der DDR, Heidelberg 1974, S. 99.

17 Gemeint ist das erste Jahrzehnt nach 1945, die »antifaschistische demokratische Revolution« oder auch die »Aufbauetappe« des Sozialismus genannt. – Man muß die hier im Zusammenhang mit Lukács gemachten Feststellungen allerdings von einer Seite her einschränken: das sich formierende Realismusmodell dieser Zeit entwickelte die klassenspezifisch geforderte Volkstümlichkeit weniger im Anschluß an die proletarische Tradition der Weimarer Republik als vielmehr aufgrund seines Einflußbereiches im Verbund mit der bürgerlich-realistischen Literatur des 19. Jahrhunderts. Das daraus resultierende Dilemma einer relativen Unverträglichkeit zum »sozialistischen Realismus« Shdanowscher Provenienz benennt K. R. *Mandelkow*, a.a.O., S. 147, wie folgt: »Was so entstand, war ein administrativ verordneter Zwitter: Die Arbeiterklasse als der neue Adressat einer nachbürgerlichen Literatur wurde auf das bürgerliche Modell eines Realismus verwiesen, der dem Bewußtseinsstand einer vortechnischen und vorindustriellen Gesellschaft entsprach und noch nicht die revolutionären Erweiterungen des Welt- und Wirklichkeitsbewußtseins reflektierte, die in der modernen Literatur zu einer mehrdimensionalen, komplexen Form der Realitätserfassung geführt hatte. Es war eine Literatur, deren relative Naivität Einfühlung und Identifikation ermöglichte, eine Literatur, deren vorindustrielle vielfach noch patriarchalische Einfachheit der Handlungsabläufe und Handlungsmotivationen eine ›Durchschaubarkeit‹ der Welt simulieren konnte, die zum zentralen Postulat der Realitätsdarstellung in der sich allmählich etablierenden deutschen, marxistischen Literaturtheorie wurde.«

18 Vgl. Walter *Ulbricht*, Fragen der Entwicklung der sozialistischen Literatur und Kunst. Rede vor Schriftstellern, Brigaden der sozialistischen Arbeit und Kulturschaffenden in Bitterfeld, am 24. 4. 1959. In: *Schubbe*, Dokumente S. 557 ff.

19 Vgl. den wichtigen Aufsatz von Dieter *Schlenstedt*, in dem er die beiden für die DDR-Literatur richtungsweisenden Begriffe von »Ankunft und Anspruch« prägte: *ders.*, Ankunft und Anspruch zum neueren Roman in der DDR. In: S. u. F. 1966, H. 3.

20 Frank *Trommler* hat in diesem Zusammenhang auf die Nähe zu traditionellen, klassischen Erzählstrukturen nach dem Muster des Bildungsromans verwiesen, dem sie, u. a. in der Darstellung der individuellen Entscheidungssituation bei Konzentration auf einen Entwicklungskonflikt in Richtung auf ein klar umrissenes Ziel hin, entsprechen. Vgl. *ders.*, Von Stalin zu Hölderlin. Über den Entwicklungsroman in der DDR. In: Basis Jahrbuch für deutsche Gegenwartsliteratur, Bd. 2 (hrsg. von R. Grimm und J. Hermand), 1971, S. 141–190.

21 Vgl. Ingeborg *Gerlach* Arbeiterliteratur und Literatur der Arbeitswelt am der DDR, Kronberg 1974, S. 53.

22 Handbuch für schreibende Arbeiter, hrsg. von Ursula *Steinhaußen* u. a., Berlin/DDR, 1969

23 – Bernhard *Greiner*, a.a.O.
   – Ingeborg *Gerlach*, a.a.O.
   – Gottfried *Pareigis*, Kritische Analyse der Realitätsdarstellungen in ausgewählten Werken des »Bitterfelder Weges«, Diss. Phil. Hamburg 1974

– Frank *Trommler*, DDR-Erzählung und Bitterfelder Weg. In: Basis 3, 1972, S. 61–97.

24 Vgl. B. *Greiner*, a.a.O., S. 87.

25 G. *Pareigis*, a.a.O., S. 99.

26 Ebd., S. 100.

27 Rede Walter *Ulbrichts* auf dem V. Parteitag der SED am 16. 7. 1958. Schubbe, Dokumente, Dok. 178, S. 536.

28 Deubener Blätter, Arbeitsmaterialien des Zirkels Schreibender Arbeiter im Braunkohlenwerk »Erich Weinert«, Bd. 1 u. 2, Halle 1961 und 1964, Bd. 3, 1966.

29 Vgl. Peter *Michel*, Partnerbeziehungen von Berufskünstlern zu Zirkeln des künstlerischen Volksschaffens. In: Klaus *Jarmatz* u. a. Künstlerisches Schaffen im Sozialismus, Berlin 1975.

30 Vgl. G. *Pareigis*, a.a.O., S. 97.

31 B. *Greiner*, a.a.O., S. 176.

32 Als beispielhaft für diese Tendenz einer umfassenden Rezeption kann die heftige und breitgefächerte Diskussion um Christa Wolfs »Der geteilte Himmel«, Halle 1963, gelten; vgl. dazu: Martin *Reso*, Der geteilte Himmel und seine Kritiker, Halle 1965.

33 Franz *Fühmann*, Beginn auf der Werft (1961). In: DDR-Reportagen, eine Antologie. Hrsg. von H. *Hauptmann*, Leipzig 1969 (= Auszug aus F. F. Kabelkran und Blauer Peter).

34 In eigener Sache… Briefe von Künstlern und Schriftstellern, Halle 1964, S. 39.

35 Schon auf dem VI. Parteitag formiert sich die Kritik am Führungsstil der Akademie der Künste, der Zeitschrift »Sinn und Form«, an Peter Hacks, Wolf Biermann, Günter Kunert und Stephan Hermelin. Vgl. dazu auch die Rede Kurt *Hagers:* Parteilichkeit und Volksverbundenheit unserer Literatur und Kunst; gehalten auf der Beratung des Politbüros des ZK und des Präsidiums des Ministerrats mit Schriftstellern und Künstlern. In: *Schubbe*, Dokumente, Dok. 263, S. 859–879.
Siehe auch Kafka Konferenz in Libice ČSSR: Franz Kafka aus Prager Sicht, Berlin 1966.

36 Dieter *Jonsson*, Widerspruch oder Affirmation. Eine literatursoziologische Untersuchung zweier Tendenzen der DDR-Literatur, dargestellt an G. Kunert und H. Otto. Diss. Phil. Hamburg 1975.

37 D. *Jonsson*, a.a.O., S. 407.

38 B. *Greiner*, a.a.O., S. 99.

39 Ebd.

40 Vgl. Max Walter *Schulz*, Literatur und Politökonomie. In: Schubbe, Dokumente S. 1206.

41 Vgl. Max Walter *Schulz* auf dem VI. Schriftstellerkongreß, Das Neue und das Bleibende in unserer Literatur. In: VI. Deutscher Schriftstellerkongreß, Protokoll Berlin/Weimar 1969, S. 35: »Es geht darum, daß der Schriftsteller, fußend auf der Wissenschaft, auf seiner Erfahrung, seiner Sensibilität, es selber unternimmt, durch die eigenständige Wirkungsqualität der Literatur prognostische Gewißheiten in das Gesellschaftsbewußtsein hineinzutragen. [...] Will der Schriftsteller selber Prognostiker sein, muß er prognostische Methoden in die Methodenlehre des sozialistischen Realismus übersetzen.«

42 Vgl. den Kommentar *Strittmatters:* »Wir sind oft irritiert worden. Zuweilen behauptet man, man brauche uns dringend, dann wieder gab es Zeiten, in denen behauptet wurde, so wichtig seien wir nicht, es sei denn, wir würden unmittelbar auf die Produktion einwirken.« E. *Strittmatter*/H. *Plavius*-Interview, Produktivkraft Poesie. In: NDL 1973, H. 5, S. 7.

43 Max Walter *Schulz*, Das Neue und das Bleibende, a.a.O., S. 55 f.

44 Christa *Wolf*, Nachdenken über Christa T., (Lizenzausgabe), Darmstadt/Neuwied 1969, im folgenden zitiert mit dem Kürzel NT und den entsprechenden Seitenzahlen im Text.

45 Christa *Wolf*, Lesen und Schreiben, Darmstadt/Neuwied 1972, im folgenden zitiert mit dem Kürzel LS und den entsprechenden Seitenangaben im Text.

46 Wobei zu berücksichtigen ist, daß diese Annahme nur für die Schriftsteller der »institutionalisierten Gegenelite« zutrifft, deren Vorstellungsfeld auch im wesentlichen Untersuchungsgegenstand der Arbeit sein soll.

47 Explizit sprechen Brigitte *Reimann* (im Zusammenhang mit ihrem Buch Franziska Linkerhand, a.a.O.) und Gerti *Tetzner* (Karen W., Berlin/Weimar 1974) von dem großen Einfluß der

Christa Wolf. Vgl. Werner *Liersch*. Was zählt ist die Wahrheit, a.a.O., S. 308 und S. 9–33. Implizit rezipieren aber auch die folgenden Werke ihr Werk:
- Erik *Neutsch*, Auf der Suche nach Gatt (Lizenzausgabe), München 1974. (Vgl. S. 29 »Neulich las ich, es müsse jeder in seinem Leben einmal daran geglaubt haben, daß das Unmögliche möglich zu machen sei.«)
- Manfred *Jendryschik*, Johanna oder die Wege des Dr. Kanuga, Berlin 1973.
- Rolf *Schneider*, Die Reise nach Jaroslav, Rostock 1974.
48 Vgl. die Parodie *Strittmatters* in: Wundertäter II, a.a.O., S. 89. »Wem nützt das? fragt Rosa. ›Das Wandern auf der Milchstraße‹? Rosa meint sein Gedicht… Zugegeben, es wäre kein Gedicht, das jedermann jeden Tag benötigte, aber jedermann könnte einmal in die Lage kommen, es nötig zu haben.«
49 Vgl. LS S. 186 ff. »Lamento« und S. 196 ff. »tabula rasa«.
50 »Im übrigen habe ich zunehmend den Eindruck beim Schreiben, daß es nicht darum geht, etwas neu zu schaffen, sondern etwas, was als Struktur da ist, freizulegen.« Hans *Kaufmann*, Gespräch mit Christa *Wolf*. In: WB 1974, H. 5, S. 119, im folgenden zitiert mit dem Kürzel KI und den entsprechenden Seitenangaben im Text.
51 Vgl. Joachim *Walter*, Interview mit Christa Wolf. In: Schmetterlinge weinen nicht, a.a.O., S. 120 und KI, S. 95.
52 Vgl. die vierfach differenzierten Erzählebenen in Nachdenken über Christa T., anhand derer C. Wolf den literarischen Produktions- und Rezeptionsaspekt über das Verhältnis der Autorin zu ihrer Freundin gleichsam literarisch verdichtet vorspielt:
1. die *authentische Ebene* (Literarische Dokumente, Tagebücher, Briefe Christa T.s)
2. die *›faktische‹ Ebene* (Verbindung und Konstruktion der assoziativ und zufällig wirkenden Situationssequenzierung)
3. *Reflexion der Ich-Erzählerin über Christa T.* (bewußtseinsmäßiges Erinnern)
4. *Ebene der Ich-Erzählerin*, in *der sie ihre Rolle reflektiert.* (Verwendung von medialen Akzenten, Herausarbeiten des Schreibprozesses in seiner Fiktionalität)
Vgl. dazu auch Christa Wolfs Kommentar im »Selbstinterview« in: LS, S. 76 f.
53 Eine Ursache, für die sie, in Folge der komplizierter werdenden Lebensverhältnisse, die immer differenzierter einzusetzen – Formmittel des Schreibens verantwortlich macht. »Das Bedürfnis auf eine neue Art zu schreiben […] folgt einer neuen Art in der Welt zu sein.« LS., S. 181.
54 Im Interview mit Joachim *Walter*, a.a.O., S. 129, wird deutlich, daß Christa Wolf nicht, wie bei anderen Autoren häufig zu beobachten, dem eigenen Trugbild verfällt, die früher einmal bezogenen Positionen retrospektiv umzudeuten, gewaltsam die Kontinuität einer geradlinigen Entwicklung herstellen zu wollen. Vgl. dazu auch die Arbeit von Marion von *Salisch*. Zwischen Selbst- und Selbstverwirklichung. Zum Problem der Persönlichkeitsstruktur im Werk Christa Wolfs, Stuttgart 1975, S. 8, die ab Mitte der 60er Jahre bei C. Wolf einen qualitativen Umschlag ihrer Werke aufzeigt, den auch die Autorin selber an sich wahrnimmt, ja sogar explizit formuliert. Es handelt sich dabei v. a. um ihren ehedem oftmals apodiktischen Standpunkt als Kritikerin. »Ich habe früher Texte geschrieben, die ich heute anders schreiben würde […] Artikel und Rezensionen, die von einer gewissen, damals verbreiteten Einstellung zur Literatur ausgingen, von einer unerschöpflichen, rein ideologisierenden Germanistik […] aber ich will und kann sie nicht leugnen, sie gehören zu meiner Entwicklung.« Interview mit Joachim Walter, a.a.O., S. 129.
In »Sinn und Unsinn von Naivität«. (In: Gerhard *Schneider* [Hrsg.] Eröffnungen, Schriftsteller über ihr Erstlingswerk, a.a.O., S. 164–74) verweist sie darüber hinaus auch auf Fehler in ihrer »Moskauer Novelle« und erkennt dabei einen grundsätzlichen Hang im Reaktions- und Verhaltensmuster der Menschen, der selbst bei Veränderungen des Weltbildes, über die Kindheit vermittelt, die Beziehungen zur Umwelt weiterhin bestimmt, und zwar: »*die Gewohnheit der Gläubigkeit gegen übergeordnete* Instanzen, der Zwang Personen anzubeten oder sich ihrer Autorität zu unterwerfen, der Hang zur Realitätsverleugnung und eifervollen Intoleranz.« A.a.O., S. 172 (hervorgehoben von R. K.).
55 Dafür steht z. B. in Nachdenken über Christa T. die symbolhafte Bildkette von zusammenhän-

genden Assoziationen: Vgl. die beiden, den Faschismus charakterisierenden Episoden, die
»Katergeschichte« (NT 28), »der erfrorene Junge« (NT 31,99) und deren Fortführung, als
Überleben alter Verhaltensweisen in der Aufbauphase der DDR: die »Elstergeschichte« (NT
41) und der »Krötenvorfall« (NT 135), wobei die innere Zusammengehörigkeit der Szenen (NT
41) dadurch betont wird, daß die früheren Erlebnisse jeweils visionär vor dem inneren Auge mit
vorüberziehen.

56 Vgl. den für Christa T. typischen Gegensatz von spontan-urwüchsigem, emotionalem Rea-
    gieren und intellektueller Einordnung von Erlebnissen, was über die Szene deutlich wird, wo
    die Hauptfigur auf der Flucht, während einer Nazi-Sendung, im Radio plötzlich eisige Kälte
    befällt und sich aus Sehnsucht nach »Wärme« ein Kind auf den Schoß zieht, wozu die Autorin
    vermerkt: »Ihr Körper hatte wie auch sonst eher begriffen als ihr Kopf, dem nun allerdings die
    schwere Arbeit des *Nacharbeitens* bleibt.« ([NT 26] Hervorgehoben von R. K.)
    Um einen ähnlichen Vorgang handelt es sich, wenn Rita im »geteilten Himmel«, nach ihren
    Verunsicherungen im Umgang mit dem Dogmatiker Mangold, oder auch Christa T. das Versa-
    gen Kostjas auf sich selber bezieht (NT 86), an sich und ihren Maßstäben zweifelt und an einen
    geborgenen Ort, aufs Land zurückkehrt, um dort – analog den Kindheitserfahrungen Kraft zu
    schöpfen. Der Ortswechsel fungiert hier als Metapher für eine, in der eingeschobenen Hand-
    lungspause vorgenommene *Reinterpretation vorgefallener Ereignisse,* um aus eigener Kraft die
    richtige Entscheidungssicherheit zurückzugewinnen, um nicht von anderen fremd bestimmt zu
    werden.

57 Christa *Wolf,* Einiges über meine Arbeit als Schriftsteller. In: W. *Paulick* (Hrsg.), Junge Schrift-
    steller der DDR in Selbstdarstellungen, Leipzig 1965, S. 12.

58 Damit korrespondiert Christa T.s Scheu sich festzulegen, die Aversion gegen Formulierungen
    wie »vollständig« und »für immer« (NT 50) und ihr Unverständnis gegenüber dem, als negative
    schriftstellerische Nebenfigur angelegten Blasing, der mit Schreiben im wörtlichen Sinne fixie-
    ren meint: »Er will, daß sich alles verfestigt, er kann nicht anders, auch wenn er den Leuten den
    Kopf abschneiden muß, damit sie ihn stillhalten.« (NT 213)
    Vgl. dazu auch die Unsicherheit in der eigenen Lebensplanung bei ihr, »erst einmal ein paar
    Rollen durchprobieren, ehe man sich festlegt […] endlich eine annehmen, bei der alles auf die
    Auslegung ankommt, also von mir selber abhängt.« (NT 151)

59 Christa *Wolf,* Einiges über meine Arbeit, a.a.O., S. 16.

60 Vgl. Andreas *Huyssen,* Auf den Spuren Ernst Blochs, Nachdenken über Christa T. In: Basis
    Bd. 5, 1975, S. 100–117.

61 In Korrelation dazu steht die »Hamurabigeschichte« in Nachdenken über Christa T., in der
    Christa Wolf, der prosaischen, realistischen Form des Lebensausschnitts – der Schüler Hamu-
    rabi beißt aus rein materiellen Gründen, von Statussucht getrieben, einer Kröte den Kopf ab –
    die erfundene, poetische Variante konfrontiert, nämlich Hamurabis anschließende Bestürzung
    und den Ekel vor seiner brutalen Tat.
    Umgekehrt verwandte Christa Wolf diese Form auch im »Selbstversuch«, worin sie die uner-
    wünschte Variante »gefüllt« hat. Die Science-fiction-Version dient hier dazu, einen falsch ver-
    standenen, weiblichen Emanzipationsbegriff auszuweiten, rsp. auf bestimmte positive, weibli-
    che Qualitäten zu verweisen. Christa *Wolf,* Selbstversuch. In: Unter den Linden (Lizenzaus-
    gabe), Darmstadt 1974, S. 123–169.
    Die folgende Textstelle spricht explizit ihren poetischen Utopiebegriff an: »Wie sie viele Leben
    mit sich führte, in ihrem Innern aufbewahrte, aufhob, so führte sie mehrere Zeiten mit sich, in
    denen sie wie in der wirklichen, teilweise unerkannt lebte, und was der einen unmöglich ist, ge-
    lingt in der anderen. Von ihren verschiedenen Zeiten sagte sie heiter: *unsere* Zeit.« (NT 221)
    (Hervorgehoben von R. K.)

62 Vgl. Martin *Reso,* der geteilte Himmel und seine Kritiker, a.a.O., und die vorübergehende An-
    strengung der Auflagenlimitierung (bis 1974) von Christa T.

63 Vgl. dazu die Hinweise in »Lesen und Schreiben«, »kurzer Entwurf zu einem Autor«, S. 216:
    »Er muß um die Bedingungen für seine Arbeit kämpfen, niemand tut das für ihn. Er hat sich zu
    wehren gegen die unmerkliche Verführung, gegen sich selbst nachgiebig zu werden, die ein öf-

fentliches Interesse mit sich bringt. Er versucht, die Schranke zwischen den Produzenten von Kunst und ihren Verbrauchern niederreißen zu helfen.«

Zu 3

1 *De Bruyn* weist selber auf die Nähe der beiden Romane hin: »Mich interessiert die moralische Haltung eines Menschen als Ausdruck seiner realen Gesellschaftsbeziehung.« – Insofern meint er, würde auch die Preisverleihung Motive des Buridan aufnehmen. In: Werner *Liersch* sprach mit Günter de Bruyn, Notizen aus einem Gespräch, in: Sonntag 1972, Nr. 39, S. 4.
2 Vgl. die autobiographische Nähe im Roman Buridans Esel, a.a.O.: 1949–53 Besuch der Bibliothekarsschule und Arbeit in Berliner Volksbüchereien, 1953–61 wissenschaftlicher Mitarbeiter am Zentralinstitut für Bibliothekarswesen.
3 Günter *de Bruyn*, Wie ich zur Literatur kam, in: S. und F., 1972 H. 4, S. 771 und S. 773.
4 Vgl. die Zuordnung der anderen Figuren in das dualistische Schema, das durch die beiden Pole »Erfolgsmenschen« bzw. »Angepaßte« (1) und »Verantwortungsbewußte« bzw. »Außenseiter« (2) bestimmt wird.
Zu (1) Paul Schuster, seine Frau, Prof. Liebscher, Frank Ungewitter.
Zu (2) Theo Overbeck, Cornelia, Krautwurst.
Zwischen (1) und (2) Irene Overbeck.
5 Vgl. G. *Schneider* (Hrsg.), Eröffnungen, a.a.O., S. 138, wo de Bruyn über seinen ersten Roman »Der Hohlweg« sagt: »…ich hatte mir einreden lassen, daß ein Roman ein Entwicklungsroman sein, positiv enden und Totalität geben müsse.«
6 Vgl. Sigrid *Bock*, Neuer Gegenstand, neues Erzählen. In: WB 1973, H. 10.
7 Unterschwellig kommt über den gesamten Stoff der Handlung eine nicht zu überhörende Kritik an dem inflationären Auszeichnungswesen in der DDR zu tragen, das sich im wesentlichen an der UdSSR orientiert. Für das Gebiet der Kulturpolitik gibt das DDR-Handbuch, Hrsg. vom Ministerium f. innerdeutsche Beziehungen unter wiss. Leitung von P. Ch. *Ludz*, Köln 1975, eine unvollständige Liste von 38 nicht-staatlichen Auszeichnungen (Parteien, Massenorganisationen, Akademien, Städte) und 12 staatliche Preise an.
Vgl. dazu die sehr prägnanten Bemerkungen von W. *Joho*. In: In eigener Sache, a.a.O., S. 177: »Der schlechteste Fall aber ist der, daß man etwas auszeichnet, was einer Prämierung einfach nicht würdig ist, und auf diese Weise wiederum statt Maßstäbe zu setzen, es an richtigen Maßstäben fehlen läßt und dem Unzulänglichen einen Ansporn gibt. Wäre es da nicht hundertmal besser und ehrlicher – übrigens auch sparsamer für den Staatshaushalt – einfach ab und zu Preise nicht zu verteilen?«
8 Gemeint ist damit die Zeitspanne von der »Antifaschistischen-demokratischen Phase« 1949 bis zum V. Parteitag 1958. Vgl. den Bericht über einen Vortrag A. *Ackermanns* auf der Arbeitstagung der sozialistischen Künstler und Schriftsteller in Berlin 1948. In: ND Nr. 207, v. 5. 9. 48, Schubbe, Dokumente, S. 92.
Im Rahmen dieser Kulturrevolution gehe es besonders um die Ausbildung des neuen Menschen, der sich von dem früheren, bürgerlichen Individuum kontrastiv absetzt; das »selbstsüchtig und individualistisch seinen egoistischen Zielen nachging und damit in Widerspruch geriet, zu den Interessen der Gemeinschaft. Die Kultur der Zukunft verlangt einen neuen Menschentyp, der sich freiwillig und bewußt als Einzelpersönlichkeit in den Dienst der Gemeinschaft stellt […] Ihm wird die Arbeit zu einer ehrenvollen, freiwilligen gesellschaftlichen Verpflichtung.«
9 Vgl. »Kampf gegen den Formalismus in der Kunst und Literaturwissenschaft«. Entschließung des ZK der SED auf der Tagung am 15./17. 3. 51. In: *Raddatz* (Hrsg.), Marxismus und Literatur, Bd. 3, S. 96–109, Hamburg 1969.
10 Vgl. die Kritik A. *Seghers* an dieser Literatur der Konfliktlosigkeit, in der sie für die Darstellung alltäglicher Probleme plädiert: 4. Schriftstellerkongreß 1956, »Die großen Veränderungen unserer Literatur«. In: Schubbe, Dok. 123, S. 412.

11 Gemeint ist die ganze Zeitspanne von der 1. Bitterfelder Konferenz 1959 über die 2. Bitterfelder Konferenz 1964 bis Ende der 60er Jahre. Vgl. Hans-Peter Gente, Versuch über Bitterfeld. In: Alternative, 38/39 1964, S. 128 f.

12 Vgl. Heinz *Plavius*, Romanschreiben heute. In: NDL 1968, H. 5, S. 22, vor allem seine Kritik an der Literaturwissenschaft: »Unsere Literaturwissenschaft ignoriert fast vollständig jenen Teil der Gegenwartsliteratur [...] es gibt keinen ernst zu nehmenden Literaturwissenschaftler, der sich mit Gegenwartsliteratur befaßt.«

13 Vgl. Horst *Redeker*, Der Kulturprozeß und die wachsende Rolle des subjektiven Faktors, in: Deutsche Zeitschrift für Philosophie 1974, H. 5, S. 564–583.
   Erwin *Pracht* u. a., Einführung in den sozialistischen Realismus, Berlin 1975, vor allem die Kapitel: 8.2. Selbstverwirklichung des Menschen, 8.3. Ausprägung der künstlerischen Subjektivität, S. 231–250.

14 Vgl. Theos Konzept zur Rede: »Müßten nicht alle literarischen Gestalten eigentlich die Namen oder wenigstens die Vornamen ihrer Autoren tragen?«

15 Günter *de Bruyn*, Der Holzweg. In: G. Schneider (Hrsg.), Eröffnungen, a.a.O., S. 138.

16 Ebd., S. 140.

17 Ebd., S. 141.

18 Christa *Wolf*, Über Sinn und Unsinn von Naivität, ebd., S. 164 ff.

19 Irmtraud *Morgner*, Apropos Eisenbahn, ebd., S. 204 ff.

20 Ebd., S. 142.

21 Ebd., S. 141.

22 Vgl. dazu Theos ähnlichen früheren Standpunkt: »Was du schreibst, entscheidest du, was gedruckt wird, wir.« S. 83.

23 Zur Kritik am Journalismus vgl. E. *Neutsch*, Auf der Suche nach Gatt, a.a.O., S. 31.

24. Theos Antwort am Abend auf die Frage, warum das Buch so schlecht sei, lautet: »Weil es nicht Welt, sondern Papier reflektiert« (S. 151). – Dies vermittelte Weltverständnis muß als sein ureigenes Problem gewertet werden. – Man vergleiche die ironische Vorwegnahme dieser Thematik, die Trennung von Denk- und Tatebene auf der ersten Seite des Romans: »dabei denkt: den Auftrag hätte ich nicht annehmen dürfen! Er sagt aber: Ein schöner Tag heute!« (S. 5) Oder die typische Verhaltensweise im Seminar: Er reflektiert über die schlechten Referate, formuliert aber nur in Gedanken eine Korrektur, er bleibt auf der Handlungsebene passiv, weil er schweigt.

25 Vgl. S. 167 Theo: »Ich habe es ihm gesagt, daß Cornelia seine Tochter ist.«

26 Vgl. S. 6 (unten) und S. 17 (Mitte).

27 Jürgen *Habermas*, Strukturwandel der Öffentlichkeit, Neuwied, Berlin (6. A.) 1974, »Zum Typus repräsentativer Öffentlichkeit«, S. 17–25.

28 Arnold *Ros*, Zur Theorie literarischen Erzählens, Frankfurt 1972, S. 77.

29 Anneliese *Löffler*, Auskünfte, a.a.O., S. 285.
   Bestätigt wird diese Hypothese durch die enorme quantitative Verbreitung der »*Aula*«, sie gehört inzwischen in Ost und West zum angestammten Bildungsgut: Das vom Verlag Rütten und Löning herausgegebene Buch war in der ersten Auflage 1964 sofort vergriffen, bis 1972 hatte es 11 Auflagen (ungerechnet die Exemplare, die in der bb-Taschenbuchreihe des Aufbauverlages veröffentlicht wurden); darüber hinaus hat 1968 die Bühnenfassung die Vorlage noch bekannter gemacht. (Alle Angaben nach: Wolfgang *Spiewok*, in: H. G. *Geerdts* [Hrsg.], Literatur der DDR in Einzeldarstellungen, a.a.O., S. 416.) Wir zitieren im folgenden nach Herman *Kant*, Die Aula (Lizenzausgabe), Frankfurt 1970.
   Der direkte Bezug von Kant auf de Bruyn im Interview mit A. *Grosse* (vgl. A. Löffler, Auskünfte, a.a.O., S. 275) kann auch als Indiz einer gewissen Entsprechung der Grundhaltungen beider Autoren gewertet werden.
   Desgleichen auch ein kürzlich erschienener Aufsatz von Leonore *Krenzlin*, mit dem Titel Wirkungsvorstellungen und Werkstruktur bei Hermann Kant und Günter de Bruyn. In: Dieter *Schlenstedt* u. a. (Hrsg.), Funktion der Literatur, Aspekte, Probleme, Aufgaben. Berlin/DDR, 1975, S. 322–331.

30 In der Aula tritt dazu noch eine dritte Zeitebene, die sog. Vorvergangenheit der Kriegs- und Fa-
   schismuszeit, hinzu.

31 Dies trifft auch dann noch zu, wenn man davon ausgeht, daß es sich bei den beiden Romanen
   um eine unterschiedliche Erzählsituation handelt. Die Preisverleihung stellt eine Mischung von
   auktorialer und polyperspektivierter, personaler Erzählhaltung dar, die jedoch quantitativ
   maßgeblich von Theo Overbecks Sicht bestimmt wird, zumal er das Erkenntnisinteresse und
   Sprachrohr des Autoren repräsentiert. In der Aula dagegen liegt fast durchgängig, eine Entsprechung von der Hauptfigur Robert Iswall, vom Erzähler und Autoren vor. Der Rahmen wird
   nur insofern ausgedehnt, bzw. potenziert, als Kant das Erlebnisspektrum des Helden noch erweitert um andere Figuren, die ihrerseits Gehörtes oder Erlebtes weitergeben, eine Technik, die
   den »Eindruck von Komplexität und Kollektivität des geschichtlichen Vorgangs vermittelt«.
   Leonore *Krenzlin*, Wirkungsvorstellungen, a.a.O., S. 327.

32 Ebd., S. 324.

33 Sigrid *Tölpelmann*, Interview mit G. de Bruyn. In: WB 1968, H. 6, S. 1172.

34 Vgl. die parallel geschalteten Strukturteile: Die Beschreibung der Westflucht mehrerer Personen, die Schilderung der BRD, die Entlarvung der Dogmatiker in den eigenen Reihen und die
   Thematik um die Würdigung der ABF.

35 Vgl. Herman *Kant*, Ansichten und Aussichten. In: NDL 1968, H. 5, S. 34f.:
   »Ich glaube, ein Romanautor [...] ist zunächst einmal weniger auf die großen Antworten als auf
   Ansichten aus. Es geht ihm darum, Ansichten zur Sache zu äußern! [...] Ich glaube, daß dieser
   Großanspruch Grundfragen beantworten zu können, eine gefährliche Sache ist.«

36 Etwa entsprechend der Rezension von Marcel *Reich-Ranicki*, der die Szenenvielfalt rein willkürlich angeordnet charakterisiert. In: *ders.*, Zur Literatur der DDR. München 1974, S. 85.

37 Heinrich *Mohr*, Gerechtes Erinnern. In: Germanisch-Romanische Monatsschrift, 1971, Nr.
   21, S. 225–245.

38 Vgl. den Kollegen Obrist (231).

39 Vgl. den Kritiker Schlichtkow (230).

40 Gemeint ist das BDR-Thema und das zentrale Anliegen Iswalls, seine Schuld gegenüber Tulle-
   sand zu tilgen.

41 Entgegen anderen Passagen wie der Fluchtbeschreibungen und der BRD-Schilderung.

42 Vgl. die Ausführungen von Gottfried *Pareigis* diesbezüglich (a.a.O., S. 214).

43 »Ich weiß nur, daß ich fragen muß, wenn ich leben will...« (300).

44 Silvia und Dieter *Schlenstedt*, Modern erzählt, zu Strukturen in H. Kants »die Aula«. In: NDL
   1965, H. 12, S. 26ff.

45 Sie führen dazu die für Iswall typische Taktik an, sich oftmals gleichsam an die Probleme nur
   heranzutasten, um sie dann ziemlich schnell wieder zu verlassen (man vergleiche die vielen abgebrochenen Debatten im Buch). Eine Methode, die jedoch gegen Ende des Romans, bei der
   Trullesandhandlung, durchbrochen wird, da dort dem bloß reflektierenden Moment ein Handlungsimpuls in Form der Aussprache folgt.

46 Vgl. dazu eine interessante Stelle der Technik Kants beim »inneren Monolog« (128), wo Iswall
   auf dem Weg zu Quasi Riek in Hamburg einen Dialog mit sich selber führt, und zwar zwischen
   seinem »Ich« und einem imaginären »Wir«.
   »Das Einsetzen dieses ›Chores‹ im inneren Monolog entspricht dem Charakter der inneren
   Auseinandersetzung des sozialistischen Iswall, der in seinen individuellen Entscheidungen zugleich gesellschaftlich verantwortlich handelt. Er bringt nicht nur das Individuum der Person,
   er bringt auch das Klassenrepräsentative der Person mit ins Spiel.« *Schlenstedt*, Modern erzählt,
   a.a.O., S. 29.

47 Gemeint sind u. a. die, mit der Demonstration in Zusammenhang stehenden, skeptischen Einwände eines Kommilitonen, der von falsch verstandenen Ehrgeizlern der Partei als Klassen-
   feind stilisiert, in die BRD flieht.

48 Vgl. die anderen innerliterarischen Thematisierungen:
   – Iswall durchstöbert die Aufsätze der Abschlußprüfung und mokiert sich über Formulierungen wie die, eindeutigen Erfüllung der »fünf Punkte des sozialistischen Realismus...« (169) und

– Maibaums Richtigstellung von Iswalls »deformiertem« Literaturverständnis: »Die neue Literatur, die muß doch optimistisch sein, das ergibt sich doch aus unserer neuen Gesellschaftsordnung, das ist, möchte ich sagen, gesetzmäßig.« (183)
– Die Konstruktion von pädagogisch brauchbaren Geschichten (181)
– die vergleichenden Betrachtungen zur Schönfärberei von Rede und Literatur (208)
– Auf der Schriftstellerversammlung wird mittels der »Wassermannkatze« (233/4) gegen die eingefahrene Fabeldoktrin oder
– über Frau Buchhacker gegen übereifriges Bemühen die Bitterfelder Beschlüsse zu erfüllen (232), polemisiert. (Vgl. dazu auch die Ausführungen von Kant im Interview mit A. *Grosse*, a.a.O., S. 35: »eine Beziehung [zu Bitterfeld] werde aufgegeben, weil es leichter war, von bestimmten Einseitigkeiten und Verengungen fortzukommen.«)

49 Vgl. *Kants* satyrisches Glossar dazu, in: Eröffnungen, a.a.O., S. 129: Bei dem Titel handle es sich um eine frühe, 1957 in NDL, H. 4, erschienene Erzählung von ihm, die er unter dem Titel »Mitten im kalten Winter« veröffentlichen wollte. Die Redaktion konterte dagegen, der anderen Jahreszeit halber, und schlug »Kombizange« vor. Schließlich habe man sich auf die vorliegende programmatisch klingende Form »das bläst der Wind nicht fort« einigen können.
50 S. u. D. *Schlenstedt*, Modern erzählt, a.a.O., S. 15.
51 Noch stärker im Vordergrund stehen diese beschriebenen Erzählmittel in Günter *de Bruyn*, Buridans Esel (Lizenzausgabe), München 1972. Vgl. die erklärenden Einschübe und allgemeinen Überlegungen des Autors (S. 6), das explizite Ansprechen der Erzählweise (S. 105, S. 164) und das Aufwerfen alternativer Handlungsabläufe (S. 158, S. 181, S. 191).
52 Gemeint ist die Erzählperspektive und der Erzählerstandpunkt nach: Robert *Weimann*, Erzählsituation und Erzählerstandpunkt, in: Kritik in der Zeit, Halle 1970, S. 743–774, v. a. S. 772: »Die [...] mögliche Distanzierung des Verfassers von der dargestellten Wirklichkeit ist wohl der bedeutsamste perspektivische Ausdruck der individuellen Bewußtheit des Autor-Erzählers, Voraussetzung einer zunächst noch kritisch-realistischen, später verselbständigten Individualperspektive.«
53 Vgl. Werner *Illberg* über Günter de Bruyn (Der Hohlweg, Halle 1963). In: ND, Berlin v. 1. 2. 64 »De Bruyn hat die Gabe, Recht und Unrecht so darzustellen, daß es unmittelbar, ohne jedes belehrende Wort aus der Handlung sichtbar wird. Es gibt sehr wenig Autorenkommentare, alles wird in Bildern gestaltet. Diese Bilder haben zudem noch Gleichniswert, sagen stets mehr aus als das unmittelbare Erlebnis.«
54 Vgl. S. 89f. Dort werden die drei Lebensläufe folgendermaßen ausgeführt:
   1. Die Form für die Schule: »schildert seine Entwicklung, die von apolitischer Verantwortungslosigkeit zu fester Klassenbewußtheit hinaufführt...«
   2. Für den Berufsbereich wird dieser, mit Note 1 ausgezeichneten Version, die seit früher Kindheit an ausgeprägte technische Begabung ergänzend hinzugefügt.
   3. In der privaten Form, der Selbstdarstellung für die Freundinnen, entfernt er die schulische, politische Komponente und ersetzt sie statt dessen mit einem allgemeinen Hang zur Strebsamkeit. Er meint, diese Tugend – von der Mutter als oberste Maxime herausgestellt – entspräche in Analogie der Erwartungshaltung und Norm aller weiblichen Wesen.
55 Jürgen *Engler*, Günter de Bruyns Preisverleihung, in: WB 1973, H. 4, S. 155.
56 Der inhaltliche Gehalt der Geschichte entspricht dem motivartigen wiederkehrenden Satz in Chr. *Wolfs* »Nachdenken über Christa T.«: »Wann, wenn nicht jetzt?«
57 Vgl. Günter *de Bruyns* Preisverleihung, S. 5, 34, 38, 66, 88, 118.
58 In Form der »erlebten Rede«, während der Seminardiskussion, im Gespräch mit Frl. Hesse über Pauls Roman, dem Eingeständnis des eigenen Versagens und schließlich zuletzt direkt vor der Preisverleihung.
59 Zu beachten ist die wichtige Funktion, die *de Bruyn* seinen Romananfängen selber zuschreibt: »Anfänge sind bei ihm, wie er sagt, Versuche, die Erzählhaltung herauszufinden, die ein Stoff braucht.« Werner *Liersch*, Notizen zu einem Gespräch. In: Sonntag 1972, Nr. 39, S. 4.
60 Vgl. G. *de Bruyn*, Bedingungen des Glücks. In: NDL 1971, H. 1, S. 32.
61 Ausgewertet wurde folgendes Material:

- Heinz *Plavius*, Gespräch mit G. de Bruyn, Gegenwart im Roman. In: NDL 1968, H. 6.
- Sigrid *Tölpelmann*, Interview mit G. de Bruyn. In: WB 1968, H. 6.
- Günter *de Bruyn*, Bedingungen des Glücks, a.a.O.
- Wochenpost sprach mit G. de Bruyn. In: Wochenpost 1972, Nr. 119, S. 14.
- Werner *Liersch* (Lektor im mitteldeutschen Verlag) sprach mit Günter de Bruyn. In: Sonntag 1972, Nr. 39, S. 4.

62 Vgl. Karl-Robert *Mandelkow*, Rezeptionsästhetik und marxistische Literaturtheorie. In: Walter *Müller-Seidel* (Hrsg.), Historizität in Sprache und Literaturwissenschaft, München 1974, S. 379–388.

63 G. *de Bruyn*, Buridans Esel, S. 48.

64 Vgl. G. *de Bruyn*, Bedingungen... a.a.O., S. 32: »Seit langem träume ich in Mußestunden davon, historische Romane zu schreiben, gerate aber immer wieder an Aktuelles, an das, was die Leute, die mich täglich umgeben, beschäftigt...«

65 Gegenwart im Roman, a.a.O., S. 9.

66 Im Interview mit S. *Tölpelmann* (S. 1174) vergleicht er sein Anliegen mit Christa Wolf in ihrer Erzählung »Ein Juninachmittag« (Lizenzausgabe), in: »Fahrt mit der S-Bahn«, München 1971.

67 Gegenwart im Roman, a.a.O., S. 9.

68 Vgl. Georg *Lukács*, Es geht um Realismus. In: Fritz J. Raddatz (Hrsg.), Bd. 2 Marxismus, a.a.O., S. 62.

69 Günter *de Bruyn*, Gedanken beim Lesen. In: S. und F. 1975, H. 5, S. 173.

70 Sigrid *Tölpelmann*, a.a.O., S. 1176f.

71 Gegenwart im Roman, a.a.O., S. 11.

72 Sigrid *Tölpelmann*, S. 1202.

73 Gegenwart im Roman, a.a.O., S. 11.

74 Ebd., S. 11.

75 Wochenpost, a.a.O., Werner *Liersch*, a.a.O.

76 Wochenpost, a.a.O., S. 14.

77 Werner *Liersch*, a.a.O.

78 Wochenpost, a.a.O.

79 Ebd.

80 Dabei muß darauf hingewiesen werden, daß diese Überlegungen eigentlich einer empirischen Materialbasis bedurft hätten. Da es sich bei diesen Rezensionen ausschließlich um »literarisch Professionelle« handelt, die der kulturpolitischen Praxis verpflichtet sind, kann die tatsächliche Wirkungsweise verzerrt erscheinen. Über den anonymen Leser kann nur soviel gesagt werden, daß er dem Buch in einem überdurchschnittlichen Kaufinteresse begegnet ist. H. D. *Sander* zitiert in seiner Rezension des Buches »Plädoyer für subjektive Ehrlichkeit«, in: D. A. 1973, H. 1, S. 169, die Literaturbeilage vom N. D. v. Jan. 1973, wo die Preisverleihung unter der Rubrik »am meisten gekauft« rangiert. (Auslieferung der »Preisverleihung« war im Nov. 1972.)

81 Für die Rezeptionsanalyse wurden folgende DDR-Kritiken ausgewertet:
- Heinz *Plavius*, Gefragt: Wirklichkeit. In: NDL 1973, H. 3, S. 150–154.
- Rulo *Melchert*, Literaturexkurse in einem Roman. In: S. und F. 1973, H. 6, S. 1307–1313.
- Jürgen *Engler*, G. de Bruyn, Preisverleihung. In: WB 1973, H. 4, S. 153–161.
- H. *Haertl*, Die Laudatio muß mißlingen. In: Freiheit, vom 3. 2. 72.
- G. *Herrmann*, Beschreibung einer Unentschiedenheit. In: Berliner Zeitung v. 15. 2. 73.
- Karin *Hirdina*, Preisverleihung. In: Sonntag 1973, H. 8.
- Bernd *Heimberger*, Zu lesen mit Genuß, der auch Verdruß nicht ausschließt. In: Tribüne v. 30. 4. 73.
- W. *Korluß*, G. de Bruyn, Preisverleihung. In: Der Bibliothekar 1973, H. 5, S. 343–345.
Die folgenden West-Kritiken wurden ergänzend mit herangezogen:
- N. *Schachtsiek-Freitag*, Ehe und Literaturexkurse. In: Frankfurter Rundschau, 13. 7. 74.
- Marcel *Reich-Ranicki*, G. de Bruyns zwei verschiedene Schuhe. In: Der Monat 1974, Nr. 12, S. 1159–1174.
- K. *Sauer*, Das Ende bleibt offen. In: Der Rheinische Merkur vom 13. 4. 73.

– M. *Menge*, Briefe von Frauen. In: Die Zeit vom 16. 11. 73.
– H. *Seidel*, Mit Vorbehalten habe ich zugesagt… In: Stuttgarter Zeitung vom 10. 10. 73.
– Fritz J. *Raddatz*, Kunst am Bau. In: Die Zeit vom 12. 10. 73.
82 *Plavius*, a.a.O., S. 151, *Haertl*, a.a.O., *Heimberger*, a.a.O., *Schachtsiek-Freitag*, a.a.O., *Seidel*, a.a.O.
83 *Plavius*, a.a.O., S. 151.
84 H. *Seidel*, a.a.O.
85 Vgl. dazu die Ausführungen von R. *Melchert*, a.a.O., S. 1308. Er kritisiert dort die mehr oder weniger mit der figurengebundenen Reflexion verknüpften Literaturexkurse, die als solche des Schriftstellers de Bruyn zu werten sind.
86 Vgl. *Plavius*, a.a.O., S. 153; *Herrmann*, a.a.O.; *Heimberger*, a.a.O.
87 Der Versuch, die Art der Vermittlung von Literatur mit dem Bezug ökonomischer Vorasussetzungen aufzuzeigen, wurde immer wieder mit Hilfe der ästhetischen Kategorie der »Typik« gemacht. Dabei entstand eine kontroverse Bestimmung des Begriffs. Vgl. F. *Engels*, Brief an Miss Harkness. In: Fritz J. *Raddatz*, Marxismus und Literatur, Hamburg 1971, Bd. 1, S. 157.
88 Korluß, a.a.O.: »Realismus bedeutet meines Erachtens, außer der Treue der Details die getreue Wiedergabe typischer Charaktere unter typischen Umständen.«
In neuerer Zeit wurde die Betonung mehr auf den subjektiven Ausgangspunkt gelegt, d. h. dessen Rolle in der Subjekt-Objekt-Dialektik betont. Vgl. Claus *Träger*, Studien zur Realismustheorie und Methode der Literaturwissenschaft, Frankfurt 1972, S. 135: »…die Hervorbringung des Kunstwerks geschieht derart, daß der Künstler als ein Vermittler erscheint, durch den hindurch die wahre Objektivität, die sonst entwede – im praktischen Leben, nur in ihrer partiellen, ›zufälligen‹ Konkretheit begegnet oder aber – in der Wissenschaft – unter der Form der abstrakt-theoretischen Verallgemeinerung auftritt, als zur typischen verdichteten Kunst-Gestalt erkennbar und erlebbar wird.«
Vgl. auch E. *John*, Einführung in die Ästhetik, Berlin 1972: »Da es kein ›Typisches an sich‹ gibt, sondern nur Züge und Eigenschaften, die typisch für etwas sind, wird die künstlerische Widerspiegelung typischer und zugleich individueller Charaktere nur dann zu künstlerischer Wahrheit, wenn sie zugleich unter typischen Umständen gezeigt werden.«
89 R. *Melchert*, a.a.O., S. 1312.
90 Vgl. *Plavius*, a.a.O., S. 151 und *Hirdina*, a.a.O.
91 G. *Liersch*, a.a.O.
92 Vgl. *Melchert*, a.a.O., S. 1307, 1313; *Haertl*, a.a.O.; *Engler*, S. 161.
93 Die Rezensenten deuten das kurze Auftreten von Krautwurst und Birt, den beiden »milieufremden Figuren«, rein quantitativ. Sie haben nämlich – entgegen den Ausführungen – eine wichtige Funktion: Sie bilden im Roman den Blickpunkt von außen und fungieren als Korrektivfiguren, ihre Beiträge beinhalten in direkter Linie die Erzählperspektive (vgl. dazu Krautwurst als Auslösefaktor für Theos neue Einstellung und Birt, der mit skeptischem Blick, Theos Involviertheit in die kleinbürgerliche Welt kommentiert, d. h. deren Stigmata, das Wohlstandsdenken und dessen direkten Funktionale Erfolgssucht und Opportunismus anklagt).
94 *Melchert*, a.a.O., S. 1310.
95 Ebenda, S. 1308 f.
96 Ebenda, S. 1310.
97 *Plavius*, a.a.O., S. 154.
98 *Heimberger*, a.a.O.
99 S. *Bock*, Neuer Gegenstand, neues Erzählen, in WB 10/73, S. 95.
100 *Hirdina*, a.a.O.
101 Jurek *Becker*, Jacob der Lügner, (Lizenzausgabe), Darmstadt/Neuwied 1970.
102 Jurek *Becker*, Irreführung der Behörden, (Lizenzausgabe), Frankfurt 1973 (im folgenden zitiert mit den Seitenangaben im Text).
103 Vgl. die resümierenden Feststellungen dazu in der Kritik von Marcel *Reich-Ranicki*, in der Zeit v. 25. 5. 1973, worin er die Wahl der Personen als festgeschriebene literarische Topoi enthüllt: »Da haben wir die neugierige, schimpfende und polternde Zimmervermieterin mit rauher

Schale und weichem Herz. Wieder einmal gibt es das biedere und rührende Mütterchen, das dem begabten Sohn, dem Luftikus mit Phantasie, rasch ein Töpfchen Schmalz, heimlich auch etwas Geld zusteckt. Der gemütliche und geschwätzige Gastwirt aus dem Berliner Vorort kommt mir ebenso bekannt vor wie der betagte Professor, der einst im KZ war [...] Der skurrile Rentner, der sehr klapprig ist, und der sich doch als ein hilfsbereiter Kumpel erweist, stammt ebenfalls aus dem bewährten Personal der DDR-Romane.«

104 Gemeint sind in diesem Zusammenhang Romane wie Bernhard *Seegers,* Vater Batti singt wieder, Halle 1972. Seeger wendet darin, soweit wir ermitteln konnten, als einziger Vertreter dieser affirmativen Gruppe von DDR-Autoren, die Thematisierung von Schriftstellern an. Das Buch fungiert dabei lediglich als literarisch-heroischer Gegenwurf zu den veränderten, individualistischer gezeichneten, oftmals leidenden Individuen, in den Romanen der jüngsten DDR-Phase; v. a. zu solchen Figuren, bei denen der Tod miteinbezogen und einen entsprechenden Aussagegehalt vermittelt. (Vgl. *Strittmatter,* Ole Bienkopp, Christa *Wolf,* Nachdenken über Christa T., *Plenzdorf,* Die neuen Leiden des jungen W....) Seeger beharrt in hermetischer Befangenheit auf dem kulturpolitisch bereits überwundenen Standpunkt, der Notwendigkeit eines »positiven Helden« für eine parteiliche Schilderung und führt dies exemplarisch an der Genesung seiner, durch einen Autounfall lebensgefährlich verletzten Dichterfigur vor, wobei das ganze Buch mit didaktischen Anspielungen auf literarische Zeitgenossen und Vorgänger durchzogen ist, deren einzige Funktion darin besteht, sein von Vorurteilen geprägtes Bewertungsraster zu reproduzieren, gemäß seinem Motto: »Ich gestatte meinen literarischen Gestalten nicht, sich aus den Konflikten der Zeit in Sterben zu flüchten.« (S. 29) Bezeichnend für ihn ist dabei die schematische innerliterarische Rezeption der Dichterkollegen nach Schwarz-Weiß-Kategorien. (Positive Beurteilung erhalten dabei: *Neutsch,* Spur der Steine, S. 37, *Marchwitza,* Eisenhüttenkombinat [1950], S. 37, *Otto,* Zum Beispiel Joseph, S. 80/81; negativ bewertet werden *Biermann,* S. 21, *Strittmatter,* Ole Bienkopp, S. 28/29, *Wedekind,* S. 64, *Brecht,* Kaukasischer Kreidekreis, S. 104f., *Plenzdorf,* Die neuen Leiden des jungen W., S. 343.

105 Dieser Gesichtspunkt kommt bei allen westdeutschen Rezensionen zumindest latent zu Wort: Vgl.
   – Fritz J. *Raddatz,* Julien Sorel für arme Leute. In: Süddeutsche Zeitung v. 5. 5. 1973.
   – Georg *Ramseger,* Eine andere Behörde: das Gewissen. In: Basler National-Zeitung v. 11. 5. 1974.
   – Jörg *Ulricht,* Irreführung der DDR-Behörden. In: Münchener Merkur v. 11./12. 5. 1974.
   – Rolf *Michaelis,* Achtung Falltür. In: Frankfurter Allg. Zeitung v. 12. 5. 1973.
   – Marcel *Reich-Ranicki,* a.a.O.
   – Peter *Jokostra,* Hart an der Grenze zum Trivialen. In: Rheinische Post v. 2. 6. 1973.
   – Wolfgang *Werth,* Ein Lohnschreiber macht Karriere. In: Deutsche Zeitung v. 17. 8. 1973.

106 Wie z. B. bei Paul Schuster in G. de Bruyns Preisverleihung, bei Blasing in Christa Wolf, Nachdenken über Christa T., bei Ebau in G. de Bruyns, Buridans Esel (vgl. a.a.O., S. 124f.).

107 In dem Maße wie seine »Schreiberei [...] nichts anderes als ein Gefährt, um [...] persönliche Bedürfnisse zu befriedigen...« wird (245), verliert Bienek jegliche, auf gegenseitigen Kontakt aufgebaute Beziehung; seine menschlichen Umgangsformen verkümmern zu verschiedenartigen Ausbeutermechanismen: Bei seiner Frau in Form der ehelichen Gesprächsverweigerung, bei dem Studienkollegen Neuenherz zu der impertinenten Art, dessen Beziehung zu »benutzen«, beim Rentner Hensel in finanzieller Hinsicht.

108 »Jurek Becker wurde 1937 in Polen geboren. Einen beträchtlichen Teil seiner Kindheit verbrachte er im Ghetto und im KZ. Nach dem Krieg blieben seine Eltern mit ihm in Deutschland. Er studierte Philosophie, schrieb Filmdrehbücher, Fernsehspiele. Seit 1960 lebt er – heute als freier Schriftsteller – in Berlin/DDR. ›Jacob der Lügner‹, Jurek Beckers erstes Buch, wurde ein großer Erfolg. Der Autor dieser ›optimistischen Tragödie‹ aus dem Warschauer Ghetto erhielt den Heinrich Mann Preis (DDR) und den Charles Veillon Preis (Schweiz)«; (zitiert nach dem Schutzumschlag der westdeutschen Lizenzausgabe).

109 Vgl. Gregors abstrakter DDR-bezogener Standort im Gespräch mit der Lektorin Lieber: »...mit dem Westen habe ich nichts zu tun, ich lebe hier aus freiem Entschluß, und mich be-

schäftigen vor allem Dinge, die sich in meiner Umgebung abspielen...« (39), wird von ihm nicht genügend motiviert und praktisch vertreten. Bezeichnend dafür sind die beiden Szenen:
a) der, in Wild-West-Manier parodierte Flugblatteinsatz in West-Berlin (28).
b) das, von Gregor bei einem westlichen Kinobesuch bezogene, Verhalten gegenüber einem ehemaligen, aus der DDR geflohenen, Klassenkameraden. Auf dessen großspuriges Angebot, seinem Vater als Makler mit weitreichenden Beziehungen zur Vermittlung an einen Westverlag einzuschalten, geht Gregor zunächst interessiert ein, was Lolas ironischem Glossar darauf durchaus eine Portion Berechtigung zuträgt: »Er ist schon so oft abgelehnt worden, daß es ihm inzwischen ganz egal ist, wo er gedruckt wird.« (111)
Die beiden nächsten Episoden verdeutlichen schließlich seine zunehmende politische Indifferenz:
– Beim familiären Weihnachtsfest soll der Fernsehapparat den fehlenden Gesprächsstoff ersetzen, die Unterscheidung in West- und Ostprogramm will allerdings nicht gelingen »...wir wissen nicht genau, welches Programm Osten ist und welches Westen...« (142)
– Bei einem Freundesbesuch in Westberlin hätte es ihn, wegen ungenügender »Wahrung des eigenen Interesses«, beinahe »auf der falschen Seite der Mauer erwischt« (162).
110 Vgl. dazu die Familienfeierlichkeiten in der Form einer hohlen »Idylle« (Lolas Geburtstag [18 ff.], Weihnachtsfeier bei Gregors Eltern [137 ff.] und der verlogene Habitus des Frauenarztes [83 ff.]).
111 Ungeklärt bleibt – vorausgesetzt es handelt sich nicht um ein ironisches Wortspiel – welcher Aussagewert diesem Namenszusammenhang zukommt; wir vermuten die Anspielung derart: zum einen als Verbindungspunkt zu Gregor Bieneks falsch verstandenem gesellschaftlichen Anspruch, zum anderen von J. Becker aus, als bewußtes, sozialistisches Gegenkonzept zu den beiden Autoren, die sich beide ebenfalls der Erarbeitung von schriftstellerischen Werkstattproblemen bürgerlicher Provenienz gewidmet haben. (Vgl. Horst *Bienek,* Werkstattgespräche mit Schriftstellern, München 1962; Martin *Gregor-Dellin,* Unsichere Zeiten, Erzählungen und Essays, Hrsg. von F. *Bentmann,* Karlsruhe 1969, dort v. a. die Essays über Thomas und Klaus Mann und Robert Walser.)
112 Voraussetzung ist dann allerdings, daß der Titel keine Lektorenkreation ist, wie innerliterarisch (auf S. 167) bei Bieneks Roman beschrieben; eine Vermutung, die aufgrund eines Kommentars Beckers selbst als relativ gesichert angesehen werden kann, da er in einem Interview mit Sybille *Eberlein* in der Wochenpost (Nr. 18, 1973, S. 15) auf die Bemerkung über die Provokation, die von den Titel ausgeht, erwidert hat: »Ich halte das für legitim, solange der Titel nicht aus der Luft gegriffen ist.«
113 Vgl. Rolf *Michaelis,* a.a.O.
114 Vgl. die sicher nicht zufällig, sondern bewußt hergestellte Allusion zu Max *Frischs* »Homo Faber«, bei dem allerdings die Form des hier nur im »Romanteil« angewandten Ausschnitts das Erzählprinzip des ganzen Buches bildet.
115 Vgl. Die Vergeßlichkeit und das Desinteresse an dem alten Rentner Hensel, basierend auf der für ihn typischen Vermutung, menschliches Versagen mit Geld kompensieren zu können (195 ff.).
– Die Lügengeschichten, die er Lola gegenüber erfindet, zur Vertuschung des Verhältnisses zu einer früheren Kommilitonin (236 ff.).
– Seine, für jedes Mitgefühl unfähige Reaktion auf den ehrlichen Brief, des zum drittenmal von ihm verprellten Gerhard Neuenherz (233 ff.).
116 Vgl. »das Schlüsselsymbol« als Leitmotiv quer durch das Buch: Bei der Zimmerwirtin steckt der Schlüssel immer von innen (14, 16, 27, 93). Im Zusammenhang mit dem kurzen Liebesabenteuer mit der Lektorin Lieber muß diese erst nach ihrem Schlüssel kramen (44). Lola hat an dem Nachmittag, wo sie Gregor die Mitteilung über die Schwangerschaft machen will, den Schlüssel vergessen (64). Als Gregor nach der Rückkehr vom Arzt Lola mit zu sich nach Hause nimmt, steckt plötzlich kein Schlüssel von innen (128). Bei dem »Seitensprung« mit der ehemaligen Kommilitonin muß diese erst zwei Schlüssel ausprobieren (214).
117 Vgl. die vielen für diese Prosa der Alltäglichkeit stehenden, kleinbürgerlichen Genreszenen, die

das ganze Werk begleiten. Hans Joachim *Bernhard* (Gregor der Lügner. In: NDL 1973, H. 10, S. 123) stellt für die Erscheinung einen Bezug zu dem Volksschriftsteller Hans Fallada, speziell zu seinem Erfolgsroman »Kleiner Mann – was nun?« her. Uns erscheint dieser Hinweis durchaus plausibel, legt man eine halb humorvolle, halb ernsthafte, selektive Rezeption des Werkes zugrunde. Dafür spricht auch, daß H. Fallada in der DDR als kritischer Zeitschriftsteller positiv bewertet wird (vgl. H. *Schroeder*, Hans Fallada. In: NDL 1953, H. 1 und R. *Rämer*, Dichter des kleinbürgerlichen Verfalls. In: NDL 1957, H. 5).

118 Auf eine solche Ausnahmesituation, die nur unter historisch extremen Verhältnissen anzusehen ist, bezieht sich »Jacob der Lügner«. Darin hat das Fiktive die Funktion über die Vorstellungen von einer besseren Zukunft, die Gegenwart erträglich zu machen, den Glauben an sich selbst aufrechtzuerhalten.

119 Dazu korrespondiert Gregor am Ende des Romans hinsichtlich der Einsicht in seine verfehlte opportunistische Verhaltensweise.

120 Bezeichnenderweise kommt die »positiv besetzte« Dramaturgenfigur Simmel, am Ende des Buches, gerade auf diese Geschichte noch einmal zurück und erachtet sie als einziges Frühwerk vom Autoren als veröffentlichungswert (221).

121 Vgl.: ...»du ertrinkst noch in deinen Geschichten. Schreib doch erst mal die alten auf, wenigstens die eine, für die du den Vertrag hast. Sonst findest du dich bald selbst nicht mehr durch.« (145)

122 Vgl. Jurek *Beckers* Bemerkungen (in einem Interview mit Jürgen *Beckelmann,* »Ich nehme einen ausländischen Literaturpreis an«. In: Frankfurter Rundschau, 25. 1. 1975): »Ich sagte Ihnen schon, daß die gesellschaftliche Relevanz Ihrer Bücher für sozialistische Schriftsteller ein wesentliches Kriterium ist, also auch für mich.«

123 Vgl. den gedanklich dialektischen Bezug zu Christa *Wolfs* »Nachdenken über Christa T.«, a.a.O.: zum einen Gregors Unwillen gegenüber der Lektorenentgegnung, die besagt: »...daß die Spuren, die ein Mensch hinterläßt, konkret und eindeutig lesbar sind, bei einigem guten Willen« (13), zum anderen Christa Wolf: »Aber was sind Tatsachen? Die Spuren, die die Ereignisse in unserem Innern hinterlassen.« (NT 218)

124 Die Gefahr, die für Gregors labile Persönlichkeit mit der eingeschlagenen Berufsrichtung verbunden ist, liegt, entgegen der positiven Möglichkeit der Selbstfindung über Schreiben, auch darin, sich über ständig neue Geschichten zu verlieren, so z. B. wenn er von seiner Umwelt auf die eingenommenen, fiktiven Rollen festgelegt wird: »Eines Tages werden sie mich für einen halten, der ich nicht sein will, und niemand wird meinen Beteuerungen glauben, solange ich keinen Gegenbeweis führe.« (173)

125 Den Geschichten kommt aus diesem Grund eine verstärkt persönlich bestimmte, individuelle Bedeutung zu. Die Frage nach der Art des kulturpolitischen Bezuges drängt sich zwar durch die genau datierten Zeitverweise auf, enthält aber, in der, nur die Fabel skizzierenden, kurzen Form der Realisierung keine dahingehend genauer zu bestimmende Aussage. Eine lose Relation läßt sich lediglich 1960 im Zusammenhang mit dem »Bitterfelder Weg« erkennen. (Seinen ersten, öffentlich gebilligten Stoff schöpft er, während eines Ernteeinsatzes, aus einer Begegnung mit einem Bauern.)

126 Die Beziehung zu Lola verweist ihn verstärkt an die materiellen Erfordernisse, dies um so mehr, als Lola einen unterschwelligen Orientierungspol bildet, d. h. als Korrektiv zu Gregor in der Figurenkonstellation fungiert. Seine ungenügende Realitätsbewältigung äußert sich in einer Art kindlicher Trotzreaktion: Er wehrt sich innerlich gegen ihre Überlegenheit und ideologische Stabilität (106, 108, 143), was zwar ohne rationalen Grund allein aus emotionaler Rivalität geschieht, aber seine mangelnde Ich-Festigkeit besonders markant verdeutlicht.

127 Gregors Urteil über Henry Miller, im Gespräch mit W. Lieber, bildet eine klar umrissene, rekursive Selbsterkenntnis:
»...seine [Millers] Rücksichtslosigkeit ist das Imposanteste an ihm, er lotet die Dinge mitunter erstaunlich tief aus, doch habe ich bisher seinen Standpunkt nicht gefunden, das heißt die Perspektive seiner Urteile.« (47)

128 Klaus-Dieter *Hähnel,* Jurek Becker, Irreführung der Behörden. In: WB 1974, H. 1, S. 150.

129 Vgl. Lolas Schlußversion zur »Bankräubergeschichte«, die Gregor nach antizipatorischer Abwägung der Beurteilungskriterien, aus opportunistischen Gründen, als Veröffentlichungsvorlage bemüht. Desgleichen die Beschreibung vom Arbeitsstil des Dramaturgen Simmel: »Manchmal fängt er an, meine erste Version gegen die zweite zu verteidigen, die ich nur auf seine Einwände hin angefertigt habe.« (222)

130 A. *Voigtländer, Liebes- und andere Erklärungen,* a.a.O., S. 21. – Ein ähnlicher Fall scheint bei Karl-Heinz *Jacobs* in dem Verhältnis zu seinem Roman »Die Interviewer« vorzuliegen, das er eingehend beschreibt, in: »Heimatländische Kolportagen«, a.a.O.: »Ich ironisiere sozusagen in diesem Buch meine eigene Arbeitsmethode als Reporter. [...] (S. 249) Meist lesen die Leute zum Glück nicht genau, und diese Verzweiflungstaten [in denen der Autor sich nicht selbst in die Handlung hineinwirft, R. K.] von Schriftstellern gehen daher meist ohne Folgen aus. Aber nicht immer, denn es gibt hin und wieder auch einen genauen Leser. Das ist derjenige, der sich nicht nur ein Bild von den im Roman vorgestellten Personen macht, sondern er macht sich auch ein Bild vom Verfasser. Um nun genau diesen Leser in die Irre zu führen, wendet der Schriftsteller, der sich selbst, wie es in der Operette heißt, mit dreingibt, verschiedene Schutzmaßnahmen an. Eine dieser Schutzmaßnahmen ist die Ironie. [...] (S. 254) Deshalb baue ich ein in sich geschlossenes System von einander ergänzenden und widersprechenden Vorstellungen als Romanstruktur auf, und zwar so, bis ich selbst nicht mehr genau weiß, was ist wahr, was ist gemutmaßt und was ist verstellt.« (S. 254f.)

131 Die Übergabe des Literaturpreises der Hansestadt Bremen von der Rudolf-Alexander-Schröder-Stiftung erfolgte am 26. 1. 74.

132 Jurek *Becker,* »Über verschiedene Resonanzen auf unsere Literatur«, zitiert nach NDL 1974, H. 4 (S. 55–60), S. 58.

133 Ebd., S. 59.

134 Ebd.

135 Ebd.

136 Kontrastiv zu der hier angewandten Technik hat W. *Joho* in »Abschied von Parler« a.a.O. seine Schriftstellerfigur konzipiert. In der Dialogerzählung basiert, das sich in zwei Personen aufteilende Ich des Autoren Joho in den bürgerlichen Humanisten (Johos frühere Position) und den Sozialisten (Johos späterer Standpunkt), auf einer genau durchkonstruierten Diskurskette der gegensätzlichen Meinungen.
Ebenso wurde dort, entgegen dem Beckerschen Roman (vgl. S. 161, 162, S. 187–194), die, am Ende des Buches vorgetragene, gesellschaftliche Legitimation von Manuskriptveränderungen, auf Anraten des Lektoren, deutlich positiv als Überwindung der Eigenliebe und als gewinnbringender Einklang mit der Gesellschaft gewertet: »Ich will alles noch einmal durchdenken und überprüfen und mich um Übereinstimmung bemühen mit denen, für die ich schreibe, mit denen ich lebe und die ich zeugen will. Wozu auch gehört, daß ich Mißverständnisse vermeide.« W. *Joho,* Abschied von Parler, a.a.O., S. 154f.

137 Vgl. Prof. Gelbachs fragwürdigen Ratschlag: »Führen Sie die Behörden weiterhin in die Irre, studieren Sie in drei Teufels Namen zu Ende, und betrachten Sie das Diplom als Notgroschen« (60). Ebenso eine ähnliche Stelle, in der die Lektorin Lieber ihr beruflich gesellschaftliches Selbstverständnis formelhaft reproduziert, wobei der geäußerte Widerspruch zwar nicht ganz so eklatant, aber um so subtiler zum Ausdruck kommt: »Ich finde es völlig in Ordnung, daß beispielsweise mein Verlag nicht das druckt, was sich am besten verkaufen läßt, sondern das, wovon er glaubt, es könne die Leser verändern. Es steht Ihnen völlig frei, jede Geschichte zu schreiben, die Sie schreiben wollen. Und uns steht es frei, sie zu drucken oder nicht. Oder sehen Sie eine bessere Lösung?« (40)

138 Vgl. die Parallelsituationen beim Fernsehfunk: (S. 9–13) 1. der Lektor Montag, der gelangweilt und einsilbig, wie bei einem beliebigen Geschäftskontrakt, reagiert und 2. (S. 13) Spengler, der als Dogmatiker mit engen, vordefinierten Grundsätzen keine Gesprächsbereitschaft zu anders Denkenden erkennen läßt. Gregor lernt über diese Erfahrungen taktisches Lavieren: »Lieber ein paar Worte mehr über die moralische oder ethische Seite der Angelegenheit verlieren, Geschichten leben zwar von Einzelheiten, aber Montag lebt von Stoßrichtungen!« (13)

139 Vgl. das Gespräch von Jurek *Becker* mit Klaus *Vogelsang*. In: Bremer Nachrichten v. 2. 2. 1974 über Situation und Werdegang junger Autoren in der DDR: »Jungen Autoren bieten in der DDR sog. Förderungsverträge die Chance, die schwierige Anfangszeit zu überbrücken. Wenn ein Nachwuchsautor ein Manuskript vorlegt, an dem der Verlag in diesem Fall kein Interesse hat, aber der Meinung ist, daß dieser Autor etwas besseres schreiben könnte, werden Geldmittel für weitere Arbeiten zur Verfügung gestellt.«
Becker verweist in diesem Interview auch auf die Bewegung »Zirkel schreibender Arbeiter«, die ein potentielles Reservat für den Berufsschriftsteller darstelle, bewertet den »Zirkel« im weiteren aber – ähnlich wie wir eingangs feststellten – in erster Linie nicht als »Weg schriftstellerischer Potenzen für eine Nationalliteratur nutzbar zu machen«, vielmehr sieht er in der Arbeit der Zirkel primär den Aspekt der Selbstverwirklichung: »das Vergnügen am Schreiben. Eine Form der Selbstdarstellung...« Darüber hinaus spricht er »die Nachwuchsabteilung« im Schriftstellerverband an, wo »Erfahrungsaustausch zwischen dem Nachwuchs und den ›Profis‹ praktiziert wird«.
Vgl. dazu auch J. Laabs u. a., »Fördern und Fordern«, Probleme junger Autoren im Gespräch. In: NDL 1976, H. 6.

140 Vgl. dazu die folgenden Textstellen: (S. 42) Gregor liest seinen Vertrag erst einmal in aller Ruhe auf dem Klo; (S. 48–50) der, den öffentlichen und offiziellen Charakter relativierende Anstrich der tragisch-komischen Verführung der Lektorin; (S. 167) die Lektorin scheint sich trotz der »gesicherten Ansichten« in den Westen abgesetzt zu haben.

141 Vgl. dazu S. 148 f., eine Szene, in der Lola eine Lektorin fingiert, d. h. die der »Bankräubergeschichte« inhärenten, möglichen Beurteilungskriterien spaßhaft herausstellt. Zum einen antizipiert und entlarvt sie darüber die tatsächliche Kritik (vgl. S. 163), zum anderen berührt sie im Klartext ein Gregor und die Kulturbehörden betreffendes Stück Wirklichkeit: »...ich sehe auch, wie einfach es Ihrer Meinung nach zu sein scheint, die Behörden, in diesem Fall die Bauleitung, über seine wahren kriminellen Beweggründe zu täuschen.« (148)

142 Vgl. den ähnlichen Stellenwert des Regisseurs bzw. des Filmreporters in die solides Mittelmaß bezeichnenden Figurenkonstellation bei: B. *Seeger*, Vater Batti singt wieder, a.a.O., S. 59 und bei K. H. *Jacobs*, Die Interviewer, a.a.O., wo der, in eine innere Krise geratenen Hauptfigur Radek, im Gewand des arrivierten, wissenschaftlichen Intellektuellen, dem es nur noch um Sachlichkeit, Effektivität geht, der »Künstler« Kritzki als negative Kontrastfigur, zur Seite gestellt ist. Dessen dilettantischer, opportunistischer, stagnierte Kunstbegriff wird innerliterarisch dadurch bloßgestellt, daß er aus Unsicherheit gegenüber Lebensveränderungen glaubt, die ursprüngliche Idee seines Dokumentarfilmes verändern zu müssen, die neuen Fakten lassen sich mit der Vorstellung eines reibungslosen, vorbildlichen Ablaufs der Handlung nicht mehr zur Deckung bringen. Aufgrund einer sich permanent veränderten Sachlage wird seine »Kunst des Weglassens« (S. 265 f.) um einer konfliktlosen, statischen Realisation willen karikiert und ad absurdum geführt (vgl. dazu auch Margret, Eifler, Dialektische Dynamik, Bonn 1976, S. 99).

143 K. H. *Jacobs* beschreibt in den Interviewern, a.a.O., einen ähnlichen Fall innerer Unsicherheit, eine mit Gewissensbissen und Zweifeln verbundene Erkenntnis von Fehlhandlungen, die jedoch noch stärker psychologisch motiviert und auf die Spitze getrieben wird, indem Jacobs die Situation zweimal zu einer dramatischen und symbolischen Entfremdungserscheinung steigert. (Vgl. [S. 205] die Telefonszene, wo an Stelle von Radeks verlorengegangenem Dialogpartner eine Gewölbemetaphorik als Angstvision tritt oder [S. 235] die Bücherverbrennungsszene, in der er, in einem Akt von Hilflosigkeit, versucht, seine geistige Identität auszulöschen, als eine Art letzter regressiver Schritt an Ausfluchtsmanöver vor der anschließenden Erkenntnis der Notwendigkeit einer Selbstveränderung.)

144 Vgl. Walter *Benjamin*, Das Kunstwerk im Zeitalter seiner technischen Reproduzierbarkeit. Frankfurt 1972, S. 16.

145 Vgl. Jan *Mukařovski*, Kapitel aus der Ästhetik, Frankfurt 1977, S. 66.

146 Vgl. Berttobt *Brecht*, Der neue Held – Notizen für die Diskussion. In: Klaus *Jarmatz* (Hrsg.), Kritik in der Zeit, Halle 1970, S. 385–87 und die Gegenposition dazu von: Bernhard *Seeger*, Über unseren Helden..., Kritik in der Zeit, S. 581–83.

147 Gotthart *Wunberg*, Laudatio zu Jurek Beckers »Irreführung der Behörden«, Tübingen 1974, S. 1 (wir zitieren nach einem unveröffentlichten Manuskript), Wunberg entwickelt darin, u. E. zu Recht, einen Interpretationsansatz, der von der Zusammengehörigkeit beider Beckerschen Romane ausgeht. Unsere Aussagen diesbezüglich entstanden in Anlehnung an seine Überlegungen.

148 Ebd., S. 5.

149 Vgl. J. *Becker*, Jacob der Lügner, a.a.O., S. 40, 199, 245 f., 255–262.

150 G. *Wunberg*, Laudatio, a.a.O., S. 5.

151 Vgl. dazu auch Beckers nächsten Roman: Jurek *Becker*, Der Boxer, (Lizenzausgabe), Frankfurt 1976. Dabei handelt es sich um eine dritte Erzählvariante: Erzähler und Schriftsteller sind in einer Figur als Nebenperson gestaltet. Er reflektiert über historische und gegenwärtige biographische Begebenheiten der Hauptfigur und dabei auch über Schreibmechanismen, hier v. a. über den Gegensatz von Imagination und Wirklichkeit.»›Hör zu‹, sagt Aron diesmal. ›Du behauptest, du hast meine Geschichte aufgeschrieben, und ich behaupte, daß du dich irrst, es ist nicht meine Geschichte. Im günstigsten Fall ist es etwas, was du für meine Geschichte hältst.‹« (S. 10)

152 G. *Wunberg*, a.a.O., S. 7.

153 Ebd., S. 8.

154 Ebd.

155 Vgl. Klaus-Dieter *Hähnel*, Jurek Becker, Irreführung der Behörden. In: WB 1974, H. 1, S. 149–153; Hans Joachim *Bernhard*, Gregor der Lügner. In: NDL 1973, H. 10, S. 118–123.

156 Vgl. Werner *Liersch*, Irreführung der Behörden. In: Sonntag v. 30. 9. 1973, S. 6; Wilfriede *Eichler*, Weil Gregor Bienek es sich zu leicht macht... In: Nationale Zeitung v. 22. 7. 1973, S. 7; Werner *Neubert*, Nachdem sich's »weggelesen« hat... In: Berliner Zeitung v. 8. 9. 1973, S. 6; H. D. *Tschörtner*, Sorgen der Gesellschaft. In: Der Morgen v. 18. 8. 1973, S. 7; Sibylle *Eberlein*, Interview mit Jurek Becker, Ein Filmmann, der Romane schreibt. In: Wochenpost v. 1973, Nr. 18, S. 15.

157 Vgl. H. J. *Bernhard*, a.a.O. und H. D. *Tschörtner*, a.a.O.

158 Vgl. Anmerkung Nr. 105.

159 W. *Eichler*, a.a.O.

160 W. *Liersch*, a.a.O.

161 K. D. *Hähnel*, a.a.O., S. 151.

162 W. *Liersch*, a.a.O.

163 Ebd.

164 K. R. *Mandelkow*, DDR-Literatur und ihre bürgerliche Rezeption, a.a.O., S. 149.

165 Ebd., S. 150.

166 W. *Eichler*, a.a.O.

167 Ebd.

168 K. P. *Hähnel*, a.a.O., S. 152.

169 Ebd., S. 151.

170 Ebd.

171 Hans Joachim *Bernhard*, a.a.O., S. 120.

172 Eine Ausnahme bildet dabei H. D. *Tschörtner* in der bereits positiv erwähnten Kritik in »Der Morgen«, der die Rezeptionsbreite der Erzählstruktur, die Andeutungen und beziehungsreichen Stichworte im Roman unterstreicht.

173 W. *Neubert*, a.a.O.

174 K. P. *Hähnel*, a.a.O., S. 153.

175 W. *Neubert*, a.a.O.

176 Volker *Braun*, Das ungezwungene Leben Kasts. Drei Berichte, (Lizenzausgabe), Frankfurt 1972 (im folgenden zitiert mit den Seitenangaben im Text).

177 »Der Schlamm« entstand 1959, »der Hörsaal« 1964 und »die Bretter« 1968.

178 Gemeint ist der gattungsmäßig anzusetzende Unterschied zwischen »Roman« und »Bericht«.

179 Vergleicht man die chronologischen interliterarischen Etappen der Hauptfigur Kast, so lassen

sich unübersehbare Parallelen zu Volker Brauns Biographie ziehen: Volker Braun wurde 1939 in Dresden geboren. Nach dem Abschluß der Oberschule 1957 erhielt er keinen Studienplatz, er wechselte nach einem Jahr Arbeit in einer Dresdner Druckerei in das Kombinat »Schwarze Pumpe« als Tiefbauarbeiter, Betonrohrleger und schließlich als Maschinist für Tagebaugroßgeräte. 1960 erhielt er die Immatrikulation an der Karl-Marx-Universität Leipzig für ein Philosophiestudium. 1964 erschien sein erster Gedichtband »Provokation für mich«. 1965 arbeitete er als Dramaturg und Regisseur beim Berliner Ensemble. 1967 waren die ersten Fassungen seiner beiden Theaterstücke »Der Kipper Paul Bauch« und »Hans Faust« im Gespräch.

180 Volker *Braun,* Das ungezwungene Leben Kasts, Berlin/Weimar 1972.

181 Silvia *Schlenstedt,* Volker Braun: Das ungezwungene Leben Kasts. In: WB 1973, H. 3, S. 142.

182 Ursula *Reinhold,* Volker Brauns Konzept und Realisierung einer gesellschaftsgestaltenden Dichtung im Sozialismus. In: K. *Jarmatz* und C. *Berger* (Hrsg.), Weggenossen, Fünfzehn Schriftsteller der DDR, Frankfurt/M. 1975, S. 480.

183 Vg. Volker Brauns Bemerkung diesbezüglich im Interview mit Joachim Walter (in: J. *Walter,* Meinetwegen Schmetterlinge, a.a.O., S. 100), wo er seine Literatur zunächst sehr pointiert als Eigenverständigung umschreibt, d. h. diesen Faktor zum Ausgangspunkt seines Schreibens macht: »Majakowsky sprach vom sozialen Auftrag, den er fühlte. Dies Gefühl habe ich auch, es bestimmt meine Arbeit. Aber einmal an der Arbeit, kann ich nicht viel nach anderen fragen, im Gegenteil, ich kann nur fragen: Ob mir gefällt, was ich schreibe, ob ich es brauche. Ich muß mich zum Maßstab machen; meine Arbeit ist danach wie ich bin.«

184 Silvia *Schlenstedt,* Interview mit Volker Braun, das Wir und das Ich. In: A. Löffler (Hrsg.), Auskünfte, a.a.O., S. 326.

185 Interview mit Joachim *Walter,* a.a.O., S. 99.

186 Ebd., S. 98.

187 Vgl. dazu als Beleg die Stellen im Originaltext von »Hinze und Kunze« (zitiert nach der Lizenzausgabe, Volker *Braun,* Stücke 1, Frankfurt 1975); in Klammern dahinter die Rezeption im Kast.:
   – S. 79 »Du willst gleich *alles* ändern? Im Geiste.« (»Und der andere [...], der gleich alles will und Wunder erwartet.«) (78)
   – S. 91 Regieanweisung: »schlagen Hinze nieder«. »Die sollen doch denken, was sie wollen. Ich hab' das geschafft.« (»... er habe es *allein* gemacht [...] torkelnd von einem Bein, verprügelt von den andern.«) (113)
   – S. 109 »Soll der Bau solange pennen? Mach ihn wach! Sonst kann ich dich nicht halten.« (»Soll der Bau solange pennen? Ob rentabel oder nicht, das Werk muß her.«) (121) »Ich lass' mir nicht mehr nehmen, was ich hab'.« (Rolf, der sich nun selbst gegen den selbstverschuldeten Aufruhr wehrte. »Ich lass' mir nicht mehr nehmen, was ich hab'!« (122)
   – S. 104 »Ich glaub', ich habe Eicheln an jedem Zweig.« (»Ich glaub', ich habe Eicheln an jedem Zweig.«) (126)
   – S. 110 »Zunge, red was mir nützt, bei den Ladenpreisen, setzt ab.« (Er kommandierte »setzt ab! Setzt ab!«, bis die andern den Eisenträger abwarfen.) (140)

188 Das Stück »Die Kipper« wurde neben der grundsätzlich ähnlichen Fragestellung um das Problem schwerster körperlicher Arbeit im »Schlamm-Bericht« an zwei Stellen rezipiert:
   – Vgl. S. 16, die Motorradversteigerungsszene taucht im Kast auf S. 21 im ähnlichen Zusammenhang von Aufschneiderei auf.
   – Auf S. 50 der Unfall Konts, bei dem er einen Fuß verliert, korrespondiert zu dem Krankenhausaufenthalt Kasts, bei dem er den Maschinisten kennenlernt..., »dem im Kombinat ein Fuß abgefahren worden war« (37).

189 Eine Tatsache, die er selber nicht nur, wie in »den Brettern« positiv bewertet, sondern auch, wie im Interview mit Joachim *Walter,* als unökonomisch umschreibt: »Allerdings, nach der langwierigen Entstehung der Stücke ›die Kipper‹ und ›Hinze und Kunze‹, versuchte ich die neuen Stücke [Lenins Tod und Tinka, R. K.] in vier, fünf Wochen zu schreiben.« (S. 101 f.) Zu »den Kippern« fertigte V. Braun vier Fassungen an:
   1. Der totale Mensch, 1962 (unveröffentlicht)

2. Der Kipper Paul Bauch, in: Forum 1966, Nr. 18
3. Der Kipper Paul Bach, in: Deutsches Theater der Gegenwart, Bd. 2, Hrsg. v. K. Braun, Frankfurt 1967
4. Die Kipper, in: S. u. F. 1972, H. 1.
   Vgl. zu dem ideologischen Stellenwert der Fassungsänderungen Wolfgang *Schivelbusch*, Sozialistisches Drama nach Brecht, Darmstadt/Neuwied 1974, S. 51–57.
190 Vgl. Wilfried *Adling*, Gestaltung, Wirklichkeit und literarisches Vorbild, Volker Braun, »der Kipper Paul Bauch«. In: Theater der Zeit 1967, Nr. 2; Ingrid *Seyfarth*, Individuum im Geschichtsprozeß, zur Uraufführung von Volker Brauns »Hans Faust« am Nationaltheater Weimar. In: Theater der Zeit 1968, Nr. 20; Werner *Mittenzwei* (Hrsg.), Theater in der Zeitenwende, Bd. 2, Berlin 1972, S. 263–269.
191 Georg *Büchner*, Lenz. Im folgenden zitiert nach F. *Bergmann* (Hrsg.), Georg Büchners Werke und Briefe, Frankfurt 1965.
192 Vgl. Dietmar *Goltschnigg* (Hrsg.), Rezeptions- und Wirkungsgeschichte Georg Büchner, Kronberg/Ts. 1975.
193 Bertolt *Brecht*, Der Hofmeister von J. M. R. Lenz, Bearbeitung. In: Gesammelte Werke in 20 Bd., Frankfurt 1967, Bd. 6, S. 233 ff.
194 G. *Büchner*, Lenz, a.a.O., S. 84.
195 Ebd., S. 65.
196 Ebd., S. 68.
197 Vgl. dazu die Ausführungen von Heinz *Czechowski*, Volker Braun, »die Kipper« – Sprache, Stil, Struktur. In: WB 1973, H. 7 und W. Adling, a.a.O.
198 Silvia *Schlenstedt*, Interview mit V. Braun, a.a.O., S. 327.
199 Ebd., S. 328.
200 Ebd., S. 329.
201 Volker *Braun*, Gedichte Leipzig 1972, S. 75.
202 Silvia *Schlenstedt*, Interview mit V. Braun, a.a.O., S. 333.
203 Vgl. S. 82: »Diese Zeit bricht so viel um in der Wirklichkeit und an Verhaltensnormen und baut so viel anderes auf, daß es Mühe kostet, nicht am einzelnen Menschen zu verzweifeln.«
204 Vgl. v. a. die Nebenhandlung um den Dozenten L. (S. 90).
205 Silvia *Schlenstedt*, Volker Braun, das ungezwungene Leben Kasts. In: WB 1973, H. 3, S. 140.
206 Vgl. die besonders offensichtlichen Stellen der Grenzüberschreitungen von Kunst und Leben:
   – S. 119 Die Vorstellungen über seine Frau Susanne schweifen ab zu Ulla, der Frau des Protagonisten Fritz im Stück.
   – S. 121 Die beiden Schauspieler verhalten sich zu den Prager Ereignissen analog den fiktiven Figuren Fritz und Kurt, d. h. zu der Instanz Volk und Partei, die sie personalisierend verkörpern. »Fritz torkelte von der Bühne, stand gar nicht mehr über der Rolle – als geschehe ihm heute was sie spielten« [...] Kurt dagegen war aufgekratzt und heiter... (121) (Vgl. auch S. 128)
   – S. 140 Der komische »Selberhelfer«, im Stück Rolf, wiegelt nun auch tatsächlich die Schauspieler auf, die sich den einengenden Beschlüssen der Leitung willenlos unterordnen. »Was denkt ihr, lassen wir uns herumstoßen? Das spiel' ich nicht.«
207 In »Hinze und Kunze«, nach dessen Handlungsverlauf das Stück konzipiert wurde, handelt es sich um den Aufstand des 17. Juni 1953.
208 Vgl. Sybille *Plogstedt*, Am Beispiel der ČSSR. In: Kursbuch 30, 1973, S. 51–87; Robert *Havemann*, Tage nach dem 21. August 1968. In: ders., Fragen, Antworten, Fragen, München 1970.
209 Vgl. Volker *Braun*, Die Schaubühne nicht als eine moralische Anstalt betrachtet. In: *ders*. Es genügt nicht die einfache Wahrheit, Notate, (Lizenzausgabe), Frankfurt 1975, S. 46:
   »Das Theater ist eine Verdoppelung der Existenz, denn die einfache reicht nicht aus [...] Die Bühne hat nicht mehr Urteile zu sprechen, sondern Veränderungen vorzubereiten. Sie hat nicht mehr Moral abzuliefern, sondern Moral auszutreiben. Sie hat nicht mehr Ergriffenheit zu lehren, sondern Ergreifen der Möglichkeiten.«
210 Vgl. dazu auch S. 116 die deutliche Parteinahme für Brecht, innerhalb einer fiktiven Szene, ge-

genüber einem verkalkten, alten Kulturbundleiter, der entsprechend einer gewissen konservativen Gruppe in der DDR das Brechtsche Theater attackiert und dementgegen für Identifikations- und reines Gefühlstheater plädiert.

211 Vgl. dazu die Angaben bei Anmerkung Nr. 190 (Punkt 2 und 3).

212 Der Verband diskutiert, Volker Brauns Hans Faust in Weimar. In: Theater der Zeit 1968, Nr. 24.

213 Volker *Braun,* Offener Brief an Herrn Adling. In: Theater der Zeit, 1967, Nr. 8, S. 14.

214 Winfrid *Adling,* Gestaltung, Wirklichkeit, literarisches Vorbild, a.a.O.

215 Ebd., S. 16.

216 Volker *Braun,* Offener Brief, a.a.O.

217 Ebd.

218 Ebd.

219 Eine Neufassung, die trotz kompromißbereiter Zugeständnisse (vgl. W. *Schivelbusch,* a.a.O., S. 53) erneut unter Beschuß Honeckers auf der 9. Tagung des ZK geriet: »Sie [Die Bürger unserer Republik] stellen [...] in Abrede, daß bestimmte Kunstwerke zur weiteren Herausbildung sozialistischer Denk- und Verhaltensweisen beitragen. Zum Beispiel dann, wenn von der Bühne herunter verkündet wird, die Deutsche Demokratische Republik sei ›das langweiligste Land der Welt‹« (so geschehen in »Den Kippern«, a.a.O., S. 22, R. K.). Zitiert nach: Dokumente zur Kunst-, Literatur- und Kulturpolitik der SED, Bd. 2, 1971–74, hrsg. v. Gisela *Rüß,* Stuttgart 1976. Im folgenden zitiert als Rüß-Dokumente.

220 Vgl. Vom Geben und Nehmen, Gedanken des Regiekollektivs »die Kipper« an den Bühnen der Stadt Magdeburg, in Zusammenarbeit mit der Werktätigen der Werkzeugmaschinenfabrik »Hermann Matern«. In: N. D. v. 27. 1. 1972. S. 4.

221 Vgl. dazu die Bemerkung Volker Brauns auf einer Dichterlesung in West-Berlin, wo er von einem »Neuen Durchdenken der Kulturpolitik« spricht, er sagt dabei: »Ich hoffe, daß die Diskussion um Biermann, Huchel und Kunze bald nicht mehr stattfinden muß« (zitiert nach einem Bericht in der Süddeutschen Zeitung v. 27. 1. 1972).

222 Ausgewertet wurde dabei das folgende Material:
   - Hans-Jürgen *Geerdts,* Von der Kunst zu lieben und von der Liebe zur Kunst. In: NDL 1973, H. 3, S. 154–158.
   - Silvia *Schlenstedt,* Volker Braun: Das ungezwungene Leben Kasts, a.a.O.
   - Reiner *Neubert,* Die Jugend zwingt das Leben. In: Deutschunterricht, Berlin/DDR, 1973, H. 7, S. 450–452.
   - Peter *Fix,* Drei Berichte. In: Ich schreibe 1974, H. 1.
   - Siegfriede *Streller,* »Im übrigen ist das Leben zu ändern.« In: Berliner Zeitung v. 17. 11. 1972, S. 6.
   - Ursula *Reinhold,* Das ungezwungene Leben Kasts. In: Sonntag v. 28. 1. 1973, S. 6.
   - Bernd *Heimberger,* Verantwortung im Prüfstand. In: Neue Zeit v. 21. 1. 1973.
   - Wilfried *Eichler,* Jugendliche Erfahrungen bildhaft erzählt. In: Nationale Zeitung v. 22. 10. 1972, S. 7.
   - Klaus *Höpcke,* Kunst als Probe für Lösungen im Leben. In: N. D. v. 22. 11. 1972, S. 4.

223 Hans-Jürgen *Geerdts,* a.a.O., S. 157.

224 Bernd *Heimberger,* a.a.O.

225 Peter *Fix,* a.a.O.

226 Ebd.

227 Vgl. dazu die Hinweise in der Arbeit von Wolfgang *Schivelbusch,* a.a.O.

zu 4

1 Johannes R. *Becher*, Von der Größe unserer Literatur, Berlin 1956, S. 32f.

2 Vgl. Wolfgang *Emmerich*, Die Literatur der DDR. In: Deutsche Literaturgeschichte von den Anfängen bis zur Gegenwart. Hrsg. v. Wolfgang *Beutin* u. a., Stuttgart 1979, S. 345.

3 Dieter *Klische*, Sozialistische Kultur und Literaturkonzeption. In: Manfred *Naumann*, Gesellschaft Literatur Lesen, a.a.O., S. 297.

4 Walter *Ulbricht*, Referat auf dem VII. Parteitag. In: Protokoll des VII. Parteitags, Berlin 1967, S. 102.

5 Walter *Ulbricht*, Die Bedeutung des Werkes »das Kapital« von Karl Marx für die Schaffung des ESS in der DDR. In: N. D. v. 13. 9. 1967, S. 5.

6 Ebd.

7 Erich *Honecker*, Bericht des ZK an den VIII. Parteitag. In: Protokoll des VIII. Parteitags, Berlin 1971, S. 112.

8 Kurt *Hager*, Die entwickelte sozialistische Gesellschaft. In: Einheit 1971, H. 11, S. 1212.

9 Gemeint sind die Auseinandersetzungen auf dem 11. Plenum des ZK der SED im Dezember 1965 und dem VI. Deutschen Schriftstellerkongreß im Mai 1969.

10 Erich *Honecker*, Bericht des ZK an den VIII. Parteitag. In: Protokoll, a.a.O., S. 95.

11 Ebd.

12 Ebd.

13 Ebd.

14 Ebd.

15 Erich *Honecker*, Schlußwort auf der 4. Tagung des ZK der SED. In: *Rüß*, Dokumente, S. 287.

16 Ebd., S. 288.

17 Kurt *Hager*, Zu Fragen der Kulturpolitik der SED auf der 6. Tagung des ZK der SED, Berlin 1972, S. 31.

18 Ebd., S. 40.

19 *Hirdina/Krenzlin/Schröder/Thierse*, Ensemble der Künste und kulturellen Entwicklung der Arbeiterklasse. In: WB 1972, H. 5, S. 30.

20 Ebd., S. 31.

21 Werner *Martin*, Werner *Herden*, Zu den Aufgaben der Kultur- und Kunstwissenschaft nach dem 8. Parteitag. In: WB 1971, H. 1, S. 5–29.

22 Ebd., S. 11.

23 Ebd., S. 14.

24 Ebd., S. 14.

25 Ebd., S. 27f.

26 Ebd., S. 26.

27 Das Kapitel zur Rezeptionstheorie faßt im wesentlichen – stark verkürzt – Ergebnisse von P. U. Hohendahl zusammen: Peter-Uwe *Hohendahl*, Ästhetik und Sozialismus. Zur neueren Literaturtheorie der DDR. In: ders. und Patricia *Herminghouse* (Hrsg.), Literatur und Literaturtheorie der DDR, Frankfurt 1976, S. 99–157.

28 Günther *Lehmann*, Grundfragen einer marxistischen Soziologie der Kunst. In: Deutsche Ztsch. für Philosophie 1965, Nr. 13, S. 933–947.

29 Ebd., S. 933.

30 Ebd., S. 939.

31 Günther *Lehmann*, Von den Möglichkeiten und Grenzen einer Soziologie der Kunst. In: Deutsche Ztschr. für Philosophie, 1966, Nr. 14, S. 1393f.

32 *Hohendahl*, a.a.O., S. 127.

33 *Lehmann*, a.a.O., 1966, S. 1236.

34 *Hohendahl*, a.a.O., S. 127f.

35 Vgl. Isolde und Achim *Walter*, Bericht über die Arbeit eines Studentenzirkels am Germanistischen Institut zu literatursoziologischen Fragen:
– T. Hohe, Probleme einer marx. Literatursoziologie

– C. Friedrich, Einige Überlegungen zur literatursoz. Fragetechnik. Alle drei Aufsätze in: Wiss. Ztschr. d. Martin-Luther-Universität, Halle, Gesellsch. und Sprachwiss. Reihe 1966, H. 4.

36 Horst *Redeker,* Marxistische Ästhetik und empirische Soziologie. In: Deutsche Ztschr. für Philosophie 1966, Nr. 14, S. 207–222 (Zitat S. 214). Er kritisiert u. a. an Lehmann die beiden folgenden Punkte:

1. Die zu starre Trennung zwischen empirisch-induktiven und systematisch deduktiven Theoremen.
2. Den Vorwurf gegen die traditionelle marxistische Ästhetik, die Lehmann als idealistisch bezeichnet, eine Feststellung, die er daraus folgert, daß die eigentliche materialistische Begründung der marx. Ästhetik noch aussteht, da die Ableitung der Kunst aus dem »Sein« nicht nachgewiesen sei.

37 Vgl. Robert *Weimann,* Gegenwart und Vergangenheit in der Literaturgeschichte. In: WB 1970, H. 5, S. 31–51.

38 Manfred *Naumann,* Literatur und Leser. In: WB 1970, H. 5, S. 102f.

39 *Hohendahl,* a.a.O., S. 132. Vgl. zur Erbetheorie in der DDR J. *Scharfschwerdt,* Die Klassenideologie in der Kultur- und Wissenschafts- und Literaturpolitik. In: H. J. *Schmidt* (Hrsg.), Einführung in die Theorie, Geschichte und Funktion der DDR-Literatur, Stuttgart 1975, S. 109–153.

40 *Naumann,* a.a.O., S. 99.

41 *Hohendahl,* a.a.O., S. 135.

42 Dietrich *Sommer/*Dietrich *Löffler,* Soziologische Probleme literarischer Wirkungsforschung. In: WB 1970, H. 8, S. 51f.

43 Dietrich *Löffler,* Zur Spezifik literarischer Interessen. In: WB 1972, H. 10, S. 82f.

44 Anneliese *Grosse/*Eberhardt *Rohner,* Das sozialistische Menschenbild als zentrale ästhetische Kategorie in unserer Literatur. In: Schubbe, Dok. 385, S. 1422f.

45 Erwin *Pracht* u. a., Einführung in den sozialistischen Realismus, Berlin 1975, S. 238.

46 Kulturpolitisches Wörterbuch, Berlin 1978, S. 117f.

47 In der BRD wird die Gesamtauflage der Buchproduktion nicht erfaßt. 1977 wurden rund 48 000 Buchtitel veröffentlicht. Das ist das Achtfache der DDR-Titelanzahl, obwohl die Bevölkerungszahl der BRD (60 Mio) nur knapp das Vierfache der DDR (17 Mio) beträgt. Da die Auflagen in der DDR jedoch sehr hoch sind, dürfte die Buchproduktion bezogen auf die Einwohnerzahl in der DDR höher sein als in der BRD.

48 Helmut *Hanke,* Freizeit in der DDR, Berlin 1979, S. 73.

49 Helmut *Hanke,* Kultur und Freizeit, Berlin 1971, S. 90.

50 Anteil der Belletristik an den Gesamttiteln in der BRD war 1976: 19,4%. Vgl. Buch und Buchhandel in Zahlen 1977, Hrsg. Börsenverein des Deutschen Buchhandels Frankfurt/M.

51 In der BRD sind es maximal 3000–4000 Exemplare, von denen häufig nicht alle verkauft werden, und die dann über das moderne Antiquariat verramscht werden müssen.

52 Interview mit Erich *Loest,* DA 1978, H. 11, S. 1202.

53 Literatursoziologische Komplexbefragung der Sektion »Germanistik und Kunstwissenschaften« an der Martin-Luther-Universität Halle. Zitiert nach: Dietrich *Sommer* u. a. (Hrsg.), Funktion und Wirkung, Berlin und Weimar 1978.

54 Ebd., S. 243.

55 Ebd., S. 539.

56 Konrad *Franke,* a.a.O., S. 194.

57 In die gleiche Richtung wirken administrative Maßnahmen wie:
   – Pflichtbedarfsfestsetzung der Bibliotheken
   – Prämien-Buchgeschenke der gesellschaftlichen Organisationen
   – Abschottung gegenüber der deutschsprachigen Literatur der westlichen Länder – von einigen Literaturübernahmen abgesehen.

58 Vgl. Dietrich *Sommer,* a.a.O., S. 555.

59 Rolf *Schneider,* Zur Kultur des Lesens gehört die Kultur des Druckens. In: FR v. 3. 3. 1979.

60 Vgl. z. B. Wolfgang *Held*, Härtetest, Berlin 1978.

61 Früherer Herausgeber und Initiator dieser Reihe war der seit Herbst 1976 in der Schweiz lebende Autor und Lektor Bernd Jentzsch.

62 Elke *Trappschuh*, Für die Bibliothek... In: Deutsche Zeitung v. 21. 3. 1975.

63 Dietrich *Sommer*, a.a.O., S. 523.

64 Ebd., S. 263.

65 Ebd., S. 78.

66 Vgl. Franz *Fühmann*, Verstörung bis zur Resignation. In: Die Zeit v. 12. 5. 1978.

67 Karl-Heinz *Jacobs*, Ich werde mich keiner Parteidisziplin mehr beugen. In: SZ v. 28. 2. 1979.

68 Zwei typische Beispiele dieser eher außerliterarischen Funktion von Literatur, Information und Kritik zu liefern, sind die beiden neueren Schriftstellerromane aus der DDR, die nur im Westen erscheinen konnten: Rolf *Schneider*, November, Hamburg 1979 und Stefan *Heym*, Collin, München 1979. »November« schildert die Hintergründe der Biermann-Ausbürgerung 1976. »Collin« sind die Noel-Field-Affaire von 1952 und die Ereignisse um den Harich-Prozeß 1956 verschlüsselt unterlegt. Bei beiden Büchern übertünchen die brisanten Themen den kolportagehaften Stil und den dürftigen literarischen Gehalt.

69 Dietrich *Sommer*, a.a.O.
Frühere Arbeiten in dieser Richtung beruhten nur ansatzweise auf empirischen Daten, wie die 1967 erfolgte Untersuchung über das Kultur- und Freizeitverhalten von Arbeitern (Helmut *Hanke*, Kultur und Freizeit, a.a.O.).
Beim Leipziger Kommissions- und Großbuchhandel besteht seit längerem eine Abteilung Buchmarktforschung, die neben Grundlagenforschung auch spezielle Untersuchungen zu Kauf- und Lesegewohnheiten vornimmt. Die Ergebnisse sind aber nur für den internen Gebrauch bestimmt und – wie wir auf Anfrage erfuhren – nicht erhältlich. Vgl. dazu Börsenverein der Deutschen Buchhändler zu Leipzig (Hrsg.), Das Buch in der Deutschen Demokratischen Republik, Leipzig 1974.

70 Achim *Walter*, Literarisch-ästhetische Bedürfnisse als Wirkungsfaktoren. In: WB 1975, H. 6, S. 25–47; Dietrich *Sommer*, Über die gesellschaftliche Funktion und Wirkung von Kunst in der entwickelten sozialistischen Gesellschaft, a.a.O., S. 5–24; Dietrich *Löffler*, Literarische Interessen der Arbeiterklasse in der DDR, a.a.O., S. 48–70.

71 Dietrich *Sommer*, a.a.O., S. 318.

72 Ebd., S. 319.

73 Ebd., S. 320 f.

74 Ebd., S. 548.

75 Vgl. Statust des Ministeriums für Kultur. In: GBl. I/1977, S. 360 ff., v. 20. 10. 1977.

76 Ebd.

77 Daneben ist das Ministerium in die Hauptabteilungen Theater, Musik und Veranstaltungswesen gegliedert.

78 Vgl. »Beschluß über die Bildung einer Hauptverwaltung Verlage und Buchhandel des Ministeriums für Kultur«. In: GBl. II/1963, S. 2.

79 Verordnung über das Statut des Ministeriums für Kultur. Vom 21. 11. 1963. In: GBl. II/1963, S. 865 ff. Das erste Statut wurde im Jahre 1957 verfaßt: Beschluß über das Status des Ministeriums für Kultur. Vom 7. 2. 1957. In: GBl. I/1957, S. 132 ff.

80 Statut des Ministeriums für Kultur von 1977, a.a.O., S. 361.

81 Ebd.

82 Kulturpolitisches Wörterbuch, 2. Aufl., Berlin 1978, S. 149.

83 Statut des Ministeriums für Kultur, a.a.O., S. 360.

84 Ebd., S. 361.

85 Ebd., S. 362.

86 Einjährige Bemühungen (Schriftwechsel mit dem Ministerium für Kultur) unter Berufung auf positive Stellungnahmen hoher Kulturfunktionäre blieben ergebnislos. Es erfolgte zwar keine Ablehnung, sondern Verweise auf nachgeordnete Dienststellen, die dann »damit nicht dienen« konnten. Die Deutsche Bibliothek in Leipzig teilte lapidar mit, »daß Kopien nicht angefertigt

werden könnten«. Einem befreundeten SED-Parteimitglied wurde eine Bibliotheksausleihe verweigert.

86a Verfassung der Deutschen Demokratischen Republik, Berlin 1976, S. 29.

87 Zitiert nach: Ministerium für auswärtige Angelegenheiten (Hrsg.): Um ein antifaschistisch-demokratisches Deutschland, Dokumente aus den Jahren 1945–1949, Berlin 1968, S. 148.

88 Ministerium für auswärtige Angelegenheiten (Hrsg.): Um ein antifaschistisch-demokratisches Deutschland, Dokumente aus den Jahren 1945–1949, Berlin 1968, S. 148.

89 Ebd.

90 Verordnung zur Entwicklung einer fortschrittlichen demokratischen Kultur des deutschen Volkes und zur weiteren Verbesserung der Arbeits- und Lebensbedingungen der Intelligenz. In: GBl. 1950, S. 186 ff.

91 Ebd.

92 Durchführungsverordnung zu der Verordnung zur Entwicklung einer fortschrittlichen demokratischen Kultur des deutschen Volkes (Schaffung einer Zentralstelle für wissenschaftliche Literatur). In: GBl. 1950, S. 1166.

93 Verordnung über die Registrierung von Druckereien und Vervielfältigungsbetrieben. In: GBl. 1950, S. 1219 f.

94 Verordnung über die Entwicklung fortschrittlicher Literatur. In: GBl. 1951, S. 785.

95 Ebd.

96 Erste Durchführungsbestimmung zur Verordnung über die Entwicklung fortschrittlicher Literatur. – Lizenzen – In: GBl. 1951, S. 1159.

97 Die Entschließung zum »Kampf gegen den Formalismus« wurde vom ZK der SED auf einer Tagung vom 15.–17. 3. 1951 gefaßt. Vgl. Fritz J. Raddatz, Marxismus und Literatur, a.a.O., S. 96 ff.

98 Bertolt Brecht, Schriften zur Literatur und Kunst, Bd. 3, Frankfurt 1967, S. 150.

99 Anordnung über die Errichtung des »Büros für Urheberrechte«. In: GBl. II/1956, S. 365.

100 Anordnung über die Wahrung der Urheberrechte durch das Büro für Urheberrechte. In: GBl. II/1966, S. 107 f.

101 Dritte Durchführungsbestimmung zum Devisengesetz. In: GBl. I/1973, S. 584 ff.

102 »Bei der Vergabe von Urheber- und Verlagsrechten durch Deviseninländer ist mit den Zahlungspflichtigen zu vereinbaren, daß der Betrag in die DDR zugunsten des Büros für Urheberrechte zur Weiterleitung an den Zahlungsempfänger überwiesen wird.« (Dem Autor wird das Honorar etwa zu 2/3 in DDR-Mark und zu 1/3 in Intershopgutscheinen ausgezahlt.) Ebd., S. 586.

103 Zitiert nach: P. J. Winters, Ein Geflecht von Vorschriften. In: FAZ v. 26. 5. 79.

104 Dazu zählen der Aufbau-Verlag, Hinstorff-V., Mitteldeutscher V., Verlag Neues Leben, Buchverlag Der Morgen, Eulenspiegel-V., Henschel-V., Tribüne-V., Union-V.
Eine Aufstellung über Themenausrichtung, Gründungsdaten und Anschriften findet sich in: Börsenverein der Deutschen Buchhändler zu Leipzig (Hrsg.), Verlage der Deutschen Demokratischen Republik, Leipzig, div. Auflagen.

105 Als wichtigste partei- bzw. organisationseigene sind folgende Verlage zu werten: Dietz-V. (SED), Union-V. (CDU), Verlag der Nation (NDPD), Verlag Der Morgen (LDPD), Aufbau-V. (Kulturbund), Tribüne V. (FDGB), Verlag Neues Leben (FDJ), Deutscher Militärverlag (Nationale Volksarmee), Verlag Volk und Welt (Gesellschaft für Deutsch-Sowjetische Freundschaft).

106 Zu den Privatverlagen zählen u. a.: Altberliner Verlag Lucie Groszer, Johann Ambrosius Barth, Hermann Böhlaus Nachf., Dieterich'sche Verlagsbuchhandlung, Gustav Kiepenheuer Verlag. Diese Verlage wurden wegen ihrer systemwidrigen Unternehmensform erheblich benachteiligt durch Stagnation der Papierzuteilung, ungünstige Besteuerung sowie geringe Repräsentationsmöglichkeiten ihrer Bücher. Vgl. dazu: A. U. Martens, Bücher per Zuteilung. In: DZ v. 13. 8. 1976.

107 Profile einiger belletristischer Verlage:
Aufbau-Verlag: Kulturelles Erbe, antifaschistische Literatur, sozialistische Gegenwartsliteratur der DDR.

Hinstorff-Verlag: Sozialistische Gegenwartsliteratur der DDR, nordeuropäisches und nieder-deutsches Kulturgut, maritime Bücher.
Mitteldeutscher Verlag: DDR-Gegenwartsliteratur.
Neues Leben: Jugendliteratur, pädagogische Literatur, junge Autoren.
Buchverlag Der Morgen: Historische Literatur, kulturelles Erbe, Gegenwartsliteratur der DDR.
Eulenspiegel Verlag: Humoristische Belletristik.
Henschel Verlag: Theater-, Musik- und Filmliteratur.
Tribüne Verlag: Gewerkschaftliche Publikationen, sozialistische Gegenwartsliteratur (der DDR).

108 Nach mündlicher Auskunft des Verlagsleiters Harry Fauth (1979).
109 Zitiert nach: Handbuch der DDR, a.a.O., S. 172.
110 Vgl. Hans-Jürgen *Schmitt,* Literarische Produktionsverhältnisse in Bechers Literaturgesell-schaft, a.a.O., S. 172.
111 Vgl. Soziologie im Sozialismus, Berlin 1970, S. 111.
112 Ebd.
113 Bezüglich der langen Zeitspanne vom fertigen Manuskript bis zur Veröffentlichung bemerkt Ulrich *Plenzdorf:* »Nebenbei denke ich immer noch darüber nach, daß es zu zeiten fünf Jahre dauern kann, bis eine Geschichte von hundert Seiten unter die Leute kommt...« In: Trajekt 7, Hinstorff Verlag, Rostock 1973, S. 63. Plenzdorfs Die neuen Leiden des jungen W. war 1968 als Filmszenarium entstanden, 1972 erfolgte ein Vorabdruck in »Sinn und Form«, und erst 1973 wurde es schließlich als Buch veröffentlicht.
114 Hans-Jürgen *Schmitt,* Literarische Produktionsverhältnisse, a.a.O., S. 174.
115 Inge von *Wangenheim,* Autor-Gutachter-Verlag. In: Börsenblatt, Leipzig 1975, Heft 7, S. 94 ff.
116 Ebd., S. 95 f.
117 Vgl. Hans-Jürgen *Schmitt,* Verschönern, verdrängen, verdammen – Literaturgeschichtsschrei-bung der DDR als Legitimation von Herrschaft. In: Literaturmagazin 8, Reinbek 1977, S. 130.
118 Kulturpolitisches Wörterbuch, a.a.O., S. 116.
119 Ebd., S. 117.
120 Private Buchhandlungen erhalten keine Schulbücher und keine staatlichen Publikationen aus dem Dietz-Verlag. Ihnen werden besonders lange Lieferfristen zugemutet, wodurch sich wie-derum auch ihre sonstige Bücherzuteilung reduziert, da diese sich nach dem Gesamtumsatz richtet. Vgl. Alexander U. *Martens,* Bücher per Zuteilung. In: Deutsche Zeitung vom 13. 8. 1976.
121 Dietrich *Sommer,* a.a.O., S. 412.
122 Börsenblatt, Leipzig 1975, Heft 7, S. 97.
123 Als neuartige Formen der Literaturpropagierung sind zu nennen: Gesellschaftliche Buchhand-lung im Betrieb, Gewerkschaftsbibliothek, ehrenamtlicher Buchverkauf im Betrieb, Prämien in Form von Büchern, Autorenlesungen im Betrieb.
124 Kulturpolitisches Wörterbuch, a.a.O., S. 116 f.
125 Dietrich *Sommer,* a.a.O., S. 413. – Für 1973 wurde der Umsatz der ehrenamtlichen Vertriebs-mitarbeiter mit 34,5 Mio. Mark, der gesellschaftlichen Buchhandlungen in den Betrieben mit 7,4 Mio. Mark und der Gesamtumsatz der Volksbuchhandlungen mit 430 Mio. Mark angege-ben.
126 Ebd.
127 *Franke,* a.a.O., S. 195.
128 Sybille *Wirsing,* Auskunft über den »Erbe-Aneignungsprozeß«. In: FAZ vom 17. 3. 1976.
129 Mit solchen rezeptionssteuernden Maßnahmen meinen wir Faktoren wie Auflagenhöhe, Preis, Bibliotheksanschaffungen, Prämienvergabe.
130 Kulturpolitisches Wörterbuch, a.a.O., S. 96.
131 Vgl. Dietrich *Sommer,* a.a.O., S. 425 und 563.
132 Vgl. Sybille *Wirsing,* Auskunft..., a.a.O.

133 Brigitte *Otto*, Literatur im Fernsehen der DDR – wie ist das Angebot im Buchhandel. In: Börsenblatt, Leipzig 1975, H. 36, S. 635ff.
134 Autorenkollektiv, unter Leitung von Horst *Haase* u. a., Geschichte der Literatur der Deutschen Demokratischen Republik, Berlin 1976.
135 Manfred *Naumann*, Gesellschaft, Literatur, Lesen, a.a.O.
136 Inzwischen wurde ein 12. Band über die BRD-Literatur ergänzt. Vgl. dazu: Jurek *Beckers* Bemerkung auf dem VII. Schriftstellerkongreß 1973. In: VII. Schriftstellerkongreß der DDR. Protokoll Bd. I, a.a.O., S. 87.
137 Vgl. Konrad *Franke*, Fritz *Raddatz*, Hans-Dietrich *Sander*, Werner *Brettschneider*, a.a.O. Zum Themenkomplex der BRD-Rezeption von DDR-Literatur vgl. auch die beiden wichtigen Arbeiten: Karl-Robert *Mandelkow*, Neuer und sozialistischer Realismus. Zu Fragen der Rezeption von DDR-Literatur in der Bundesrepublik. In: Kontext 1, München 1976, S. 175–198; Manfred *Behn*, DDR-Literatur in der Bundesrepublik Deutschland, Meisenheim 1977.
138 VII. Schriftstellerkongreß der DDR, Bd. I, a.a.O., S. 42.
139 Vgl. den vehementen Kommentar von Jurek *Becker*, ebd., S. 87.
140 Ebd., S. 120.
141 Ebd., S. 119.
142 Geschichte der DDR-Literatur in der Diskussion. In: N. D. v. 5. 12. 1973, S. 4.
143 Auch bei der Berücksichtigung der Umstände, daß die Druckerei offenbar 1½ Jahre zur Fertigstellung brauchte, wurde das Manuskript ein Jahr lang verändert.
144 Er taucht einmal im Text für das Jahr 1948 (S. 68) und ein zweites Mal im Jahr 1946 (S. 831) auf.
145 Auch der ausführliche Quellenteil mit Rezensionsangaben kann diese Lücke nicht füllen.
146 Helmut *Peitsch*/Jürgen *Schütte*, Geschichte der deutschen Literatur von den Anfängen bis zur Gegenwart, Bd. 11, Die Literatur der deutschen demokratischen Republik. In: Basis Bd. 7, 1977, S. 182–192.
147 Vgl. dazu auch die Kritik von Eberhard *Hilscher*, Geschichte der deutschen Literatur von den Anfängen bis zur Gegenwart. Bde. 8–11. In: NDL 1977, H. 4, S. 168.
148 Vgl. genauere Angaben im Literaturverzeichnis.
149 Geschichte der Literatur der deutschen demokratischen Republik, a.a.O., S. 33, im folgenden zitiert mit Seitenangaben im Text.
150 Vgl. S. 25: »Die Aufnahme des literarischen Erbes war […] während des ganzen hier behandelten Zeitraumes sehr umstritten.«
   – Im Zusammenhang mit der Formalismusdiskussion: (S. 207) »Künstler und Schriftsteller diskutierten heftig diese Probleme!«, (S. 210) »So wurde um diese Probleme gerungen«.
   – Zum XX. Parteitag der KPdSU: (S. 221) »Die neuen historischen Aufgaben eröffneten auch der Literatur bedeutende Möglichkeiten. Um sie zu verwirklichen, mußten jedoch ideologische Hemmnisse beseitigt werden. Nicht wenige Autoren waren sich über die weitere gesellschaftliche Entwicklung der DDR unsicher.«
   – Zur 11. Tagung des ZK 1965: (S. 511 f.) »Bei der Durchführung der auf der 11. Tagung gefaßten Beschlüsse kam es zu einzelnen Überspitzungen und Fehlern.«
   – Zentrale Daten 1953, 1956, 1961 sowie Honeckers Machtantritt 1971, die richtungweisend für die Kulturpolitik waren, bleiben völlig unpräzise.
151 Bezeichnend dafür ist die Vorgehensweise, entscheidende politische Informationen in die Anmerkungen zu verbannen, wie es mit der Ulbrichtschen Revision des Begriffs der »sozialistischen Menschengemeinschaft« geschah. Vgl. Anm. 58, S. 825.
152 Vgl. dazu auch Helmut *Peitsch*/Jürgen *Schütte*, a.a.O., S. 188.
153 Vgl. Franz *Schonauer*, Literatur als Ringkampf. Die Geschichte der DDR in offizieller Sicht. In: NDH 1977, H. 1, S. 84.
154 Vorläufig muß man sich dazu noch auf West-Veröffentlichungen stützen. Vgl. Wolfram *Schlenker*, Das kulturelle Erbe in der DDR, Stuttgart 1977.
155 Vgl. dazu auch Erik *Nohara*, Mangelnde Fleißarbeit. In: D. A. 1977, H. 3, S. 315.
156 Inge v. *Wangenheim*, Die Geschichte und unsere Geschichten, Gedanken eines Schriftstellers. Halle 1968, S. 77.

157 In der Literaturgeschichte zitiert nach Horst *Haase*, Nachdenken über ein Buch. Christa Wolf: Nachdenken über Christa T. In: NDL 1969, H. 4, S. 185.

158 Horst *Haase*, Unsere Literatur gestern und heute. In: Manfred *Diersch*/Walfried *Hartinger*, Literatur und Geschichtsbewußtsein, Berlin/Weimar 1976, S. 284.

159 Vgl. Helmut *Peitsch*/Jürgen *Schütte*, a.a.O., S. 185.

160 Vgl. Werner *Neubert*, Geschichte der deutschen Literatur. In: Der Bibliothekar 1977, H. 7, S. 475–479.

   – Horst *Haase*, Eine neue Wirklichkeit – eine neue Literatur. Zur Konzeption der Literaturgeschichte der DDR. In: Einheit 1976, H. 5/6, S. 656–662.

   – Eberhard *Hilscher*, Geschichte der deutschen Literatur von den Anfängen bis zur Gegenwart, Bde. 8–11. In: NDL 1977, H. 4, S. 166–168.

   – Dietrich *Sommer*, Geschichte der deutschen Literatur, Bd. 11. In: WB 1977, H. 6, S. 167–174.

   – Elisabeth *Simons*, Geschichte des literarischen Aufstiegs. In: NDL 1977, H. 4, S. 154–160.

161 Uwe *Berger*, Zur Literaturgeschichte der DDR. In: S. u. F. 1977, H. 6, S. 1351.

162 Joachim *Walter*, Ich war Kongreßdelegierter 132. In: Weltbühne v. 27. 11. 1973, S. 1508.

163 Vgl. die proportional höhere Stundenzahl in der DDR im Vergleich zur BRD. (In den Klassen 11 und 12 der erweiterten Oberschule werden 6 Stunden Deutsch unterrichtet, im Bundesland Hamburg dagegen sind es im Leistungskurs Deutsch in der Oberstufe nur 5 Stunden.)

164 Günter *Kunert*, Autor und Publikum in der DDR. In: Kontext 2, München 1978, S. 78.

165 Ministerrat der Deutschen Demokratischen Republik – Ministerium für Volksbildung, Lehrplan für deutsche Sprache und Literatur. Erweiterte Oberschule Klassen 11 und 12, Berlin 1974 (im folgenden zitiert als »Lehrplan«).

166 Vgl. Autorenkollektiv, Deutsch 11./12. Klasse. Methodische Hinweise, Ausgabe 1972, Berlin 1977.

   – Wilfried *Bütow* (Hrsg.), Zur schöpferischen Arbeit im Literaturunterricht, Ausgabe 1974, Berlin 1975.

   – Hellmuth *Barnasch*, Grundlagen der Literaturaneignung, Berlin 1974.

   – Karlheinz *Kasper* (Hrsg.), Sachwörterbuch für den Literaturunterricht, Berlin 1977.

   – Textauswahl zum Literaturunterricht 11.–12. Klasse, Ausgabe 1969, Berlin 1977.

167 Vgl. Lothar *Ziechert*/Rudolf *Donath*, Gesichtspunkte und Grundlagen für die Arbeit an den neuen Lehrplänen im Fach Deutsch. In: Deutschunterricht (im folgenden zitiert als DU) 1953, H. 4, S. 211–223; H. 5, S. 269–282.

   – Entwurf eines Stoffplanes für den Literaturunterricht im 5.–8. Schuljahr. In: DU 1954, H. 3, S. 145–152.

   – Dora *Hujer* u. a., Einige grundsätzliche Überlegungen zum Lehrplan für den Literaturunterricht. In: DU 1958, H. 9, S. 447–458.

   – Dieter *John*, Wege zum lebendigen Literaturunterricht. In: DU 1961, H. 5, S. 253–258; H. 6, S. 323–326; H. 7, S. 360–368.

168 Nach Redaktionsschluß der Arbeit erfuhren wir, daß es inzwischen eine überarbeitete Fassung des Deutsch-Lehrplans für die Abiturstufe gibt, der leider für die vorliegende Untersuchung nicht mehr berücksichtigt werden konnte.

169 Für frühere Werke der DDR-Literatur sind 18 Stunden und für die Gegenwartsliteratur des westlichen deutschen Sprachraums sind 3 Stunden vorgesehen.

170 DDR-Handbuch, a.a.O., S. 224.

171 Lehrplan, S. 5.

172 Ebd.

173 Dazu muß ergänzend gesagt werden, daß der Lehrplan, zusammen mit den »Methodischen Hinweisen« (vgl. Anm. 166), die Lehrinhalte in Form von vorformulierten Fragekomplexen und Antworten zeitlich und inhaltlich festlegt. Die Fülle der literarischen Lektüre gliedert sich in: »zu behandelnde Stoffe«, »Literatur, die in Auswahl in den Unterricht einzubeziehen ist« und in »Behandlungsschwerpunkte«. Letztere sind, um die gewünschte Lernperspektive zu gewährleisten, mit Kapitel und Seitenangabe genau fixiert.

174 Lehrplan, S. 7.

175 Ebd.
176 Ebd.
177 Ebd., S. 9.
178 Diese sog. »Vollstreckertheorie« entstammt der Kulturpolitik der 50er Jahre und ist längst auch offiziell relativiert worden. Vgl. Kurt *Hager,* Zu Fragen der Kulturpolitik, Berlin 1972, S. 57: »Man darf nicht die Tatsache verkennen, daß unser heutiger Weg mehr ist als die bloße Vollstreckung großer humanistischer Ideale und Utopien der Vergangenheit.«
179 Wolfgang *Emmerich,* Die Literatur der DDR, a.a.O., S. 352.
180 Wolfgang *Motzkau,* Theoretische Grundlagen und didaktische Prinzipien des Literaturunterrichts in den allgemeinbildenden Schulen der DDR. Diss. phil. Osnabrück 1977, S. 130.
181 Ebd., S. 116.
182 Pierre *Berteaux,* Hölderlin und die Französische Revolution. Frankfurt/M. 1970.
183 Vgl. das Hölderlinkapital in: Jürgen *Kuczynski,* Gestalten und Werke. Soziologische Studien zur deutschen Literatur. Berlin/Weimar 1969; Alexander *Abusch,* Hölderlins poetischer Traum einer neuen Menschengemeinschaft. In: WB 1970, H. 7, S. 10–26.
184 Vgl. Autorenkollektiv, Methodische Hinweise, a.a.O., S. 224f.
185 Lehrplan, S. 90.
186 Autorenkollektiv, Methodische Hinweise, a.a.O., S. 195f. Zitat von Horst *Haase,* Das humanistische Erbe im Sozialismus. In: WB 1970, H. 3, S. 212.
187 Autorenkollektiv, Methodische Hinweise, a.a.O., S. 196.
188 Ebd., S. 254.
189 Vgl. Werner *Mittenzwei,* Brecht und die Probleme der deutschen Klassik. In: S. u. F. 1973, H. 1, S. 135–168.
190 Vgl. auch die übrigen Beiträge zur Erbe-Diskussion in demselben Jahrgang der Zeitschrift:
 – Diskussion um Plenzdorf. In: S. u. F. 1973, H. 1, S. 253ff.
 – Peter *Biele,* Nochmals – »Die neuen Leiden...«, In: S. u. F. 1973, H. 4, S. 219ff.
 – Redaktion [Wilhelm *Girnus*], Lachen über Wibeau... In: S. u. F. 1973, H. 6, S. 1277ff.
 – Wolfgang *Harich,* Der entlaufene Dingo, das vergessene Floß. Aus Anlaß der »Macbeth«-Bearbeitung von Heinrich Müller. In: S. u. F. 1973, H. 1, S. 189ff.
191 Bertolt *Brecht,* Thesen zur Faustdiskussion. In: Schriften zur Literatur und Kunst, Bd. 2, 1934–1956, Redaktion Werner Hecht, Berlin/Weimar 1966, S. 347f.
192 Vgl. dazu Klaus *Völkerling,* Sozialistische Wehrerziehung im Deutschunterricht. In: DU 1969, H. 3, S. 167–169.
 – Irina *Kaminiarz,* Möglichkeiten sozialistischer Wehrerziehung im Literaturunterricht der 8. Klasse. In: DU 1971, H. 11, S. 622–24.
 – Günter *Koslowski,* Zu einigen Möglichkeiten sozialistischer Wehrerziehung durch den Literaturunterricht der Klassen 8 und 9. In: DU 1972, H. 3, S. 207–216.
193 Vgl. Jürgen *Scharfschwerdt,* Die Klassikideologie in Kultur-, Wissenschafts- und Literaturpolitik. In: Einführung in die Theorie, Geschichte und Funktion der DDR-Literatur, a.a.O., S. 114.
194 Vgl. Lehrplan, S. 43, 44.
195 Dabei werden v. a. Werke der sog. Aufbauphase der DDR ausführlich und mit pathetischem Gestus als richtungsweisend für ein angemessenes Verständnis des sozialistischen Realismus gepriesen. Spätere Titel sind nur noch oberflächlich und stichwortartig mit Inhaltsangaben auf einer halben Seite behandelt. Bei Büchern wie Hermann Kants »Aula« und Erwin Strittmatters »Ole Bienkopp«, die bei den Lesern zu öffentlichen Kontroversen geführt haben, soll einer falschen Rezeptionsweise vermutlich dadurch vorgebeugt werden, daß auf verbindliches Tonbandmaterial zur Unterrichtsgestaltung verwiesen wird. Wir nehmen an, daß mit solchen Hilfsmitteln auch ein Teil der Stunden, die zur freien Verfügung für die Gegenwartsliteratur gedacht sind, abgedeckt werden. Inwieweit dann, über eine noch verbleibende, letzte unorganisierte Lücke, nie genannte Namen wie Christa Wolf, Günter de Bruyn, Jurek Becker oder Heiner Müller erwähnt werden, bleibt ungeklärt.
196 Die Kunst im Leben junger Leute. Eine Untersuchung von Monika *Olias.* In: Forum 1972, H. 18, S. 4–5.

197 Ebd., S. 4.
198 Wolfgang *Thierse*, Kunst will Meinungen erproben. In: Forum 1972, H. 23, S. 10.
199 Vgl. dazu die Äußerung der Oberschülerin Gudrun R. In: Maxie *Wander*, Guten Morgen du Schöne, Frauen in der DDR. Zitat nach der Lizenzausgabe München 1978, S. 96: »Es müßten bessere Bücher in den Lehrplan, nicht immer nur ›Die Väter‹ von Bredel. Man dürfte nicht so viel Wert auf die klare Linie legen, die kennen wir ja inzwischen, sondern mehr auf Menschlichkeit. [...] Wenn die Jugendlichen aus den Schulen kommen, lesen sie nur noch Schundhefte, das ist dann das Ergebnis.«
200 Karl *Jülich*, Wie weiter mit Werther und Wallenstein. In: Sonntag 1977, H. 49, S. 7.
201 Ebd.
202 Gert *Sommerfeld*, Künstlerische Aneignung der Welt und Deutschunterricht. In: WB 1974, H. 6, S. 167–176; Holger *Hartenstein*, Zum Thema Literaturunterricht. In: WB 1974, H. 6, S. 177–180.
203 Ursula *Heukamp*, Spaß am Lesen obligatorisch? In: WB 1977, H. 6, S. 164–166.
204 Ebd., S. 165.
205 Bemerkenswert erweist sich in diesem Zusammenhang das Motiv des Deutschlehrers im neueren DDR-Roman, das genau diese Trennung problematisiert. Offensichtlich sehen die Autoren in diesem Berufsstand ähnliche institutionell verhärtete Mechanismen am Werk wie in ihrem eigenen, so daß der Lehrerberuf ersatzweise als Demonstrationsobjekt für die Schriftstellerexistenz wird. U. E. liegt hier der Versuch vor, die komplizierten literarischen Kommunikationsstrukturen in einiger Distanz an dem überschaubareren Bereich Schule sinnlich konkreter zu machen.
Vgl. dazu:
– Jurek *Becker*, Schlaflose Tage, Frankfurt 1977
– Günter *Görlich*, Eine Anzeige in der Zeitung, Berlin 1978
– Werner *Heiduczek*, Tod am Meer, Halle 1977
– Christa *Wolf*, Kindheitsmuster, Lizenzausgabe Darmstadt/Neuwied 1977, S. 121 f. und S. 127 ff.
– Christa *Wolf*, Nachdenken über Christa T., a.a.O., S. 85 ff.
– Ulrich *Plenzdorf*, Karla (Filmszenarium von 1964), Berlin 1978.
206 Dietrich *Sommer* u. a., a.a.O.
207 Ebd., S. 453.
208 Ebd.
209 Ebd., S. 454.
210 Ebd., S. 455.
211 Ebd.
212 Heinz *Plavius*, Romanschreiben heute. In: NDL 1968, H. 5, S. 14.
213 Ebd., S. 15.
214 Vgl. auch: Hermann *Kant*, Unsere Worte wirken in den Klassenauseinandersetzungen. In: VII. Schriftstellerkongreß der DDR. Protokoll Bd. I. Berlin/Weimar 1974, S. 14–58.
215 Adolf *Endler*, Im Zeichen der Inkonsequenz. Über H. Richters Aufsatzsammlung »Verse, Dichter, Wirklichkeit«. In: S. u. F. 1971, H. 6, S. 13. Vgl. auch die weiteren Ausführungen Endlers ebd.: »Eine Germanistik, die nur immer wieder die neue Poesie an den Positionen der Weimarer Klassik oder der proletarisch revolutionären Lyrik der 20er und 30er Jahre mißt, kann in der Tat keinem Poeten von heute mehr helfen, der auf der Höhe der Zeit steht...«
216 Martin *Reso*, Adolf Endler und die Literaturwissenschaft. In: S. u. F. 1972, H. 2, S. 439.
217 Nachbemerkung der Redaktion, ebd., S. 439 f.
218 Ebd., S. 446.
219 Ebd.
220 Ebd., S. 448.
221 Vgl. dazu das Ergebnis einer Umfrage der Weimarer Beiträge von 1971, H. 12, S. 89–104, woraus ersichtlich wird, daß führende Autoren der Funktion germanistischen Arbeitens, rsp. der Literaturkritik mit größter Skepsis gegenüberstehen.

222 Kurt *Batt*, Literaturkritik als Gesellschaftsauftrag. In: NDL 1973, H. 5, S. 110.
223 Ebd., S. 110.
224 Günter *Ebert*, Kritik und Charakter. In: NDL 1973, H. 5, S. 115–123.
225 Ebd., S. 117.
226 Vgl. ebd., S. 121. Dort formuliert er Vorbehalte gegen einen zu starken Ausbau unterschiedli-
    cher Kritiker. So seien in der Literaturbeilage vom N. D. im vergangenen Jahr für 52 Rezensio-
    nen 41 verschiedene Kritiker bemüht worden.
227 Ebd., S. 210.
228 Annemarie *Auer*, Ungelehrtes zum Thema Literaturkritik. In: NDL 1973, H. 5, S. 143f.
229 Kurt *Batt*, a.a.O., S. 107.
230 Ebd.
231 Ebd.
232 Ebd.
233 Kurt *Batt* macht den Vorschlag, diesem offiziellen kulturpolitisch ausgerichteten Jargon der
    Vorkritik auch subjektive Einschätzungen gegenüberzustellen. »Diejenigen, die die Bücher
    präsentieren, brauchten nicht stets professionelle, es könnten ebensogut passionierte Leser
    sein.« Ebd., S. 108.
234 Ebd., S. 110.
235 Annemarie *Auer*, a.a.O., S. 143.
236 VII. Schriftstellerkongreß der DDR, Protokoll der Arbeitsgruppen, Berlin/Weimar 1974, S.
    251.
237 Ebd., S. 253.
238 Ebd., S. 255.
239 Ebd., S. 261.
240 Hans-Jürgen *Schmitt*, Die literarischen Produktionsverhältnisse in Bechers »Literaturgesell-
    schaft«, a.a.O., S. 171.
241 Dies wird besonders dadurch deutlich, daß die Diskussion von umstrittenen Büchern häufig ein
    institutionelles Nachspiel hatte. So wurde z. B. die Auflage der »Christa T.« zunächst bis auf
    600 Exemplare eingestampft und der zuständige Verlagsleiter des Mitteldeutschen Verlages,
    Hans Sachs, von der Bezirksleitung der SED zur Selbstkritik und zum Rücktritt gezwungen.
    Desgleichen soll die interne Akademiebesprechung zu Volker Brauns »Unvollendete Ge-
    schichte« (In: S. u. F. 1975, H. 5, S. 941–979) nahe an die Existenz der Zeitschrift »Sinn und
    Form« gegangen sein.
242 Vgl. dazu z. B. die engagierten Leserzuschriften zu Plenzdorfs Die neuen Leiden des jungen
    W., vgl. Anmerkung 190, sowie zu Christa Wolfs Kindheitsmuster:
    – Annemarie *Auer*, Gegenerinnerung. In: S. u. F. 1977, H. 4, S. 847ff.
    – Wolfgang *Hegewald*, Brief zu Annemarie Auer. In: S. u. F. 1977, H. 6, S. 1314ff.
    – Monika *Helmecke*, Kindheitsmuster. In: S. u. F. 1977, H. 3, S. 687ff.
    – Stephan *Hermelin*, Brief zu Annemarie Auer. In: S. u. F. 1977, H. 6, S. 1318ff.
    – Leonore *Krenzlin*, Brief zu Annemarie Auer. In: S. u. F. 1977, H. 6, S. 1322ff.
    – Helmuth *Richter*, Brief zu Annemarie Auer. In: S. u. F. 1977, H. 6, S. 1320ff.
243 Vgl. dazu etwa Volker *Brauns* Unvollendete Geschichte, a.a.O. und Martin *Stades* Der König
    und sein Narr, Berlin/DDR 1975, zwei wichtige Prosawerke, die, soweit wir ermitteln konn-
    ten, nirgends besprochen wurden.
244 Dietrich *Sommer* u. a., Funktion und Wirkung, a.a.O., S. 460.
245 Vgl. Anmerkung 189, 190.
246 Johannes R. *Becher*, Der Befreier. In: J. R. Becher, Werkauswahl in 6 Bänden, Berlin 1952, Bd.
    5, S. 284–322; Wilhelm *Girnus*, Goethe, der größte Realist deutscher Sprache, Berlin/DDR
    1953.
247 Günter *Kunert*, Pamphlet für K. und Notwendiges Nachwort zum Pamphlet. In: S. u. F. 1975,
    H. 5, S. 1091–1097.
248 Ebd., S. 1092.
249 Ebd.

250 Ebd., S. 1093.

251 Lexikon deutschsprachiger Schriftsteller, hrsg. vom Bibliographischen Institut, Leipzig 1972.

252 Ebd., S. 470.

253 J. W. von *Goethe*, Tagebücher. In: Zweiter Ergänzungsband der Goethegedenkausgabe, Zürich 1964, S. 279.

254 Die angeführte Kritik trifft nicht nur für das Schriftstellerlexikon zu, fast textsynonyme Stellen fanden wir auch in dem Literaturgeschichtsband »Erläuterungen zur deutschen Literatur« – Zwischen Klassik und Romantik, Berlin 1977, S. 141.

255 Günter *Kunert*, a.a.O., S. 1093.

256 Heinz *Hillmann*, Alltagsphantasie und dichterische Phantasie. Versuch einer Produktionsästhetik, Kronberg 1977, S. 171.

257 Günter *Kunert*, Heinrich von Kleist – Ein Modell. Rede anläßlich des 200jährigen Kleistgeburtstages in der Westberliner Akademie der Künste, Berlin/West 1978, S. 32.

258 Günter *Kunert*, Pamphlet für K., a.a.O., S. 1094.

259 Vgl. die erneute poetologische Ausgestaltung dieser Thematik einer historischen Dichterfigur wider besseren Wissens auf eine revolutionäre Perspektive hin umzugestalten. In: Günter *de Bruyns*, Märkische Forschungen, Halle 1978.

260 Günter *Kunert*, Pamphlet für K., a.a.O., S. 1095.

261 Ebd., S. 1097.

262 Peter *Goldammer*, Der Mythos um Heinrich von Kleist. Vorbemerkung: Pamphlet für G. In: S. u. F. 1976, H. 1, S. 199.

263 Ebd., S. 198.

264 Vgl. Christa *Wolf*, Kein Ort. Nirgends. Berlin/Weimar 1979 (Kleist/Günderode).
 – Sarah *Kirsch*, Gedichtzyklus »Wiepersdorf«. In: Rückenwind. Lizenzausgabe, Ebenhausen 1977. (Bettina v. Arnim).
 – Erich *Löst*, Karl-May-Novelle. In: Etappe Rom, Berlin/DDR 1975.
 – Reiner *Kirsch*, Amt des Dichters. In: Auszog das Fürchten zu lernen, Reinbek 1979 (Rilke, Kleist, Mickel).
 – Günter *de Bruyn*, Jean Paul, Halle 1975.
 – Franz *Fühmann*, E. T. A. Hoffmann, Ein Vortrag. In: NDL 1976, H. 5, S. 91 f.
 – Günter *Kunert*, Fiebernacht. In: Ortsangaben, 2. Aufl. Berlin/Weimar 1974, S. 33–40 (Lenz).
 – Stephan *Hermelin*, Scardanelli, Ein Hörspiel, Leipzig 1971.

265 Peter *Goldammer*, Der Mythos…, a.a.O., S. 13/14.

266 S. u. F. 1975, H. 5, S. 1099.

267 Günter *Kunert*, Ein anderer K. Lizenzausgabe Stuttgart 1977.

268 Vgl. dazu die Kernaussage der Ulrike v. Kleist im Hörspiel: »Daß *ein* ausschließlicher Aspekt, unter dem man einen Menschen betrachtet, denselben verfälscht. Weil dabei doch nur ein Bruchteil des Menschen erscheint.« Günter *Kunert*, ein anderer K., a.a.O., S. 40.

269 Günter *Kunert*, Pamphlet für K., a.a.O., S. 1097.

270 Günter *Kunert*, Ein anderer K., a.a.O., S. 8.

271 Ebd., S. 9.

272 Friedrich *Rothe*, Krankheit an der Gesellschaft – Günter Kunerts Plädoyer für Kleist. In: Berliner Hefte 1976, H. 1, S. 96.

273 Günter *Kunert*, Ein anderer K., a.a.O., S. 42.

274 Vgl. Günter *Kunerts* Vorschlag auf der PEN-Tagung in Stockholm 1978 »Die verkleidete Wahrheit« (abgedruckt in: Die Zeit v. 20. 6. 78), wo er dieses Phänomen von Verkleidung und Verstellung in der gegenwärtigen Kulturlandschaft der DDR hervorhebt. »Maskieren und Demaskieren – so ließe sich dieser dialektische Vorgang auf den Kürzestnenner bringen, wollte man bezeichnen, was immer zwischen Kulturpolitikern und Kulturschaffenden stattfindet oder von Zeit zu Zeit ausbricht.«

275 Eine exakte Analyse der wirtschaftlichen Bedingungen für DDR-Autoren läßt sich vom Westen aus nicht vornehmen. Unbelegte Angaben basieren auf Gesprächen mit DDR-Autoren, die hier nicht genannt werden sollen. Sie sind somit unvollständig und subjektiv geprägt.

276 Vgl. dazu:
   – Verordnung über die Erhaltung und die Entwicklung der deutschen Wissenschaft und Kul-
     tur, die weitere Verbesserung der Lage der Intelligenz und die Steigerung ihrer Rolle in der
     Produktion und im öffentlichen Leben. Vom 31. 3. 1949 ZVO, Bl., S. 227, Ber. S. 264. Ge-
     nauere Fassung in: Kulturrecht. Eine Sammlung kulturrechtlicher Bestimmungen für Kul-
     turfunktionäre und Kulturschaffende. Zgst. v. Georg *Münzer*, Berlin/DDR 1953, S. 75–83.
   – Verordnung zur Entwicklung einer fortschrittlichen demokratischen Kultur des deutschen
     Volkes und zur weiteren Verbesserung der Arbeits- und Lebensbedingungen der Intelligenz.
     Vom 16. 3. 1950. In: GBl. 1950, S. 185.
     (Vgl. darin v. a. § 7 Verbesserung der materiellen Lage der Intelligenz auf S. 188 f.)
   – Verordnung über den Abschluß von Einzelverträgen mit Angehörigen der Intelligenz, die in
     wissenschaftlichen, medizinischen, pädagogischen und künstlerischen Einrichtungen der
     DDR tätig sind. Vom 12. 7. 1951. In: GBl. 1951, S. 681.
   – Verordnung über die Altersversorgung der Intelligenz an wissenschaftlichen, künstleri-
     schen, pädagogischen und medizinischen Einrichtungen der DDR. Vom 12. 7. 1951. In: GBl.
     1951, S. 675 (= sog. Intelligenzrente).
   – Verordnung über die Gewährung von Ehrenpensionen. Vom 28. 8. 1952. In: GBl. 1952, S.
     823.
   – Verordnung über die Änderung der Aufgaben des Förderungsausschusses für die deutsche
     Intelligenz. Vom 19. 3. 1953. In: GBl. 1953, S. 455.
   – Verordnung über die Neuregelung des Abschlusses von Einzelverträgen mit Angehörigen
     der Intelligenz in der DDR. Vom 23. 7. 1953. In: GBl. 1953, S. 897.
   – Anordnung über eine erweiterte Krankenversorgung der Schriftsteller, Komponisten und
     Musikwissenschaftler sowie der bildenden Künstler. Vom 29. 3. 1956. In: GBl. I/1956, S. 316.
277 Vgl. Otto *Reinhold*, Entwickelte sozialistische Gesellschaft und Arbeiterklasse, Berlin/DDR
   1977, S. 46 ff.
278 Kulturpolitisches Wörterbuch, a.a.O., S. 302 f.
279 Ebd., S. 303.
280 Ebd.
281 Eine Zuordnung, die so unvermittelt vorgenommen, zumindest problematisch wirkt angesichts der Tatsache, daß viele DDR-Autoren in Interviews und Lesungen immer wieder beto-
   nen, daß sie in erster Linie für sich selber schreiben, sich also keinen besonderen Adressaten
   vorstellen.
282 Wörterbuch der Marxistisch-Leninistischen Soziologie, hrsg. von Georg *Assmann* u. a., Berlin
   1977, S. 310.
283 Christl *Berger*, Über Prosa junger Autoren. In: WB 1973, H. 4, S. 168 ff.
284 Ebd., S. 171.
285 Befehl der SMA Nr. 88 v. 28. 1. 1947. In: Um ein antifaschistisch-demokratisches Deutschland.
   Dokumente aus den Jahren 1945–49. Hrsg. vom Ministerium für Auswärtige Angelegenheiten
   der DDR und dem Ministerium für Auswärtige Angelegenheiten der UdSSR. Berlin/DDR
   1968, S. 148; vgl. auch den Kommentar dazu: Friedrich *Kleeis*, Sozialbeiträge der Autoren. In:
   Der Autor 1949/50, H. 11/12, S. 16.
286 Vgl. Anordnung über eine erweiterte Krankenversorgung der Schriftsteller... Vgl. Anmerkung
   276.
287 Verordnung über die Erhaltung und die Entwicklung der deutschen Wissenschaft und Kultur... Vgl. Anmerkung 276, Zitat: S. 79.
288 Alle Angaben zum Steuerrecht. Vgl. Hannes *Schwenger*, Schriftsteller und Gewerkschaft.
   Ideologie, Überbau, Organisation. Darmstadt/Neuwied 1974, S. 159 ff.
289 Das gegenwärtig gültige Verlagsvertragsmuster für Belletristik ist abgedruckt in: Meyers Taschenlexikon Urheberrecht. Hrsg. von A. *Glücksmann* u. a., Leipzig 1975, S. 444.
290 Die hier ausgewiesenen Fakten beruhen auf einer Sichtung der Zeitschrift »Mitteilungen des
   Schriftstellerverbandes« (Jahrgänge 1974–1977), ein hektographiertes Organ, das der Verband
   ausschließlich an seine Mitglieder verschickt.

291 Bei denen die Nachauflagen genauso hoch wie die Erstauflage dotiert werden.

292 Vgl. Verlagsvertragsmuster, Angabe siehe Anmerkung 289.

293 Vgl. die Aufstellung der vielfältigen Literaturpreise in der DDR samt ihren wichtigsten Preisträgern. In: Meyers Taschenlexikon, Schriftsteller der DDR, Leipzig 1975, S. 642–656.

294 Es beträgt 1000,– monatlich.

295 Die Sonderrenten, die für Schriftsteller in Frage kommen, werden aus den folgenden Gründen gezahlt:
    – Die häufigste Form für Schriftstellerverbandsmitglieder sind Zuschüsse zur normalen Rentenzahlung aus dem Kulturfond, so daß sich in der Regel eine monatliche Endsumme von 700,– bis 800,– ergibt. Es handelt sich dabei um keine gesetzliche Verbindlichkeit, sondern um eine Kann-Regelung.
    – Autoren, die ein führendes Amt in einer literarischen Institution bekleidet haben, erhalten die sog. Intelligenzrente. (Das ist 60–80% des Durchschnittseinkommens der letzten Jahre. Im Höchstfall 800,–. Vgl. Anmerkung 276, Punkt 4.)
    – Widerstandskämpfer aus dem letzten Weltkrieg und deren Angehörige erhalten Zusatzrenten von 600,– bzw. 800,–.
    – Ehrenpensionen werden an besonders verdienstvolle Persönlichkeiten, je nach Leistungsgrad zwischen 600,– und 1500,– bezahlt. Vgl. Anmerkung 276, Punkt 5.

296 Im Statistischen Jahrbuch 1979 ist es mit 1583,– ausgewiesen. Vgl. Statistisches Jahrbuch 1979 der Deutschen Demokratischen Republik, Berlin/DDR 1979, S. 270.

297 Sie schwankt zwischen 10 und 15% vom Ladenpreis eines Buches.

298 Heinz *Püschel*, Urheberrecht der DDR, Berlin/DDR 1969, S. 288.

299 Richtungweisend halten wir in diesem Zusammenhang die Kritik Bahros, der die soziale Besserstellung der Intelligenz als »Korruption von oben« bezeichnet. Ihm zufolge dürfte es im Sozialismus keine materielle Bevorzugung von schöpferischer Arbeit mehr geben, sondern eher eine Entschädigung für körperlich schwere und monotone Arbeit. Der Intelligenz müßten ihre eigenen Privilegien als Reste der alten Klassenherrschaft bewußt gemacht werden, und wo immer solche überproportionalen Aneignungen vorlägen, komme der Partei die Aufgabe zu, dies zu blockieren. Rudolf *Bahro*, Die Alternative, Kritik des real existierenden Sozialismus, Köln 1977, S. 419, 474, 478.

300 Vgl. Hermann *Kant*, Der Schriftsteller in den Kämpfen unserer Zeit. Referat auf dem 8. Schriftstellerkongreß. Zitiert nach N. D. v. 30. 5. 1978: »Ich wage zu behaupten, daß die DDR, abgehoben auf ihre Bevölkerungszahl, wahrscheinlich das Land mit den meisten freiberuflichen Schriftstellern ist.«

301 Peter Christian *Ludz*, Experten und kritische Intelligenz in der DDR. In: Deutschland – Wandel und Bestand. Hrsg. von E. J. *Feuchtwanger*, Frankfurt 1976, S. 179.

302 Karl *Marx*/Friedrich *Engels*, Die deutsche Ideologie. In: MEW, Bd. 3, S. 379.

303 Vgl. Gesetz, betreffend das Urheberrecht an Werken der bildenden Künste und der Photographie von 1907 (KUG) und Gesetz, betreffend das Urheberrecht an Werken der Literatur und der Tonkunst, von 1901 (LUG).

304 Vgl. Verfassung der DDR, vom 6. 4. 1968 mit Ergänzungen und Änderungen vom 7. 10. 1974, Berlin 1976, S. 15 d. i. Artikel 11, Abs. 2 u. 3.

305 Vgl. Allgemeine Erklärung der Menschenrechte v. 10. 12. 1948, Artikel 27 Absatz 1 und 2. In: Wolfgang *Heidemeyer* (Hrsg.), Die Menschenrechte – Erklärungen, Verfassungsartikel, Internationale Abkommen. Paderborn 1972, S. 244 f.

306 In der DDR: Gesetz über das Urheberrecht vom 13. 9. 1965 (URG). In: GBl. I/1965, S. 209 ff., im folgenden zitiert als URG. In der BRD: Gesetz über das Urheberrecht und verwandte Schutzrechte vom 9. 9. 1965 (UrhRG). In: Urheber- und Verlagsrecht. München/Berlin 1966. Im folgenden zitiert als UrhRG.

307 URG, S. 209.

308 Ebd.

309 Grundsätzlich gilt im URG bezüglich der freien Werknutzung – vgl. § 21–31 Abschnitt 5 –, daß die Aneignung und Vervielfältigung für den persönlichen, beruflichen und pädagogischen

Zweck unentgeltlich und genehmigungsfrei ist. Damit entfallen solche Regelungen, wie sie in der BRD zur besseren ökonomischen Stellung der Autoren nachträglich zum UrhRG hinzugefügt wurden, wie Bibliotheksgroschen, Tonband- und Schulbuchantiemen. Die gesetzliche Lizenz im URG § 32 Abschnitt 6 besteht in der Vereinbarung, daß Rundfunk und Fernsehen veröffentlichte Werke ohne Einwilligung des Urhebers unverändert gegen Bezahlung nach der staatlichen Honorarregelung senden dürfen.

310 Vgl. UrhRG § 42, S. 15.

311 URG § 1, S. 209.

312 Georg *Münzer*, (Justitiar des Ministeriums für Kultur), Das Werk und sein Urheber. In: Neue Justiz (= NJ) 1965, S. 670.

313 URG § 1, S. 209.

314 Vgl. Urhebervertragsrecht, dort v. a. § 41 die Anweisung zur Schaffung von Vertragsmustern und Honorarordnungen. In: URG a.a.O., S. 214.

315 Handbuch für schreibende Arbeiter, Berlin 1969, S. 477. S. a. Heinz *Püschel*, Das Urheberrechtsgesetz der DDR, Berlin 1969, S. 277.

316 Ursula *Apitzsch*, Das Verhältnis von künstlerischer Autonomie und Parteilichkeit in der DDR. In: Autonomie der Kunst, zur Genese und Kritik einer bürgerlichen Kategorie, Frankfurt 1973, S. 288 ff.

317 Vgl. URG § 13, S. 210.

318 Hans *Nathan*, Das Persönlichkeitsrecht. In: NJ 1964, S. 745.

319 Hans *Nathan*, Die Rechtsverhältnisse der Urheber und Erfinder im Rechtssystem der DDR. In: NJ 1965, S. 660.

320 Ursula *Apitzsch*, a.a.O., S. 289.

321 Hans *Nathan* (1965), a.a.O., S. 661.

322 Vgl. Anmerkung 100 und 101.

323 Für diese Aussage stützen wir uns auf keine authentische Quelle. Wir beziehen die Angabe aus einem Artikel der Frankfurter Rundschau v. 9. 6. 1979 mit dem Titel: »Zum Schriftsteller in der DDR gemaßregelt.«

324 Günter *Görlich*, 15% Produktionssteigerung und immer noch zu wenig Bücher. In: Kürbiskern 1977, H. 2, S. 157.

325 »Zu wissen, wo man steht in den politischen Kämpfen unserer Zeit.« Aus dem Referat von Hermann Kant. In: N. D. v. 31. 5. 1979, S. 4.

326 – Statut des Deutschen Schriftstellerverbandes. (1957), abgedruckt in: Kulturrecht, a.a.O., S. 984–990.
   – Statut des Deutschen Schriftstellerverbandes (1969), abgedruckt in: VI. Deutscher Schriftstellerkongreß (Protokoll) Berlin/Weimar 1969, S. 344–352.
   – Statut des Schriftstellerverbandes der DDR (1973), abgedruckt in: VII. Schriftstellerkongreß der DDR. Berlin/Weimar 1974, Bd. 2, S. 291–301.

327 Wir beziehen dabei die, von Joachim *Seyppel* vorgenommene, Analyse »Ist Literatur Hochverrat« – abgedruckt in: Die Zeit v. 1. 6. 1979 – mit ein. Sie war ursprünglich als Diskussionsgrundlage für die NDL geschrieben worden, konnte dort aber nicht veröffentlicht werden.

328 Status des Deutschen Schriftstellerverbandes (1957), S. 984.

329 Statut des Deutschen Schriftstellerverbandes (1969), a.a.O., S. 291.

330 Joachim *Seyppel*, a.a.O.

331 Status des Schriftstellerverbandes der DDR (1973), a.a.O., S. 292.

332 Günter *Görlich*, a.a.O., S. 157.

333 Vgl. Joachim *Seyppel*, a.a.O.

334 Bis 1963 hatte Otto Braun, bis 1969 Hans Koch, und seitdem hat Gerhard Henninger diese Position inne. Letzterer ist, ohne vorher Verbandsmitglied gewesen zu sein, direkt von seiner Stelle als Bundessekretär des Kulturbundes dorthin übergewechselt.

335 Statut des Schriftstellerverbandes der DDR (1973), a.a.O., S. 297.

336 Ursprünglich bestand der »geschäftsführende Vorstand«, der später (1969) das »Präsidium« wurde – laut Statut – aus 11 und der Gesamtvorstand aus 40 Mitgliedern. Seit 1969 strich man

die Limitierung beim Vorstand, er wuchs damit auf 78 Mitglieder. 1973 wurden dem Präsidium – laut Statut – 15 Mitglieder gewährt, gleichzeitig stieg der Gesamtvorstand auf 90 Personen. 1973 schließlich betrug das Präsidium statutenwidrig 16 und der Vorstand 103 Mitglieder.

337 Vertrauensvolle Beziehungen der Schriftsteller zur Partei. In: N. D. v. 4. 3. 1978, S. 1.

338 Vgl. dazu die undurchsichtigen Umstände bei der Mitgliederversammlung der Berliner Sektion am 7. 6. 1979, wo über den Ausschluß der neun Autoren abgestimmt wurde. Laut Joachim *Seyppel* (a.a.O.) sollen neben den Verbandsmitgliedern noch ca. 170 Funktionäre anwesend gewesen sein, die mit abgestimmt haben.

339 Errungenschaften und Aufgaben auf dem Gebiet der Kultur. Rechenschaftsberichte Walter *Ulbrichts* vor dem IV. Parteitag der SED, 4.–6. April 1954. Auszug. In: *Schubbe*, a.a.O., S. 338ff.

340 Alfred *Kurella*, Von der Lehrbarkeit der literarischen Meisterschaft. In: Kritik in der Zeit, a.a.O., S. 226–234.

341 Konrad *Franke*, a.a.O., S. 64.

342 In diese Richtung verweist auch die bis 1969 übliche Vergabe eines Abschlußdiploms.

343 Alfred *Kurella*, a.a.O., S. 227.

344 Ebd.

345 Ebd., S. 230.

346 Ebd., S. 227.

347 – Alfred *Kurella*, a.a.O.
   – Aufgaben und Arbeitsformen des Instituts für Literatur. Interview Alfred *Kurellas* zur Institutseröffnung, 10. September 1955. In: *Schubbe*, a.a.O., S. 384.
   – »Spaß muß es machen, sonst macht's keinen Spaß.« Über das Praktikum der Studenten des Instituts für Literatur »Johannes R. Becher«, Leipzig im VEB Kombinat »Otto Grotewohl«. In: Leipziger Volkszeitung v. 21. 3. 1967.
   – Nachforschung in Leipzig. Interview mit Max Walter *Schulz* zum Stand der Ausbildungskonzeption am Literaturinstitut »Johannes R. Becher«. In: Sonntag v. 18. 9. 1969.

348 Max *Zimmering*, Schreiben und Lernen. In: N. D. v. 22. 5. 1959, S. 5.

349 Vgl. Konrad *Franke*, a.a.O., S. 64.

350 Wir konnten weder das Statut beziehen (abgedruckt in: Verfügungen und Mitteilungen des Ministeriums für Kultur 15/1955 Nr. 169) noch genauere Lehrplanausführungen erhalten. Wir beziehen die dürftigen Angaben zur gegenwärtigen Lehrplanbeschreibung aus einer dreiseitigen hektographierten Informationsbroschüre, die das Literaturinstitut an Interessierte verteilt.

351 Vgl. Aufgaben und Arbeitsformen des Instituts für Literatur. (Genaue Angabe siehe Anmerkung 347, Punkt 2.)

352 Vgl. Mitteilungen des Schriftstellerverbandes 1976, H. 6, S. 18.

353 Vgl. Wolfgang *Fabig*, »So wie bisher kann es nicht weitergehen«. In: Deutsche Fragen 1968, H. 7, S. 130.

354 Information über das Institut für Literatur (hektographierte Broschüre), S. 1.

355 Ebd.

356 Wie soll es mit der Leipziger »Dichterschule«, dem Institut für Literatur weitergehen? In: Sonntag v. 26. 5. 1968.

357 Mißt man den Erfolg dieser Einrichtung tatsächlich am Bekanntheitsgrad der dort ausgebildeten Autoren, so läßt sich bestätigen, daß das Institut in den ersten 10 Jahren am effektivsten gearbeitet hat.
   Vgl. die auswahlartig vorgenommene Aufstellung von relativ prominenten Absolventen in diesem Zeitraum:
   (nach NDL 1970, H. 6, S. 162ff.)
   – Hellmut Baierl (1955/57)
   – Kurt Bartsch (1964/65)
   – Werner Bräuning (1958/61)
   – Adolf Endler (1955/57)
   – Günter Görlich (1958/61)
   – Karl-Heinz Jacobs (1956/58)

- Rainer Kirsch (1963/65)
- Sarah Kirsch (1963/65)
- Erich Köhler (1958/61)
- Erich Löst (1955/56)
- Max Walter Schulz (1957/59)
- Rudi Strahl (1957/58)
- Fred Wander (1955/56)

358 Information über das Institut für Literatur, a.a.O., S. 1.
359 Mitteilungen des Schriftstellerverbandes 1975, H. 9/10, S. 18.
360 Vgl. Sarah Kirsch, die sich 1965 mit der Schriftstellerin Helga M. Nowak solidarisierte und anschließend ohne Abschluß das Institut verlassen mußte.
361 Vgl. Martin *Stade*, dessen Erzählung »Exmatrikulation 68« (in: Geschichten aus der DDR, hrsg. v. H. J. *Schmitt*, Hamburg 1979, S. 877 ff.) – wie wir erfuhren – enge autobiographische Bezüge zu seiner Relegation vom Literaturinstitut enthält.
362 Wilhelm König wurde nach einem Jahr Studium die Fortsetzung seines Studiums kommentarlos verwehrt. Eine Maßnahme, die in seinem Fall besonders schlecht nachvollziehbar ist, da Wilhelm König sich, wie man in seinem seichten und unstrukturierten Bericht über seine Institutserfahrungen nachlesen kann, voller Enthusiasmus dieser Ausbildungsstätte verschrieben hat. (Vgl. Wilhelm *König*, Für das Neue Partei ergreifen. Ein Jahr Literaturinstitut. In: Manfred *Bosch*, Kulturarbeit, Frankfurt 1977, S. 129 ff.)
363 Vgl. Vorbild – Leitbild. In: WB 1979, S. 11–22. (Joachim Nowotny ist Schriftsteller und Dozent am Institut für Literatur.)
364 Ebd., S. 17.
365 Ebd., S. 12.
366 Ebd., S. 18.
367 Ebd., S. 15.
368 Ebd., S. 19.
369 Vgl. Ebd., Anhang, S. 188–190.
370 Wie Schriftsteller sich bewähren lernen. Gespräch mit Prof. Max Walter *Schulz*. In: Nationalzeitung v. 14. 11. 1973.

Zu 5

1 Dieter *Schlenstedt*, Ankunft und Anspruch, a.a.O., S. 814.
2 Werner *Bräunig*, Prosa schreiben. Anmerkungen zum Realismus, Halle 1968, S. 6.
3 Wie agitiert Literatur? NDL Rundgespräch mit Autoren und Heinz *Plavius*. In: NDL 1974, H. 10, S. 37.
4 Ebd., S. 39.
5 Vgl. Dieter *Schlenstedt*, Die neuere DDR-Literatur und ihre Leser. Lizenzausgabe München 1979, S. 39 ff.
6 Vgl. Heinz *Hillmann*, a.a.O., S. 6.
7 Ebd., S. 3.
8 »Die Ausschlüsse waren der gewünschte Endpunkt«. In: Literatur Sondernummer der Zeitschrift Konkret, Hamburg 1979, S. 24–29.
9 Ebd., S. 26.
10 Vgl. Die Unbequemlichkeit ertragen. In: FR 23. 11. 1976.
11 Vgl. Jurek *Becker*, Schlaflose Tage, Frankfurt/M. 1978.
- Günter *de Bruyn*, Märkische Forschungen, Halle/Leipzig 1978.
- Volker *Braun*, Das ungezwungene Leben Kasts (überarbeitete Neuauflage mit einem 4. neuen Bericht »Die Tribüne«), Halle/Leipzig 1979.
- Christa *Wolf*, Kein Ort. Nirgends. Berlin/Weimar 1979.
- Christa *Wolf*, Der Schatten eines Traumes, Vorwort zu: Karoline von Günderrode, Der

Schatten eines Traumes, Gedichte, Prosa, Briefe, Zeugnisse von Zeitgenossen, hrsg. v. Christa *Wolf*, Berlin/DDR 1979.

12 Dabei handelt es sich um eine Gruppe von Arbeitern, Schülern, Lehrlingen und Studenten, die sich 1973 zunächst privat zum Arbeitskreis Literatur zusammengeschlossen haben, um gemeinsam literarische Fragestellungen zu besprechen. Diese Arbeit, die dann auch vorübergehend öffentlich und später im kirchlichen Zusammenhang betrieben wurde, setzte ganz strikt an den jeweils eigenen Erfahrungen der Teilnehmer an und bezog entsprechend auch sehr praktisch die Alltagsfragen mit ein.

»Probleme im Betrieb und in der Lehre, wie mangelnde Mitbestimmung, Zusammenstöße mit befehlsgewohnten vorgesetzten Leitern und Funktionären, also Fragen der sozialistischen Demokratie. Ebenso wichtig waren ökonomische Probleme: Lohn, Leistungsdruck, Akkordarbeit, Betriebsökonomie. Wir sprachen über unsere Erfahrungen mit dem bürokratischen Verwaltungsapparat, diversen Wohnungsämtern und Stadträten, mit der Polizei und dem Stasi, die im krassen Gegensatz dazu standen, wie sich die Klassiker des Kommunismus die Verwaltung des proletarischen Staates vorstellten.« (Der Kampf der Jenaer und Leipziger Kollegen. In: Politische Unterdrückung in der DDR. Hrsg. Komitee gegen die politische Unterdrückung in beiden Teilen Deutschlands, Köln 1978.)

1976 wurde die Mehrzahl der Teilnehmer vom Staatssicherheitsdienst der DDR verhaftet und in den Westen abgeschoben.

Die literarischen Texte dieser Gruppe sind somit nur in der BRD erschienen: DDR-Konkret. Geschichten aus einem real existierenden Land, Thomas *Auerbach* u. a., Berlin/West 1978.

13 Rudolf *Bahro*, Die Alternative. Zur Kritik des real existierenden Sozialismus, Köln 1977.

14 Rudolf *Bahro*, Eine Dokumentation, Köln 1977, S. 58.

15 Ebd., S. 58 f.

7. Literaturverzeichnis

7.1. Primärliteratur

Becker, Jurek: Jacob der Lügner (Lizenzausgabe), Darmstadt/Neuwied 1970.

Becker, Jurek: Irreführung der Behörden (Lizenzausgabe), Frankfurt 1973.

Becker, Jurek: Der Boxer (Lizenzausgabe), Frankfurt 1976.

Becker, Jurek: Schlaflose Tage, Frankfurt 1977.

Braun, Volker: Der Kipper Paul Bauch. In: Forum 1966, Nr. 13 (II. Fassung).

Braun, Volker: Der Kipper Paul Bauch. In: Karlheinz Braun (Hrsg.), Deutsches Theater der Gegenwart, Frankfurt 1967 (III. Fassung).

Braun, Volker: Die Kipper. In: Volker Braun, Stücke 1 (Lizenzausgabe), Frankfurt 1975 (IV. Fassung).

Braun, Volker: Gedichte, Leizpig 1972.

Braun, Volker: Das ungezwungene Leben Kasts. Drei Berichte (Lizenzausgabe), Frankfurt 1972. Neuauflage mit einem 4. neuen Bericht »Die Tribüne«, Halle/Leipzig 1979.

Braun, Volker: Hinze und Kunze. In: Volker Braun, Stücke 1 (Lizenzausgabe), Frankfurt 1975.

Braun, Volker: Unvollendete Geschichte. In: S. u. F., 1975, H. 5.

Brecht, Bertolt: Der Hofmeister von J. M. R. Lenz, Bearbeitung. In: Gesammelte Werke in 20 Bdn., Frankfurt 1967, Bd. 6.

Brecht, Bertolt: Schriften zur Literatur und Kunst, Bd. 3, Frankfurt 1967, S. 150.

de Bruyn, Günter: Buridans Esel (Lizenzausgabe), München 1968.

de Bruyn, Günter: Die Preisverleihung, Halle 1972.

de Bruyn, Günter: Jean Paul, Halle 1975.

de Bruyn, Günter: Märkische Forschungen, Halle/Leipzig 1978.

Büchner, Georg: Lenz. In: F. Bergemann (Hrsg.), Georg Büchners Werke und Briefe, Frankfurt 1965.

Danzinger, Karl-Jacob: Die Partei hat immer recht, Stuttgart, 1976.

David, Kurt: Die Überlebende, Berlin 1972.

DDR-Konkret: Geschichten aus einem real existierenden Land, Thomas *Auerbach* u. a., Berlin/West 1978.

Fühmann, Franz: Beginn auf der Werft. In: H. Hauptmann (Hrsg.), DDR-Reportagen, eine Antologie, Leipzig 1969.

Fühmann, Franz: Zweiundzwanzig Tage oder die Hälfte des Lebens, Rostock 1973.

Görlich, Günter: Eine Anzeige in der Zeitung, Berlin 1978.

Heiduczek, Werner: Tod am Meer, Leipzig 1977.

Heid, Wolfgang: Härtetest, Berlin 1978.

Hermelin, Stephan: Scardanelli, Ein Hörspiel, Leipzig 1971.

Heym, Stefan: Collin, München 1979.
Homberg, Bodo: Versteckspiel, Berlin 1978.

Jacobs, Karl-Heinz: Die Interviewer, Berlin 1973.
Jendryschik, Manfred: Johanna oder die Wege des Dr. Kanuga, Berlin 1973.
Joho, Wolfgang: Abschied von Parler, Berlin/Weimar 1971.

Kant, Hermann: Die Aula (Lizenzausgabe), Frankfurt 1968.
Kirsch, Sarah: Gedichtzyklus »Wiepersdorf«. In: Rückenwind. Lizenzausgabe, Ebenhausen 1977.
Kirsch, Reiner: Amt des Dichters. In: Auszog das Fürchten zu lernen, Reinbek 1979.
Kunert, Günter: Gast aus England, München 1973.
Kunert, Günter: Fiebernacht. In: Ortsangaben, Berlin/Weimar 1974.
Kunert, Günter: Ein anderer K. (Lizenzausgabe), Stuttgart 1977.

Löst, Erich: Karl-May-Novelle. In: Etappe Rom, Berlin/DDR 1975.

Neutsch, Erich: Auf der Suche nach Gatt (Lizenzausgabe), München 1974.

Plenzdorf, Ulrich: Die neuen Leiden des jungen W. (Lizenzausgabe), Frankfurt 1973.
Plenzdorf, Ulrich: Karla (Filmszenarium von 1964), Berlin 1978.
Poche, Klaus: Atemnot, Olten/Freiburg 1978.

Reimann, Brigitte: Franziska Linkerhand, Berlin 1974.

Schneider, Rolf: Die Reise nach Jaroslav, Rostock 1974.
Schneider, Rolf: November, Hamburg 1979.
Seeger, Bernhard: Vater Batti singt wieder, Halle 1972.
Seghers, Anna: Sonderbare Begegnung, Berlin/Weimar 1973.
Stade, Martin: Der König und sein Narr, Berlin/DDR 1975.
Stade, Martin: »Exmatrikulation 68«. In: Geschichten aus der DDR, hrsg. v. H. J. Schmitt, Hamburg 1979.
Strittmatter, Erwin: Wundertäter II, Berlin/Weimar 1973.

Textauswahl zum Literaturunterricht 11.–12. Klasse, Ausgabe 1969, Berlin 1977.
Thürk, Harry: Der Gaukler, Berlin 1979.

Wander, Maxie: Guten Morgen du Schöne, Frauen in der DDR (Lizenzausgabe), München 1978.
Wolf, Christa: Der geteilte Himmel, Halle 1963.
Wolf, Christa: Nachdenken über Christa T. (Lizenzausgabe), Darmstadt/Neuwied 1969.
Wolf, Christa: Selbstversuch. In: dies., Unter den Linden (Lizenzausgabe), Darmstadt 1974.
Wolf, Christa: Kindheitsmuster (Lizenzausgabe), Darmstadt/Neuwied 1977.
Wolf, Christa: Kein Ort. Nirgends. Berlin/Weimar 1979.
Wolf, Christa: Der Schatten eines Traumes, Vorwort zu: Karoline von Günderrode, Der Schatten eines Traumes, Gedichte, Prosa, Briefe, Zeugnisse von Zeitgenossen, hrsg. v. Christa Wolf, Berlin/DDR 1979.

7.2. Antologien und Monographien

Autorenkollektiv unter der Leitung von Horst *Haase* u. a., Geschichte der Literatur der Deutschen Demokratischen Republik (= Geschichte der deutschen Literatur von den Anfängen bis zur Gegenwart, Bd. 11), Berlin 1976.

Bahro, Rudolf: Die Alternative. Zur Kritik des real existierenden Sozialismus, Köln 1977.
Barnasch, Hellmuth: Grundlagen der Literaturaneignung, Berlin 1974.
Becher, Johannes R.: Von der Größe unserer Literatur, Berlin 1956.
Behn, Manfred: DDR-Literatur in der Bundesrepublik Deutschland, Meisenheim 1977.
Benjamin, Walter: Das Kunstwerk im Zeitalter seiner technischen Reproduzierbarkeit, Frankfurt 1972.
Berteaux, Pierre: Hölderlin und die französische Revolution. Frankfurt/M. 1970.
Bräunig, Werner: Prosa schreiben. Anmerkungen zum Realismus, Halle 1968.
Braun, Volker: Es genügt nicht die einfache Wahrheit, Notate (Lizenzausgabe), Frankfurt 1975.
Brettschneider, Werner: Zwischen literarischer Autonomie und Staatsdienst. Die Literatur der DDR, Berlin 1972.
Bütow, Wilfried (Hrsg.): Zur schöpferischen Arbeit im Literaturunterricht, Ausgabe 1974, Berlin 1975.

Eifler, Margret: Dialektische Dynamik, Kulturpolitik und Ästhetik im Gegenwartsroman der DDR, Bonn 1976.
Einführung in Theorie, Geschichte und Funktion der DDR-Literatur, hrsg. von Hans-Jürgen *Schmitt*, Stuttgart 1975.
»Erläuterungen zur deutschen Literatur« – Zwischen Klassik und Romantik, Berlin 1977.

Franke, Konrad: Die Literatur der Deutschen Demokratischen Republik, München 1972 (= Kindlers Literaturgeschichte in Einzelbänden).
Fühmann, Franz: Erfahrungen und Widersprüche, Rostock 1975.

Gerlach, Ingeborg: Arbeiterliteratur und Literatur der Arbeitswelt in der DDR, Kronberg 1974.
Girnus, Wilhelm: Goethe, der größte Realist deutscher Sprache, Berlin/DDR 1953.
Goltschnigg, Dietmar (Hrsg.): Rezeptions- und Wirkungsgeschichte Georg Büchners, Kronberg/Ts. 1975.
Greiner, Bernhard: Die Literatur der Arbeitswelt in der DDR, Heidelberg 1974.

Habermas, Jürgen: Strukturwandel der Öffentlichkeit, Neuwied/Berlin 1974.
Hacks, Peter: Die Maßgaben der Kunst (Lizenzausgabe), Düsseldorf 1977.
Hanke, Helmut: Freizeit in der DDR, Berlin 1979.
Hanke, Helmut: Kultur und Freizeit, Berlin 1971.
Havemann, Robert: Tage nach dem 21. August 1968. In: R. Havemann, Fragen, Antworten, Fragen, München 1970.
Hillmann, Heinz: Alltagsphantasie und dichterische Phantasie. Versuch einer Produktionsästhetik, Kronberg 1977.
Hohendahl, Peter-Uwe: Patricia Herminghouse (Hrsg.), Ästhetik und Sozialismus. Zur neueren Literaturtheorie der DDR, Frankfurt/M. 1976.

Jäger, Manfred: Sozialliteraten, Funktion und Selbstverständnis der Schriftsteller in der DDR, Düsseldorf 1973.
Jarmatz, Klaus (Hrsg.): Künstlerisches Schaffen im Sozialismus, Berlin 1975.
Jonsson, Dieter: Widerspruch oder Affirmation. Eine literatursoziologische Untersuchung zweier Tendenzen der DDR-Literatur, dargestellt an Günter Kunert und Herbert Otto, Phil. Diss. Hamburg 1975.

Kuczynski, Jürgen: Gestalten und Werke. Soziologische Studien zur deutschen Literatur. Berlin/Weimar 1969.

Kunert, Günter: Warum schreiben (Lizenzausgabe), München 1976.

Liersch, Werner (Hrsg.): Was zählt, ist die Wahrheit, Briefe von Schriftstellern der DDR, Halle 1975.

Löffler, Anneliese (Hrsg.): Auskünfte, Werkstattgespräche mit Schriftstellern, Berlin/Weimar 1974.

Mandelkow, Karl Robert: DDR-Literatur und ihre bürgerliche Rezeption. In: ders., Orpheus und Maschine, Heidelberg 1976.

Marx, Karl/*Engels*, Friedrich: Die deutsche Ideologie. In: MEW, Bd. 3.

Motzkau, Wolfgang: Theoretische Grundlagen und didaktische Prinzipien des Literaturunterrichts in den allgemeinbildenden Schulden der DDR. Diss. Phil. Osnabrück 1977.

Mittenzwei, Werner (Hrsg.): Theater in der Zeitenwende, Bd. 2, Berlin 1972.

Mukarovski, Jan: Kapitel aus der Ästhetik, Frankfurt 1974.

Naumann, Manfred: Gesellschaft, Literatur, Lesen, Literaturrezeption in theoretischer Sicht, Berlin/Weimar 1975.

Neutsch, Erik: Fast die Wahrheit, Berlin 1978.

Pareigis, Gottfried: Kritische Analyse der Realitätsdarstellungen in ausgewählten Werken des »Bitterfelder Weges«, Diss. Phil. Hamburg 1974.

Paulick, Wolfgang (Hrsg.): Junge Schriftsteller der DDR in Selbstdarstellungen, Leipzig 1965.

Pracht, Erwich u. a.: Einführung in den sozialistischen Realismus, Berlin 1975.

Püschel, Heinz: Urheberrecht der DDR, Berlin/DDR 1969.

Raddatz, Fritz: Tradition und Tendenzen. Materialien zur Literatur der DDR, Frankfurt/M. 1972 (erweiterte Ausgabe Frankfurt 1976).

Reich-Ranicki, Marcel: Zur Literatur der DDR, München 1974.

Reinhold, Otto: Entwickelte sozialistische Gesellschaft und Arbeiterklasse, Berlin/DDR 1977.

Reso, Martin: Der geteilte Himmel und seine Kritiker, Halle 1965.

Ros, Arnold: Zur Theorie literarischen Erzählens, Frankfurt 1972.

Salisch von, Marion: Zwischen Selbstaufgabe und Selbstverwirklichung, Zum Problem der Persönlichkeitsstruktur im Werk Christa Wolfs, Stuttgart 1975.

Sander, Hans Dietrich: Geschichte der schönen Literatur der DDR. Ein Grundriß, Freiburg 1972.

Schaff, Adam: Marxismus und das menschliche Individuum, Reinbek/Hamburg 1970.

Schivelbusch, Wolfgang: Sozialistisches Drama nach Brecht, Darmstadt/Neuwied 1974.

Schlenker, Wolfram: Das kulturelle Erbe in der DDR, Stuttgart 1977.

Schlenstedt, Dieter u. a. (Hrsg.): Funktion der Literatur, Aspekte, Probleme, Aufgaben, Berlin 1975.

Schlenstedt, Dieter: Die neuere DDR-Literatur und ihre Leser (Lizenzausgabe), München 1979.

Schneider, Gerhard (Hrsg.): Eröffnungen, Schriftsteller über ihr Erstlingswerk, Berlin/Weimar 1974.

Schwenger, Hannes: Schriftsteller und Gewerkschaft. Ideologie, Überbau, Organisation, Darmstadt/Neuwied 1974.

Sommer, Dietrich u. a. (Hrsg.): Funktion und Wirkung, Berlin und Weimar 1978.

Soziologie im Sozialismus, Berlin 1970.

Träger, Claus: Studien zur Realismustheorie und Methode der Literaturwissenschaft, Frankfurt 1972.

Walter, Joachim (Hrsg.): Meinetwegen Schmetterlinge, Berlin 1973.

Wangenheim, Inge v.: Die Geschichte und unsere Geschichten. Gedanken eines Schriftstellers, Halle 1968.

Wolf, Christa: Lesen und Schreiben (Lizenzausgabe), Darmstadt/Neuwied 1972.

Wyninger, W.: Demokratie und Plan in der DDR, Probleme der Bewältigung der wissenschaftlich-technischen Revolution, Köln 1971.

Voigtländer, Anni (Hrsg.): Liebes- und andere Erklärungen, Schriftsteller über Schriftsteller, Berlin/Weimar 1972.

7.3. Rezensionen und Aufsätze

Abusch, Alexander: Hölderlins poetischer Traum einer neuen Menschengemeinschaft. In: WB 1970, H. 7.

Alding, Wilfried: Gestaltung, Wirklichkeit und literarisches Vorbild, Volker Braun der Kipper Paul Bauch. In: Thetater der Zeit 1967, H. 2.

Apitzsch, Ursula: Das Verhältnis von künstlerischer Autonomie und Parteilichkeit in der DDR. In: Autonomie der Kunst, zur Genese und Kritik einer bürgerlichen Kategorie, Frankfurt 1973.

Auer, Annemarie: Ungelehrtes zum Thema Literaturkritik. In: NDL 1973, H. 5.

Auer, Annemarie: Gegenerinnerung. In: S. u. F. 1977, H. 4.

Aufgaben und Arbeitsformen des Instituts für Literatur. Interview Alfred *Kurellas* zur Institutseröffnung, 10. September 1955. In: Elimar Schubbe (Hrsg.), Dokumente zur Kunst-, Literatur- und Kulturpolitik der SED 1949–1970, Stuttgart 1972.

Batt, Kurt: Literaturkritik als Gesellschaftsauftrag. In: NDL 1973, H. 5.

Becher, Johannes R.: Der Befreier. In: J. R. Becher, Werkauswahl in 6 Bänden, Berlin 1952, Bd. 5.

Becker, Jurek: Im Gespräch mit Klaus Vogelsang, Situation und Werdegang junger Autoren in der DDR. In: Bremer Nachrichten v. 2. 2. 1974.

Becker, Jurek: Über verschiedene Resonanzen auf unsere Literatur. In: NDL 1974, H. 4.

Becker, Jurek: Interview mit Jürgen Beckelmann, »Ich nehme einen ausländischen Literaturpreis an.« In: Frankfurter Rundschau v. 25. 1. 1975.

Berger, Christl: Über Prosa junger Autoren. In: WB 1973, H. 4.

Berger, Uwe: Zur Literaturgeschichte der DDR. In: S. u. F. 1977, H. 6.

Bernhard, Hans Joachim: Gregor der Lügner. In: NDL 1973, H. 10.

Biele, Peter: Nochmals – »Die neuen Leiden...«, In: S. u. F. 1973, H. 4.

Bock, Sigrid: Neuer Gegenstand, Neues Erzählen. In: WB 1973, H. 10.

Braun, Volker: Offener Brief an Herrn Adling. In: Theater der Zeit 1967, Nr. 8.

Braun, Volker: Die Schaubühne nicht als eine moralische Anstalt betrachtet. In: Volker Braun, Es genügt nicht die einfache Wahrheit, Notate (Lizenzausgabe), Frankfurt 1975.

Brecht, Berttolt: Thesen zur Faustdiskussion. In: Schriften zur Literatur und Kunst, Bd. 2, 1934–1956, Redaktion Werner Hecht, Berlin/Weimar 1966.

Brecht, Berttolt: Der neue Held, Notizen für die Diskussion. In: Klaus Jarmatz (Hrsg.), Kritik in der Zeit, Halle 1970.

de Bruyn, Günter: Bedingungen des Glücks. In: NDL 1971, H. 1.

de Bruyn, Günter: Wie ich zur Literatur kam. In: S. u. F. 1972, H. 4.

de Bruyn, Günter: Gedanken beim Lesen. In: S. u. F. 1975, H. 5.

Czechowski, Heinz: Volker Braun »die Kipper«, Sprache, Stil, Struktur. In: WB 1973, H. 7.

Der Kampf der Jenaer und Leipziger Kollegen. In: Politische Unterdrückung in der DDR. Hrsg. Komitee gegen die politische Unterdrückung in beiden Teilen Deutschlands, Köln 1978.

Der Verband diskutiert, Volker Brauns »Hans Faust« in Weimar. In: Theater der Zeit 1968, Nr. 24.

»Die Ausschlüsse waren der gewünschte Endpunkt«. In: Literatur, Sondernummer der Zeitschrift Konkret, Herbst 1979.

Die Kunst im Leben junger Leute. Eine Untersuchung von Monika Olias. In: Forum 1972, H. 18.
Die Unbequemlichkeit ertragen. In: FR v. 23. 11. 1976.
Diskussion um Plenzdorf. In: S. u. F. 1973, H. 1.

Ebert, Günter: Kritik und Charakter. In: NDL 1973, H. 5.
Eichler, Wilfriede: Jugendliche Erfahrungen bildhaft erzählt. In: National Zeitung v. 22. 10. 1972.
Eichler, Wilfriede: Weil Gregor Bienek es sich zu leicht macht. In: National Zeitung v. 22. 7. 1973.
Endler, Adolf: Im Zeichen der Inkonsequenz. Über Hans Richters Aufsatzsammlung »Verse, Dichter, Wirklichkeit«. In: S. u. F. 1971, H. 6.
Engler, Jürgen, *de Bryn*, G.: Preisverleihung. In: WB 1973, H. 4.
Entwurf eines Stoffplanes für den Literaturunterricht im 5.–8. Schuljahr. In: DU 1954, H. 3.
Emmerich, Wolfgang: Die Literatur der DDR. In: Deutsche Literaturgeschichte von den Anfängen bis zur Gegenwart. Hrsg. v. Wolfgang Beutin u. a., Stuttgart 1979.

Fabig, Wolfgang: So wie bisher kann es nicht weitergehen. In: Deutsche Fragen 1968, H. 7.
Fix, Peter: Drei Berichte. In: Ich schreibe 1974, H. 1.
Friedrich, C.: Einige Überlegungen zur literatursoz. Fragetechnik. In: Wiss. Ztschr. d. Martin-Luther-Universität Halle, Gesellsch. u. Sprachwiss. Reihe 1966, H. 4.
Fühmann, Franz: E. T. A. Hoffmann, Ein Vortrag. In: NDL 1976, H. 5.
Fühmann, Franz: Verstörung bis zur Resignation. In: Die Zeit v. 12. 5. 1978.

Geerdts, Hans-Jürgen: Von der Kunst zu lieben und von der Liebe zur Kunst. In: NDL 1973, H. 3.
Gente, Hans Peter: Versuch über Bitterfeld. In: Alternative 38/39 1964.
Geschichte der DDR-Literatur in der Diskussion. In: N. D. v. 5. 12. 1973.
Görlich, Günter: 15% Produktionssteigerung und immer noch zu wenig Bücher. In: Kürbiskern 1977, H. 2.
Goethe, J. W. von: Tagebücher. In: Zweiter Ergänzungsband der Goethegedenkausgabe, Zürich 1964.
Goldammer, Peter: Der Mythos um Heinrich von Kleist. Vorbemerkung: Pamphlet für G. In: S. u. F. 1976, H. 1.
Grosse, Anneliese/*Röhner*, Eberhard: Das sozialistische Menschenbild als zentrale ästhetische Kategorie in unserer Literatur. In: Elimar Schubbe (Hrsg.), Dokumente zur Kunst-, Literatur- und Kulturpolitik der SED, Stuttgart 1972.

Haase, Horst: Nachdenken über ein Buch. Christa Wolf: Nachdenken über Christa T. In: NDL 1969, H. 4.
Haase, Horst: Das humanistische Erbe im Sozialismus. In: WB 1970, H. 3.
Haase, Horst: Eine neue Wirklichkeit – eine neue Literatur. Zur Konzeption der Literaturgeschichte der DDR. In: Einheit 1976, H. 5/6.
Haase, Horst: Unsere Literatur gestern und heute. In: Manfred Diersch/Walfried Hartinger, Literatur und Geschichtsbewußtsein, Berlin/Weimar 1976.
Hähnel, Klaus Dieter: Jurek Beckers »Irreführung der Behörden«. In: WB 1974, H. 1.
Haertl, H.: Die Laudatio muß mißlingen. In: Freiheit v. 3. 2. 1972.
Harich, Wolfgang: Der entlaufene Dingo, das vergessene Floß. Aus Anlaß der »Macbeth«-Bearbeitung von Heiner Müller. In: S. u. F. 1973, H. 1.
Hartenstein, Holger: Zum Thema Literaturunterricht. In: WB 1974, H. 6.
Hegewald, Wolfgang: Brief zu Annemarie Auer. In: S. u. F. 1977, H. 6.
Heimberger, Bernd: Verantwortung im Prüfstand. In: Neue Zeit v. 21. 1. 1973.
Heimberger, Bernd: Zu lesen mit Genuß, der auch Verdruß nicht ausschließt. In: Tribüne v. 30. 4. 1973.
Helmecke, Monika: Kindheitsmuster. In: S. u. F. 1977, H. 3.
Hermelin, Stephan: Brief zu Annemarie Auer. In: S. u. F. 1977, H. 6.
Herrmann, G.: Beschreibung einer Unentschiedenheit. In: Berliner Zeitung v. 15. 2. 1973.

Heukamp, Ursula: Spaß am Lesen obligatorisch? In: WB 1977, H. 6.

Hilscher, Eberhard: Geschichte der deutschen Literatur von den Anfängen bis zur Gegenwart, Bde. 8–11. In: NDL 1977, H. 4.

Hirdina, Karin: Preisverleihung. In: Sonntag 1973, Nr. 8.

Hirdina/Krenzlin/Schröder/Thierse: Ensemble der Künste und kulturellen Entwicklung der Arbeiterklasse. In: WB 1972, H. 5.

Höpcke, Klaus: Kunst als Probe für Lösungen im Leben. In: N. D. v. 22. 11. 1972.

Hohe, T.: Probleme einer marxistischen Literatursoziologie. In: Wiss. Ztschr. d. Martin-Luther-Universität Halle, Gesellsch. u. Sprachwiss. Reihe 1966, H. 4.

Hohendahl, Peter-Uwe: Literatur und Literaturtheorie der DDR. In: P. U. Hohendahl, P. Herminghouse (Hrsg.), Ästhetik und Sozialismus. Zur neueren Literaturtheorie der DDR. Frankfurt/M. 1976.

Hujer, Dora u. a.: Einige grundsätzliche Überlegungen zum Lehrplan für den Literaturunterricht. In: DU 1958, H. 9.

Huyssen, A.: Auf den Spuren Ernst Blochs. Nachdenken über Christa T. In: Basis Bd. 5, 1975.

In eigener Sache... Briefe von Künstlern und Schriftstellern, Halle 1964.

Interview mit *Loest,* Erich: DA 1978, H. 11.

Jacobs, Karl-Heinz: Ich werde mich keiner Parteidisziplin mehr beugen. In: SZ v. 28. 2. 1979.

John, Dieter: Wege zum lebendigen Literaturunterricht. In: DU 1961, H. 5, H. 6, H. 7.

Jokostra, Peter: Hart an der Grenze zum Trivialen. In: Rheinische Post v. 2. 6. 1973.

Jülich, Karl: Wie weiter mit Werther und Wallenstein. In: Sonntag 1977, H. 49.

Kaminiarz, Irina: Möglichkeiten sozialistischer Wehrerziehung im Literaturunterricht der 8. Klasse. In: DU 1971, H. 11.

Kant, Hermann: Unsere Worte wirken in den Klassenauseinandersetzungen. In: VII. Schriftstellerkongreß der DDR. Protokoll Bd. I, Berlin/Weimar 1974.

Kleeis, Friedrich: Sozialbeiträge der Autoren. In: Der Autor 1949/50, H. 11/12.

König, Wilhelm: Für das Neue Partei ergreifen. Ein Jahr Literaturinstitut. In: Manfred Bosch, Kulturarbeit, Frankfurt 1977.

Korluß, W., *de Bruyns,* G.: Preisverleihung. In: Der Bibliothekar 1973, H. 5.

Koslowski, Günter: Zu einigen Möglichkeiten sozialistischer Wehrerziehung durch den Literaturunterricht der Klassen 8 und 9. In: DU 1972, H. 3.

Krenzlin, Leonore: Brief zu Annemarie Auer. In: S. u. F. 1977, H. 6.

Kunert, Günter: Pamphlet für K. und notwendiges Nachwort zum Pamphlet. In: S. u. F. 1975, H. 5.

Kunert, Günter: Heinrich von Kleist – Ein Modell. Rede anläßlich des 200jährigen Kleistgeburtstages in der Westberliner Akademie der Künste, Berlin/West 1978.

Kunert, Günter: »Die verkleidete Wahrheit«. In: Die Zeit v. 20. 6. 1978.

Kunert, Günter: Autor und Publikum in der DDR. In: Kontext 2, München 1978.

Laabs, Jochen, *Liersch,* Werner, *Schubert,* Helga, *Schulz,* Max Walter: Fördern und Fordern, Probleme junger Autoren im Gespräch. In: NDL 1976, H. 6.

Lehmann, Günther K.: Grundfragen einer marxistischen Soziologie der Kunst. In: Deutsche Zeitschrift für Philosophie 1965, Nr. 13.

Lehmann, Günther K.: Von den Möglichkeiten und Grenzen einer Soziologie der Kunst. In: Deutsche Zeitschrift für Philosophie 1966, Nr. 14.

Leserzuschriften zu Plenzdorfs Die neuen Leiden des jungen W. In: S. u. F. 1973, H. 1.

Liersch, Werner: sprach mit Günter de Bruyn, Notizen aus einem Gespräch. In: Sonntag 1972, Nr. 39.

Liersch, Werner: Notizen zu einem Gespräch. In: Sonntag 1972, Nr. 39.

Liersch, Werner: Irreführung der Behörden. In: Sonntag v. 30. 9. 1973.

Löffler, Dietrich: Zur Spezifik literarischer Interessen. In: WB 1972, H. 10.

Ludz, Peter Christian: Experten und kritische Intelligenz in der DDR. In: Deutschland – Wandel und Bestand. Hrsg. von E. J. Feuchtwanger, Frankfurt 1976.

Lukács, Georg: Tendenz und Parteilichkeit. In: ders. Werkausgabe Bd. 4, Darmstadt/Berlin 1968.

Lukács, Georg: Das Problem der Perspektive. In: ders. Werkausgabe Bd. 4, Darmstadt/Berlin 1968.

Lukács, Georg: Rede in der philosophischen Debatte des Petöfi-Kreises am 15. 6. 1956 (Auszug). In: ders. Schriften zur Ideologie und Politik (hrsg. von Peter Ludz), Neuwied/Berlin 1967.

Lukács, Georg: Der Kampf des Fortschritts und der Reaktion in der heutigen Kultur. In: ders. Marxismus und Stalinismus (hrsg. von E. Grassi), München 1970.

Lukács, Georg: Parteidichter. In: ders. Marxismus und Stalinismus (hrsg. von E. Grassi), München 1970.

Mandelkow, Karl Robert: Rezeptionsästhetik und marxistische Literaturtheorie. In: Walter Müller-Seidel (Hrsg.), Historizität in Sprache und Literaturwissenschaft, München 1974.

Mandelkow, Karl-Robert: Neuer und sozialistischer Realismus. Zu Fragen der Rezeption von DDR-Literatur in der Bundesrepublik. In: Kontext 1, München 1976.

Martens, A. U.: Bücher per Zuteilung. In: DZ v. 13. 8. 1976.

Martin, Werner: Werner Herden, Zu den Aufgaben der Kultur- und Kunstwissenschaft nach dem VIII. Parteitag. In: WB 1971, H. 1.

Melchert, Rulo: Literaturexkurse in einem Roman. In: S. u. F. 1973, H. 6.

Menge, M.: Briefe von Frauen. In: Die Zeit v. 16. 11. 1973.

Michaelis, Rolf: Achtung Falltür. In: Frankfurter Allg. Zeitung v. 12. 5. 1973.

Mittenzwei, Werner: Brecht und die Probleme der deutschen Klassik. In: S. u. F. 1973, H. 1.

Mohr, Heinrich: Gerechtes Erinnern. In: G. R. M. 1971, Nr. 21.

Münzer, Georg (Justitiar des Ministeriums für Kultur): Das Werk und sein Urheber. In: Neue Justiz 1965, S. 670.

Nachforschung in Leipzig. Interview mit Max Walter *Schulz* zum Stand der Ausbildungskonzeption am Literaturinstitut »Johannes R. Becher«. In: Sonntag v. 18. 9. 1969.

Nathan, Hans: Das Persönlichkeitsrecht. In: NJ 1964, S. 745.

Nathan, Hans: Die Rechtsverhältnisse der Urheber und Erfinder im Rechtssystem der DDR. In: NJ 1965, S. 660.

Naumann, Manfred: Literatur und Leser. In: WB 1970, H. 5.

Neubert, Reiner: Die Jugend zwingt das Leben. In: Deutschunterricht (Berlin/DDR) 1973, H. 3.

Neubert, Werner: Nachdem sich's »weggelesen hat«... In: Berliner Zeitung v. 8. 9. 1973.

Neubert, Werner: Geschichte der deutschen Literatur. In: Der Bibliothekar 1977, H. 7.

Nohara, Erik: Mangelnde Fleißarbeit. In: D. A. 1977, H. 3.

Otto, Brigitte: Literatur im Fernsehen der DDR – wie ist das Angebot im Buchhandel. In: Börsenblatt, Leipzig 1975, H. 36.

Plavius, Heinz: Romanschreiben heute. In: NDR 1968, H. 5.

Plavius, Heinz: Gespräch mit Günter de Bruyn. In: NDL 1968, H. 6.

Plavius, Heinz: Gefragt: Wirklichkeit. In: NDL 1973, H. 3.

Peitsch, Helmut/*Schütte,* Jürgen: Geschichte der deutschen Literatur von den Anfängen bis zur Gegenwart. Bd. 11, Die Literatur der Deutschen Demokratischen Republik. In: Basis Bd. 7, 1977.

Plogstedt, Sybille: Am Beispiel ČSSR. In: Kursbuch 30, 1973.

Raddatz, Fritz J.: Julien Sorel für arme Leute. In: Süddeutsche Zeitung v. 5. 5. 1973.

Raddatz, Fritz J.: Kunst am Bau. In: Die Zeit v. 12. 10. 1973.

Ramseger, Georg: Eine andere Behörde: das Gewissen. In: National Zeitung v. 11. 5. 1974.

Redaktion [Girnus, Wilhelm]: Lachen über Wibeau... In: S. u. F. 1973, H. 6.

Redeker, Horst: Marxistische Ästhetik und empirische Soziologie. In: Deutsche Zeitschrift für Philosophie 1966, Nr. 14.

Redeker, Horst: Der Kulturprozeß und die wachsende Rolle des subjektiven Faktors. In: Deutsche Zeitschrift für Philosophie 1974, H. 5.

Reich-Ranicki, Marcel: Die Liebe, die Literatur und der Alltag. In: Die Zeit v. 25. 5. 1973.

Reich-Ranicki, Marcel: Günter de Bruyns zwei verschiedene Schuhe. In: Der Monat 1974, Nr. 12.

Reinhold, Ursula: Das ungezwungene Leben Kasts. In: Sonntag v. 28. 1. 1973.

Reinhold, Ursula: Volker Brauns Konzept und Realisierung einer gesellschaftsgestaltenden Dichtung im Sozialismus. In: Klaus Jarmatz und Christel Berger (Hrsg.), Weggenossen. Fünfzehn Schriftsteller der DDR, Frankfurt 1975.

Reso, Martin: Adolf Endler und die Literaturwissenschaft. In: S. u. F. 1972, H. 2.

Richter, Helmuth: Brief zu Annemarie Auer. In: S. u. F. 1977, H. 6.

Rothe, Friedrich: Krankheit an der Gesellschaft – Günter Kunerts Plädoyer für Kleist. In: Berliner Hefte 1976, H. 1.

Sauer, K.: Das Ende bleibt offen. In: Der Rheinische Merkur v. 13. 4. 1973.

Schachtsiek-Freitag, N.: Ehe und Literaturexkurse. In: Frankfurter Rundschau v. 13. 7. 1973.

Scharfschwerdt, Jürgen: Die Klassikideologie in Kultur-, Wissenschafts- und Literaturpolitik. In: Einführung in die Theorie, Geschichte und Funktion der DDR-Literatur, hrsg. von Hans-Jürgen Schmitt, Stuttgart 1975.

Schlenstedt, Dieter: Ankunft und Anspruch, zum neueren Roman in der DDR. In: S. u. F. 1966, H. 3.

Schlenstedt, Sylvia und Dieter: Modern erzählt, zu Strukturen in H. Kants »Die Aula«. In: NDL 1965, H. 12.

Schlenstedt, Silvia: Das ungezwungene Leben Kasts. In: WB 1973, H. 3.

Schlenstedt, Silvia: Interview mit Volker Braun, Das Wir und das Ich. In: Anneliese Löffler (Hrsg.), Auskünfte, Berlin/Weimar 1974.

Schmitt, Hans-Jürgen: Die literarischen Produktionsverhältnisse in Bechers »Literaturgesellschaft«. In: Einführung in Theorie, Geschichte und Funktion der DDR-Literatur. Hrsg. von Hans-Jürgen Schmitt, Stuttgart 1975.

Schmitt, Hans-Jürgen: Verschönern, verdrängen, verdammen – Literaturgeschichtsschreibung der DDR als Legitimation von Herrschaft. In: Literaturmagazin 8, Reinbek 1977.

Schneider, Rolf: Zur Kultur des Lebens gehört die Kultur des Druckens. In: FR v. 3. 3. 1979.

Schonauer, Franz: Literatur als Ringkampf. Die Geschichte der DDR in offizieller Sicht. In: NDH 1977, H. 1.

Seeger, Bernhard: Über unseren Helden... In: Klaus Jarmatz (Hrsg.), Kritik in der Zeit, Halle 1970.

Seidel, H.: Mit Vorbehalten habe ich zugesagt... In: Stuttgarter Zeitung v. 10. 10. 1973.

Seyfarth, Ingrid: Individuum im Geschichtsprozeß, Zur Uraufführung von Volker Brauns »Hans Faust« am Nationaltheater Weimar. In: Theater der Zeit 1968, Nr. 20.

Seyppel, Joachim: Ist Literatur Hochverrat. In: Die Zeit v. 1. 6. 1979.

Simons, Elisabeth: Geschichte des literarischen Aufstiegs. In: NDL 1977, H. 4.

Sommer, Dietrich: Geschichte der deutschen Literatur, Bd. 11. In: WB 1977, H. 6.

Sommer, Dietrich/*Löffler*, Dietrich: Soziologische Probleme literarischer Wirkungsforschung. In: WB 1970, H. 8.

Sommerfeld, Gert: Künstlerische Aneignung der Welt und Deutschunterricht. In: WB 1974, H. 6.

»Spaß muß es machen, sonst macht's keinen Spaß«. Über das Praktikum der Studenten des Instituts für Literatur »Johannes R. Becher«, Leipzig im VEB Kombinat »Otto Grotewohl«. In: Leipziger Volkszeitung v. 21. 3. 1967.

Streller, Siegfried: »Im übrigen ist das Leben zu ändern«. In: Berliner Zeitung v. 17. 11. 1972.

Thierse, Wolfgang: Kunst will Meinungen erproben. In: Forum 1972, H. 23.

Tölpelmann, Sigrid: Interview mit Günter de Bruyn. In: WB 1968, H. 6.

Trappschuh, Elke: Für die Bibliothek... In: Deutsche Zeitung v. 21. 3. 1975.

Trommler, Frank: Von Stalin zu Hölderlin. Über den Entwicklungsroman in der DDR. In: Basis Jahrbuch für deutsche Gegenwartsliteratur, Bd. 2, 1971 (hrsg. v. R. Grimm und J. Hermand).